刑事法学博士文库

陈忠林◎总主编

隐私权刑法保护

王立志◎著

中国检察出版社

总　序

　　四年前，当我校第一批刑法学博士毕业时，我就萌发了出版一套博士文库的想法。可是人懒事繁，一拖就是几年。去年借在重庆参观全国性书展的机会，我又与中国检察出版社谈起此事。他们不仅热情地表示支持，而且还建议将这个想法加以拓展和延伸。因为在刑事法学领域，目前还未出版过全国性的博士文丛，如果以文库为依托尽可能汇集全国各地刑法、刑事诉讼法、犯罪学、监狱学以及刑法史等方面的优秀博士论文，则不仅可以为相关学科的博士们提供一个展示自己成果的平台，同时也能为读者学习研究提供一种系统的参考。这是件有助于学术传承的好事啊，何乐而不为呢？于是，就有了《刑事法学博士文库》的问世。

　　按例，一套文库应该有一个总序。总序是文库的点睛之笔。这个"睛"该怎样点，委实有点为难生性拙于文的我。没有办法，无能点睛，就谈一点自己对刑事法学的看法吧。这些看法，不论是作为参考的镜子，还是作为批判的靶子，我都奢望能对认真的读者有所裨益。

　　"刑事法学"是一个复合名词。就词的结构而言，能将这门学科与其他学科完全区别开来的，就只有一个字："刑"。从修辞学的角度考察，这个"刑"字，就应该是刑事法学特有的研究对象。如果仅从汉语中考察词源，这个"刑"字，我国古已有之。但是，中国传统法律文化中的这个"刑"，并不完全等同于这里所谈的"刑事法学"中的"刑"。因为在古代中国，"民刑不分，诸法合体"，"刑"与"法"在很多情况下是可以互换的两个同义词。这个"刑"字，没有区分刑事法和其他部门法的作用。即使在现代语言中，无论是英语中的"criminallaw"，还是其他西方主要语言体系中与之相近的"strafrecht"、"dirittopenale"等，也具有与汉语中的"刑事法"不一样的含义。汉语中的"刑事法"，仅仅是指与犯罪和刑罚直接相关的法律规范体系；而在西方语言中，"criminallaw"等表述方式则兼有作为规范体系的"刑事法"和作为知识体系的"刑事法学"的意思。因此，就词源意义而言，真正以现代意义的"刑事法"为研究对象的知识体系——"刑事法学（criminallaw）"，应该是一个源自近代西方的概念。

在西方，"刑事法学"也是一个内涵与外延不断丰富和发展的概念。尚未进入成文法时代之前，由于人们对于刑罚在界定刑事法范围的作用尚无明确的认识，人们在刑事法学领域中关注的重点，还是如何认定作为事实的犯罪行为。当时的"刑事法（criminal-law）"，基本上是指如何处罚犯罪的刑事实体法，即狭义的刑法。刑事法学中"刑"字，这时还主要是"犯罪的（criminal）"意思。这就是当时的大陆法系和英美法系国家，都将刑法称为"犯罪法（criminallaw）"的原因。

进入19世纪以后，世界上第一部近代意义的刑事诉讼法典和刑法典——1808年的《法国刑事诉讼法典》和1810年的《法国刑法典》相继颁布。制裁犯罪特有的措施——刑罚，开始在法律体系内部发挥界定刑法和其他部门法的作用。于是，"刑事法"中的"刑"字，在英美法系国家和大陆法系国家开始分别具有"犯罪的（criminal）"和"刑罚的（penal）"双重形为二、实为一的意思。

　　刑法以认定犯罪和适用刑罚的标准为内容；刑事诉讼法以认定犯罪和适用刑罚的程序为内容；犯罪学应该以法律规定为犯罪和适用刑罚的行为产生的原因、类型和预防措施为研究对象；①……是否以规定犯罪和刑罚为主要内容，是逻辑上界定刑事法与其他部门法的标准；是否以研究犯罪和刑罚为主要内容，是逻辑上界定刑事法学与其他法学的唯一标准。总之，一切不以犯罪或刑罚为核心内容的法律规范，就不可能成为刑事法律规范；一切不是为了正确解决犯罪和刑罚的问题，或者正确地解决由犯罪和刑罚而生的问题的知识，都不应该属于刑事法学特有的研究内容。

　　正如在哲学领域中的物质和精神这对基本的范畴一样，犯罪和刑罚这对作为刑事法学基础的范畴，不可能不是两个相互界定的概念：犯罪是刑罚处罚的行为，刑罚是处罚犯罪的措施。离开了惩罚犯罪的刑罚，人们就不可能将犯罪与其他危害行为区别开来；②离开了刑罚惩罚的犯罪，刑罚这个概念根本就不可能产生。尽管就事实发生的顺序而言，应该是先出现了犯罪——一种用非刑罚手段不可能解决的社会现象之后，人们才可能想到专门针对犯罪行为的处罚措施——刑罚。但是，后者一旦产生，是否应受刑罚处罚，就成了在形式上衡量一个行为是否构成犯罪的唯一标准。与此同时，刑罚这个概念，在逻辑上也就成了一切刑事法学的基础；离开

────────

　　①　笔者认为，离开了刑法学对犯罪本质的认识，不以国家规定（或者应该规定）为犯罪的行为的产生原因、类型和预防措施为讲究对象，犯罪学的研究范围就不可能界定。其结果必然是，或是将"犯罪学"混同于"越轨行为学"，或是使"犯罪学"成为研究者个人随心所欲的对象。
　　②　无论是以"法益侵害性"，还是以"（严重的）社会危害性"为犯罪的本质特征，否认"应受刑罚惩罚性"是犯罪本质特征的观点，无疑都是将犯罪与其他危害行为的共性与犯罪的个性混为一谈。

了刑罚的本质，刑事法学中的一切基本问题都不可能得到科学的解答。是否与（应该）适用刑罚（的行为）有关，是从内容上区分刑事法学和其他学科的唯一标准；如何保证国家正确地运用刑罚，是一切刑事法学研究最基本的归属。因此，正确地认识刑罚的本质，是确保刑事法学科学性的唯一途径。

什么是刑罚的本质？"刑罚是制裁犯罪的措施"。这个回答显然只是人们对刑罚的感性认识，而不是这个问题的最终答案。然而，"现象就是本质"。西方哲人黑格尔的这句似非而是的名言，应该是在告诉我们：现象是事物本质的表现；我们只能够通过现象来了解本质；通过现象，我们也完全可以把握本质。怎样才能通过现象把握本质呢？东方哲人孔老夫子教给我们的方法是——"致知在格物"：要想获得新的知识，你就必须运用现有的知识来"格"（考察、分析）你所研究的对象。

谁在运用刑罚？刑罚制裁的对象（可能）是谁？当我们从这一角度对刑罚的主体和适用对象进行考察时，马上就会发现：刑罚不仅是一种制裁措施，更是一种特殊的社会关系。由于刑罚的一端是掌握刑罚权的国家，而另一端是因犯罪而受到刑罚处罚的"孤立的个人"，因此，刑罚是一种国家和公民个人之间的社会关系。

面对这个结论，不少人可能提出这样的疑问：行政处罚不也包含国家处罚公民个人的内容吗？行政处罚与刑罚所代表的社会关系有何根本区别？要获得这个"知"，我们就再"格"一下这两种措施在权力主体与权力内容方面的差异。

就处罚权的主体而言，行政规范的实现，主要依靠相关的国家行政机关履行相应的职能来保证。因此，行使行政处罚权的主体是国家行政机关。但是，任何一个刑法规范的实现，都必须由国家动用包括立法、行政（负责侦查的公安机关和负责执行的监狱机关）、司法（负责职务犯罪侦查和起诉的检察机关和负责审判的法院）甚至国家武装力量（负责监狱警戒的武警）在内的全部强制性力量。国家为保证刑罚规范实现所动用的强制力量说明：与行政制裁不一样，国家刑罚权的主体不是行使国家某一部分职能的国家机关，而是作为整体的国家。

当我们从权力内容的角度考察时，我们可以看到，刑罚有两个区别于行政处罚的特点：（1）刑罚完全以剥夺公民最基本的权利（人身、财产、政治权利，甚至生命）为内容；（2）刑罚以完全剥夺公民最基本的权利为限度（终身监禁、没收全部财产、剥夺政治权利终身，甚至死刑）。

刑罚和行政处罚在权力主体和权力内容方面的上述区别说明：行政处罚是代表国家履行行政职能的行政机关与公民个人的权利之间的关系，而刑罚所代表的则是作为整体的国家和作为个人的公民最基本的权利之间的关系。这一事实说明：刑事法与其他部门法一样，同样是以一种特殊的社会关系，即以作为整体的国家和作为个人的公民最基本的权利之间的关系，为自己特有的调整对象。

当我们了解了刑事法是以国家剥夺公民最基本的权利为内容后，一个更深沉的问题自然就摆在了我们面前：

自人类进入有国家统治的时代以来，几乎所有的国家都宣称保护其成员的利益是自己神圣的职责；近代以来，几乎所有的国家都宣称自己是人民的国家，是以维护公民权利、自由为根本宗旨的国家；自20世纪50年代，人权的观念逐渐成为了普世公认的价值，"国家尊重和保护人权"也逐渐成为现代法治的基础和世界各国承担的基本义务。可是，如果刑罚代表的是作为整体的国家和作为个人的公民最基本的权利之间的关系，刑罚运用这一事实实质上就意味着：国家是在动用自己的全部强制性力量，来剥夺一个作为"孤立的个人"的公民最基本的权利。那么，以保护其成员利益为神圣职责，以维护公民权利、自由为根本宗旨，承担着"尊重和保护公民人权"义务的国家，为什么要动用自己的全部力量来剥夺一个公民最基本的权利呢？

当我们对刑罚的分析进行到这里时，我们就开始接触到了刑事法学的核心：国家剥夺一个公民基本人权的根据。而这个问题的答案，就是刑罚的本质。这既是全部刑事法学理论的价值基础，也是打开全部刑事法学秘密的钥匙。

国家为什么要剥夺一个公民的基本权利？严格地说，这是一个很难从正面回答的问题。要找到这个问题的答案，也许我们可以先从反面提出这样一个设想：对实施犯罪行为的人，国家可以不用刑罚吗？面对这个问题，历史上有不少伟大的理论家们从不同的立场，用不同的方法，给出了种种见仁见智的答案。但是，"天听自我民听，天视自我民视"，"民之所欲，天必从之"，任何时代的国家权力都必须以人民的认同为基础。"法生于义，义生于众适，众适合于人心"，只要我们承认现代国家应该是人民的国家，应该是以保护公民自由、维护公民人权为宗旨的国家，我们就应该撇开那些似是而非的理论家们的雄辩，从每一个普通人的内心来寻求这个问题的答案。

面对犯罪，国家可以不用刑罚吗？我想，任何具有基本常识和理智的人都会回答：No！人们为什么会有这样的答案呢？"王者之政，莫急于盗贼。"我们不妨以盗窃罪为例来回答这个问题。自人类进入私有社会以来，在任何时代、任何国家，盗窃都可能是最普遍的犯罪。解剖这只"麻雀"，应该具有普适的意义。

众所周知，盗窃行为的对象是公私财产。在现代法律制度中，财产关系，至少公民之间的财产关系，本来应是民法调整的范围。为什么一个公民侵犯另一个公民财产的盗窃行为，国家不是用处理平等主体之间关系的民事法律来解决，而要自己亲自出马，动用刑罚来处置呢？按常识，这个问题的答案是显而易见的：盗窃是以秘密窃取为手段的犯罪，往往盗窃多次才可能被发现一次，加上绝大多数情况下实施盗窃的人都不具有赔偿能力等原因，如果仅仅运用赔偿损失、恢复原状等民事措施，对于盗窃者来说就不是一种制裁，而是一种奖赏。盗窃是一种从根本上威胁他人财产安全的行为，当国家对这种任何时代、任何国家都普遍存在的犯罪采取的是一种带有奖赏性质的措施时，我们很难想象，国家以保障财产为目的的那些法律制度还可能运行。换言之，盗窃行为不仅是对公私财产的侵犯，更意味着对国家法律制度的根本威胁。这样，一个公民侵犯另一个公民的财产关系的盗窃行为，就开始转变为一个公民威胁国家法律制度的行为，公民个人之间的财产关系也就随之转变为公民个人与国家的财产法律制度之间的关系。盗窃行为如此，其他犯罪行为也同样如此。

法律是国家履行自己职能最基本的手段，法律制度是国家存在和正常运行的前提和基础。当一个公民的行为从根本上威胁到国家法律制度的运行时，国家自然会动用全部力量来剥夺该公民最基本的权利。因此，当我们注意到犯罪是公民个人对国家法律制度的威胁时，国家为什么要动用全部力量来剥夺作为"孤立的个人"的公民基本权利的理由就基本上清楚了。

保护国家法律制度的正常运用，可以从形式上解释历史上所有国家刑罚存在的根据。但是，从现代法治的角度考察，刑罚所剥夺的公民权利，都属于神圣不可侵犯的基本人权范畴。在"国家尊重和保护人权"已经写入我国《宪法》的今天，还必须从人权的角度进行考察，才可能真正说明刑罚的实质。

如果基本人权不可侵犯是一切国家权力的基本界限，那么国家为什么会动用全部的强制性力量来剥夺一个公民的基本人权？普通民众为什么会认同对盗窃者处以刑罚，即便自己的亲友，甚至本人也可能成为盗窃者，这是因为放任这种行为，自己的人权（财产权）就会受到威胁。正如联合国《世界人权宣言》第29条所规定的那样："人人在行使他的权利和自由时，只受法律所确定的限制，确定此种限制的唯一目的在于保证对旁人的权利和自由给予应有的承认和尊重，并在一个民主的社会中适应道德、公共秩序和普遍福利的正当需要。"因此，以保护全体公民人权为限度而被迫剥夺犯罪人的人权，是现代国家行使刑罚权的唯一根据，此亦即现代国家刑罚的本质。

"芝麻，开门！"一旦我们了解了刑罚的本质，刑事法学的一切基本问题也就迎刃而解了。

首先，如果刑罚以维护全体公民的人权而被迫剥夺限制作为个人的犯罪人的人权为内容，这就意味着以刑罚为制裁手段的刑事法，不仅是加强其他法律效力的制裁手段，而且是有着自己独立调整对象的部门法。与其他部门法一样，刑事法的调整对象是一种特殊的社会关系。这种社会关系在形式上表现为公民个人与国家的法律制度之间的关系，实质上以公民个人的基本人权与全体公民的人权之间的关系为内容。无论是刑事法的任务、犯罪的本质或是刑罚的目的，都只有从这一点出发，才可能得到正确的说明。

其次，刑事法以全体公民的人权与公民个人的基本人权为调整对象，这里的全体公民的人权当然也包括犯罪人的人权，也是国家应该"尊重和保护"的内容。这一事实说明：刑罚只能是国家在两种都应该保护的权利之间所作的一种迫不得已的选择。无论是刑法中的罪刑法定原则、罪刑相适应原则、刑罚人道原则，还是刑事诉讼法、监狱法中的保护犯罪嫌疑人和服刑人的措施，都必须以"刑法（罚）不得已原则"为根据、为限度，才可能真正发挥刑事法保护包括犯罪人在内的全体公民的基本人权的作用。

最后，国家只能基于保护包括犯罪人在内的全体公民的人权而适用刑罚，这意味着尽可能减少刑事法的适用，才是国家适用刑事法的真正目的。如何通过不断丰富和发展全体公民的人权来减少犯罪，保证每一个人"对旁人的权利和自由给予应有的承认和尊重，并在一个民主的社会中适应道德、公共秩序和普遍福利的正当需要"，就是犯罪学研究的基本内容。

　　必须交稿了，就此打住。有疑惑者，请联系：chen7749@ya
－hoo. com. cn。

　　谢谢您对《刑事法学博士文库》的关注！

陈忠林

2008 年 8 月 6 日

前　　言

　　前言虽然是写在前面的，但在此处，前言却是对本书的一种后向式回溯。前言只是把正文写作完毕之后至今的一点体会和感慨如实地交代出来，使得自己不至于遗忘书写时曾有的脉络和想法，以及被裁剪的文字和因此而生的某种心情。

　　本书是我的第一本个人专著，也承载了我博士论文答辩稿的全部文字。博士论文是验证博士生科研能力水平的最为直接最为重要的学术载体，而冗长且艰辛的博士论文写作也是每个博士生必经的系统化学术训练过程，因此，其应当作为读博期间最闪耀学识，激扬才气的巅峰之作。但博士论文作为一种最高级别的毕业论文，却也更应当具备所有毕业论文的共同特征，即安全毕业是其最基本目标。同理，就我而言，本书之创作，如同在囚笼中跳舞一般，必须时刻约束偏念，检点言辞。因此，我在论文写作中，甚至在推出论文答辩稿之时，也不得不将过分偏执之论点加以揉搓，对张扬激进之创见进行打磨，乃至将某些出格的异说予以删减。以如此方式创作之作品，尽管中规中矩，通融圆润，并顺利通过了博士论文答辩，但却已然不见了思想的火花与四射的锋芒。我本来想在答辩后作出相应之调整，但最终还是将其作为一种历史旧迹予以保留，以其完整之面貌，一字未改展示于众。就中原因并非懒惰，而是基于对博士论文创作之深刻感想，意图以一种特别之方式对学位论文写作方式做永久告别。告别也就意味着涉猎无限新征程的开始，而从限定中解脱，感觉何等纾缓与轻快。自此我也会将我的视线尽情舒展，漫入各种学科领域，以自己喜欢之方式，做自己中意之研究。

卡夫卡曾言："目的是有，道路却无；我们谓之路者，乃踌躇也。"这尽管是对人生之感悟，却也和我的学术旅途有所契合。学术作品的发表或出版是其必然之归宿，但我在每一次文章发表前都会犹豫再三，生恐自己煞费苦心推敲出来的作品，成为一桩自演自看的短命剧本。也许对理想主义者来说，一桩使命的终结是他为之奋斗却又不愿面对的——不到最后一刻，他的努力就永远不会停止。但世物总有残缺，美的残缺与残缺的美都是这个世界中相生相伴的风味韵致，即便是凝结着多少法学名宿辛勤与才思的立法，亦难完全摹写描画出世情百态之事理幽微，因此才生发出"法意阑珊，不得不然"之感慨，何况似我等出道未久，见识浅陋的年轻刑法学人？故此，即便保有追求完美之心，也应面对随之而来的遗憾或怅然。职是之故，我才敢斗胆将这本不成熟之"少作"公开出版，以供学界同仁不吝斧正。

目　录

导　论

第一节　隐私权刑法保护之研究意义

隐私是人类特有的精神性人身要素，隐私权不受侵犯是人类的基本需要。在当今科学技术尤其是在电子、通讯和网络技术迅猛发展的社会条件下，公民私人生活面临的威胁与侵害变得愈加严重，隐私权刑法保护也日益受到人们的重视。

近年来，国内外所发生之侵犯个人隐私的案件层出不穷。尽管总体而言，单纯涉及民事侵权案件居多，诸如"夫妻看黄碟，警察突袭民居案"①、"宿舍管理科对女学生宿舍全天监控案"②等。但发生在香港的"陈冠希艳照门案"③、发

---

① 详情可参见苏力：《也许正在发生——转型中国的法学》，法律出版社 2004 年版，第 125 页以下。

② 详情可参见《女大学生宿舍安装摄像头——偷窥有罪？无罪？》，http://bbs.iyaya.com/33/284820-0.htm，访问日期：2008 年 6 月 17 日。

③ 详情可参见季蓉：《试论网络冲击下的明星隐私权问题——"艳照门"事件引发的思考》，载《中共郑州市委党校学报》2008 年第 5 期。

生在台湾的"璩美凤性爱光盘案"① 以及发生在中国内地的"房东在出租房偷拍女房客进而敲诈勒索案"② 等案件所造成的严重社会危害性业已超过民事侵权法的调控，并已引起刑法的警惕与重视。

法律是实践理性的体现，实践理性奠定了法律产生与发展的基础。从法学研究之角度来看，法律应当是一门推崇实践的社会科学，法律人应该特别重视社会上发生的具体问题，而非仅仅穷经皓首，汲汲于钻研偏险艰深的法学理论。社会需要的是推动法律变革的催化剂，值此隐私权价值凸显、民众对隐私权呵护心态日渐增强之际，如何保护公民隐私权也应当成为中国刑法切实关注的重要议题。

而考察中国现行立法，有关隐私权的法律规定还比较少，尚未形成完整的法律保护体系，这显然不利于对公民隐私权全面、充分的保护。究其原因，一方面是因为历史上我们向来对个人隐私权比较忽视，传统道德观念中也有反对隐私权保护的倾向，加之公民权利意识淡薄，社会上隐私权问题还不十分突出，因而很难在立法中加以体现；另一方面是因为中国隐私权法律制度研究起步较晚，许多问题尚待解决，还没有形成一套成熟的隐私权保护理论体系。目前中国学者从民法和行政法的角度对于隐私权问题进行了一些研究，其对隐私权在中国法律中的引入及确立所提供的理论支援当然是值得肯定的。但是，严重侵犯隐私行为的大量出现，已然使得单从民法和行政法的角度对隐私权的法律保护无法适应社会需要。而随着科学技术的进步，尤其是计算机信息网络技术的迅猛发展和广泛运用，会相继引发更大规模的严重侵犯隐私的案件。同时由于隐私侵

---

① 详情可参见《台湾政界女名人性爱光碟风波》，http：//news. sina. com. cn/z/mf/，访问日期：2008 年 6 月 17 日。

② 详情可参见《偷拍房客隐私敲诈勒索 一审判处有期徒刑二年》，http：//news. enorth. cn/system/2006/09/01/001399609. shtml，访问日期：2008 年 6 月 17日。

犯方式和手段渐趋多样化，使得对公民隐私权的保护变得既迫切又困难。尤其是现代监听监视技术、传播技术以及信息收集情报网络的广泛应用，使现代公民身心随时可以完全彻底暴露在透明生活圈域供人观赏与指点，进而导致受害人人格尊严丧失殆尽。因此，当个人生活安宁权、私人信息保密权和私人事务决定权受到严重侵犯时，刑法及时介入就显得尤为必要。故而，如何针对当代隐私犯罪的特征，适时修改刑法条文，或将某种危害行为犯罪化，或增加刑罚手段，或整合并补充相关罪名，或构建关于隐私权犯罪的特别刑法，进而使刑法更具有灵活性和适应性就具有重大的现实意义。

但国家与公民在刑法和隐私权方面所形成的关系绝非单纯意义上的保护关系，国家因为社会治理、惩治和预防犯罪活动需要，往往也要对公民的隐私权作出一定的限制。甚至在很多情况下，出于保护社会之目的，国家会采取措施主动监控掌握公民的隐私。因此，国家及刑法对隐私的保护并不是绝然的、无条件的，并且国家还会在特定场合中，出于特定需要，主动进入公民私生活而干预公民的隐私，甚至还会出现为了保护某一公民的隐私，而去探求索证另一公民的隐私。同时，隐私权的出现，是对另一重要基本人权，即公共表达权倡导并普及之必然结果。在阴雨的日子，人们渴望太阳光辉普照，并借以此而向世界充分表达展示自我。但在阳光灿烂的时刻，人们又渴望能在无所不在的光明中构建一个不被阳光照耀的角落，从而得以在静谧中独享安逸。故而，从某种意义上来讲，隐私权本来就是公共表达的产物，而正是对于公共表达权的刻意追求，使公共表达和隐私权之间产生对立。应该说权利冲突是人类社会的常态。如何在公共表达权和隐私权的刑法之间寻觅一种平衡，而不至于因为对某一种权利的过分保护而消解另一种权利，则不仅是一个刑法保护问题，还是一个刑法自我限制问题。就此而言，在隐私权问题上，如何处理刑事政策、公共政策与刑法之间交葛关系，将是极有趣味性和充满辩证色彩的研究议题。

第二节　隐私权刑法保护之研究现状

我国对隐私权的真正保护始于 20 世纪 80 年代初。在近三十年的发展进程中隐私权研究有了明显进步，但总体水平仍相对单薄。反映在立法中，在各种部门法中，隐私权都并不是作为单独的权利出现，而要依附于诸如名誉权、人格权等其他权利而存在，且散见于宪法、民法、刑法及相关司法解释之中，没有形成一个逻辑严整、协调一致的隐私权法律保护体系。

刑法是惩治各种危害社会行为最有力的武器，其惩治对象理应包括严重侵犯公民隐私权的行为。在中国，尽管社会对隐私权刑法保护之需求望眼欲穿，但隐私权刑法保护之研究现状却并不乐观。中国现行法律体系中，对隐私权的规定还主要局限于民法及侵权行为法领域，无论从犯罪圈定、具体刑罚措施手段上，刑法所起的作用都十分有限。我国刑法在现行的整个法律体系中属于公布较早的法律，而我国现行《刑法》条文中除规定非法侵入他人住宅、侵犯他人通信自由等行为应受到刑法处罚外，对其他侵犯公民隐私权的行为，很难再找到处罚条款。同时，即便是这些为数不多的可理解为包含着对公民隐私权刑法保护的相关条款，也已经远远赶不上时代的步伐。如现行刑法中有侵犯通信自由罪的规定，该罪表现为隐匿、毁弃或者非法开拆他人信件的行为。但在网络时代，人们之间的通讯联系将越来越多地表现为网上交流的形式，例如通过电子公告版、在线交谈、电子邮件等方式，侵犯公民通讯自由的行为也呈现出多样化、复杂化的特点。总之，中国隐私权刑事立法之规定已经远远落后于实践的需要。

隐私权的法律问题研究在国外已有百余年的发展历史，并且由于刑法对社会法益的独特保护作用，无论是欧陆法系还是英美法系国家均对于隐私权刑法保护问题展开过深入和细致的研究，不仅在隐私权刑法保护学术理论方面取得了巨大进展，并且还构建了一系列较为完整的刑事法律体制。从各国立法实践中看，诸如非法侵入他人住宅，严重侵犯自然人的通讯自由和通信秘密，违背职业道德泄露业务上所知悉他人信息等均属隐私犯罪行为。西方许多国家的刑法对公民隐私权的保护都极为重视，例如俄罗斯刑法中的侵犯私生活罪，德国和日本刑法中的妨害秘密罪等。特别是近年来，一些国家针对通讯技术发展给隐私犯罪带来的新情况，纷纷对原有的相关法律进行修改或者颁布新的法律，以强化对公民隐私权的保护。如美国在1986年即通过了《电子通信隐私法案》（ECPA），将截获或者泄露私人电子通信的行为确定为违法，触犯该法案有关条款，可能会处以罚款或者判处5年以下监禁，或者在罚款的同时并处5年以下监禁。在对隐私权保护相对完善的美国、德国和我国台湾地区，隐私权的刑法研究水平一直处于世界领先地位，这也反映了他们的刑法研究应与社会变革相呼应的刑法发展观。

　　同国外相比，中国刑事立法在隐私权刑法保护方面存在严重不足，已不能适应当前时代之迫切要求。同时刑法学界在隐私权与刑法关系的研究也近乎空白，不仅公开发表的有分量学术论文寥若晨星，至今也没有此方面博士论文或个人专著问世。隐私权刑法保护理论的缺失严重影响到其对具体司法实践的指导和评判，也难以使其及时从社会现实中汲取营养，以达致自身修正与完善。职是之故，隐私权与刑法关系的理论问题在中国刑事法研究领域是一块有待钻研和开发的新大陆，其所蕴涵的潜在研究资源储养和学术理论价值蔚为可观。这对中国刑法学人来讲，无疑是抢滩阵地、开疆拓土、著书立说的大好时机。

第三节　论文研究思路与方法

一、创作思路

本书在创作中将坚持问题意识和前沿意识:

思想是学术的核心构成。一篇优秀的论文固然离不开锤炼语言和推敲文字,但再优美的文字也要以承载思想、沟融知识为己任。而问题意识和前沿意识是学术创新、激发思想的基本前提,也是本书写作所坚持的基本思路与重要原则。

1. 问题意识

"问题对于一切有揭示事情意义的认识和谈话的优先性。"① 因此,刑法学研究必须具有"自觉的问题意识"。其实,正如波普尔指出的那样:"科学与知识的增长永远始于问题,终于问题——愈来愈深化的问题,愈来愈能启发大量新问题的问题。"② 而敏于思考、勤于追问的问题意识始终是贯穿全文、指领写作的重要特色。因此诸多问题散落点缀于正文,并自然而然成为本书核心理论读点。

如不确定性问题是本书中最常见也是最重要的问题。隐私是一个太主观化、太时代化、太随机化的概念。从隐私到隐私利益、基本人权、人格尊严、一般人格权、科技发展、隐私权定义、隐私权范围、隐私权期待、犯罪化等相关问题始终充盈弥漫着各种不确定性。甚至一定程度上本书就是围绕着不确定性为主线来论述,尤其

---

① 〔德〕汉斯-格奥尔格·伽达默尔:《真理与方法》,洪汉鼎译,上海译文出版社 2004 年版,第 471 页。

② 〔英〕卡尔·波普尔:《真理·合理性·科学知识增长》,载纪树立编译:《科学知识进化论——波普尔科学哲学选集》,三联书店 1987 年版,第 184 页。

是第三章《隐私权刑法保护的特殊性》部分，几乎都是被这种不确定性所引发。实际上，关于隐私权的相关论点与命题应该还有很多，但本书事实上是有目的地选择不确定性问题来挑战自己智识和勇气。应该说尝试一种在刀尖上跳舞的感觉，我既感欣喜但又不无忧惧。确定性是刑法的基本要求，而刑法核心理论中罪刑法定及构成要件都要求严整无误的确定性。如何证实这种确定性和不确定性之间相位差的存在，并且为二者之和谐相处找寻令人信服的解释，这无疑是个艰难的尝试。其实，本书完全可以作成一篇"二道贩子似的介绍性"文章，然后转手向他人"贩卖"。但自己不想堆垒出一篇如拼图识字般的学术积木，也不愿捏合出千篇一律的学科综述。本书宁愿甘当风险，对不确定性勇敢挑战。即便事后被证实自己选择的是一条无解的路径，也至少可以在这个理论雷区中用沾满汗水的失败描画出"此路不通"的启示。

如为什么作为国家公权力的刑法在市民社会中其他领域全面撤退的同时，却要以保护公民隐私为由，针对知情权和公共表达权要全面长驱直入，甚至会得到公民的积极回应和认可。因此隐私权和知情权及公共表达权的权利的通约与权利的配置之冲突在刑法中如何解决将是一个棘手的两难之题。

又如在隐私权犯罪的立法模式方面，是采用对刑法典的修补而相应完善隐私犯罪的刑法治理，还是制定隐私犯罪的单行刑法或是附属刑法立法模式呢？笔者更倾向于最后一种选择，但这种选择是否会对现行刑法典理论体系造成严重冲击，会不会又因此而导致特别刑法肥大化的症结？

思考上述问题，无疑会使人感到深深的困惑，并且随着本人对此问题研究的深入展开，也会遭遇更多的两难选择。可以说，本书研究中的绝大部分难题来自于理论积淀不足，但更受困于各种均有相当合理性的理论之间无可逃避的价值抉择之艰难。

爱因斯坦曾说："提出一个问题，往往比解决一个问题更为重要。因为解决问题，也许只是技能而已，而提出新的问题，新的可能性，从新的角度去看旧的问题，却需要创造性的想象力，而且标志着科学的真正进步。"[1] 因此，本书尽管未必能就上述问题给出令人信服的答案，但提出问题，激发他人思考研究，也未尝不是自己的一种学术贡献。

2. 前沿意识

隐私是一个不断发展的变动不居的历史范畴，其界限随着社会变迁而不断移动，难以最终确定。而与之相应刑法是否应当介入隐私权以及如何介入隐私权，本身就是一个崭新的最具有时代意义的重大理论创新问题。而至今在中国刑法学界尚未有人对此问题进行全面的系统化梳理和论证，因此，仅就该问题本身就具有相当的学术前沿价值。

另外，本书中所牵涉的诸多子问题，在学术界也鲜有人做出过相关论证，因此，本书中几乎每个子部分都具有一定的前沿性特征。如本书大胆突破规范刑法学的束缚，引入科技哲学、晕影理论、公共政策学、风险社会、范式转移等其他学科知识，转变了传统刑法学研究的传统理论进路。同时，在部分篇章中，本书借助自然法思想、一般人格权、模糊语言论、客观解释论、后现代哲学、开放性理论对诸如刑事立法技术、风险控制、开放性刑法观等方面都将进行积极探索。但即便如此，本书并非仅为前沿而前沿，从而放弃对刑法学理论的捕捉与探究。本书所有论题都是牢牢围绕隐私权的刑法保护这一主题而展开，故此本书依旧是一篇不折不扣的刑法论文。

---

① ［美］A. 爱因斯坦、L. 英费尔德：《物理学的进化》，周肇威译，上海科学技术出版社 1962 年版，第 66 页。

二、研究方法

1. 案例分析法

案例分析方法是法学研究中尤其是刑法学研究中最常见、最基本和最重要的研究方法之一。而案例分析法一方面展示出来侵犯隐私权所可能具有的极其严重的社会危害性，从而为该类行为的犯罪化提供现实依据；另一方面，展示出侵犯隐私权犯罪行为的多样性与时代性，从而揭示刑法在面对这些犯罪行为时，自身从立法技术到刑罚种类作出相应变革的绝对必要性。

2. 比较研究法

隐私权的法律问题研究在国外已有100多年的发展历史，无论是普通法系还是欧陆法系，对此问题都有较为深刻的学术积淀。而对于隐私权与刑法问题而言，上述两大法系无论是在理论上还是立法中均不乏颇有见地的深入研究。比较研究之目的，对于法学尤其是刑法学这样实用性学科而言，主要是借鉴：从他人的实践中找出成功的经验和失败的教训，以服务于中国实践，以期中国刑法能够对隐私犯罪作出及时而适当的反应。

3. 交叉研究法

学科交叉是科学研究领域的世界趋势，是现阶段最能提升原始创新能力的方法。当代科学的发展和重大科学技术成就的取得，越来越依赖于不同学科之间的交叉与融合，许多有影响的科技成果，都是在学科的交互和交叉点上取得的。刑法学从来就不是自我封闭的理论孤岛，而是和其他学科根脉相连，互相贯通的人文领域的重要组成部分，因此需要其他专业知识的滋养和扶植才能发展强壮。隐私权刑法保护问题，不仅牵涉到法学、伦理学、新闻学、历史学、社会学、政府学、公共政策学等人文社会科学方面的研究，还牵涉到诸如电子信息学、计算机学、软件应用学等自然科学学科的知识，从不同学科角度对隐私权与刑法问题进行研究有助于对该问题相关理论的深度开掘，拔高论文理论水平，增加论证的说服力。

4. 历史研究法

列宁曾说：为了用科学眼光观察社会问题"最可靠、最必需、最重要的就是不要忘记基本的历史联系，考察每个问题都要看某种现象在历史上怎样产生，在发展上经过了哪些主要阶段，并根据它的这种发展去考察这一事物现在是怎样的"。① 就法学研究而言，历史研究法主要是研究法律制度的发展历史，从各种事件的关系中找到因果线索，演绎出造成制度现状的原因，推测该制度未来的变化，其目的在于解决法律制度的现状及其演变趋向，但不是断章取义地分析法律制度的现状，而是系统地研究它们以往的发展及其变迁的原因。法学研究者一般都承认历史研究的重要性和价值，而历史法学的方法论，则主张对于立法的研究，除了解释法律外，从历史研究的观点，着眼于法律体系的形成过程以及社会制度的观察，并以系统研究的方法，就法律有关的各种型态及支配关系，包括形成概念的相关因素、内在关系、法律整合及法律漏洞等问题加以研究，以求得一个法律的合理性。②

隐私权问题从无到有、从一国到多国、从单纯的民法发展到行政法、诉讼法直至刑法多个部门法的多层次交替保护，隐私权外延在不断拓展。隐私权的发展与社会变迁呈现出互动的关系，隐私权的每一次较大发展都是以经济发展为动力的，经济发展为隐私的发展提供了物质基础。物质生产的发达、经济的发展及技术的进步改变了传统的社会结构和社会生活方式。因此，从隐私权演变的历史轨迹中也能寻觅出刑法具有开放灵活，回应社会变革，与时俱进的

---

① 《列宁选集》（第4卷），第43页。

② 罗传贤：《立法程序与技术》，台湾五南图书出版股份有限公司2001年版，第97页。

特征。

5. 价值分析法

隐私权固然是一种重要的权利，但却并非具有天然的独占优势。正如恩格斯所说："个人隐私一般应当受到保护，但当个人私事与最重要的公共利益——政治生活发生联系的时候，个人的私事就不是一般意义的私事，而属于政治的一部分，它不受隐私权的保护，它应成为历史记载和新闻报道不可回避的内容。"[①] 刑法是否应该保护隐私，怎样保护隐私，以及在何种情况下会出现合法监控私生活而获得有益于刑法适用的隐私，则应该属于公共政策及刑事政策的问题，毫无疑问只有借助价值分析的方法才能使相关争议问题得到最终之解决。

---

① 《马克思恩格斯全集》（第 18 卷），第 591 页。

第一章 隐私权基本理论问题

作为一种新生的权利类型，隐私权及其相关理论并未形成规整成熟的学术研究体系。尤其是在中国法学领域，隐私权研究尚处于萌芽起步状态。因此，刑法学者在进入隐私权刑法保护研究领域时，每一步都难免要受困于前期理论积淀的匮乏与贫薄。同时，按照学术研究的常规套路，隐私权刑法保护研究也应当对其研究对象的性质及其特征有必要之了解，才能做到有的放矢、对症下药。故而，本书将隐私权的基本理论问题作为隐私权刑法保护的理论铺垫，对其予以详细之论述。

第一节 隐私权的历史流变 及存在基础

一、隐私权的发展史

隐私权的法定化可以追溯到 19 世纪末期。但隐私权的形成却远远早于这个年代。自从有了人类就有了个人隐私，尤其是在家中。"家是个人的城堡，风能进，雨能进，但国王不能进"的古老格言验证了隐私存在的悠久历史。个人隐私制造了"一个庇护所，在那里个人的思想不受侵犯"。[1] 隐私权是一个历史发展的产物，从萌芽到发展过程中分析隐私权形成的规律，发掘出影响隐私发展的各种因素，有助于揭示其本质、概念、特性、构成以及隐私如何成为权利的对象等基本理论问题，从而为本书具体研究提供便利条件。

（一）隐私的萌芽

　　隐私权的产生是以隐私观念为基础的，隐私观念伴随着人类的发展已有几千年的悠久历史，在人类社会初期已有基于性意识而产生的"知羞耻"的隐私心态。其最明显的外在表现就是初民们用兽皮、树皮等物品将性器官包裹起来，以免在公共场合暴露这些部位。[2] 基于"羞耻心态"，远古时代的人认为自己的身体是绝对的隐私，不允许别人对自己赤身的随意窥视和探望。例如，西方的《圣经》中记载了这样的故事：在创世纪之初，看守伊甸园的亚当和夏娃在蛇的诱惑下偷吃了上帝的智慧果后，有了羞耻意识，不愿再赤身裸体地去见上帝，开始使用无花果叶子编成的裙子来遮羞。[3] 这种羞耻感也许来自于某种神秘原始禁忌，并且只限于人体特殊部位和两性间的秘密，内容十分狭窄，在这个阶段，只能称作是隐私的萌芽。但即便如此，其对人类的重要性却不可低估。正如美国学者汉娜·阿伦特所言："在隐私领域尚未被发现以前，私人性的特点之一是，人不是作为一个真正的人，而是作为动物种类的

---

　　① 〔英〕彼得·斯坦、约翰·香德：《西方社会的法律价值》，王献平译，中国法制出版社 2004 年版，第 272 页。

　　② 隐私从性而生，随性发展，性也始终居于隐私意识核心地位。如果说一部隐私史就是一部性史固然会以偏赅全，但一部性史就是一部隐私史却毫不过分，甚至离开了隐私也就没有性文明，在隐私家族中性意识自始而终握有话语权，处于一家之长的绝对核心地位。

　　③ 《新旧约全书》，中国基督教协会 1999 年印发，第 4 页。

一个标本即作为种的人类而存在于这个领域中。"① 因此正是隐私意识萌生，使得人和动物产生了真正差别。职是之故，从某种意义上来讲，隐私创立了人类和动物的分野，也使得人类文明的构建得以可能。

（二） 隐私权的开端

奴隶社会至封建社会，生产力有了较大的进步，人际关系也复杂起来，隐私含义逐步由穿衣以遮羞，扩张至鱼水之欢、私人居所等领域。而个人隐私的相关规范，早在公元 3 世纪左右就已由当时的犹太人纳入米西纳法中。当时规定民众不得凝视或窥探（to peer and look into）邻居之家屋，到了公元 1180 年时，犹太人就已经明白地使用隐私一词来界定并保护个人的隐私权利，并认为因隐私遭窥视而生之损害，在法律上应予救济。②

但这一时期的隐私权的最大特点是其极端不平等性，而且对隐私的保护与对特权的保护联系在一起。法律更关注和保护统治者的隐私，而且对不同等级的隐私的保护也是不平等的。统治者享有无限隐私受到严密保护。如古代中国对统治者的隐私有严明法律保护规定，中国第一部封建法典《法经》中就有"窥宫者膑"的规定，而议论皇室则被视为大不敬，可以被处死。③ 而被统治者除了上述闺房之私之外几乎无隐私可言。

因此，在奴隶社会及封建社会中，乡野草民习惯法上的隐私和皇亲贵胄制定法上的隐私在一种不平等状态下长期共存。隐私与其被称为权利还不如是标志身份贵重的特权。虽然主体范围的极度有

---

① ［美］汉娜·阿伦特：《公共领域和私人领域》，刘锋译，载汪晖、陈燕谷主编：《文化与公共性》，三联书店 1998 年版，第 77 页。

② 杨敦和：《隐私权在美国之起源与发展》，载《辅仁法学》1983 年第 2 期。

③ 李步云：《宪法比较研究》，法律出版社 1998 年版，第 486 页。

限性难以使其成为现代法律上具有普遍适用性的权利，但也标志着隐私权已经初步进入法律的视野。

（三）隐私权的确认

　　人类进入资本主义社会后，生产力得到极大发展。在 19 世纪末期由于报纸因印刷技术进步而价格降低，从而进入一般大众日常生活。为了吸引读者眼球，新闻记者漫无节制地窥探和散播个人隐私，并成为当时报业媒体主流发展方向。1890 年美国波士顿著名律师沃伦由于不满当地媒体对自己女儿婚礼的大肆披露，与美国哈佛大学法学院教授路易斯·D. 布兰代斯合作著文《隐私权》（The Right to Privacy）在《哈佛法学评论》上发表。该文指出："政治、社会及经济的变革不断提出承认新权利的要求，而青春永驻的普通法也在发展中回应着社会的需求。"[①] 二人呼吁社会对隐私权保护与尊重，倡导每个人都有"不受别人干涉的权利"，从而首次提到了隐私权的概念。

　　该文之发表在美国迅速激发了研究隐私权理论及相关法律制度的热潮。历经一个多世纪的曲折发展，美国逐渐建立起一套完整的隐私权保护体系。如今，美国隐私权制度已经漫延出国界，隐私权作为一种法律权利已经被世界各国所广泛认同与高度重视。不仅各国现在基本上建立起来相对完整的隐私权保护的法律体系，同时《世界人权宣言》、《经济、社会、文化权利国际公约》、《公民权利和政治权利国际公约》等国际人权文件也对隐私权或者公民私生活秘密的权利加以确认与保护。如《世界人权宣言》第 12 条明确指出："任何人的私生活、家庭、住宅和通信不得任意干涉，他的荣誉和名誉不得加以攻击。人人有权享受法律保护，以免受这种干

────────────

　　① Samuel D. Warren & Louis D. Brandeis, The right to privacy, Harvard Law Review, Vol. 4, No. 5.（Winter, 1890）, p. 193.

涉或者攻击。"而另一个重要的人权国际规范《公民权利和政治权利国际公约》第 17 条也包括了对隐私的规定:"(1)任何人的私生活、家庭、住宅或通信不得加以任意或非法干涉,他的荣誉和名誉不得加以非法攻击。(2)人人享受法律保护,以免这种干涉或攻击。"这也标志着隐私权这一从国内法上产生和发展起来的权利推向其保护(包括具体的司法保护)的国际化,隐私权全球法律保护体系正式构建形成。

(四)隐私权法定化是立法对社会现实的追认

隐私权是"长自沃伦女儿婚礼的一棵奇妙之树"。但即便没有沃伦和布兰代斯的那篇传世之作,隐私权也已成为暗藏于社会生活中的"活的法律",期待其他人去发掘与确认。隐私权被法定化之前,一直是作为"法律外的权利"存在于社会意识和社会实践当中。① 因此,在隐私权未被立法确认之前,是以道德权利或习惯权利形式而存在,其法定化也无非是立法对社会现实的事后追认。更确切地说,不是沃伦和布兰代斯创造了隐私权,而是隐私权使他们在人类法制史中声名烜赫。长期以来隐私权一直在社会历史的土壤中汲取营养,蛰伏、窥探、萌芽进而找寻破壳而出的时代契机。正如艾希利所说,"无论是现在还是其他任何时候,法律发展的重心都不在于立法、法律科学,也不在司法制度,而是在社会本身"。② 没有长期积养适合隐私权生发的社会现实条件,再典雅的文笔,再丰厚的思想也会被湮没在历史的旧纸堆中。因此,社会生养了隐私

---

① 通常讲到的权利,都下意识指法定权利,但在社会生活中,存在着众多未经法律确认、规定的权利。它们存在于人们的观念中,体现在人们的生活实践中,时常被认为是道德权利或习惯权利。对此可参见张恒山:《法理学要论》,北京大学出版社 2006 年版,第 328 页。

② Eugen Ehrlich, Foundation Principles of the Sociology of Law, select from The Great Legal Philosophers, University of Pennsylvannia Press, 1958, p. 437.

权，而立法通过对隐私权的追认也使得自身获得相当的合理性与正当性，从而实现了隐私权和立法的良性互动。

"权利永远不能超出社会的经济的结构以及由经济结构所制约的社会文化发展"。[①] 而一般认为隐私权在近代社会逐渐被广泛接受有两个原因。第一，至少在表面上，承认个人隐私权利是与当时占统治地位的自由权利至上的个人主义相关联的。第二，19世纪末新的通讯技术的发展，造成了对个人生活的干涉。正如沃伦和布兰代斯所说，"闲谈已不再是二流子或坏家伙独占的事情了，而变成了人们孜孜不倦地、同时也是厚颜无耻地追求的行当。经历了这种干涉的人深受困扰，不得不认真思考自己激变的原因"。[②] 因此，以社会意识与生活生产方式为主要表现形式的社会力量的变革才是隐私权产生的真正原因。

"法律如同语言一样，没有绝对停息的时候，它同其他的民族意识一样，总是在运动和发展中"。[③]而纵观隐私权发展演变过程，其无不受历史时代和社会现实的左右。如今人类正处在一个气象万千，日新月异的变革时代，社会现实的变动不居无疑会导致隐私权应时而变。隐私是个变色龙，即便人们今天能够准确刻画出其模样，勾勒出其界限，它也会毫不理睬地长出新枝节，换上新嘴脸。同时，每个法域对隐私权保护的范围也不一致，并且还会随时间推移而不断变化。这也就给其准确界定招致麻烦，也会给随后的刑法介入与刑法保护带来相当的困难。

---

① 《马克思恩格斯全集》（第19卷），第22页。

② ［英］彼得·斯坦、约翰·香德：《西方社会的法律价值》，王献平译，中国法制出版社2004年版，第261—262页。

③ 张宏生主编：《西方法律思想史》，北京大学出版社1983年版，第369页。

二、隐私权的性质

(一) 隐私与隐私权

从隐私的词源考察，privacy 一词的词根与"丧失"（privation）以及"剥夺"（deprivation）相同，都是 private。在古代，"私人的"这个词原始含义是"非公共的"，意思是不涉及国家的事务。在那时，要想不涉及公共事务，就是被"剥夺"权利。那时称某人是个"非常私化的人"，根本不具有褒义。因此，波斯纳就干脆认为，"私隐是贱民的命运"。[①]

隐私是一个受文化、环境、社会和语义等因素影响的抽象概念[②]。就字面上来讲，"私"是指纯粹私人的，与公共利益、群体利益无关的事情；"隐"就是某种活动及领域具有主观隐蔽愿望，不愿为人所知，不想被他人干涉或侵入。[③] 而对于隐私的界定，理论界则一直异见杂陈，如 A. F. Westin 认为"隐私是人们自由选择环境和公开自己行为及其程度的一种愿望"，它应包含离群独处、亲密交往、隐藏身份、保留隔阂等四种基本情况；[④] 而 F. D.

---

① ［美］理查德·A. 波斯纳：《正义/司法的经济学》，苏力译，中国政法大学出版社 2002 年版，第 276 页。

② S. R. M. Oliveira and O. R. Zabane, Toward standardization in privacy - preserving data mining, in: Proceedings of the 3rd. Workshop on Data Mining Standards, inconjunction with KDD. Seattle, WA, USA: ACM, 2004, p. 7.

③ 正如下文所坚持认为的，隐私本身具有相当主观色彩，尽管有些信息曾被广泛公开，但并不影响其成为隐私的可能性。就隐私的主观性，有学者甚至更加形象地指出："隐私，实际上就像一道蓄水的闸门（sluice gate），允许一个人自主地控制别人了解自己的一切，唯有他本人决定着这道闸门的升与降。"对此可参见 Lloyd L. Weinreb, the Right to Privacy, Cambridge University Press, 2000, p. 35。

④ A. F. Westin, The right to privacy, Atheneum, Cambridge University Press, 1967, pp. 25 – 37.

Schoeman 将隐私定义为"个人决定与他人交换哪些信息和控制这些信息的一种权利";① S. Garfinkel 则指出"隐私就是自治、完整性和自我所有";② 然而，A. Rosenberg 却认为"隐私不是一种权利而是一种品味"。③ 尽管上述意见分歧较大，但总的来说，将隐私界定为个人私生活领域内的相关事务却是为学界所公认。

"隐私是一种社会观念，其指其范围可能包括许多各式各样的状况，某些情况下隐私被法律保障，某些却没有，被保障的部分称为隐私权。"④ 虽然隐私与隐私权均是有关个人私领域内的事务，但二者之间既有较大差异，却又具有紧密的内在联系。隐私是个人领域内的事务，而个人领域则是个人所保留，公众不应侵入的领域；隐私权则是对个人领域事务（隐私）的控制权，主体是个人，客体是个人事务，而且是与公共利益无关的个人事务，作用是控制，就是个人对自身事务的掌握和自主。⑤

换言之，隐私是一种事实状态，其并不涉及价值评断，故具有高度的个人主观上的认知，隐私是权利的客体，侵犯隐私属于证据认定的问题。而隐私权则是法律赋予保护隐私利益的力量，它可以作为一种法律上的主张，隐私权需保护到何种程度，这是一种法律

---

① F. D. Schoeman, Philosophical dimensions of privacy, Cambridge University Press, 1984, pp. 33 – 35.

② S. Garfinkel, Database Nation: The Death of the Privacy in the 21st Century, Sebastopol, CA, USA: O'Reilly & Associates, 2001, pp. 51 – 55.

③ A. Rosenberg, Privacy as a matter of taste and right, Cambridge University Press, 2000, p. 68.

④ ［美］Thomas J. Smedinghoff：《网络法律》，张台先、陈月菁译，台湾美商艾迪生维斯理和儒林图书公司合作出版 1999 年版，第 16 页。

⑤ 赵显彰：《指纹数据库与隐私权之保障》，台湾逢甲大学公共政策所 2004 年度硕士论文，第 48 页。

制度上的安排，侵犯隐私权属于法律评价的问题。①

同时，二者在概念范围上亦有一定之差别。隐私所包含的概念范围，远大于隐私权的概念范围，有些隐私所须维护的利益极小，并不需要法律的介入保护，有些隐私利益，则需要赋予权利而能在法律上有所主张行使。一个人可以拥有非常多的隐私，但并非意味着他就同时享有隐私权的保护。② 而"之所以要区别隐私与隐私权，其区别的实益在于：了解二者的区别之后，将有助于研究的讨论，在讨论具体对象时才不回漫无边际，不至于失去焦点。其次，辨明隐私为权利客体后，有助于了解隐私权的权利性以及权利的行使，而能进一步确定隐私权的保护范围，使隐私权概念更能清楚明白"。③

（二）隐私权是一项基本权利

1. 基本权利概念之提出

基本权利是指"那些对于任何公民不可或缺的、不可取代的、不可转让的、稳定的、具有母体性的共同权利。法律意义上的人权指的就是宪法制度保障的基本权利"。④

基本人权最早源自于日本国宪法规定的用语，与其他国家宪法中的基本权、市民的自由、权利等用语的内容是相同的。历史上，在法国革命时曾称之为自然权（日本将其译为天赋人权），即人们

---

① 詹文凯：《隐私权之研究》，台湾大学法研所 1998 年度博士论文，第 135—137 页。

② 如尽管一个人对青岛啤酒和《读书》杂志的嗜好可以无可争议成为个人隐私，但并不意味着上述隐私信息就能获得法律的眷顾。而同性恋婚姻及堕胎选择能否为法律所保护，则完全需要立法赋予其相应之权利地位。

③ 甘大空：《公众人物隐私权与新闻自由》，台湾大学法研所 2003 年度硕士论文，第 17—18 页。

④ 徐显明主编：《法理学教程》，中国政法大学出版社 1994 年版，第 397 页。

在社会生活中，作为人格存在而发展的必不可少的权利和社会法律的力量。而且这些权利并不仅仅只是由各个人来决定、行使，宪法必须在法律上承认它是不可侵犯的基本人权，并在各种法律中保障其实效性，这已成为当今完法国家的原理。①而 1945 年《联合国宪章》在前言中提道："欲免后世再遭近代人类两度身历惨不堪言之战祸，重申基本人权、人格尊严与价值，以及男女与大小各国平等权利之含义。"这不仅意味着在国际法层面上基本人权占据了人类权利谱系主导地位，还意味着基本人权超越民族、种族、财产、宗教信仰、教育程度等诸多限制，进而成为"人之所以为人"的先决要件。

基本人权在一国内部通常都体现在宪法中，而在国际上则由国际人权文件加以规定。至于基本人权包含哪些内容，目前学术界则是胜义纷披，精见迭出。据国内学者之总结，基本人权之内容大致可以分为以下五种观点：一是认为有平等权和自由权；二是认为有人身权利、政治权利、经济权利、文化教育权利、社会权利；三是认为包括人身权利、政治权利和自由、经济社会权利；四是认为有生存权、环境权、和平权、自决权、发展权；五是认为包括《世界人权宣言》列举的各项权利，即：平等权、自由权、生命权、独立权、人格尊严权、公诉权、公正审判权、国民权、婚姻权、庇护权、参政权、受益权、财产权、追求幸福权等。② 尽管上述学说之间存有较大分歧，但有一点已然形成共识，即"基本权利对人有着普遍的价值，它是人与人之间利益的度量分界，是对公共权力的评价标准，是人们和谐相处的共同尺度"。③

---

① 林惠珍：《基本人权》，载《国外社会科学文摘》1989 年第 12 期。
② 罗玉中主编：《人权与法制》，北京大学出版社 1999 年版，第 66 页。
③ 徐显明主编：《法理学教程》，中国政法大学出版社 1994 年版，第 400—402 页。

基本人权是宪政领域研究的一个核心命题。由于基本人权在人权谱系中之主导地位，较之其他人权，其在逻辑上和事实上处于优先地位。正如有学者断言："基本人权是其他人权产生的一个逻辑上的预先假定。"① 这已成为人权法学中的一条公理。② 故而，基本人权是其他一般性具体人权之渊源所在，非基本人权须经基本人权推导而生。近代各立宪国家均以基本人权作为宪法的一项不可更改的基本原则。无论各国对人权的看法多么不一致，在基本人权这一点上是有可能并且本就应该取得共识的。由此，世界各国法律体系，都赋予基本人权优先的地位，并力图穷尽一切法律手段予以保障。

2. 基本人权之宪政意义

值得说明的是，基本人权从人权中脱颖而出并非是为了增加一个宪政领域可供之研究的理论议题，其命题的提出就具有重大之宪政意义。

首先，基本人权先于制定法而存在。立法的本位落脚于人权，法律的理念、价值来源于它。以自然法学派观点，人的基本权利和要求是自然的、与生俱来的甚至是优先于社会而存在的。制定法规范并非创造权利，亦非赠与权利，乃是承认权利的官方证明文件以及法律救济依据。美国宪法学界有一种观点："美国人的个人权利是'天然'的、固有的权利，它们不是社会或任何政府的赠与。它们不是来自宪法，它们是先于宪法而存在的。"③ 因此，较之制定法，基本人权具备某种先验的特征，基本人权是考察制定法正当性与合理性的一面镜子，与之相抵牾的制定法则必然成为人神共愤

① 韩德培、李龙主编：《人权的理论与实践》，武汉大学出版社 1995 年版，第 364 页。

② 汪习根：《论发展权与宪法的发展》，载《政治与法律》2002 年第 1 期。

③ 庞森：《当代人权 ABC》，四川人民出版社 1992 年版，第 28 页。

的恶法。

其次，相对于基本人权来看，非基本人权的主体往往只具有相对性、特殊性。如残疾人的某些特殊权利不适用于健康人；妇女的特殊权利，男性不享有；儿童的特殊权利，成年人不享有。其他诸如监护人的权利、消费者的权利、罪犯的某些权利、诉讼中的人权保障、律师的权利等都不具备基本人权之普遍性。因此，不能借以上述权利的特殊性对其保护以偏赅全，甚至提出其他超出基本权利保护现状的特殊要求。只有在基本人权已然获得充分保障的前提之下，才能够对特殊人权施以专门之保护。

最后，尽管基本人权核心理念始终是围绕人性生活及世道人心而常驻不变，但人之精神领域及价值观念本身就容易追随时代脚步而波荡不安。这也导致了基本人权边界不断迁变，而基本人权也注定要随着人类生活方式的迁移和人权理论的演进而不断发生变化。因而基本人权的存在，无法在一时的理性分析中和证明中被肯定；而是在于人类的意识随着历史的演变而逐渐被肯定的，其价值也在今日的社会中愈来愈受重视与提升。因此按鲁文大学教授 G. Tthils 所提出的见解，我们也可以问：这普遍的信念本身，是否包含着一个客观的真理？即人性生活的建立与完整，其过程是在于先普遍地解决物质方面的生存问题后，人类便会进一步地发现其他高于物质上的种种需要。是的，由现代人对人权普遍且无法抗拒的肯定，我们得知：基本人权的信念乃基于一些客观的价值与真理。正如自然道德法中所提的：自然法是动态的，某些自然道德法律的内容必须经过人类历史的演变和意识的发展，才能被发现与肯定。① 因此，宪政的基本理念不仅是保护基本权利，而且要发现基本权利，关注其健康成长。这就需要立法者和研究者不断变换眼光，开阔视野，

---

① 詹德隆：《基本人权》，载《辅仁大学神学论集第 65 号》，台湾光启出版社 1985 年版，第 425—426 页。

及时把握了解社会发展动向，为权利的拓展开挖沟渠，促进权利的发育成长。

3. 隐私权——新近生成的基本人权

"人虽是肉体的存在，但其与其他动物的不同之处在于其是具备理性和意识的，可谓是伦理的存在。人作为肉体的存在，虽然为了生存首先不得不严酷的劳作，但是人的生活并非至此为止。无论怎样，对人而言，生之价值不可或缺，从此意义上而言，精神世界是具有价值的"。① 而远离尘嚣，独享清净与安宁的隐私权利不仅是个人抗衡社会喧闹的价值所在，还是实现个人人格独立、精神自由的重要条件。因此，没有隐私，人类的生活就会受到更多的控制。因此在人类权利家族中，隐私尽管是一项晚近才生成的权利，但自其登上社会舞台崭露头角的那一刻，就已经成为人类精神家园的呵护者而备受世人之青睐。

人类生活在一个被隐私包裹的世界里，保护个人隐私已成为维系人格尊严和个性自由不可缺少的重要条件。作为一种古老的、但"法律名分史"又相对年轻的权利，② 隐私权已被普遍认为是一项正在生成的新兴基本权利，因而应当得到法律充分有效之保护。"宪法保障人权的各种规定必须对每个人都是充分的，而这些权利在人们追求幸福的权利意识提高的同时被扩大，作为确保幸福的人权，环境权、知情权、隐私权、和平生存权等重新得到主张"。③如今伴随着社会进步和人权发展，隐私权已经或者正在成为各个国

① ［日］星野英一：《私法中的人》，王闯译，中国法制出版社 2004 年版，第 1 页。

② 美国联邦最高法院大法官道格拉斯（Douglas）曾代表最高法院说："我们所面对的隐私权，比权利法案更古老——比我们的政党、比我们的学校体制有更久远的历史。" See, Griswold v. Connecticut, 381 U. S. 479［1965］。

③ ［日］三浦隆：《实践宪法学》，李力、白云海译，中国人民公安大学出版社 2002 年版，第 16 页。

家和地区广泛承认与保护的公民基本权利。如 1987 大韩民国宪法第 17 条规定任何国民有拒绝侵犯其私生活秘密之自由。[①]而 1993 年俄罗斯联邦宪法第 21 条第 1 款规定："个人尊严受到法律保护";第 23 条第 1 款："每个人都享有私人生活、个人和家庭秘密不受侵犯、维护自己的荣誉和名声的权利";第 2 款："每个人都享有保守通信、通话、邮件、电报和其他通讯秘密的权利。"[②] 即便是在宪法中没有直接规定隐私权的国家或地区,隐私权在司法实践中也可以得到充分之保护。如我国台湾地区宪法中虽无明文规定对隐私权进行相应之保障,但台湾地区法学界与司法实务部门却一致认为："隐私权虽非宪法明文列举之权利,唯基于人性尊严与个人主体性之维护及人格发展之完整,并为保障个人生活秘密空间免予他人侵扰及个人数据之自主控制,隐私权乃为不可或缺之基本权利,而受宪法第 22 条所保障……"[③] 而到 20 世纪中期《世界人权宣言》、《公民权利和政治权利国际公约》、《欧洲人权公约》、《美洲人权公约》等国际人权文件也都明确了隐私权是一项基本人权。

因而在科技文明已逐渐凌驾于一切之上的变革时代,当今人类不得不在道德意识上肯定隐私权之于现代人生活的重要性及提倡之必须性。在这样潮汐涌动的历史社会背景中,赋予隐私权某种先验性,将其作为人类一项重要的基本人权不仅顺应时代之要求,亦与人类伦理生活所共同努力追求之精神价值相吻合。

---

① 姜士林等主编:《世界宪法大全》,青岛人民出版社 1997 年版,第 253 页。

② 姜士林等主编:《世界宪法大全》,青岛人民出版社 1997 年版,第 827 页。

③ 徐静如:《艾滋病患者信息公开的道德问题探究》,台湾国立中央大学哲学研究所 2008 年度硕士论文,第 34 页。

（三）隐私权是一般人格权

1. 一般人格权命题之提出

人格权是民事主体依法享有的、以人格关系上所体现的与其自身不可分离的利益为内容的民事权利。人格自由、人格独立、人格尊严与人格平等是人格权的基本内核。

人格权之种类以现行法律上所承认者为分类，可分为一般人格权与特别人格权。一般人格权是指法律未将所要保护的人格特定化，权利的内容并未定型化的人格权，其范围涵盖关于人之存在价值及尊严之权利，包括生命、身体、健康、名誉、自由、姓名、贞操、肖像、隐私等人格利益。一般人格权是一种具有发展性之权利，随着人类文化及社会经济之变迁，其内容亦趋于扩大，最近隐私权特受重视，即其着例。而关于生命、身体、健康、名誉、自由、信用、隐私、贞操等诸种人格法益，法律上设有特别规定者，学说上则称之为特别人格权。[①]

欧陆法系中早期制定的民事立法通常仅对一些具体的人格权（即特别人格权）作出相应之界定，同时不致使非财产上损害赔偿范围无限扩张，各国侵权法还特别规定此种赔偿以"法律有特别规定者为限"。但由于自然人基于人格权所生之利益极其广泛，特别人格权根本无法融括应受保护的各种人格利益，即便扩充法条也难以予以穷尽，由是则造成司法部门处处掣肘，无力提供足够之救济。为此，法官或直接依据宪法的规定对民法并无明文规定的人格权予以保护；或者对法律明定的人格权予以扩张解释（如我国台湾地区的法官将侵害贞操权解释为侵害身体或健康权）；[②] 或者采

---

① 陈文贵：《基本权利对民事私法之规范效力》，台湾中央警察大学 2000 年度硕士论文，第 133 页。

② 施启扬：《民法总则》，台湾大地印刷厂 1993 年版，第 103 页。

用类推的方式将法律有关特别人格权的规定适用于其他人格利益遭受侵害的情形①。但上述补救性途径终究无法从根本上解决人格权保护问题。在此背景下，"一般人格权"的理论应世而出。

"在一般人格权这件大氅下面所聚集的保护地位呈现出不同的专属性程度；其中一些可以毫不困难地解释为权利，而另外一些就不行。……一定要明白，有很多人格权保护地位并不具有人们将之与绝对权概念联系在一起的那种专属程度。所以，一项一般人格权就其真正意义而言，就像一项绝对的'对于财产'的权利一样是不存在的。我们只是使用'一般人格权'来指称一个以不同强度给予保护的利益综合体"。②因此，"一般人格权是一种弹性权利"，可以将尚未被特别人格权具体确认和保护的其他人格利益"概括在一般人格利益之中，依一般人格权进行法律保护"。③

从一般人格权产生的原因来看，其最为重要的价值在于将基于人格而发生的全部利益（人格利益）从整体上予以保护，以弥补特别人格权难以穷尽人格利益之不足。因此，就人格权的发展历史看，虽然一般人格权之出现似乎晚于特别人格权，但一般人格权绝非基于特别人格权的概括抽象而产生，恰恰相反，一般人格权之目的，正是在于弥补立法上所规定的特别人格权之不足，从而为被立法所遗漏的具体人格权提供法律保护之根据。④

2. 一般人格权之特征及意义

一般人格权是德国在 20 世纪 50 年代由联邦最高法院以司法判例的形式，通过援引德国《基本法》第 1、2 条而发展起来的一种

---

① 如尽管名誉权与隐私权之间存在较大差异，我国相关司法解释却将《民法通则》第 120 条关于名誉权保护的规定，类推适用于与受害人隐私侵权案件的审理。

② ［德］迪特尔·施瓦布：《民法导论》，郑冲译，法律出版社 2006 年版，第 218 页。

③ 王利明、杨立新：《侵权行为法》，法律出版社 1996 年版，第 163 页。

④ 尹田：《论一般人格权》，载《法律科学》2002 年第 4 期。

"框架权利"，其突出特点在于"模糊性"，何种行为侵犯一般人格权、是否以及如何对之提供救济皆由法官根据个案进行判断。① 因此，即使法律明确规定了"一般人格权"，也仅仅是搭起了一个"框架"，其具体内容须待生活现实填充，而由法官（不是制定法）根据具体个案情况进行自由裁量。②

故此，一般人格权是一个与时俱进的权利，其最大特征就是其不确定性，并且随着人类文化及社会经济的发展，其范围不断扩大，内容亦愈发丰富，对此几乎无法做出概括性的表述。更确切地说，"一般人格权在其受保护的范围内承载了什么内容，是无法用一个统一的公式，甚至是根本无法创立一个归入法的公式来表达的。这里的问题在于其构成要件的模糊性。因为在内容上要满足这一构成要件，在很大程度上取决于许多伦理上的条件，而正是这些伦理条件决定了这一构成要件的存在"。③

从法理逻辑上来讲，权利的内在要求就是内涵与外延的清晰性与明确性，故此强调具体人格权并对之做较为准确的划界，有利于适用法律，提高法律的稳定性。但对强调明确性的过分要求，也会使人格权体系出现封闭性进而无从适应现代生活变动之应接不暇。而一般人格权的提出则为人格权保护提供了一条新的思考路径。在人格权的保护上，"不能因法律无规定，就认为在法律上等于零，而不予保护。同样应认为存在法律空白，对此应采取妥当的形式，

---

① ［德］迪特尔·梅迪库斯：《德国民法总论》，邵建东译，法律出版社 2000 年版，第 107 页。

② 朱庆育：《权利的非伦理化：客观权利理论及其在中国的命运》，载《比较法研究》2001 年第 3 期。

③ ［德］马克西米利安·福克斯：《侵权行为法》，齐晓琨译，法律出版社 2006 年版，第 52 页。

以适应社会的需求"。① 因此为了确保人们生活得自由、平等和尊严，民法上承认一般人格权的概念就显得十分重要。这个概念可以认为是对"不胜枚举的宪法权利"的支持，更重要的是这个概念可以为遭受人格侵害但法律又没有明文列举受侵害的权利的受害人提供法律救济。因此，从某种意义上来讲，恰恰是由于一般人格权其内涵不确定，为未来可能出现的新的人格利益成长为法定权利提供了理论支撑。当代人格利益所呈现之纷繁多彩的态势，必然就要求人格权的边界不能像其他权利一样明确，而应当具有相当大的伸缩性。当人们遇到自己的人格利益遭到侵害，但该人格利益又超出了具体人格权保护的范围时，可以依据关于一般人格权的法律规定，寻求法律上的救济。因而采纳一般人格权，就意味着对人格法益可以形成一个密不透风的法律保障体系，不会存在因为法律滞后于社会的发展而出现的法律漏洞。

职是之故，一般人格权理论的出现能够既保持权利的法定性又保持权利体系的开放性。一般人格权与特殊人格权的衔接互补，一方面使民法不至于无限制自我扩张，从而实现权利的可预期性与稳定性；另一方面则避免了人格权法定化的自我封闭性，既明确了已经类型化的人格权的内涵与外延，也为人格权的发展预留了拓展空间。②

---

① ［日］加藤一郎：《民法的解释与利益衡量》，梁慧星译，载梁慧星主编：《民商法论丛》（第2卷），法律出版社1994年版，第86页。

② 特别需要指出的是，民法很多概念，如名誉权、贞操权以及本书中所倾力关注的隐私权等都存在一定程度的不确定和开放性的特征，这对于习惯罪刑法定和构成要件的刑法学人的确有些匪夷所思。其实刑法也是法律呵护人性的重要手段，也应该更好地和社会现实接轨，及时反映人性利益的需要，因此刑法也需要一定的灵活性。而事实上，刑法中期待可能性、开放式构成要件、刑事法律拟制、错误论及客观解释论就是为了消减罪刑法定与犯罪构成要件内容机械、对社会反应迟钝的缺点，才不惜冒着与刑法基础理论相互冲突的危险，创制了这些新理论。

3. 隐私权是一般人格权

尽管隐私权在晚近得到各国及国际社会之广泛认可，但隐私权在很多国家宪法及侵权法中都未被赋予独立之权利名分，更多的是寄生在其他权利形态中进而寻求法律的间接保护。[①] 然而在这些国家中隐私权即便虽非宪法明文规定所列举的权利，基于人性尊严与个人主体性之维护及人格发展之完整，其对人类生活的重要性也是不言而喻的。而一般人格权的主要内容即为人性尊严，是从"人性尊严所溢流出的价值之自由"，其目的在于"概括、承接、保护尚在孕育中的自由权"，防止法律保障产生漏洞。[②]由是观之，隐私权与一般人格权具有极其紧密的内在关联。[③]而至今隐私权的内涵及其边界仍处于一种持续发展状态，并随时滋养出大量特殊人格权，符合一般人格权之特征不确定性及开放性之特征。

如在美国宪法及其修正案中并无隐私权之表述，而相当长一段时期美国联邦最高法院对于隐私权的保障，均只限于对于刑事程序中搜索、扣押的限制，至于隐私权其他领域之保障则均付之阙如。一直到 1965 年一宗关于堕胎禁令引发的 Griswold v. Connecticut 一

---

① 如至今英国法律尚不承认独立的隐私权。英国学者认为，个人隐私只能是一种法律以外的东西，或者最多只不过是一种附属的价值。不少权威性的判例都坚决地拒绝了任何关于个人隐私已经成为英国法所承认的权利的说法。如法院在凯尔诉罗拨臣一案中裁定侵犯隐私权不是诉因，不受侵扰的权利因侵犯土地或人身的行为和妨碍行为被定为侵权行为时，而受到在某种程度的保障。对此可参见李德成：《网络隐私权保护制度初论》，中国方正出版社 2001 年版，第 17 页。而 1948 年，"关于诽谤问题的波特委员会"甚至指出，对个人隐私的侵犯只不过是冒犯了"良好的情趣"，而这类"良好的情趣"、"生活的礼仪"等虚无的概念绝不是也不应是法律所管辖的东西。对此可参见 [英] 彼得·斯坦、约翰·香德：《西方社会的法律价值》，王献平译，中国人民公安大学出版社 1990 年版，第 229 页。

② 张万洪、徐亮：《隐私权本质的解析与界定——隐私权的法哲学反思》，载《青海师范大学学报（哲学社会科学版）》2007 年第 1 期。

③ 事实上，美国隐私权的概念也就相当于欧陆法系，尤其是德国的一般人格权的概念。由此可见，隐私权与一般人格权之间所具有的深厚渊源。

案，最高法院才在该案中承认了个人隐私领域（zones of privacy）的存在，并透过"晕影理论"①（Penumbra approach）的解释方式，正式宣告隐私权是宪法所保障的基本权利之一。② 在 Griswold v. Connecticut 一案中，大法官 Douglas 在这则判决意见书中，根据以往诸多判决的见解，首次透过晕影理论的解释方式指出，从联邦宪法增修条文第 1 条言论自由发展出的结社自由、第 3 条军人平时不得侵入民宅、第 4 条对搜索扣押之限制、第 5 条不得自证己罪、第 9 条人民自由权利概括条款等规定之中，都存在着隐私权的保护，并进而认为隐私权其实是一项具有宪法位阶的基本权利。Douglas 的见解对于日后的案件有相当大的影响，而随着时间推移，隐私权边界也不断向外持续蔓延。如在 1972 年的 Eisenstadt v. Baird 案中，法官已将私人应受宪法保障的隐私领域扩大至未婚妇女之避孕权利，接下来之案例更将隐私领域几乎涵盖到所有个人活动，如婚姻、性生活、堕胎、安乐死等等方面。③ 也正是在这种晕影理论的引导下，各种人权组织也根据将隐私权触角伸展至晕影笼罩的每个角落，诸如个人经历、籍贯、思想倾向、宗教信仰、病历、一般私生活、日记等记载等等个人信息，以及是否要怀孕生产、是否要染红发、是否可以拒绝他人对其电话、年龄、教育、婚恋、秉性、嗜好、衣着、姓名等等的搜寻打听的自我决定权，如今都已经演变成为具体的隐私权利。

---

① 所谓晕影理论或称半影理论，系指宪法不仅保障明文规定之权利，其周边权利亦予以保障，透过对后者之保障，能使其明文规定的权利保障更为确实，也就是说，晕影理论是指，在诸多宪法权利晕影之内，均可见到隐私权。详参阅高光义：《论日本宪法上之隐私权》，载《现代国家与宪法：李鸿禧教授六秩华诞祝贺论文集》，台湾月旦出版社股份有限公司 1997 年版，第 823 页。

② 高光义：《论日本宪法上之隐私权》，载《现代国家与宪法：李鸿禧教授六秩华诞祝贺论文集》，台湾月旦出版社股份有限公司 1997 年版，第 823 页。

③ 詹文凯：《隐私权之研究》，台湾大学法研所 1998 年度博士论文，第 42—43 页。

　　隐私权已经成为新生权利萌芽成长权利的孵化器，这也就昭示着其一般人格权本性。亦即隐私权是以维持个人生活之独立以及不受侵扰为目的，其在现实生活之呈现，例如一个人决定是否将自己的信息公开、是否拒绝别人对其身体及住宅进行搜索，甚至于是否堕胎等自我决定，都是一个人对于其人格之主张，而其意旨则在于保护人格之完整。因此，隐私权已形成一类似指导原则，而其保障范围也从一般独处权或个人信息自主权，进而发展到与人格密切相关之部分。"简而言之，隐私权最终保护之对象即为一般抽象性人格。因而，隐私权实质上与一般的人格权所扮演的角色相同"。①

三、隐私权的权利基础

　　隐私权成为民法或宪法上的权利已经是不争之事实。并且随着隐私权意识日渐深入人心以及严重危害隐私权行为的大量出现，隐私权也在渐渐被纳入各国或地区刑事法律调整范围。然而为何要动用国家法律资源保护个人隐私，隐私何以成为权利的对象？究竟是什么因素使得隐私成为法定权利并影响其发展变迁？对隐私权利化的理论基础的探讨就是对上述问题之回应。

　　本书认为，隐私权之权利基础应为自主性人格尊严，并将从以下几个方面展开详细论证：

（一）隐私权可以满足人性存在所必需之精神价值

　　从隐私的发展阶段来看，它大致包含三个由表及里的层次：
　　首先，对身体的遮蔽。这是源于羞耻之心而对人的赤身裸体所加的掩饰。这种意义上的隐私也称为"阴私"，表征着人类对关涉

---

　　① 蔡佳峰：《新兴科技下信息隐私权保障之研究——以无线通讯、低射频辨识系统为中心》，台湾国立中正大学法律学研究所 2006 年度硕士论文，第 13 页。

"自己身体"的注重和爱护。其次，对行为的掩饰。这主要是指人们对表现于外在的行为在不愿为他人所知的情况下所做的遮掩。例如，个人羞于向外人展示的个人癖好（如吮吸拇指），某些难于同别人分享的生活习性（如不良的饮食习惯）。最后，对思想的固守。这意味着隐私的知识意义即在于锻造行为者本人的思想，并且任何一种思想意识和思想观念都是值得尊重的，国家和社会既不能强迫人们服从某种信仰，也不能以大众的意识形态来作为干涉他人思想意识的借口。[①]

因此，隐私的发展实质上是遵从肉体到行为再到思想的路径，而追求心理的慰藉、灵魂的安宁也正是隐私终极标的所在。

而从人性的特定来看，"痛苦、愉悦和生命的利益只有一小部分与生理有关；思想、感情与知觉需要法律去支持"。[②] 对此，1928 年美国联邦最高法院在 Olmstead v. Unite States 案件中，大法官布兰代斯曾有一段经典性的论述："美国宪法的制定者们决心保障人们追求幸福所必需的条件。他们承认人的精神本质、人的情感、人的理智的重要性。他们认为，在物质生活方面，人们只能得到部分的痛苦、欢乐、满足。他们矢志保卫美国人民的信仰及其思想和感情。他们使人们享有不受干涉的、对抗政府的权利。这是最为广泛的各种权利，为文明的人们高度重视的权利。"[③] 而人虽是肉体的存在，但其与其他动物的不同之处在于其是具备理性和意思的，可谓是伦理的存在。人作为肉体的存在，虽然为了生存首先不得不严酷地劳作，但是人的生活并非至此为止。无论怎样，对人而

---

① 胡玉鸿：《法律与自然情感——以家庭关系和隐私权为例》，载《法商研究》2005 年第 6 期。

② ［美］爱伦·艾德曼、卡罗琳·肯尼迪：《隐私的权利》，吴懿婷译，台湾商周文化事业股份有限公司 2001 年版，第 207 页。

③ ［英］彼得·斯坦、约翰·香德：《西方社会的法律价值》，王献平译，中国人民公安大学出版社 1990 年版，第 237—238 页。

言，生之价值不可或缺，从此意义上而言，精神世界是具有价值的。①

而隐私权给个人所带来的利益恰恰就是体现在精神方面。精神痛苦或者愉悦是一种独立于物质形态的价值主观感受，而隐私作为一种生活事实，也正是人之为人的本质属性所在，"有史以来，直至我们这个时代，需要隐匿于私下的东西一直都是人类存在身体的部分，即一切与生命过程的必然性相关联的东西"，② 因此，对于个人精神世界的呵护与照看也注定是隐私权的终极目标，就此而言，对隐私权的法律保护可以从一定程度上满足人性存在所必需之精神价值。

（二） 隐私权的权利外壳是自决权

在生机勃勃、自由开放的现代社会里，自决权显得特别重要，因为它催生和助长了个人独立性的发展。而这种独立性"需要时间进行保护性的试验和检验，需要时间在思想和行动上做好不怕被嘲笑或惩罚的准备，需要时间赢得在公开观点前进行修正的机会"。③ 而隐私权恰恰给个人提供了充足的时间，保护个人隐私权也就有助于培养人格健全，自主发展的现代人。因此，若无隐私，则个性就无从谈起，而自主意识亦不能得到发展。

对此，台湾学者李瑞全特意指出，隐私权与个人之自主自律权利有密切关系，因为个人无法避免与社会其他的人或组织发生互动，因此必须保有若干不可遭受侵犯或干涉（特别是公权力的介

---

① ［日］星野英一：《私法中的人》，王闯译，中国法制出版社 2004 年版，第 1 页。

② ［美］汉娜·阿伦特：《公共领域和私人领域》，刘锋译，载汪晖、陈燕谷主编：《文化与公共性》，三联书店 1998 年版，第 101 页。

③ ［美］阿丽塔·L. 艾伦、理查德·C. 托克音顿：《美国隐私法：学说、判例与立法》，冯建妹、石宏等译，中国民主法制出版社 2004 年版，第 53 页。

入）之私人领域，否则即无真正的自由可言，没有自由即无自主自律的余地，因此，侵犯隐私权即违反了自律原则。①

　　而我们为什么需要个人隐私领域内的自治？著名人权学者，奥地利法学家诺瓦克曾就此指出："个人自主的领域——其存在和行动的范围不触及他人的自由的领域，即是我们所称的隐私。它使个人有权使自己与其他人隔离开来，从公共生活中退回他自己的私人区域中，以按照他自己的（以自我为中心的）愿望和期望塑造自己的生活。"②

　　隐私权利的生成，无疑中断了政府或者其他公民对个人的善意或恶意的滋扰或打探。由此法律开始有意识地限制国家权力，平衡个人权利，从而使在隐私权关照之下的公民获得越来越多的决定自己生活方式甚至思想意识及价值观念的自由空间。正基于此，约翰·密尔在《论自由》一书中对隐私权朦胧而不失经典的描述经常性地被后来的研究者奉为圭臬，"任何人的行为，只有涉及他人的那部分才须对社会负责。在仅只涉及本人的那部分，他的独立性在权利上则是绝对的。对于本人自己，对于他自己的身和心，个人乃是最高主权者"。③

　　但同时仍需指出，自决权并不是隐私的同义语。在普通语法中，自决指独立；在熟悉的哲学意义上，自决是指理性的人认识到什么应当做，还指做的自由、不受非法干预的做的自由。④ 可见，自决是需要有自我意识存在的，也就是说，一个人必须意识到自己

---

　　① 朱建民、叶保强、李瑞全：《应用伦理与现代社会》，台湾国立空中大学 2005 年版，第 426—427 页。

　　② ［奥］曼弗雷德·诺瓦克：《民权公约评注》，毕小青等译，三联书店 2003 年版，第 286 页。

　　③ ［英］约翰·密尔：《论自由》，程崇华译，商务印书馆 1959 年版，第 10 页。

　　④ ［美］阿丽塔·L. 艾伦、理查德·C. 托克音顿：《美国隐私法：学说、判例与立法》，冯建妹、石宏等译，中国民主法制出版社 2004 年版，第 367 页。

不受他人干涉，才是自决。否则，不管一个人在多大程度上不受外界限制，也不能算自决。隐私权的保护，对于保持和发展这种自决意识具有积极意义，但并非自决观念本身。自决强调的是自我决定的能力，而隐私保护的则是决定背后的人格利益。[①] 因此，自决权只是隐私权的权利外壳，在其背后，还有更重要精神价值亟须隐私权去刻意保护。[②]

（三）隐私权的权利内核是人格尊严

1. 人格尊严及其重要性

人格尊严是指与人身有密切联系的名誉、姓名、肖像等不容侵犯的权利，它是公民作为权利主体维护其尊严的重要方面。人格尊严是公民参加社会活动时应具有的资格，表明了人类文明的进步。[③]

人性尊严是人类一切基本权利的根本所在，台湾学者李震山认为宪法中人性尊严的本质有四：一、人本身即是目的；二、自治与自决系宪法人性尊严之核心内涵；三、人性尊严之权利主体是每个人；四、人性尊严作为上位宪法原则。[④] 由此可见，人格尊严实质上是"人之所以为人"的根本所在。正居于此，人格尊严在人类权利谱系中具有无可比拟的先验性，应当是宪法中所有基本权利的上位概念。保护人权、尊重人权，首要的就是保护人格尊严，尊重人格尊严。

人性尊严这一法概念，或许并非能够予以明确界定。但是由宪

---

① Decew Judith Wagner, In Pursuit of Privacy: Law, Ethics, and the Rise of Technology, New York: Cornell University Press, 1997, p. 41.

② 关于隐私权和自决权的关系，本书在隐私权的范围部分中会有详细叙述。

③ 董和平、韩大元、李树忠：《宪法学》，法律出版社 2000 年版，第 393 页。

④ 李震山：《人性尊严与人权保障》，台湾元照出版公司 2000 年版，第 10—18 页。

法的人类图像所彰显的独立、自主、不受政治力不当干预影响的
人，其所享有的涵盖身体、精神与行为等方面的自主、自决的价
值，便是人性尊严主张的根源。由此可知，人性尊严之价值应受宪
法所肯认，其要求国家应尊重与保护之思想，乃属宪政主义以人为
本之思想所蕴涵的当然主张，应可视为宪法之基本精神所在，甚至
无待乎宪法的明文揭示。①

　　需要指出的是，人格尊严不仅有其无以伦比的宪政重要性，而
且拥有充分的哲学依据。康德曾对此专门展开过细致严密之论证。
康德认为："每个有理性的东西都必须服从这样的规律，不论是谁
在任何时候都不应把自己和他人仅仅当做工具，而应该永远看做自
身就是目的。"② 正是在这种理性的存在中，康德由此推导出"把
人当做目的"、"每个人是自己的目的"的结论，建立了个人在道
德上的主体性地位。而当人类服从他们自己的理性时，这使得人超
越自然之上，获得了尊严。③ 康德由此建立的道德原则是，个人是
目的，是有尊严的存在，而自主是这项存在的基础。康德强调人是
目的的绝对价值性意味着人格的独立应超越一切价值之上，人格的
尊严应该是无价的。④ 学者们对此评价道："康德的这种见解无论
在历史上还是在今天，都没有人再加以补充——而且也无须作任何
补充。"⑤ 自康德以后，"人格尊严"确立了其在宗教与伦理上的崇
高地位，成为西方社会倾尽全力关心呵护的基本理念。

---

① 蔡宗珍：《人性尊严之保障作为宪法基本原则》，载台湾《月旦法学杂志》
1999 年第 2 期。

② ［德］伊曼努尔·康德：《道德形而上学原理》，苗力田译，上海人民出版社
2002 年版，第 52 页。

③ 正是在这种意识的指引下，康德提出"知性为自然立法，理性为自身立法"的
重要命题，从而揭示了在实践领域真正体现到主体能动性的不是认识能力而是意志能
力，进而影响到其刑罚因果观和等量报应主义。

④ 余潇枫：《哲学人格》，吉林教育出版社 1998 年版，第 10 页。

⑤ 吴康：《康德哲学》，台湾商务印书馆 1980 年版，第 69 页。

2. 隐私权是恪守人格尊严不可逾越之底线

隐私权和人格尊严是一对紧密相连有着深切内在联系的概念。威廉·比尼对此曾形象地指出："隐私权可以用人格权（right of personality）来表示，也可以用人类尊严（human dignity）来表示，或个人尊严（dignity of the individual）的字样来表示。事实上，隐私权的内涵，与一个人的人格尊严有极大的关系。一个人的私生活受到干扰，将其姓名、照片、肖像等未经同意而公开刊登，必使其在精神上感到不安、痛苦、羞耻或惭愧，则其人格尊严显然已受到损害。"①

隐私权和人格尊严是相互作用的，一方面，尊重他人隐私是人格尊严的必然要求。"个人自主的领域——其存在和行动的范围不触及其他人的自由的领域，即是我们所称的隐私。它使各人有权利是自己与其他人隔离开来，从公共生活退回他自己的私人领域中，以按照他自己的愿望和期望塑造自己的生活"。② 而反过来说，只有在一个社会中真正实现了普遍性人格独立和平等，个人隐私权才会得到充分保护和尊重。

隐私意识是人类追求人格尊严、文明进步与自身自由幸福的必然要求。隐私意识的不断进化反映了人类在物质文明进步之后，对其提高精神境界和精神生活的迫切愿望。因为"一个人如果被迫生活在所有的需求、思想、欲望、想象或喜悦都必须遭受公共监控的生活当中，便是被剥夺了他的个体性和身为人类的尊严。此一个体将被融合于大众之中。因为他的见解是公开的，故此将和大众没有什么不同；因为他的抱负总是被知悉的，故而总将是倾向于一般

---

① William M. Beaney. Right to Privacy and American Law, Law and Contemporary Problem, 1966（2），p. 255.

② ［奥］曼弗雷德·诺瓦克：《民权公约评注》，毕小青等译，三联书店 2003 年版，第 287 页。

公众所能接受的内容；因为他的感受是被公开地展示，所以通常会失去独特的个人特质而变成一般人的感觉。如此一个人，尽管他是有知觉的，却不能被称之为一个个体"。① 以保护个人的思想、情绪和感情现代隐私意识的形成也推动了人之为"人"的意识、人格尊严意识的增强。隐私权从身体到行为再到思想的演变过程其实就是尊重外在的人到尊重内在的人的转变。而尊重人就要尊重其思想，尊重其自主选择，因此隐私权是恪守人性尊严不可逾越之底线。②

3. 人格尊严是隐私权的本质属性

人格尊严乃是个人发展与幸福生活追求之必要，隐私事务、隐私信息和隐私空间的背后是一个人对其人格的自治与主张，是对个性生活的自主安排，这是追求自身幸福和人格尊严的必然要求。因此，正如布鲁斯丁所说"不受侵犯的人格"是隐私权保护的社会价值，是人的本质要素，包括个体尊严、正直、自治和独立。尊重人格和人格尊严是隐私权的基础和核心。保护隐私权就是保护个人自由和尊严，侵犯隐私权就是亵渎人的尊严。③ 因此，人格尊严应当是隐私权的本质属性，也就当然不让成为隐私权的首要权利基础。

同时值得指出的是，自决权和人格尊严都是隐私权重要的保护职能所在，二者之间具有密不可分的紧密联系。人格尊严都从来不

---

① Edward J. Bloustein, Privacy as an Aspect of Human Dignity: An Answer to Dean Prosser, New York University Law Review, 1964 (39), p. 1003.

② 但即便如此，亦不能将隐私权和人格尊严相混淆。隐私权和人格尊严的区别主要在于：1. 客体不同。隐私权的客体是隐私，是私人的生活秘密信息，在范围上具有限定性；而人格尊严的客体却比较宽泛，除了隐私外，其他诸如自尊心也是人格尊严的客体。2. 侵权形式不同。侵犯隐私权的形式只要是刺探或传播他人的隐私，而侵犯人格尊严的形式种类较多，如电话骚扰给他人生活带来的不安宁感等。

③ Edward J. Bloustein, Privacy as an Aspect of Human Dignity: An Answer to Dean Prosser, New York University Law Review, 1964 (39), p. 962.

产生于"恩赐",而只在于自主地拥有。而自主拥有的是人格尊严,才能使这种自决权变得神圣与崇高。对此布利斯与克罗伯斯两位学者指出:"隐私的概念乃建立于两个概念之上:人的尊严(human dignity)以及透过康德之自我决定(Kantian notion of self – determination)来理解的对于个人自由的尊重。"① 因此,人性尊严和自主所发挥的作用是一致的,人格尊严始终是隐私权的权利内核,而自决权则充当隐私权的权利外壳,二者之间具有一种内容与形式、本质与现象、目的与手段的辩证关系。隐私权的价值反映了现代人本主义思想的精神,也反映了"人"这一人本主义核心概念自身内涵的不断扩展、丰富。人性尊严与自主两个概念之间具有"解释循环"(hermeneutic circle)的关系,也就是在探讨、分析、界定这两个概念时,两者之间具有相互诠释的关联性。换言之,人性尊严的概念不能缺少自主的内涵,自主概念中也必定包含着人性尊严的意义。反之亦然,两者互为充分必要条件。其中以人性尊严的概念最为根本,人性尊严是人生而具有的内在价值,这是不可剥夺、不可让渡使人之为人的本质,几乎所有的国际性或区域性人权法典都承认人性尊严。②

特别需要指出的是,人性尊严的概念不是一成不变的,而是必须与时俱进的。"德国联邦宪法法院曾在判决中说明:人的尊严不容支配。然而对于如何才是符合尊重人性尊严之要求的认知,却无法离开历史性的发展而得。而如何才算符合人性尊严的判断,则只能立足于现阶段认知的状态,而无法主张该判断是永远有效的"。③ 因此,尽管人们可以切实体验到人格尊严对人格形成即对个人精神

---

① S. Le Bris and B. Knoppers, International and Comparative Concepts of Privacy, in Mark A. Rothstein ed, Genetic Secrets Protecting Privacy and Confidentiality in the Genetic Era, Yale University Press, 1997, p. 419.

② 张莉:《论隐私权的法律保护》,中国法制出版社 2007 年版,第 92 页。

③ 许志雄、陈铭祥等:《现代宪法论》,台湾元照出版公司 1999 年版,第 44 页。

生活之重要作用，而这种只可意会不可言传的感觉使得人类无法精准把握人格尊严的真实模样。人类对其只能追索，不能逼近；只能描述，不能界定；只能想象，不能还原。因此，正是因为作为其权利内核的人格尊严始终处于一种变动无常的不确定状态，进而导致隐私权成为一个弹性、开放、不确定的概念，而这种相互牵连的不确定性也就给后文中对隐私犯罪的圈定制造了相当的麻烦。

第二节　隐私权的定义

一、隐私权定义之争论

在整个西方世界，人们都把隐私奉为人的一种最重要的需求。30 多年前，Charles Fried 曾断言："隐私不存，人之完整性亦将不在。"[①] 但吊诡的是，历史上最早提及隐私权的，即布伦迪斯和沃伦 1890 年在哈佛大学的《哈佛法学评论》所发表《论隐私权》一文却并未给出隐私权定义，而仅是用一种评价性语言认为隐私的实质是人类价值的缩影，并将隐私视做与人类尊严不可分割的一种条件和权利，是对人的平等的尊敬和一种人格。[②] 而随着理论研究的深入和司法实践的发展，人们对隐私权这一概念也提出了各种不同的观点，使得隐私权概念的争论呈现出一种纷繁复杂的样态。

（一）国外学者的观点

美国法学家威尔廷认为，"所谓隐私权，是指个人、团体或组

---

① Charles Fried, Privacy, Yale Law Journal, 1968（77），p. 475.
② ［美］阿丽塔·L. 艾伦、理查德·C. 托克音顿：《美国隐私法：学说、判例与立法》，冯建妹、石宏等译，中国民主法制出版社 2004 年版，第 16 页。而正如后文所说，这其实是美国典型实用主义的具体体现。

织，拥有决定在何时，以何种方式，在何种程度上将自己的信息传达给他人的权利"。①

英国学者威廉·班尼主张，"隐私权内涵，与一个人的人格尊严有极大关系。使一个人的私生活受到干扰，将他的姓名、照片、肖像等未经同意而公开刊布，使他在精神上感到不安、痛苦、羞耻或惭愧，显然其人格尊严已受到侵害"。②

《牛津法律大辞典》写道："隐私权是不受他人干扰的权利，关于人的私生活不受侵犯或不得将人的私生活非法公开的权利要求。"③

《不列颠百科全书》指出："隐私权是民事侵权行为法和美国宪法上的一个概念。在侵权行为中，隐私权是一种不受这样一些行为给予的精神上的伤害的权利；这些行为的目的是要通过将被害人的私生活向公众曝光或通过侮慢和骚扰他人的宁静使他处于极度紧张的状态。"④

（二）国内学者的观点

王利明教授称："隐私权，是自然人就个人私事、个人信息等个人生活领域内的事情不为他人知悉、禁止他人干涉的权利。"⑤

张新宝教授说："隐私权是指自然人享有的私人生活安宁与私人信息秘密依法受到保护不被他人非法侵扰、知悉、搜集、利用和公开等的一种人格权。"⑥

---

① 刘迪：《现代西方新闻法制概述》，中国法制出版社1998年版，第119页。
② 顾理平：《新闻侵权与法律责任》，中国广播电视出版社2001年版，第231页。
③ 《牛津法律大辞典》（中文版），光明出版社1988年版，第719页。
④ ［美］理查德·A.斯皮内洛：《世纪道德：信息技术的伦理方面》，刘钢译，中央编译出版社1999年版，第1页。
⑤ 王利明：《人格权法》，法律出版社1997年版，第147页。
⑥ 张新宝：《隐私权的法律保护》，群众出版社2004年版，第12页。

我国台湾学者吕光先生言："隐私权是对个人私生活的保护，使每个人能安宁居住，不受干扰，未经本人同意者，其与公共事务无关的私人事务，不得刊布或讨论，其个人姓名、照片、肖像等非事前获得本人同意，不得擅自使用或刊布，尤不得作商业上的用途。"①

我国台湾学者何孝元先生道："秘密权者，乃就是生活上所不欲人知之事实，有不使他人得知之权利也。"②

(三)　对隐私权定义争论之评述

尽管以上罗列了诸多隐私权的定义，但事实上本书也远远未能将其详尽列举。仅据台湾学者詹文凯之研究，隐私权的意义就高达21 种。③ 并且隐私权定义的混乱还在于，有些定义严格来讲只能说是对隐私权某些方面的一些描说，严格来讲根本不能称为定义。囿于隐私权定义纷争无度态势，仅是对其罗列取舍，便已大费周章。另外，即便捏撮糅合出一个无所不包的隐私权定义，不但其定义之长度令人望而却步，而且此定义也必然太过浮泛而一无是处。并且由于隐私权具有多面向，以及仍在发展、生成的特性，因此任何一个定义都可能无法完全包含所有的隐私权概念。因此，隐私权的坚决反对者 Judith Jarvis Thomson 更是不带任何感情地写道："似乎没有人能对隐私权为何物有一个明晰的认识。"④ 而隐私权保护的真正拥趸者们也被迫承认："隐私权本身是一个极难定义的概念。"⑤

对于隐私权定义混乱繁杂之原因，日本学者坂本昌成教授曾对

---

① 吕光：《大众传播与法律》，台湾商务印书馆 1987 年版，第 66 页。

② 何孝元：《损害赔偿之研究》，台湾商务印书馆 1982 年版，第 116 页。

③ 詹文凯：《隐私权之研究》，台湾大学法研所 1998 年度博士论文，第 124—127 页。

④ James Q. Whitman, The Two Western Cultures of Privacy: Dignity Versus Liberty, Yale Law Journal, 2004 (113), p. 1153.

⑤ Willam M. Beaney, The Right to Privacy and American Law, Law & Contemp. Probs, 1966 (31) p. 253.

此做出全面的阐述："1. 隐私本身的法概念自成立至今，时日还短，不过区区一百余年；2. 隐私权的研究范畴横跨了私法上的侵权法与公法两个领域；3. 当目前为止，判例所呈现的隐私权内容，极为多样化，没有统合的见解出现；4. 隐私的概念具有流动性。隐私在其实质上不仅与生活品质密切相关，同时也与社会、人类全体不可分离。"① 但本书认为上述解释仅指明了隐私权定义混乱的浅层动因，真正导致隐私权定义不确定性内在缘由却在于法学定义之艰难性，并在下文对此做进一步研究。

二、法学定义之艰难性

（一）法学概念与定义之局限性

"概念乃是解决法律问题所必需的和必不可少的工具。没有精确界定的专门概念，我们便不能清楚而理性地思考法律问题，也无法将我们对法律的思考转变为语言，同时也无法以一种可理解的方式将这些思想传递给他人。如果我们试图完全抛弃概念，那么整个法律大厦将化为灰烬"。② 但对如何理解与交流法学概念，学界一直饱有争议。其中较为流行的观点认为："为了将社会生活中各形各色的现象与事件进行分类与规整，就必须有一个以简略表达方式识别具有相同要素的典型情形的运作工具，此一工具即为定义。"③

受此影响，近现代法学一直欣然于以自然科学（尤其是几何学和物理学）的知识范式来建构法学，法学家们常持有"法律公

---

① 高光义：《论日本宪法上的隐私权》，载《现代国家与宪法：李鸿禧教授六秩华诞祝贺论文集》，台湾月旦出版社股份有限公司1997年版，第812页。

② ［美］博登海默：《法理学——法律哲学与法律方法》，邓正来译，中国政法大学出版社1999年版，第486页。

③ ［美］博登海默：《法理学》，范建得、吴博文译，台湾汉兴书局1997年版，第564页。

理体系之梦"的设想。他们认为：若能将法律体系的各个原则、规则和概念厘定清晰，像"门捷列夫化学元素表"一样精确、直观，那么他们就从根本上解决了千百年来一直困扰专业法律家的诸多法律难题。有了这张"化学元素表"，法官按图索骥，就能够确定每个法律原则、规则、概念的位序、构成元素、分量以及它们计量的方法，只要运用形式逻辑的三段论推理来操作适用规则、概念，就可以得出解决一切法律问题的答案。法律的适用变得像数学计算一样精确和简单。[1] 因此研究任何法学命题，最直接可靠之策略就是先界定其定义，然后按照定义探寻其规律与特征，并将其推广适用至于每种情况及每个个体。因此，定义的创造及定义权的控制就成为法学家们乐此不疲的搏斗。[2]

但是为了追求概念的适用范围能够更加宽广，反而逐步形成概念越趋抽象的现象。抽象的概念固然有其帮助法规范分门别类的效果，但可以想见的后果是，极尽追求高度抽象化的概念，其内容越显空洞，越与真实性脱离关联。[3] 并且，正如英国哲学家莱布尼兹来所说"对一些单纯的观念，我们是不能给它们定义的；也有一些公理和公设，总之，有一些原始的原则，是不能够证明的，也不

---

① 舒国滢：《并非有一种值得期待的宣言——我们时代的法学为什么需要重视方法》，载《现代法学》2006 年第 5 期。

② 事实上，如果能建立一个穷尽所有权利，定义各项权利并明确其范围又切实可行的法律权利体系，那么的确会一劳永逸地解决大量诸如权利冲突法理学难题。十九世纪的法理学从基本自由观念出发，以逻辑方式朝这方面作了尝试，但所有努力终归失败了。庞德明确指出这是因为："第一，这种基本的权利观念并不像人们想象的那样是一个简单的观念，而是一个涉及到诸多独特内容的观念；第二，人们所需要的那些协调和调整手段也是无法从一个简单的自由观念中推论出来的。因此，在 19 世纪的法律典籍中，便充满了由诸如此类的努力所不断导致或导向的稀奇古怪的逻辑矛盾。"对此可参见庞德：《法律史解释》，邓正来译，中国法制出版社 2002 年版，第 236 页。

③ ［德］亚图·考夫曼：《法律哲学》，刘幸义等译，法律出版社 2004 年版，第 123 页以下。

需要证明，这就是'同一陈述'，其反面包含着显然的矛盾"。① 因此，法律学人往往在费尽周折之后才发现，定义往往是有局限性的，要么自己所"发明"的定义根本无法涵盖整个概念，要么就是过于空泛而无法指引实践。

如宪法学中，权利是一个受人尊重但却始终无法界定的概念。康德在谈及权利的定义时说，"问一位法学家什么是权利就像问一位逻辑学家什么是真理那样会让他感到为难。他们的回答很可能是这样，且在回答中极力避免同义语的反复，而仅仅承认这样的事实，即指出某个国家在某个时期的法律认为唯一正确的东西是什么，而不正面解答问者提出来的那个普遍性的问题"。② 费因伯格则干脆指出，给权利下一个"正规的定义"是不可能的，应该把权利看做一个"简单的、不可定义、不可分析的原初概念"。③

又如在民法中，给财产权下定义也会遭遇到类似困境。但实际上，由于财产法根本无法抽象出一个统一的概念、特征和效力等的理论体系，进而导致"当代（财产）权利束互不联系，没有共同语言，原来起源于物品所有权概念的法律上的'财产权'的含义，在法学和经济学的一般理论中并没有获得统一的概念"。④

类似的情况在刑法中也是如此，如为了定义犯罪，就认为犯罪是应受刑罚惩罚的行为。而反过来在定义刑罚时，不惜冒着循环定义的风险，将犯罪请回来，认为刑罚是对犯罪分子所适用的一种强制性的法律制裁措施。

---

① 北京大学哲学系编译：《十六—十八世纪西欧各国哲学》，商务印书馆 1980 年版，第 297 页。

② ［德］伊曼努尔·康德：《法的形而上学原理》，沈叔平译，商务印书馆 1991 年版，第 39 页。

③ Joel Feinberg, The Nature and Values of Rights, Journal of Value Inquiry, 1970（4）pp. 243 – 244.

④ ［美］托马斯·C. 格雷：《论财产权的解体》，高新军译，载《经济社会体制比较》1995 年第 2 期。

故此，尽管我也曾心存找寻隐私权定义的企盼和梦想，但最终也不得因为无法克服法学定义的局限性而只得作罢。① 因此，对法学概念定义的过分企盼就如同古希腊英雄西西弗将石头从山脚到山顶推来推去，是以自己整个身心执著而又乖谬地奉献于一种没有效果的事业。

（二）法律概念之不确定性

本书认为，造成法学定义不确定的主要原因在于法律概念自身的不确定性。从人类实践发展的历史来看，确定性是人类追求的目标，因为它是消除人类认识心理焦虑的坚固磐石。这一点对法律学科而言更是如此，因为"欲保持法律规范的稳定性，就必须首先确保法律规范的明确性，因为明确性是法律稳定性之母"。② 因此，长久以来法律概念的明确性始终是法学家们汲汲以求的梦想。但事实上，由于概念与其所对应的外在客观世界并非绝对的一一映射关系，沃泽尔就将概念贴切地比喻为："一张轮廓模糊且愈到边上愈加模糊的照片。"③ 因此，概念具有与生俱来的模糊性。而英国学者哈特也曾形象地说："车"的典型的、清晰的中心含义是自行推动的、能够载人并在路上开动的交通工具，但是玩具车、自行车，甚至用来做广告道具的汽车是否属于车的概念则不是很清楚。④

---

① 我本人在创作这篇博士论文之初，也无法抗拒定义的诱惑，并试图通过给隐私权下定义的方法，然后再按照传统写作模式按部就班展开论证。但当发现自己将要淹没于隐私权定义的海洋中时，才意识到给"隐私权"下定义就如给"人"下定义一样艰难，最终依依不舍地放弃了定义研究模式。

② ［美］博登海默：《法理学——法律哲学与法律方法》，邓正来译，中国政法大学出版社 1999 年版，第 349 页。

③ ［英］H. L. A. 哈特：《法律推理问题》，刘星译，载《法学译丛》1991 年第 5 期。

④ ［英］H. L. A. 哈特：《法律的概念》，张文显等译，中国大百科全书出版社 1996 年版，第 124 页。

概念的不确定性不仅体现于一般日常概念中，以所谓"明确性"自居的法律概念也是如此。正如上文所称，宪法中"权利"的概念、民法中"财产权"的概念、刑法中"刑法"的概念以及"犯罪"的概念都如雾中看花，不甚明确。甚至就连拐卖妇女罪中"妇女"这样再清晰不过的法律概念，在极端情况下也会模糊难辨。① 而随着变性手术的增加，变性人的性别如何明确，是按照其之前的性别认定还是按照手术后的人工性别认定？更有甚至，如果手术失败，出现了无性人的特例，如此看来，对即便是对性别这样看似毫无争议的法律概念，其明确性也不免会给人一种飘渺虚幻的感觉。又如普通法系刑法学者曾就"abortion（堕胎）"是否构成"杀人罪"这一问题进行过长久之争论，却无果而终。因为，"人"的概念中是否包含胎儿是一个法学、医学乃至伦理学根本无法厘清的问题。再如英国法律中为了区分"夜盗罪"（burglary）与"为抢劫而侵入住宅罪"（house‐breaking）立法上安排了"night"的概念，然后将其解释为"日落后一小时至日出前一小时"，然而不仅日照时间随夏长冬短而难以断定，甚至还会出现阴雨无日的情况，加之各地所处时区不一样，"night"这样一个简单的概念也就被迫成了一个谁也无法说清的概念。

也许人们可以经过逻辑分析及缜密思考对概念的不明确性予以适当消减，但彻底消除这种现象却是徒劳的甚至有害的，因为"当人们着手使某一术语更加精确时，结果发现，他用来消除所论及的模糊性的那个术语本身又是模糊的，因此，消除一个给定术语的模糊性，这是一个不切实际的目标。我们所希望做到的至多是渐

---

① 97 刑法中设有"拐卖妇女儿童罪"。《羊城晚报》1999 年 12 月 9 日报道，四川一人贩子将一女青年卖给一安徽人，而买主同居时发现买来的妻子是两性人。案发后人贩子辩称他拐卖的不是妇女，不构成犯罪。本案中两性人的出现使得"妇女"这个本来很明确的概念一下子就模糊起来了。

渐地接近与消除模糊性"。① 因此，法学界应当承认法律概念的不确定性，无需作如此出力不讨好的尝试。

（三）语言功能有限性加剧了法学定义的艰难性

语言是人类描述事务、表达感情、交流思想的工具，是人类思维的直接现实和思想的物质外壳。只有借助语言，我们才能形成体系化的思想和知识，进而了解并控制我们生存的世界，因此"一个难以言说的世界，就是不可控制的世界，而一块语言空白就是人类认识自身的一次放弃、一个败绩，也表示出某种巨大的危险。语言是人与世界的联结，中断或失去了这个联结，人就几乎失去了对世界的控制。在这个意义上来讲，人们完全可以有理由说，语言就是控制力"。②

但遗憾的是，人类试图用语言控制世界的愿望从来就没有实现过。美国法学家博登海默曾说："由于法律概念是人类语言的产物而非自然客体的产物，然而我们语言的丰富程度和精妙程度还不足以反映自然现象在种类上的无限性、自然要素的组合与变化以及一个事物向另一个事物的逐渐演变过程，而这些演变则具有着如我们所理解的那种客观现实的特性。也就是说，无论我们的词汇是多么详尽完善、多么具有识别力，现实中始终有一些为严格和明确的语言分类所无能为力的细微差异与不规则情形。"③

而事实上，世界上的事物远比描述它的语言更为复杂，人类的词汇不论怎样发展和演进，无论今后的词藻多么丰富华丽，也无法将这多姿多彩、变化多端的世界充分描述出来，甚至就连意图描述

---

① ［美］威廉·阿尔斯顿：《语言哲学》，牟博译，三联书店1998年版，第206页。
② 韩少功：《马桥词典》，人民文学出版社2004年版，第225页。
③ ［美］博登海默：《法理学——法律哲学与法律方法》，邓正来译，中国政法大学出版社1999年版，第486页。

世界的这种迫切愿望也无法用词语妥帖地表达出来。语言所及的世界是广袤的黑暗中的一点烛光，我们只能知道烛光所及的狭小范围，在此界限之外的是不可见的黑暗。因此，尽管从古希腊时代，哲学家就已经开始重视语言及其应用。到了近代，洛克、休漠、黑格尔等对语言问题都有深入的思考，但其结果却正如维特根斯坦在《逻辑哲学论》序言中不无沮丧地埋怨道："本书的全部意义可以用一句话概括：凡是可以说的都可以说得清楚；对于不能谈论的东西必须保持沉默。"① 语言和概念之间始终蒙着飘荡的面纱，语言对被定义物的推断与评估、抽象与概括无不沾染浓烈的主观气息，并且更意味着对细节和精细的省略和放弃。文字语言描述信息的不完整性、不准确性，以及时代变迁造成的词与物的分离导致语言表述的艰难。就连一直以精确严密自诩的自然学科也无法用语言说明"物理"、"数学"等概念的真实含义。在本身充斥着价值、意义等规范用语的法学领域，言不达意更是一种语言应用的常态。语言功能的有限性和法学概念的狭路相逢正如同盲人骑瞎马加剧了法学概念之模糊性，使得法学概念变得更加扑朔迷离。②

---

① ［英］路德维希·维特根斯坦：《逻辑哲学论》，贺绍甲译，商务印书馆1996年版，第24页。

② 值得指出的是，概念和语言有着天然之联系，因为概念的外壳（如，车、秃头）就是语言文字。但二者对法学定义艰难性的影响并不相同。概念模糊性是其内在原因，而语言有限性是外在原因，二者各自在其范围内发挥作用。如对于秃头的概念，哈特曾经打趣地说："明确的标准情况和范例与那些成问题的情况相比，两者间的差别仅仅是程度不同而已。一个男士，其头亮而光，他显然属于秃头之列；另一位头发蓬乱，则他显然不是秃头；但问题在于第三个人只是在头顶的周边有些稀稀拉拉的头发，如果他是否算秃头被认为是重要的或者任何实际结果取决于此的话，这个问题就可能被无限期地争论下去。"对此可参见哈特：《法律的概念》，张文显等译，中国大百科全书出版社1996年版，第4页。在此，即便语言具有无限之功能，也无法解决"秃头"概念的不明确性。

三、隐私权定义之困境及其因应

隐私一词牵涉到个人高度主观性的认知，并且文明昌达与科技进步使得隐私的意义与内容愈加变化莫测。时至今日，隐私权范围几乎渗透到个人生活的每个角落，"它关系人类行为中许多不同的层面，包含个人的思想自由、个人身体自主、家庭中的自我独处、自我信息的控制、免予被监视的自由、免予不当搜索及审问的自由、居住安宁的自由以及秘密通讯的自由等。因此，隐私权的内容是多样的，它是一个现在仍还在生长并处于发展过程中的权利"。①所以，较之一般法律概念，隐私权本身就是一个内涵不稳、边界不明充满变动性的概念。故而，如果说一般法学定义存在相当的艰难性的话，则对隐私权根本不可能给出确定的定义。

特别需要说明的是，对隐私权来讲，其定义之不确定并非意味着隐私权的末日来临。事实上，如果不是对定义太过迷信的话，我们就会发现法学并不是太需要定义的领域，对此哈特曾深刻地指出："为什么已知的定义都贡献甚微以至于不能解决这种持久的难题和困惑？作为一种文字上的启示，定义是利用一个独立的词来给出语言上的界说，它主要是一个标明界限或是一种事物与其他事务区分开来的问题。有些人会经常地感觉到有表明界限的需要，因为这些人虽然精通词汇的日积月累而成的用法，却不能阐明或解释他们已经意识到的那些使一种事物与其他事物相区别开来的差别。有时，我们都会陷入窘境，就像说'我认识大象，但我不能给大象下一个定义'这句话一样。圣·奥古斯汀关于时间概念的一段名言曾表达了同样的窘境，他说：'那么，什么是时间？若无人问

---

① 李锦雀：《日本国宪法保障下之隐私权研究》，台湾淡江大学日本研究所 1994 年度硕士论文，第 32—33 页。

我，我便知道；若要我向询问者解释，我便不知道。'……人们将三角形定义为'由直线构成的三边图形'的属加种差是最简单和最能令一些人满意的，因为它提供给我们的表达由于总是能代替那个被定义的词。但是这种定义形式并不总是有效的。最常用来为法律下定义的一般性属概念是行为规则；然而，正如我们所看到的，规则的概念与法律的概念本身同样错综复杂。因此，把法律列为规则之一种的那些定义，几乎都不能增进我们对法律的理解。"①

同时，"定义也无助于对于概念的理解"的观点即便是推广到在多数人文社会学科乃至自然学科也大体适用。中国当代各种学科领域，深受西方近代科学模式影响，总想用一个一劳永逸的普适定义，涵盖抹杀一切分歧与差异，达到某种知识的共识。但西方这一传统早就随着对启蒙理性主义的反思而彻底烟消云散了。在西方哲学读本中，从未像中国教科书一样，就哲学本身作出定义，但人们照样能够将西方哲学发扬光大；同样，西方人类学著作中，也没对人的定义作出界定，但这并不影响对西方人类学的发展与普及。因此并非所有现实概念或者命题都必须要有精确的定义，概念的精确需要程度，实际上是视其在当时使用之脉络下而定的，概念的模糊性并不见得会影响人与人之间的沟通。就此而言，维特根斯坦的反省很值得深思："当我不能把地球与太阳的距离精确度规定在一英尺之内，或者不能告诉细木工人桌面的精确度在千分之一英寸之内的时候，我难道就不精确了吗？"②

或许，某些法律理论和概念未必能经得起逻辑的严格筛检和理性的认真推断，但只要它能发挥实际效能，应对社会需要，就应该

---

① ［英］H. L. A. 哈特：《法律的概念》，张文显等译，中国大百科全书出版社1996年版，第15—16页。

② ［英］路德维希·维特根斯坦：《哲学研究》，尚志英译，台湾桂冠出版社1995年版，第57页。

有其存在的必然性和正当性。我们没有资格挥舞逻辑的大棒，打杀一切与之相冲突的实用性理论。罗素的理发师悖论固然是一个重要的逻辑命题，但对于理发师来讲，他却不会因为这个理论的存在就不去理发。①

　　如今在隐私权发源地的美国，学界已经不再对隐私权的定义穷追猛打，相反美国学者在这一问题上则采用了其更拿手的实用主义哲学。正如威廉·詹姆斯所言："我们的知识是一点点增长起来的。有些点或大或小，但知识决不会全面增长起来……这种增长以后会大大地修正你们以前认为真实的观点。"② 美国法律学人对于隐私权的研究即遵循了这样一种实用主义的方法，其绕开对隐私权定义的纷争，而把诸多相似的或类似的观念都置于"privacy"这样一个语词之下，通过个案解决问题。而日积月累，一个个不同而又相似的隐私具有"家族相似性"，形成一个隐私系列，其间或有重合或有不同，这些诸多的点形成为一个开放的隐私体系。③ 因此，无须定义，美国学者照样可以对隐私权有着清晰地洞见，并能够切实有效地解决实践问题。

　　也许关于隐私权的每一种定义都说明了隐私权的一部分，却也都有可能遗漏了其他的一些重要的部分。试图用几句话去涵盖纷繁多变的隐私权概念，就如同盲人摸象一般片面。而正如俚语所道，

---

　　① 例如，构建近代动力学的核心理论基础的牛顿三大定律说是有缺陷的，其适用条件是处理宏观低速问题，不能用来处理高速运动问题，一般也不能用于研究微观粒子。但并不妨碍人们借此解决生活中的交通和机械问题。又如，中医自有一套理论构造与历史传承，作为其学科基础的阴阳五行理论可以追溯到《尚书》、《黄帝内经》、《素问》，虽然经不起当代逻辑学和心理学推敲，但这并不妨碍中医千百年来公认的对疾病的疗效。

　　② ［美］威廉·詹姆斯：《实用主义》，陈羽纶、孙瑞禾译，商务印书馆1979年版，第88页。

　　③ ［美］威廉·詹姆斯：《实用主义》，陈羽纶、孙瑞禾译，商务印书馆1979年版，第89页。

"百闻不如一见"。对一只大象外貌20页的描述也不如简单的见面更能说明问题。因此，既然无法给出大象的定义，最简单的方法无过于牵来一只大象，或者亲自到动物园看看大象。因此，本书认为，与其栽入隐私权定义的泥沼，或者戴着定义的镣铐来跳舞，还不如放弃理论的软肋，对隐私权进行全景式描绘，将其完整之风貌生香活色地展示出来。故此，下文将讲解隐私权的构成，以隐私权的主体、客体、内容、范围及具体权能，从侧面叙说隐私权的具体内涵，并以此作为对于隐私权的理解。也许，这样比单纯的说教抽象要高明得多，也更有效果。

同时仍需指出，尽管隐私权定义之不确定性无疑会给学术研究制造巨大困难，但换位思考，这又何尝不是权利更新萌发时的一种令人欢喜的常态。我们是欢迎诸如美国宪法第9修正案中"由人民保留的其他权利"这样的开放性与不确定性，还是乐见因权利形态过于单一而导致的齐玉苓受教育权被剥夺而救济无门的困厄？故此，我们自不必为此产生类似杨朱歧路而哭的感慨，而更应安心享受权利多样性与复杂性所覆盖人们生活每一个角落给人们带来的无微不至之关怀，并在欣慰之余，静静聆听新兴权利悄然诞生时所传来的福音。

第三节　隐私权的构成

一、隐私权的主体

隐私权的主体是指谁能依法享有隐私权。对隐私权主体的确认，就是确定享受隐私权的人的范围。主流观点认为隐私权的主体是自然人，[①] 少数学者认为隐私权的主体还包括法人[②]。也有人认为，应对死者的隐私权进行保护，因为"如果某公民知道他的某些不愿为外人所知的个人私事在其死后将被公之于众，这也许会在其心中引起某种不安"。[③] 因此，对隐私权主体探讨之争议主要集中在以下两个方面：一是隐私权是否仅限于自然人，法人能否享有隐私权；二是死者有没有隐私权。

本书认为，隐私权的主体仅限于现正生存之自然人，并分别对此展开论述：

（一）法人不能成为隐私权主体

隐私权的概念，不论就语意上而言，或就其发展的历史而言，隐私权都指涉与人身相关的事务，所保护的客体均是自由意志、不欲人知的心理、人格权、人性尊严，基本上不能想象存在于法人或其他团体。[④] 隐私权之目的是为了保护个人与社会的相互关系的处理而产生的保有人的内心世界的安宁，它的产生及存在依据，均在与基于人的精神活动而发生的各种利益需求。[⑤] 因此，隐私权与心理、情感、精神等人身要素密不可分，它能够维护人的尊严，使人能在信息交流极度拓宽的社会保存心的安宁。如果对个人的私生活秘密进行揭露和散布，有可能对其造成极大的精神痛苦。而它所要实现的各种利益，如人格尊严、私生活安宁、安全感等都具有明显的非财产特性，这一点和法人迥然相异。

[①] 郭卫华：《人身权法典型判例研究》，人民法院出版社 2002 年版，第 15 页。

[②] 王利明：《人格权法与新闻侵权》，中国方正出版社 2001 年版，第 415 页。

[③] 王利明、杨立新主编：《人格权与新闻侵权》，中国方正出版社 2000 年版，第 455 页。

[④] 陈起行：《信息隐私权法理探讨——以美国法为中心》，载台湾 1989 年《政治大学法学评论》第 64 期，第 316 页。

[⑤] 刘风景、管仁林：《人格权》，中国社会科学出版社 1999 年版，第 165 页。

同时，法人不是生物学意义上的生命体，其最大的一个特征就是其在法律地位上的独立性。法人一旦成立，其意志就要与其组织成员的人格相分离。就此而言，其完全不受自然人人格之支配，它没有感情和私人生活，也就不可能因被他人揭露秘密而感到精神痛苦。隐私是自然人精神领域的专利所特有的，法人无精神可言，隐私权的法律概念只能针对自然人提出，而不可能将其主体范围扩大到法人和其他组织。

特别需要指出的是，最近立法似有承认法人人格尊严甚至人身自由之倾向。如《中华人民共和国民法（草案）》第 2 条明文规定"法人的人格尊严和人身自由不受侵犯"，这是否就意味着法人可以拥有和自然人含义一致的人格权，乃至拥有以一般人格权为权利本质的隐私权呢？本书对此持否定观点。

民法中赋予团体之所谓"法律人格"，并非中国之独创，而是德国民法理论研究和制度设计中最富想象力和技术性的创造。但民法中之团体人格概念之提出，却并非意味着团体将会因此而获得和自然人一模一样的"精神人格"。正如有学者所言："众所周知，团体之人格的赋予，完全是经济发展的需求导致法律技术运用的产物，其目的不过在于使具备一定条件的团体成为民事权利义务的承受者亦即交易主体，以便限制投资人风险，鼓励投资积极性。"[①]而"正是这种通过使财产独立化而产生的限制责任效果，构成了设立法人的本质动机"。[②]

因此，所谓法人，不过是私法上之人格化的资本。法人人格离开民事财产活动领域，即毫无意义。为此，法人根本不可能享有与

---

① 尹田：《论人格权的本质——兼评我国民法草案关于人格权的规定》，载《法学研究》2003 年第 4 期。

② ［德］迪特尔·梅迪库斯：《德国民法总论》，邵建东译，法律出版社 2000 年版，第 815 页。

自然人人格权性质相同的所谓"人格权"。基于法人之主体资格而产生的名称权、名誉权等，本质上只能是财产权；法人的名称权应为无形财产权，此为有关工业产权保护之国际公约所明定；法人的名誉权应为法人的商业信用权，同样应置于无形财产权范围。[①] 因此法人的所谓"团体法律人格"的实质无非是一种财产权。

另外，在现实层面，法人拥有无可争议的姓名权、名誉权、信用权及商业秘密权，但上述权利并非就是一般人格权。如国家机关、民族、社会团体也会拥有姓名权、名誉权、信用权，难道它们也都有人格尊严吗？而商业秘密、营业秘密也并非所谓隐私。隐私虽通常是秘密，但并非凡是秘密就是隐私，难道国防机密、高考试卷也是隐私吗？因此，法人所享有的上述权利和自然人基于人格权而受保护的私领域隐私权，仍有本质差距。

同时，否认法人能享有隐私权，并非就不保护法人所谓的"隐私"。实际上，企业法人的"隐私"就是商业秘密，与隐私有一些共同点，如隐蔽性、秘密性等。但它在本质上是一种财产权，因此完全可以通过财产侵权理论，对法人"隐私"的侵犯提供法律救济。

（二）死者不能成为隐私权主体

从法理上来讲，权利的本质"就是指作为社会特别是政治社会的个人所具有的合法的或正当的行动要求和权益。但这种行动要求和权益的社会前提限制，如社会公民身份，或用沃兹尔的术语说，是'成员身份'的资格限制，社会行为的正当合法性限制等方面，决定了'权利'本身的社会性质。也就是说，人们的'权利'总是相对于他人、社会或国家而言的，同时也是就作为社会

---

① 尹田：《论人格权的本质——兼评我国民法草案关于人格权的规定》，载《法学研究》2003 年第 4 期。

公民的个人而言的。这种关系相关性和人自身公民身份的特殊性，构成了'权利'概念之社会性质的两个基本方面"。① 死者当然不可能具有上述"成员身份"，也自然不会享有包括隐私权在内的一切基本权利。

而从实践层面来讲，各国和地区法律都明确规定，死者不具有权利主体资格，如《民法通则》第9条规定："公民从出生时起到死亡时止，具有民事权利能力，依法享有民事权利，承担民事义务。"又如《美国侵权行为法（第二次）重述》第652条第1款规定："除姓名或肖像窃用外，隐私权侵犯之诉讼，仍得由其隐私权受到侵犯之人而仍生存时主张。"这表明，在绝大多数情形下，提起隐私权侵权诉讼的诉权仅仅属于生存的自然人，死者的隐私即使受到侵害，也没有人有权起诉。②

否认死者不能成为隐私权主体，并非意味着其生前隐私被侵犯的行为就不予追究。2001年最高人民法院公布的《关于确定民事侵权精神损害赔偿责任若干问题的解释》第3条第2款规定："非法披露、利用死者隐私，或者以违反社会公共利益、社会公德的其他方式侵害死者隐私，死者近亲属因此遭受精神侵害的，可向人民法院起诉请求赔偿精神损害，人民法院应当依法予以受理。"这一规定，是对死者生前隐私予以保护的直接法律依据。而在此，法律并不是对死者生前隐私权利进行保护，而是基于揭露或散布死者生前隐私会对死者近亲属或生前友好招致精神痛苦，或者名誉贬损。故此，保护死者的隐私实际上是保护其在世近亲属的人格尊严和精神利益。就此而言，确认死者不是隐私权的主体与承认法律对死者生前隐私的保护并无矛盾之处。

---

① 万俊人：《寻求普世伦理》，商务印书馆2001年版，第320页。
② 张新宝：《隐私权的法律保护》，群众出版社2004年版，第14页。

二、隐私权的范围

(一) 隐私权的范围是私人生活领域

从隐私权发展过程中，我们可以看出在资本主义之前，人们就已经很重视隐私。早在罗马时期，人类就将隐私列入私人活动领域。私人生活领域的拥有与保持对每个公民来讲都是无比重要的，贡斯当曾说过："现代人的几乎所有享受都在于他们的私生活中，因为绝大多数人可能被永远排除在权力之外，所以，他们对于公共生活必定只有转瞬即逝的兴趣。"① 因此，尽管在当代，随着宪政思想的兴起以及公民参政议政意识的普及使得人们对参与社会公共活动的兴趣日益高涨，但是"私人生活领域依旧存在，而且随着现代人类的个人主体性意识的日益强化，以及人们对现代性社会的公共化扩张和社会化压力的感受不断增强，私人生活领域的重要性非但没有随着社会公共化趋势的强化而减弱，反而越来越受到现代人的珍视，这正是为什么在现代传媒力量空前强大、生活世界的透明度不断增加的情况下，个人隐私（尤其是名人隐私）反而受到人们的普遍关注、个人愈发珍惜其隐私生活的基本缘由之所在"。②

和私人生活领域对立的是公共领域，汉娜·阿伦特曾通过对比的说明显示出两个领域的差异："假如说公共领域是要暴露的东西，私人领域就是要隐藏的东西。后者与前者的差异体现在两个方面，一是比起公共领域的任何部分来讲，因为我们每天都要使用和消费私人占有物，它就显得更为我们迫切所需；没有私人财产，公

---

① ［法］邦亚曼·贡斯当：《古代人的自由和现代人的自由》，阎克文译，商务印书馆1999年版，序言。

② 万俊人：《道德的谱系与类型》，载王中江主编：《新哲学》（第1辑），大象出版社2003年版，第34页。

共就变得没有意义了。也许这是人类创造性的源头之一。二是私有财产的四面壁垒，为避开共有的公共世界提供了唯一可靠的隐蔽场所，不仅避开了公共领域中所发生的一切，而且也避开了公众的注意，避免了被他人所见所闻，一种完全公开的，在别人面前的生活，正如我们要说的，会变得浅薄。"①

长久以来，在传统私人空间和公共空间的分野是确定私人生活领域的一个重要尺度。但是需要指出的是，随着人类生活方式以及科技文明的飞速发展，公共领域与公共场所已非相等之概念。公共场所和私人场所的位置差异仅能说明在二者之间的隐私意识期待存有区别，但并不能认为在公共场所就不存在私人生活领域，正如波斯纳所说："当某人走在大街上时，他的周围都是'私人空间'，也就是说，尽管街上的其他人都可以看见和听见他，他还是可以和同伴进行不被人打断的谈话，或者说，如果他是独自一人，他可以思考自己的问题，观察周围的情况，或者是集中精力去他打算去的地方。有人跟他搭讪、撞了他或是对他大喊大叫，就打搅了他的隐私，这与大声敲门或卡车隆隆打搅了埋头在家或办公室的某人的隐私一样。"②

因此，个人住宅之内、办公室内、汽车之内乃至身体之内的这些场所是个人的核心隐私区域，因为其中包含着任何个人最私人性、最私密性的信息，如婚姻关系和性行为、家庭生活、个人的社会交往和私人联络以及个人难以启齿的嗜好或疾病，这一切乃是组成一个完整而有尊严的个人的基本要素。但这并不意味着隐私权的触角就此戛然而止，事实上，私人生活领域还不断地向外蔓延，图

---

① ［美］汉娜·阿伦特：《人的条件》，竺干威等译，上海人民出版社 1999 年版，第 53—54 页。

② ［美］理查德·波斯纳：《正义/司法的经济学》，苏力译，中国政法大学出版社 2002 年版，第 283 页。

书馆、网吧乃至公用电话亭都已经成为法律对"隐私区域"的解释对象。正如斯图尔特所言"第四修正案保护的是人而不是地方"，"一个人明知会暴露于公众的事情，即使在自己家中或办公室，也不是宪法保护的客体。……但是，他希望作为隐私保护的事情，即使在公众出入的地区，也可以基于宪法获得保护"。[①] 因此，在传统私人空间和公共空间的差别已然不能断定私人生活领域的时候，如何确定私人生活领域的界限就成为研究隐私权范围的一个重要议题。

(二) 如何确定私人领域的界限

隐私权所及的范围，应当以是否属于私人生活领域为准，但所谓的私人生活领域，仍具备了一定的不确定性。隐私权关乎期待，隐私权并不是在所谓隐私本质的论战上分输赢。社会期待可以左右隐私权的范围，但当社会环境改变了，人们的期待也会改变。例如，我们期待在家的谈话是隐私，但若人们可以自由从外界侦知我们的谈话，我们的期待就会不同。[②] 而究竟是以主张隐私权人主观上所认定之私领域为准，或是以社会上一般人所合理期待为私领域之范围为准？而事实上，无论是社会的观念或是法院的态度，这种期待一直处于一种飘忽不定的变动状态，这一点从美国隐私权刑法判例中清晰可见。如 1967 年的 Katz v. United States 一案中，Harlan 大法官在协同意见书中更进一步详释，本案的判断标准有二：1. 个人须确实有主观的隐私期待。2. 这个隐私权期待是社会认为

---

① Katz v. United States, 389 U. S. 41 (1967).

② Shaun B. Apencer, Reasonable Expectation and the Erosion of Privacy, San Diego Law Review, 2002 (39), p. 847.

合理的。① 而在 1989 年 Connor v. Ortega 案中，法院则认可了所谓社会关联在判断隐私期待上的地位，认为受雇人对办公室抽屉、橱柜和其他私人处所隐私的期待，会受到实务操作、现实情况的影响。② 从而将隐私期待从主客观统一转变成了以客观期待为主。

使问题更加复杂化的是，科技始终扮演重要角色并时常改变人们对隐私的期待。在 2001 年 Kyloo v. United States 案中，原告对于警方从对街用仪器侦测热度，查出他在种植大麻，主张这种行为是无令状搜索，侵害他的隐私权，法院则认为原告在本案并无合理之隐私期待。③ 同时，法律也可以改变对隐私的期待，如在与上述案件内容非常相近的 1998 年 Hoskins v. Howard 案中，法院却认为警方违反电子通讯录音法，从此确立了社会对无线电话的隐私期待。④

因此，期待导向的隐私观念是脆弱、易变的，私人生活领域的界限始终处于变动不居的状态。时至今日，无论是主观期待还是客观期待似乎都在各自领域发挥重要作用。并且因为一些人的社会行为和团体力量会影响群体的社会行为，进而将会改变社会的隐私期待，为此人们又会改变行为模式，而创造出来的新科技，又会改变

---

① 389 U. S. 347（1967）原文：My understanding of the rule that has emerged from prior decisions is that there is a two fold requirement, first that a person have exhibited an actual（subjective）expectation of privacy and, second, that the expectation be one that society is prepared to recognize as "reasonable". See id, Mr. Justice Harlan concurring。

② O'Connor v. Ortega, 480 U. S. 709（1987）.

③ Kyloo v. United States, 533 U. S. 27（2001），在本案的审理过程中，有法官提出假设，如果当今社会已是一个热影像器非常普遍、人手 5 块钱一个的世界，那么这种情况是否会改变社会对隐私的合理期待。瑞克·斯蒙教授指出，从凯茨测试（Katz Test）的角度来看，如此重大的社会变化无疑将改变凯洛案的审判结果。See Ric Simmons, Note, From Katz to Kyllo: A Blue print for Adapting the Fourth Amendment to Twenty – first Century Technologies, 53 HASTINGS L. J. 1303, 1334 n. 142（2002）。

④ Hoskins v. Howard., 971 P. 2d 1135（Idaho 1998）.

社会行为。① 这无疑会使得私人生活领域的边界更难以琢磨。但说明合理期待的不稳定，并非认为此标准无法操作，亦非为主张扬弃期待模式，其意义在于，正因为如此流动不居的观念，我们对隐私的要求、讨论，也可能对社会舆论造成影响，我们今日对隐私的期待也可能成为明日的法律。② 因此，决策者在制订政策，拟定法律时，应审慎评估所可能造成的影响。

实际上，造成隐私权期待标准不能确定的原因就在于，关于隐私权期待的主观说还是客观说都有一定之道理。隐私权从本质上来讲，毕竟是个人主观意识的产物，因此应当被赋予强烈的主观色彩；但同时，法律既不是相对于圣人、贤人的标准，也不区别勇者和懦夫，而是相对于社会一般人的规范。因此，以社会一般人的认识作为隐私权期待的判断标准却也无可厚非。同时，即便是社会一般人的认识，也是随着社会的变动而左右摇摆。究其根源，仍然是隐私权的一般人格权的不确定性在暗地发挥作用，结果造成了隐私权范围的不确定性。

其实，我们大可不必为隐私权期待标准问题太伤脑筋，类似这样的主客观标准不统一的争讼在刑法中比比皆是。如相当因果关系中相当性的判断标准、过失犯罪中注意义务的判断标准以及责任认定阶段中期待可能性的判断标准，至今也没有定论。也许这从一个侧面昭示了法灵活性的特征。对此类问题刑法理论只提出争议及其依据而不做断定，将其最终选择权留给法官来取舍，也许更为恰当。

---

① Shaun B. Apencer, Reasonable Expectation and the Erosion of Privacy, San Diego Law Review, 2002 (39), p. 860.

② Shaun B. Apencer, Reasonable Expectation and the Erosion of Privacy, San Diego Law Review, 2002 (39), p. 912.

（三）违法或不道德行为记录是否属于隐私权调整范围

法律保护的隐私多为合法的或合乎伦理道德的，特别是在刑事诉讼中对于犯罪侦查、起诉、审判阶段，无可避免的要对犯罪嫌疑人、证人及被害人的隐私给予合理限制。同时，媒体或组织为社会公益或他人权益而披露相关隐私信息也应得到法律的理解与支持。但这是否就意味着非法或不道德行为记录就此消失在隐私权调整范围之外呢？

本书对此持相反之观点。隐私权具有两个显著特征：一是"私"，即其所保护的范围纯粹是个人事务和信息；二是"隐"，即从心理因素或道德角度考虑，其所保护的客体是不愿他人知道、干涉或侵犯自己的私事或私人领域，否则会产生心理上的压力，破坏自我形象。[①] 而违法犯罪或者从事其他不道德行为显然不会是纯粹的个人事务和信息，因此也就不再具备"私"的特征，行为人会因此而失去隐私期待和相关隐私利益，[②] 并且随着事件大范围公开化，其隐私权会在相当一段时期内受到限制。

但同时仍需注意，即便是当年轰动一时的犯罪事件，也会时过境迁，最终也会随着时光的流逝而湮没于社会公众的群体记忆中。同时由于隐私权具有强大的自新功能，它可以摘掉越轨者背上的标签，使越轨者过去的罪恶史被适度尘封起来，不让它任意地在大众面前一再曝光，从而督促行为人改恶从善，从新做人。因此，违法犯罪记录在经过一定时间后终究会静谧沉淀成一种特殊的隐私，需要法律对此作出明确之保护。

---

① 李步云主编：《宪法比较研究》，法律出版社 1998 年版，第 486 页。

② 试想一个强奸犯罪嫌疑人能否借口性行为是自己的核心隐私，并且主张相应的隐私权利，从而对抗刑侦机关对其人身自由的限制、对其房间的搜查，或者为了进行精液或毛发中的 DNA 证据对比，强行抽取其血液化验呢？

正基于此，尽管通常而言，判决是公开的。因此，就广义而言，前科数据是公开的。但事实上，前科资料作为隐私权而存在已经得到多数国家立法或判例的认可。1998 年《英国数据保护法》规定，敏感个人信息主要由以下信息组成：信息主体的人种或种族起源政治观念宗教信仰、或其他相似性质的信仰身体、或精神健康状况、是不是工会成员、犯罪行为或任何被指控所实施的犯罪行为、任何与信息主体违法行为、或被指控所实施的违法行为有关的诉讼，此类诉讼的结果，或者此类诉讼中认可法院所做出的判决。[①] 日本最高法院于 1981 年在"律师协会前科照会案件"中就指出，前科以及犯罪经历是直接关系到人的名誉、信用的事项，即便是具有前科的当事人，也拥有不被任意公开该前科经历的、在法律上值得保护的利益。参加审理该案的伊藤正己法官还在补充意见中进一步指出，前科等乃是个人隐私中最不愿令他人知悉的事项之一。在"纪实文学《逆转》案件"中，法院同样表明了这一观点。[②] 如今，对他人前科数据的泄露或散播在很多国家不仅是一种侵权行为，还会有可能触及刑律而遭遇牢狱之灾。

但是，违法犯罪记录的隐私化过程并不是那么一帆风顺，而各国立法也经常会对此持一种摇摆不定的态度。如在我国个人数据保护法修正案中，前科数据甚至还是受特别保护的敏感信息；但在我国《刑法》第 100 条却规定"依法受过刑事处罚的人，在入伍、就业的时候，应当如实向有关单位报告自己曾受过刑事处罚，不得隐瞒"。以立法形式确定了所谓的"前科报告制度"。

无独有偶，美国是一个高度重视个人隐私权保护的国家，对前

---

① ［英］萨莉·斯皮尔伯利：《媒体法》，周文译，武汉大学出版社 2004 年版，第 318 页。

② 吕艳滨：《日本的隐私权保障机制研究》，载《广西政法管理干部学院学报》2005 年第 4 期。

科记录隐私权也甚为关注，例如在 Los Angeles Police Department v. United Reporting Publishing Corp. 53 一案的判决中，法官承认限制关于被害人数据和个人之逮捕记录之商业用途之取得之法律为合宪，因此任何机关或个人均不得披露或公开他人受刑记录。①

但美国在对待性犯罪前科资料问题却持相反的态度。在美国，1996 年，国会通过联邦"Megan's Law"，要求各州揭露保护公众所必需的，已被释放之性犯罪者之相关资料，否则该州即不能向联邦请领犯罪防治基金。结果是五十个州都制订了相关法律。② 依照该法，性犯罪前科是一种特殊类型，性犯罪者应向所居住之社区通报性犯罪者之前科记录、身份辨识数据、社会保险号码、相片及其住址。③ 有些州甚至把性犯罪者之数据公布在网络上。

因此，尽管曾经公布的违法犯罪资料随着时间的经过也可能在被大多数人遗忘，而再度成为隐藏的信息。但是基于违法犯罪者隐私权和其他公民的其他基本权利之间利益平衡仍然会使立法者难以精准把握。④ 同时，尽管从理论上来讲，对于保护信息的程度应视信息传播的时间与范围而定，但立法者显然无法准确评估究竟经过多长时间当事人应当获得隐私化权利呢？这仍然是一个令人头疼的问题，相关争论也还将持续下去。

---

① Los Angeles Police Department v. United Reporting Publishing Corp. , 528 U. S. 32; 120 S. Ct. 483 (1999) .

② Daniel J. Solove, Modern Studies in Privacy Law: Notice, Autonomy and Enforcement of Data Privacy Legislation: Access and Aggregation : Public Record, Privacy and the Constitution, Minnesota Law Review, 2002 (53), p. 1148.

③ Paul P. v. Verniero, 170 F. 3d 396, 404 (3d Cir. 1999) .

④ 如性犯罪者要报告受刑记录，那么性质及危害更为严重的杀人犯罪者、抢劫犯罪者呢？以此类推，究竟有没有可操作型的合理标准对犯罪类型进行科学限定，从而准确分配哪个种类犯罪人可以享有隐私期呢？

三、隐私权的客体

权利的客体即权利所指的对象，隐私权的客体就是隐私。1995年 10 月，美国商务部电讯与信息管理局发布的关于隐私与信息高速公路建设的白皮书中认为，隐私至少包括以下 9 个方面：（1）关于私有财产的隐私；（2）关于姓名与形象利益的隐私；（3）关于自己之事不为他人干涉的隐私；（4）关于一个组织或事业内部事务的隐私；（5）关于某些场合不便露面的隐私；（6）关于尊重他人不透露其个人信息的隐私；（7）关于性生活及其他私生活的隐私；（8）关于不被他人监视之要求的隐私；（9）私人相对于官员的隐私。可见，在现行美国法律体系中隐私"已涵盖了个人及个人生活的几乎所有环节，同时也将涉及社会生活的所有领域，已成为现代社会保护个人利益之最全面、最有力的'借口'和'手段"。[1] 而由于上述隐私分类过于庞杂，学界一般都将其进一步简化，如 Dworkin 教授就认为，隐私的可能意义有三：即有时隐私是指一定的场所（territorial），在某些特定的地方中，人们可以随其意而为，例如在家中：有时隐私与秘密性（Confidentiality）有关，例如人们无须告知他人他投票的内容，因为这属于私人信息；有时隐私则意指个人决定上的主权（sovereignty over personal decisions）。[2] 本书原则上同意 Dworkin 教授的主张，并认为隐私大致可以被分为三种类别，即私人空间安宁性隐私、个人信息资讯性隐私及私人事务自主性隐私。

---

① 郭明瑞：《民商法原理（一）》，中国人民大学出版社 1999 年版，第 448 页。

② Gerald·Dworkin, Taking Rights seriously in the Abortion case, Ratio Juris, 1990 (3), pp. 68 – 80.

（一）私人空间安宁性隐私

私人空间安宁性隐私包含个人的物理空间和心理空间应当不受非法侵扰。具体言之，任何人不得有非法搜索他人身体、限制他人自由、侵入他人住宅，或以噪音、强迫收听收看等方式侵扰他人生活之安宁。

私人空间安宁性隐私是隐私权最早发源地，隐私权在这个领域中触角能够得以最为舒展的延伸。而和其他隐私一样，私人空间安宁性隐私也有一个发展演变的过程。早期对隐私空间的讨论多半着重在物理性、有形的隐私空间部分，如人身、个人日记、住所或财物的不受侵犯。但是随着时代的变迁，权利的内涵有了更深入的解释，从物理性的隐私空间到无形的心理性隐私空间，如电话窃听、窥视不断侵入私人空间，进而诸如精神空间、亲密伙伴、生活安宁等等都逐渐成为新的隐私内涵。因此，在公民个人住宅附近进行的高声叫嚷、喧哗等侵扰住宅安宁、清静等的活动也会因此侵犯公民的私人空间安宁性隐私。例如美国联邦最高法院在 1949 年的 Kovacs v. Cooper 一案中，支持了 Trenton 市禁止以车上扩音器在街上播送的法规。法院判决认为，这种情形和在街上散发小册子不同，后者不能强迫人接受，但前者中居民对于扩音器的干扰无法逃避，必须依赖政府的保护。①

（二）个人信息资讯性隐私

个人信息资讯性隐私包含个人资料隐私和个人通讯隐私。对于个人信息资讯性隐私各国都不遗余力制定立法加以保障。这是因为在科技发达、信息的传播一日千里的时代中，民众"知的权利"范围常被政府及个人以公众利益的理由过度扩大，戕害了个人的隐

---

① Kovacs v. Cooper 336 U. S. 77 （1949）.

私及人格完整性。为了要调和个人隐私及公共利益，政府大多制定有关个人信息的法律以保障民众，使得民主社会中不但信息能够自由流通，个人隐私也能得到适度的保护。

个人资料性隐私又称个人纪录，根据美国 1974 年隐私权法第 a 条第 4 款的定义，个人纪录是指"由机构保存，关于个人之单项性、累积性或是集合性之数据。个人纪录包括但不限于个人教育背景、财物交易、医疗纪录、犯罪或职业经历，或是包含有个人姓名、识别号码、特征或是其他关于个人的特定表征，如指纹、声纹或是照片等之类"。① 而与之相似，我国台湾地区《计算机处理个人数据保护法》第 3 条第 1 款则将其规定为"自然人之姓名、出生年月日、身份证统一编号、特征、指纹、婚姻、家庭、教育、职业、健康、病历、财务情况、社会活动及其他足资识别该个人之资料"。

如果进一步分类，个人信息主要包括两大部分，即个人特征信息和个人经历信息。具体言之，在个人信息方面有个人肖像、声音、过去经历（尤其犯罪记录）、医疗记录、财务资料、一般人事资料、犯罪被害人资料等等方面。

个人通讯隐私则包括有声音及文字的通讯隐私。秘密通讯之权利是传统人权思想中重要的权利，在世界人权宣言第 19 条、欧洲人权公约第 10 条第 1 项中，均明定个人享有表达及接受信息和思想不受干涉的权利。在声音隐私权的保障部分，司法人员必须有充分之正当理由才可以依法监听录制公民无线或有线通话。而相较而言，由于对在文字隐私的保护历史比较长远，各国对个人邮件的保护多有立法加以防止侵害，个人所受到的保护和通讯隐私比较起来是更为完备的。而随着科技的进展，手机短信以及电子邮件的大范

---

① United States Code，1998，转引自詹文凯：《隐私权之研究》，台湾大学法研所 1998 年度博士论文，第 65 页。

围应用，通讯隐私的侵害有了不同的形态。传统对于通话及邮件的隐私权侵害逐渐转为对手机短信、电子邮件、QQ 及 MSN 的实时监控，这也会使得个人通讯隐私的范围得到进一步的扩张。

（三）私人事务自主性隐私

私人事务自主性隐私是指个人对私人事务的自我选择或独立决定。"除个人存在的领域外，隐私还涵盖个人自主的领域，在这一领域中，个人通过不干预他人的行为达到自我实现。这一内在于私人自决中的行为自由可以单独地也可以与其他人共同行使。尽管这些行为局限于行为者的私领域，并因而按其定义不能侵犯第三者的权利，但他们经常与国家的禁止相冲突"。[①] 一般来讲，私人事务自主性隐私主要包含生育、家庭和个人切身事务等三方面之自主权。具体言之，生育自主性包括避孕、中止怀孕、怀孕和生育、强制绝育、代理孕母等议题；家庭自主性包括子女教养、结婚与离婚、家庭关系等方面的议题；个人自主性包括性行为、猥亵行为或物品、药物使用、个人形象、个人姓名、自杀和安乐死等方面。

学界对于私人事务自主性隐私是否属于隐私争议较大，但现代哲学家大都承认唯自主性隐私权，并认为决定隐私是自由的前提条件，甚至将其上升到宪政的高度，认为是否承认这种隐私权应当作为考虑一个政府是否正当合法的重要特征。[②] 我国台湾学者许志雄认为"关于自身重要事项的决定权，也即自己决定权，同样可以包含于广义的隐私权中"。[③] 我国台湾学者王泽鉴在论及隐私权时也明确指出："近年国外判例和学说将私生活决定的自由纳入隐私权

---

① ［奥］曼弗雷德·诺瓦克：《民权公约评注》（上册），毕小青等译，三联书店2004 年版，第 295—296 页。

② ［美］阿丽塔·L. 艾伦、理查德·C. 托克音顿：《美国隐私法：学说、判例与立法》，冯建妹等译，中国民主法制出版社 2004 年版，第 363 页。

③ 许志雄、陈铭祥等：《现代宪法论》，台湾元照出版公司 2000 年版，第 239 页。

的范畴，用以规范使用避孕药、堕胎、个人生活相关资料的管制等重大争议问题，其本质不在于私人秘密而在于私生活自由的保护。"①

本书认为，自决性隐私是一种最重要的隐私，是个人信息资讯隐私和私人生活空间隐私的前提。正所谓皮之不存毛将焉附，如果一个人连自己私人生活方式和态度的决定权都没有，如不能决定是否公开或以什么样的形式公开自己的私密信息或是无能决定是否允许他人涉足自己的私人生活空间，则信息隐私权和空间隐私权终将寄身无处，而居于隐私权核心地位的人格尊严和个性自由也会因之而荡然无存。

但值得注意的是，在承认私人事务自主性隐私的同时，不能将自决性隐私和自决权相混淆。因为"隐私是保持和发展自决所必需的，当然自决并不仅仅包括隐私，它还必须包括某人自主决定自己行为的过程、自己的生活方式等内容"。② 私人事务自主性隐私和自决权存在交叉关系，但却不能互相涵盖。而根据台湾学者的概括，所谓自决权即对于一定的个人事项，不受公权力干涉而可以自行决定的权利，其内容大体包括：

（1）关于自己的生命、身体的处分事项，如自杀、安乐死、拒绝治疗等；

（2）关于生育事项，如性、避孕、妊娠、生产、堕胎等；

（3）关于家族的形成、维持事项，如结婚、离婚、同居等；

（4）凡与个人外形或个人兴趣、嗜好有关这都牵涉在内。前者如服装、发型、胡须，后者如吸烟、饮酒、登山、游泳者皆是。由于此等事项莫不与个人生活方式有关，故称为生活方式的自己决

---

① 王泽鉴主编：《债法原理（三）侵权行为法》（第一册），中国政法大学出版社2001年版，第130页。

② ［美］阿丽塔·L. 艾伦、理查德·C. 托克音顿：《美国隐私法：学说、判例与立法》，冯建妹等译，中国民主法制出版社2004年版，第369页。

定权。[①]

上述自决权究竟哪些应该被列进私人事务自主性隐私从而被纳入隐私权的保护视野呢？对此有无可遵循之具体准则呢？本书认为：

首先，采用隐私权保护的办法是否更能够对上述利益给予更好之保障？

法定权利仅是对自然人权的一种立法确认和强调，如怀孕和生产当然是一种宪法权利，但同时可以体现在计划生育法、劳动法[②]、妇女权益保障法等行政法规中，也能够藉以民法通则来调整，还有可能落入刑法保护的视野当中。"权利的划分是相对的，利益的交叉和权利的竞合现象无论是在理论上、规范上还是事实上都是一种普遍的现象。权利的设定应当在立法技术上为主体利益的维护提供多种可能的选择和最佳途径"。[③] 如婚姻自由严格来讲也可以列入隐私权的范围，但依托民法或婚姻家庭法能够获得更大的救济和方便，但若是超出婚姻家庭法的调控范围，干扰婚姻生活的私密性，显然就只能通过隐私法进行保护。

其次，应当考虑一国之具体国情。

"由于法律上的权利与具体利益之间的非一一对应的逻辑特征，致使同一法律权利可能与不同的利益相对应，不同的法律权利也可能与同一利益相对应"。[④] 最佳权利保护效果的选择路径是与一国政治法律制度、历史文化传统、社会经济发展、民族教化风习息息相关，甚至某些权利保护设置上能明显看出其权利所沾染该社会的独特之风气。如自杀和安乐死在中国法律中是绝对禁止的行

---

① 许志雄、陈铭祥等：《现代宪法论》，台湾元照出版公司2000年版，第242页。
② 如对怀孕妇女在劳动中的特别保护，以及规定产假的时间等。
③ 张军：《宪法隐私权研究》，中国社会科学出版社2004年版，第78—79页。
④ 莫纪宏：《现代宪法的逻辑基础》，法律出版社2001年版，第295页。

为，帮助自杀或者安乐死还会触及故意杀人罪，因此赋予其隐私的权利肯定不合时宜。再如，中国实行生育计划政策，因此诸如怀孕、生产及堕胎就并非完全是个人私事，也自然不能被列入隐私权的范围。

四、隐私权的内容

有学者将权利的内容和客体等同起来，并认为"人权的内容也可以称为人权的客体，是指人可以和应当享有的权利"。[①]受此种观点影响，有论者将隐私权权利的客体和内容混为一体，认为二者是既有联系又有区别的概念，并因此主张将"隐私权客体"的题目换成"隐私权的内容"也能成立。[②]

但是，权利的客体是指权利的对象，就隐私权而言，其权利对象就是隐私，而依照上述观点，隐私权的内容就是人可以和应当享有的隐私权利，即将隐私和隐私权混同起来。而正如前文所言，隐私和隐私权并非相等之概念，而这虽有紧密之内在联系，却也应严格区分。因此，无论是这样的前提还是这样的推论都是本书所绝对不能认可的。

对隐私权内容的思考不能脱离权利的本质，我们还可以"把权利理解为资格，即去行动的资格、占有的资格或享受的资格"。[③]因此，隐私权的内容则应是对隐私权资格的占有或享有方式，或者说隐私权的内容就是隐私权的具体权能。这一点也可以得到民法理论足够之支持，如所有权的内容就是所有人对财产依法享有的占有、使用、收益和处分的权能；而用益物权的内容，依照物权法第

---

① 李步云主编：《人权法学》，高等教育出版社 2005 年版，第 16 页。

② 张军：《宪法隐私权研究》，中国社会科学出版社 2004 年版，第 73 页。

③ 张文显主编：《法理学》，法律出版社 1997 年版，第 113 页。

117条的规定，则是用益物权人对他人所有的不动产或者动产，依照法律规定享有占有、使用和收益的权能。因此，本书认为，将隐私权的内容视为隐私权人对隐私利益所享有、占有的权能更为妥当。

隐私权的权能可以分为消极权能和积极权能，隐私权诞生之初仅拥有消极之权能，即隐私权不受干扰，而随着资讯科技的发展，隐私权这一消极的"不受干扰"之内涵开始向积极的"资讯控制"扩展，并逐渐引出了资讯自决权的概念。1970年，美国法学家ArthurR. Miller从积极的角度将隐私权定义为"控制有关自己信息传播的权利"。① 1983年，德国联邦宪法法院在"人口普查案"中第一次对"资讯自决权"作了系统描述：在处理现代资料时，应保护每个人之资料免遭无限制之收集、储存、运用、传达，此属基本法之基本人权保护范围，该基本人权保障每个人原则上有权自行决定其个人资料之交付与使用。② 1985年，德国学者迪特尔在此基础上进一步提出了"个人信息自决权"③ 的概念，这标志着隐私权的内涵已从消极被动的"私生活不受干扰"向积极能动的"自己的信息自己控制"的转变。④

但学界还存在另外一种分类方法，即将隐私权的内容分为隐私隐瞒权、隐私利用权、隐私支配权、隐私维护权。⑤ 本书也倾向于此种分类方法，并将以此对隐私权内容进行详细阐述：

---

① 刘迪：《现代西方新闻法制概述》，中国法制出版社1998年版，第119页。

② 萧文生：《关于"1983年人口普查法"之判决》，台湾《司法周刊》杂志社1990年印行，第290页。

③ ［德］迪特尔·梅迪库斯：《德国民法总论》，邵建东译，法律出版社2001年版，第810页。

④ 彭礼堂等：《网络隐私权的属性：从传统人格权到资讯自决权》，载《法学评论》2006年第1期。

⑤ 杨立新：《关于隐私权及其法律保护的几个问题》，载《人民检察》2000年第1期。

（一） 隐私隐瞒权

隐私隐瞒权，专指个人所享有之隐私有不向任何他人告知的权利，任何组织或个人，不经隐私权利人许可，没有法定事由及未经法定程序，不得对隐私进行刺探、搜集、记录以及散播。隐私隐瞒权是人类历史中最早的隐私权利内容，它首先包括公民对以性器官为主的身体隐秘部位的保密权，这是公民一项最根本的隐私权。而至今，隐私隐瞒权的范围已经有了大幅度的扩张。诸如个人社会保险号码、驾驶执照编号、出生日期、信用卡信息、姓名、性别、职业、学历、联系方式、婚姻状况、收入和财产状况、身高、体重、病历、生活经历、身体缺陷等个人信息，都属于隐私隐瞒权的调整范围。

但同时需要指出的是，隐私隐瞒权在一定情况下会受到某种合法限制。如刑侦部门为了侦破案件可能会对犯罪嫌疑人的住所、身体、物品进行搜查；也可能会对电话通讯、电子信箱或往来信件进行监听或查看；也可能为了抓捕疑犯而将其年龄、习惯、血型、基因、身体残疾等隐私在通缉令上公之于众。

（二） 隐私利用权

隐私利用权即公民可以对个人隐私进行积极利用，以满足自己精神、物质方面的需要。这种利用可以是自己利用，也可以是允许他人利用，例如个人可以公开自己日记，并将其整理出版，也可以委托他人整理后代为出版。而自己有条件出卖自己隐私并以此换取某种经济利益，也应视为隐私利用权的一种具体体现。

然而，隐私利用权也是应当受到合理限制的。比如说国家安全机关工作人员的职业、住址、通讯方式、个人文件、工作或生活日记、生活习惯等虽然也可以被列入隐私的范围，但其却不得因利益交换而公开这些隐私。又如性器官、性行为是个人绝对隐私，但个人却不能为谋求财物而将其拍成图片或录像公之于众，或在公共场合公然展示或进行性交表演。

（三）隐私维护权

隐私维护权是指权利主体对于自己的隐私所享有维护其不可侵犯，并在受到非法侵犯时可以寻求司法保护的权利。

隐私权人有权要求他人尊重自己的隐私。如隐私权利人有权要求非法侵入自己住宅的人及时退出；有权要求偷拍自己洗浴照片的人将其交还或销毁；有权要求拆除不合理设置在住宅、办公室或酒店的各种监控设备；有权要求掌握自己隐私信息的单位或组织，如银行、保险公司，严格保守秘密；有权在医院就诊时，要求医生或护士尊重自己的隐私权，不得让其他与自己治疗活动无关的医务人员或其他病人观看或拍摄自己的治疗场景。

同时，隐私权人在隐私受到侵犯后，有提起司法救济或要求有关机关惩罚侵犯自己隐私的行为人。具体方式可以包括向有关执法机关寻求保护，如向城管或环保部门举报要求其采取措施及时制止相关个人或组织在住宅附近制造噪音，若这些部门不作为，则隐私权人还有权对该部门提起行政诉讼；向法院提起民事诉讼要求提供赔偿或消除影响，或提起刑事诉讼要求严惩隐私犯罪者。

（四）隐私支配权

隐私支配权是指公民有权知悉自己隐私状态、有权获取自己隐私信息、有权修改自己隐私信息并有权按照自己的意愿进行支配自己的隐私。具体包括：隐私权人有权知道或获取其相关隐私信息。例如，病人在接受诊治时拥有对自己疾病状况的知情权；银行顾客有权知道自己的银行存款情况；驾驶人员有权知晓自己的违章记录；隐私权人有权获取自己隐私记录的全部或者部分、或者获得该记录的复印件。

隐私权人有权修正自己的隐私信息，这是建立在隐私人有权知道或获取其隐私信息的基础之上的衍生性隐私支配权。在当事人发现有关部门记载的自己隐私信息有错误时，其有权利要求进行修改，例如被保险人发现投保人将自己健康状况写错，可以予以更改。德国在 1976 年颁布的《德国联邦个人资料保护法》就规定个人有权查阅和更正有关本人的资料，在资料不准确或不完整的时候，还有权阻止资料的储存。日本的《关于保护行政机构与电子计算机处理有关的个人信息法律》第 17 条也规定，个人可以要求管理部门对保管的信息作出更正。[①]

隐私权人有权按照自己的意愿进行支配自己的隐私。如患者在诊疗过程中，允许医生检查身体隐秘部位、了解个人经历、生活习惯；又如为了在市场交易中赢得对方信任，向对方主动出示银行存款信息已证实自己的财产状况；再如在就业或入伍时，参加体检，向招收单位提供自己身体健康情况隐私等。

---

① 　徐亮：《论隐私权》，武汉大学法学院 2005 年度博士论文，第 107 页。

第二章　公共政策、隐私权及刑法

　　任何权利都需要法律保护，作为一项具有一般人格权属性的重要基本人权，隐私权自然也应当受到法律的眷顾。而刑法作为最严厉的制裁法，保护个人隐私权也是其义不容辞的职责。但刑法并不仅仅是隐私权的刑法，也是表达权和知情权等其他权利的刑法。同时，刑法也往往会因为自身的需要而必须积极介入个人私生活领域从而全面刺探、监控甚至揭露公民隐私。①因此，对隐私的刑法保护需要关注其他法律利益，并予以综合考虑。若只为实现某单一社会目的，则法律很容易达到其愿望，如消除卖淫的最彻底方法就是在刑法中宣告强奸无罪；消除盗窃的最有效手段即为在刑法中规定抢劫不罚。同样若只出于保护隐私权的单一目的或终极目的，则刑法也能够彻底实现对隐私权不留缝隙、体贴入微的保

----

　　① 请注意，刑法对隐私的全面涉足隐私并非仅局限于犯罪嫌疑人，而更应该包括刑事诉讼中的证人（证人有如实作证的义务，而作证就有可能涉及自己隐私。如在伤害案中，卖淫女所提供的他人对嫖客的伤害的证人证词中，无可避免的会有对自己职业隐私的透露）以及被害人（如被强奸的女性）。因而，不能对刑法对隐私权的限制做过窄理解。

护，如关停泄露公民隐私的报纸网站、禁止手机短信功能、禁止公民通信或发电子邮件等。但如此制度设计能否为社会乃至其隐私受到"保护"的公民之认可，而这样的"单向保护"又会让人类为此付出多大的代价？因此，尽管刑法应当保护隐私权，但也一定要考虑到社会公共政策的需要，[①] 考虑对隐私权的过度保护的负面效果，以期寻找适度的平衡。

第一节　公共政策命题之引入

一、公共政策及其意义

自哈罗德·拉斯维尔（Harold D. Lasswell）和丹尼尔·勒纳（Daniel Lerner）于 1951 年发表《政策科学：范围与方法的新发展》以来，公共政策作为一种新兴研究领域正逐步成为学界和实务界的主流话语之一，甚至被誉为当代西方社会科学发展中的一次"科学革命"、当代西方政治学的"最重大的突破"。而关于公共政策，国外学者论述颇多，比较典型的有：

加拿大学者包尔认为："公共政策是公权威当局所选择的行动纲领或不行动，以分析阐明某既定的一个问题或一组相互关联性的问题。"[②]

---

① 应该说，刑事政策也是一种公共政策，表面上来看，应当与本章内容最合适。但本书之所以没有考虑刑事政策是因为本书的视野并不仅限制在刑事法，诸如公共利益平衡、价值平衡等首先是全部法律都应该遵守的，并非是刑法的专有势力范围，也是一种重要的宪法、行政法、侵权法的评价手段。而且刑事政策边界不明，若依照广义的刑事政策，诸如将安装路灯等照明设备、改善住房条件等都视为刑事政策，其实质已经和公共政策没有太大区别。

② Pal, Leslie A. Public Policy Analysis: An Introduction. Scarborouge, Ontario: Nelson Canada, 1992, p. 2.

美国学者戴伊指出：公共政策就是政府选择作为或不作为的相关活动，尤其处于今日所谓后工业社会中，政府与我们的关系比以往更为密切，它所提供的服务与管制无所不在，它的任何决定都深深影响着我们，甚至每天我们所接触的事务都与公共政策有关。①

英国学者威廉·詹金斯主张，公共政策是"由政治行动主体或行动主体团体在特定的情境中制定的一组相关联的决策，包括目标选择、实现目标的手段，这些政策原则上是行动主体力所能及的"。②

日本学者药师寺泰藏写道："'公共政策'的意思与其字面意思相同，即为'公共'而制定的政策。"③

而随着公共政策学上世纪中期引入中国，中国学者也对公共政策展开了细致研究，并先后给出了自己关于公共政策的界定。如：

我国台湾学者吴定说："公共政策乃是指政府机关为解决某项公共问题或满足某项公众需求，决定作为或不作为，以及如何作为的相关活动。"④

宁骚教授道："公共政策本质是公共权力机关为了实现一定的目标而进行的社会资源配置和社会价值的分配。"⑤

我国台湾学者丘昌泰先生称：公共政策是公权威当局所进行的一种有意识活动，包括公权威机构的行动或不行动的行为，其主要的目的在于解决社会问题。⑥

---

① Thomas R. Dye, Understanding Public Policy , Engle – wood Cliffs, NJ: Prentice – Hal, 1972, p. 2.

② William I. Jenkins, Policy Analysis: A Political and Organizational Perspective, Martin Robertson, 1978, p. 3.

③ ［日］药师寺泰藏：《公共政策：政治过程》，张丹译，经济日报出版社1991年版，第1页。

④ 吴定：《公共政策》，台湾华视文化事业公司1994年版，第5页。

⑤ 宁骚：《公共政策》，高等教育出版社2000年版，第152页。

⑥ 丘昌泰：《公共政策——基础篇》，台湾巨流图书公司2000年版，第8页。

桑玉成教授讲："公共政策是社会公共权威的一种行为。社会公共权威是指能够运用他的物质力量对社会公共事务做出权威性决定，对社会资源做出权威性分配的政治实体。"①

尽管国内外学者对公共政策界定歧义丛生，但对公共政策的主体的权威性、事务的公共性、内容的规范性等基本特征则大致相同。人类文明史中，国家利用公共政策来实现管理社会公共事务、维护公共利益的现象可谓源远流长。"从历史发展过程来看，至少从古代城市国家和古代帝国出现以后，如古希腊、古罗马、古代中国等作为公共权威机构产生以后，就有了自己的公共政策"。② 而现代公共政策则不仅依赖于现代政治科学对政府行为和公共权力运作运用统计量化，而且更在本质上依赖于政治作为技术或政治作为治理技术，从而大大改善公共政策调控质量。

公共政策同时兼有权威性与民主性的特征，因此使其自身融力量性与正当性为一体。从公共政策所体现的维度来看，它包括两个维度，即垂直维度与水平维度。"垂直的维度将政策看成是'统治'（rule）：与权威性决定的自上而下传达有关，得到批准的决策者选择那些能够使他们支持的价值得以最大化的路线，并且将这些政策传达到下属公务员那里去实施"。③ 而水平维度则是在"行动的建构过程"（structuring of action）的意义上来理解公共政策的，它认为，"政策操作既是横跨了组织的界限而发生的，也在这些界限之内发生，存在于不同组织的参与者之间形成的默契和承诺的结构，以及在任何一个组织之内权威性决定的垂直传达"。④ 这表明

---

① 桑玉成：《公共政策导论》，复旦大学出版社1991年版，第2页。
② 杨伟民：《社会政策导论》，中国人民大学出版社2004年版，第73页。
③ ［英］H. K. 科尔巴奇：《政策》，张毅、韩志明译，吉林人民出版社2005年版，第31页。
④ ［英］H. K. 科尔巴奇：《政策》，张毅、韩志明译，吉林人民出版社2005年版，第31页。

公共政策的制定，不仅应当有足够的权威性，也应包含浓郁民主性。公共政策权威性使得民众的参与性高涨，促进民主意识提升；而广泛的民主参与又使得公共政策获得公众广泛赞同，从而使其权威性进一步得到肯定，更有助于公共政策的推行。

公共政策在社会公共治理中起着十分重要的作用，正如美国著名经济学家曼昆所言，一个社会的兴衰在某种程度上取决于政府所制定的公共政策。① 而纳塞尔·L. 阿克奥夫在《重新设计未来：解决社会问题的一个系统方法》一书中也曾说："要想成功地解决问题，就必须对真正的问题找到正确的方案。我们经历的失败常常更多的是因为解决了错误的问题，而不是因为我们为真正的问题找到了错误的解决方案。"② 故而当我们用正确的方案去解决虚假的政策问题时，就犹如"南辕北辙"地迷失了问题的方向，无谓地消耗了政策资源并将真正的社会问题搁置起来，"政策分析中最致命的是第三类错误，即当应该解决正确的问题时，却解决了错误的问题"。③ 因此，问题和答案的不合拍就成为社会治理难题。

公共政策的出现无疑会使这一现象得到极大改观。公共政策的"水平维度"使得公共政策的制订受到政府部门、政治精英、利益集团、政党、舆论、总统、议员、法官等多个政治行为者的影响，体现出共同参与共同治理的民主精神。而这种民主精神当然有助于集思广益，发现社会运转不良的真正问题，并能群策群力给出正确的答案。不仅如此，美国政策学者艾利森曾经有句名言："在实现政策目标的过程中，方案确定的功能只占10%，而其余的90%取

① ［美］曼昆：《经济学原理》（上册），梁小民译，三联书店、北京大学出版社1999年版，第5页。

② ［美］威廉·N. 邓恩：《公共政策分析导论》，谢明等译，中国人民大学出版社2002年版，第98页。

③ ［美］威廉·N. 邓恩：《公共政策分析导论》，谢明等译，中国人民大学出版社2002年版，第197页。

决于有效的执行。"① 而公共政策的执行者和受众对象都是公共政策制定的参与者，自然也容易接受相关公共政策，从而使得公共政策获得自上而下畅通无阻的顺利执行。

二、公共政策与利益冲突

现代政治学认为，在利益多元化的社会里，和谐完美的"零冲突"现象是不存在的。亨廷顿就认为，"如果完全没有社会冲突，政治制度便没有必要存在"。② 而公共政策为基础的政治制度构建不仅意味着对利益冲突的强制性约束与限制，甚至公共政策的产生就是为了通过一定的机制消解、包容不同利益群体之间的矛盾，妥善平衡利益冲突。

冲突是社会学中被广泛使用的概念。冲突表示"有明显抵触的社会力量之间的争夺、竞争、争执和紧张状态"③。一般认为，冲突是一种情况，使无论个人或团体皆处在某种认知的威胁下。这些目标通常与我们个人的欲求有关，而这些认知的威胁可能是真实，也可能是想象的。"首先，冲突被视为一种认知的威胁，认知是一个重要的字词，它是冲突的基础，可能是假造的，或间接的，与团体的利益或目标毫无实际的抵触，然而团体却从此认知且经历冲突。第二，冲突是在人与人之间的互动中经历的。第三，与人际间欲求有关的冲突大小，对于有连接个人和社会希望的冲突有极大

---

① 丁煌：《政策执行》，载《中国行政管理》1991 年第 11 期。
② ［美］塞缪尔·亨廷顿：《变革社会中的政治秩序》，李盛平译，华夏出版社1989 年版，第 10 页。
③ ［美］乔纳森·H. 特纳：《社会学理论的结构》，吴曲辉译，浙江人民出版社1987 年版，第 212 页。

的帮助"①。

冲突在任何社会都是一个普遍存在的正常社会现象。特纳认为："我猜想，谁越是要证明社会中矛盾是普遍的，他就越愿意采用宽泛的冲突定义。当冲突可以是任何或隐或现地暗示着对抗的状态时，要证明冲突的普遍存在则比较容易。"②而颇有意味的是，社会学家对于冲突似乎有一种特殊偏好，至少不单单从贬低的层面来认识冲突，甚至将冲突视为社会前进的催化剂。③ 如伯顿认为："冲突是人类关系中一个实质性的创造性因素。它是改变的手段，是获得社会财富、安全、正义以及个人发展机会的方式……大量冲突的存在只是社会期待得以实现的保证。"④ 美国社会学家科塞对冲突也持乐观的态度，他指出："冲突经常充当社会关系的整合器。通过冲突，互相发泄敌意和发表不同的意见，可以维护多元利益关系的作用。冲突还是一个激发器，它激发新的规范、规则和制度的建立，从而充当了利益双方社会化的代理者。"⑤ 科塞甚至认为，在社会生活中若无冲突的存在将是一种极不正常的现象，只有存在

---

① 汪明生、朱斌妤：《冲突管理》，台湾五南图书出版公司1999年版，第4—5页。

② ［美］乔纳森·H. 特纳：《社会学理论的结构》，吴曲辉译，浙江人民出版社1987年版，第211页。

③ 这一点和犯罪学家与刑法学家对犯罪的理解大致相当，正如马克思所说："罪犯不仅生产罪行，而且还生产刑法，因而还生产讲授刑法的教授，以及这个教授用来把自己的讲课作为商品搬到一般商品市场上去所必不可少的讲授提纲……再次，罪犯生产全体警察和全部刑事司法、侦探、法官、刽子手、陪审官等等。"参见《马克思恩格斯全集》（第26卷），第415—416页。而利益冲突所产生的影响似乎比犯罪更为远大，它不仅产生了公共政策，甚至我们的法律都是社会冲突的产物。

④ John W. Burton, World Society, Cambridge University Press, 1972, pp. 137 – 138.

⑤ ［美］刘易斯·科塞：《社会冲突的功能》，孙立平等译，华夏出版社1989年版，第144页。

冲突的社会才具有生命力。①

　　但从整体上来说，冲突是一种破坏社会稳定与整合，引起社会紧张，扰乱社会秩序的负面现象。任何国家也不会因为冲突具有所谓的创造性功能而主动挑起事端，人为制造社会冲突，毕竟生活在一个信任和谐的低度冲突社会中，要比生活在社会冲突此起彼伏，各种矛盾激化的高度冲突社会中更有幸福感和安全感。

　　冲突的形成与权利配置有密切关联，权利对个人固然重要，但人不是活在权利的真空中，自己的权利随时随地都会与他人的权利产生碰撞。如隐私权利是人的一项基本权利，而表达自由也是个人不可或缺的基本人权。在社会生活中，基于这两种权利的利益要求不可避免地会发生摩擦甚至冲突。对于公共决策而言，说到底就是为了解决利益冲突，"任何一项公共政策的制定，都必然涉及或多或少的利害关系，有些人得到政策上的利益，有些人则失去利益"。② 但平衡利益冲突也是公共政策理念的基础，也是公共政策制定和存在的重要依据。国家借助公共政策，采取利益补偿机制，从而使各种权利主体相互妥协，平息争斗。因此，人们只有通过公共决策才能寻求到理性的妥协之道，才能使不同权利主体对决策结果达成自觉认同和维护，从而在最大程度上化解或消减社会冲突。

三、公共政策对法律的影响

　　公共政策调整利益冲突的手段是多种多样的，如利率调整、税率调整和费率调整都是常见的公共政策手段，但通过法律来调整利益冲突，也是公共政策的一项重要功能。在此过程中，公共政策不

---

　　① ［美］刘易斯·科塞：《社会冲突的功能》，孙立平等译，华夏出版社1989年版，第24页。

　　② 丘昌泰：《公共政策——基础篇》，台湾巨流图书公司2000年版，第41页。

仅影响到立法及司法，还因此使得具体场景中的权利配置与平衡发生变动。

（一）公共政策与法

"公共政策"范围极其宽泛，几乎涵盖了人类社会的所有实践领域。它起源于政治过程，是由政治和政府的混合而产生，是政治体系自身复杂而精细的平衡艺术的结果。[①] 因此，政治性是公共政策的一个显著特征。而法律从根本上来说，也是政治治理的一个重要手段，正如批判法学所主张，法律即政治。[②] 因此，法律和公共政策之间就具有天然的内在联系。不仅如此，由于"政策和法律在阶级本质、经济基础、指导思想、基本原则、社会目标等根本方面是高度一致的"，[③] 二者都是以公共权威为解决公共问题以满足国家政治治理需要。因此，公共政策还是法律最亲密的政治盟友。

公共政策和法律的结盟使得政策向法律的逐步渗透成为可能。而法治理念的兴起意味着国家治理技术的变革，即法治代替政策成为新的社会治理手段。政策治理模式虽退居幕后，但仍然保持对法律施加影响。法治是一种有节制、隐蔽的治理技术，它意味着国家采用一种精巧的新型技术对社会进行更为精致的控制。故而，在政治、公共政策和法律的共谋关系中，法律处于最高层次，是相对于一般公共政策更权威的政策表达，遵守法律与遵守公共政策本质上是一致的。这也从一个侧面印证了列宁的观点："法律是一种政治措施，是一种政策。"[④]

---

① ［美］麦克斯·J. 斯基德摩、马歇尔·卡里普：《美国政府简介》，张帆、林琳译，中国经济出版社1998年版，第316页。

② Richard A. Posner, The Problems of Jurisprudence, Harvard University Press, 1990, p. 153.

③ 张文显：《法理学》，高等教育出版社、北京大学出版社1999年版，第382页。

④ 《列宁全集》（第23卷），人民出版社1958年版，第40—41页。

不仅如此，公共政策也从未放弃过对法律的眷顾。法律并非是现代社会中唯一的治理方式，稳定性固然是法律的优势所在，但同时也使得法律统治具有无可避免的机械性，而具有开放性与动态性的公共政策恰能弥补法律因稳定性而无法及时应对社会变化的不足。同时，因为公共政策的最终目的是最大化提供公共服务以满足公共利益，而这一基本理念必然会对受其制约的法律产生重大影响。因此，正如台湾学者邓衍森所说："有时候公共政策所包含的内容，完全就是法律演变过程中，立法或司法功能上，最根本的伦理、治理和社会等诸原则和概念；而某些时候，它本身就是一法律名词，而意味着'公共利益的好处'，意即任何合法行为，若有侵害大众或违反公共利益之虞时，即应加禁止。"①因此，公共政策必然要求立法和司法以维护公共利益为己任，从而以此实现公共政策对法律领域的渗透和牵制。

(二) 公共政策与立法

"政策具有超理性的特征。对于政策决策来说，超理性的直觉、判断、灵感、创造性都是不可缺少的。公共政策学是艺术，是工艺品，如果没有丰富而柔软的思想是不行的。学习公共政策的读者不是钟表匠，而是像梵高和毕加索那样的艺术家。"② 正由于公共政策具有这种超理性的特征，使得其开放灵活，能够及时捕捉到变化的苗头，并及时作出相应之调整。而法律是理性的产物，理性则有抽象概括，以一推万的特征，放诸四海而皆准的普世特征，不会顾恋关注社会现实的变动，因而会时常不适应社会发展之要求。

---

① 邓衍森：《法律哲学上司法造法的若干问题》，载台湾《东吴法律学报》1977年第 2 期，第 166 页。

② ［日］药师寺泰藏：《公共政策》，张丹译，经济日报出版社 1991 年版，第 154页。

因此，公共政策是创造艺术品，靠灵感和创造力，而法律则是将这种艺术品产业化，之后其规格及色调就不会更改。因此公共政策是立法的仿制对象，而立法则是政策的法案化。

"政策的法律化是现代国家依法治国的客观要求"。① 建设现代化法治国家必然要求将更多的公共政策转化为法律。而立法能否达成原本之期待，就在于依据公共政策所制定之法律，能否发生规范之效果。错误的公共政策，必然导致法律与社会事实脱节，非但不能达成原本所期待之目标，亦会对人民之权利造成危害。故而公共政策自身的合理性将直接影响到立法效果的成败。因此，公共政策的法律化并非没有限度。只有经过长期社会验证，具有合理性和有效性的，并且对社会治理具有重大影响的政策、成功和成熟的政策才能被立为法律。

（三）公共政策与司法

公共政策不仅直接决定立法的构建，而且还可以间接影响到司法活动。现代社会无论是人的生活方式还是价值观念都随着时间推移而流变不定，有前进当然也有反复，因此变动性是现代社会的一个重要特征。以具有确定性属性的法律去调整如此复杂多变的社会生活，必然造成立法滞后于社会生活之结局。而尽管开放灵活的公共政策可以推动立法应时变化，但毕竟政策一旦成为立法，就会迅速沾染法律僵硬、机械的特征。但是，公共政策并不会对此束手无策，它渗透到司法的每个过程，会以潜移默化的方式影响司法人员的法律意识，从而间接影响到案件的处理。故而，诚如美国学者博登海默所言："尽管应该认为公共政策乃是一种非正式法律渊源，这一渊源在实在法表示出模棱两可或沉默时法官可适当地使用，但

---

① 刘复兴：《教育政策的边界与价值向度》，载《清华大学教育研究》2002 年第 1 期。

如果执行公共政策与正义的基本标准发生冲突，那么法官应有否决的权力。"①因此，法院通过介入和处理一些具有争议性的社会公共政策问题，也可以"在个人权利与社会整体利益之间，或在不同的相互矛盾的权益或价值观念之间进行协调"。②

公共政策不仅是对公共利益的照应，而且是一种普遍性社会规范，并且正如前文所称，其不仅有来自垂直维度的权威性，还具备水平维度的民主性。因此公共政策可以在一定程度上赢得包括法官在内的各种权利主体的普遍认可与支持，而依照公共政策灵活适用法律则也不会引发太大争议。对此，美国著名的大法官卡多佐曾指出："法院的职能并不是必然接受那些 100 年前或 150 年前被认定为是法律规则的东西，而是要以一种为情况许可的、最接近精确的方式来确定，真正是适合目前时代的政策规则。"③

在普通法系国家中，援引公共政策作为判案依据已经是普遍存在之事实。在美国，法官基于公共利益之需要，甚至可以无视法律的存在而径直依照"与法律不一致的政策和惯例"。而在英国类似的情况也经常出现，"反映在英国法律文献和法院判决中的见解的大意是说，在所有法律部门中，与审判有关的唯一类型的公共政策乃是法律政策，在司法中形成的以考虑公共利益为根据的新法律规则，应该被看作是英国法律史上一个已经确定了的篇章"。④

中国虽然不属于普通法系国家，但却并没有因此限制公共政策

---

① ［美］埃德加·博登海默：《法理学——法律哲学与法律方法》，张智仁译，上海人民出版社 1992 年版，第 422 页。

② 陈弘毅：《论香港特别行政区法院的违宪审查权》，载《中外法学》1998 年第 5 期。

③ ［美］本杰明·卡多佐：《司法过程的性质》，苏力译，商务印书馆 1998 年版，第 59 页。

④ ［美］埃德加·博登海默：《法理学——法律哲学与法律方法》，张智仁译，上海人民出版社 1992 年版，第 420—421 页。

在司法中的应用。而恰恰相反，《民法通则》第 6 条关于"民事活动必须遵守法律，法律没有规定的，应当遵守国家政策"的规定充分展示了公共政策在司法裁判中的重要补充作用。尽管在刑法领域没有上述肯定适用公共政策的法律依据，但无可置疑的是，公共政策也在刑事司法领域展示了重要影响力。无论是炮管解释成枪的司法解释，还是在抢夺案中将硫酸解释成凶器的法官解释，以及将男性作为卖淫对象的刑事判决，一定程度上都是与时下存在的公共政策取向有关。①

　　同时，公共政策在法律中的适用并不是没有限制的，司法裁判适用公共政策的基本前提是"法律没有规定"，即存在立法空白的情况。"公共政策在司法裁判中的适用力只能限于填补法律漏洞的需要。必须是在缺乏相关法律规定或法律规定本身模棱两可的情况下，始得适用公共政策。在法律有明文规定的领域内，没有公共政策存在的合法性基础"。② 同时，基于中国的司法特征，仅就刑法而言，无论公共政策的适用是通过扩大解释，客观解释的方法，但都没有因此绕开刑法而单独行动，最终还要援引具体的刑法条文从而变通性地体现公共政策的精神。因此，在解读上述司法解释及判决时，一定不能为其外貌所迷惑，而要拨开面纱，细细探寻公共政策存在的踪迹。

---

　　① 1998 年成都"红蝙蝠"案件涉及同性卖淫，检察院请示上级以后没有提起公诉，而 2001 年同样类型的案件丰台区检察院向法院起诉，当事人分别被判 9 年和 6 年的重刑。两案虽然有地域差别，但无可否认要求追究同性卖淫刑事责任的公共政策所起的关键作用。

　　② 袁明圣：《公共政策在司法裁判中的定位与适用》，载《法律科学》2005 年第 1 期。

第二节　影响隐私权公共政策的要素[①]

公共政策是调整利益冲突的平衡器，是一个系统性整体，其各个内部因素相互牵连，相互依存来共同影响公共政策的内容及其效果。同时，公共政策还具有一定的动态性，而这种动态性也就来自于公共政策系统内部各个影响要素的作用力随着社会形势的变化此消彼长，进而导致新旧的公共政策平衡体系的更替。因此，在考虑该体系中任何一个影响要素利益时都不能忽视其他利益的存在，而其更要关注情势变迁对公共政策系统平衡的深远影响。

"任何一个基本权利只要一行使，就会产生社会关联性及随之而来的社会拘束性，这是因为每个人不能遗世而独立也"。[②] 因此，权利体系的配置就如跷跷板一样，对某一端权利的过分保护都会使得其他权利的地位随之跌宕起伏。正如彼得·斯坦所说："强调个人不受其同类或其集团公开或私下进行的侵扰的权利，是法律保护个人隐私这一观念发展的中心。但是，在任何情况下强调这一点都不能避免一个后果，即个人绝对权力受到保护必然会剥夺他人不受限制的自由。因此，把个人隐私作为一种法律权利来进行估价的同时，必须对那些对个人隐私进行干涉的主张一同进行估价。"[③] 隐私权不是绝对的，并非可以漫无限制地行使。某种程度上，表达自

---

① 本书仅列举了对隐私权公共政策影响最大的几个因素。主要原因是：一方面其他因素对隐私权公共政策的影响意义并不大，如身体自由权仅在公民住宅隐私的一个侧面产生影响；另一方面，影响隐私权公共政策的因素还有很多，如眺望是人的一项权利，但若持红外线望远镜窥探他人卧房，即会影响他人之隐私；又如听歌当然也是一种权利，但在他人房间附近开大音响也会侵扰他人隐私安宁。而类似情况实在太多，也过于分散，因此根本无法罗列或归类。

② 陈新民：《德国公法学基础理论》（下册），山东人民出版社 2001 年版，第 347 页。

③ ［美］彼德·斯坦、约翰·香德：《西方社会的法律价值》，王献平译，中国人民公安大学出版社 1990 年版，第 260 页。

由权、合法监控、知情权以及司法权都是对隐私进行干预的合理性限制，也当然是影响隐私权公共政策的重要因素，因此决定隐私权法律保护的同时，也要悉心给予上述权利（权力）以充分的考虑和照拂。

一、隐私权与表达自由①

表达自由（freedom of expression）亦称言论自由（freedom of speech），是公民的基本自由之一，是将自己的观点表达出来的权利，达尔称之为"表达愈见的自由"，"对范围广泛的各种政治事务，无论官员、政府、体制、社会经济秩序，还是主流意识形态，都享有自由表达愈见的权利，而不必担心遭到任何的惩罚"。② 表达自由为《世界人权宣言》（序言第 2 段及第 19 条）、《公民权利和政治权利国际公约》（第 19 条、第 20 条）及一系列区域性人权公约和各国宪法和法律所确认与保护。表达自由是现代宪政的产物，在其产生之初，人们多用言论自由、出版自由的概念，因为在当时口头言论和纸质出版物为表达思想的基本方式，甚至是唯一的方式。表达自由集中体现了人格的独立、自由和尊严，是公认的基本人权。人们的表达自由不是空洞的口号，而是实实在在的一项基本权利，正如达尔所说："沉默的公民或许会成为独裁者的理想臣

---

① 应当说知情权、表达自由权是密切相连的两个概念，甚至可以说是一个硬币的两面。单有知情权，而没有表达自由，知的信息就无从传播，从而导致更多人不知情；而没有知情权，表达自由就因为没有内容而丧失表达的意义。因此二者应该统称为"信息自由权"，但是，本书仍坚持将二者分开论述，以使得这两个侧面的内容及特征都能够得以充分展示。

② ［美］罗伯特·达尔：《论民主》，李柏光、林猛译，商务印书馆 1999 年版，第94 页。

民，但对于民主制度来说，却是一场灾难。"① 职是之故，作为民主政治的象征，表达自由在各国宪法中也占有重要的地位，据国外宪法学者统计，在世界 142 部成文宪法中，有 124 部宪法规定了有关自由表达意见的权利。②

表达自由是人的一项重要权利。若无表达自由，个人不能对国家政治生活，或提出建议、或表明立场、或针砭时政，则个人必然处于一种不对等的失语状态，而听话显然不能是一种权利而只能是强加给个人的奴隶义务。因此只能听话不能说话就无法产生民主政治，反倒会给专制、独裁提供良好的制度土壤。

因此，对于表达自由的重要性，学者从来就不吝笔墨而是充满热情对之大书特书。如马克思曾说："报刊按其使命来说，是社会的捍卫者，是针对当权者孜孜不倦的揭露者，是无处不在的耳目，是热情维护自己自由的人民精神的千呼万唤的喉舌。"③ 而美国第三任总统杰斐逊也慨然有言："假如让我在有政府而无报纸，与有报纸而无政府之间作一选择，我会毫不犹豫地选择后者。"④ 荷兰法学家斯宾诺沙也曾忧心忡忡地指出："自由判断之权愈受限制，我们离人类的天性愈远，因此政府愈变得暴虐。"⑤

但同为重要的基本人权，表达自由与隐私权之间却呈现出一种相互争斗的态势。表达自由必然以公开传播为宗旨，隐私保护则以保密为原则，两者势必存在冲突。甚至隐私权这一概念的最初提

---

① ［美］罗伯特·达尔：《论民主》，李柏光、林猛译，商务印书馆 1999 年版，第 106 页。

② ［荷］马尔塞文、亨克·范：《成文宪法的比较研究》，陈云生译，华夏出版社 1987 年版，第 149—150 页。

③ 《马克思恩格斯全集》（第 6 卷），人民出版社 1956 年版，第 275 页。

④ 俞燕敏、鄢利群：《无冕之王与金钱——美国媒体与美国社会》，中国社会科学出版社 2000 年版，第 171 页。

⑤ ［荷］巴鲁克·斯宾诺沙：《神学政治论》，温锡增译，商务印书馆 1963 年版，第 277 页。

出，就是针对当时新闻媒介大量地、肆意地干预私人生活，尤其是名人的私人生活的结果。而在理论界，隐私权和表达自由权都不乏忠诚的拥趸者。如恩格斯在与波得·拉甫罗夫的论战中指出：个人隐私一般应受到保护，但当个人私事甚至隐私与最重要的公共利益——政治生活发生联系的时候，个人的私事就已经不是一般意义的私事，而属于政治的一部分，它不受隐私权的保护，应成为历史记载和新闻报道不可回避的内容。① 但中国学者张新宝则指出："无论在物质条件如何发达的社会里，一般公民对其自身生命、健康、生存、名誉等权利的关注，远远大于对其发表某项政治主张的自由之关注。而有相当一部分人宁愿过宁静不受人干扰的生活，也不愿意成为公众人物。对于这些人来说，隐私权比新闻自由似乎更为重要。"②

　　而学理的冲突必然会对司法裁判产生影响。如在 1971 年 Dimtemann V. Time 一案中，时代公司为了揭露无证游医 Dimtemann 的行骗行为，派出记者假装病人用微型照相机和隐藏的录音机搜集到无照经营非法行骗的证据，并予以曝光。然而法院却认为，时代公司虽出于维护公益之善意，但未经原告同意对其住所拍照，对其本人谈话录音，仍然对原告的独处和安宁隐私造成实质侵犯。③ 而在 1975 年的 Cox Broadcasting Corp v. Cohn 一案中，情况却出现了变化。1975 年 8 月，一位 17 岁名叫 Cohn 的女孩被一群不良少年轮奸致死，因 Cox 公司从公开的起诉书中获悉被害人的姓名，并在法院审理当日，报道被害人的姓名，隔天又再次回放，被害人的父亲乃控告 Cox 公司侵犯其隐私权。联邦最高法院却判决原告败诉，其判决理由为：在社会里每个人仅能以有限的时间与资源去取得政

① 《马克思恩格斯全集》（第 18 卷），人民出版社 1956 年版，第 591 页。
② 张新宝：《隐私权的法律保护》，群众出版社 2004 年版，第 117 页。
③ Dimtemann V. Time 449 F. 2d 245（9th Cir. 1971）.

府运作的第一手消息，他亟须要依赖新闻媒体方便地提供。因此新闻媒体被赋予很大的责任，就政府运作做完全正确的报道。原告虽主张报道结果侵犯其隐私权，但这一犯罪与随之而来的起诉、审判皆为是大众合法关心的事件，因此应属于媒体报道政府基本运作的责任。[①] 因此，隐私权和表达自由权在这场拉锯战中可谓互有胜负。但从各国实践中来看，隐私权似乎并未占据上风，这正如国外学者所指出的，"隐私权虽然在理论上评价甚高，往往同其他权利，例如新闻自由相互冲突。在同这些其他权利发生冲突时，无论在国会或法院面前，它的遭受并不好"。[②]

另外，尽管隐私权和表达自由权也始终处在一种激烈的对抗中，但二者并非水火不容的关系，它们同为重要的基本人格权利，以守卫人格为共同奋斗目标。若无言论自由，则只有遭受奴役的跛脚人格，若隐私缺失，则何谈人格尊严？故此，完整之人格权，必定要求既保护个人思想、言论之自由，更要捍卫隐私权利。因此，言论自由和隐私权是人格权的应有内涵，二者缺一不可。故而，为了构筑完整的人格权，绝大多数国家迄今都对公民的言论自由和隐私权予以保护。

可以想见的是，隐私权和表达自由权之间主导地位的争夺还将会是一场持久战。而正基于此，世界绝大多数国家迄今都对公民的言论自由和隐私权予以保护，并力图为二者在社会发展的不同阶段寻求一种动态性的平衡。

①　尤英夫：《新闻法论（下）》，台湾世纪法商杂志社 2000 年版，第 44 页以下。
②　［美］詹姆斯·M. 伯恩斯等：《民主政府》，陆震纶等译，中国社会科学出版社 1996 年版，第 213 页。

二、隐私权与知情权

知情权（Right to Know）又称为"知的权利"、"知悉权"或"了解权"，是指一个人有知道他应当知道的事情的权利。知情权也是一种新成长的权利，与隐私权相比，知情权出现得更晚。知情权这一概念最先由美国新闻记者肯特·库柏（Kent Copper）在20世纪40年代中期提出。其基本含义是公民有权知道他应该知道的事情，国家应最大限度地确认和保障公民知悉、获取信息的权利，尤其是政务信息的权利。随后美国 Indiana 大学教授 Ralph L. Holsinger 在其《Media Law》中也提道："正如宪法序言中所宣称的，宪法建立了一个人民的政府。于是，很容易假定，宪法文件的部分创始人包含有这样的意图，即人们有权了解政府的信息。毕竟，如果人们准备对如何接受管理作一个明智的决定，他们就必须首先了解政府及政府人员执行公务的有关信息。这种思想在今天就体现为'知情权'。"①

对于知情权的性质学界尚存争议。我国有学者认为它不是一种民事权利，而是一种政治权利和社会权利。② 而事实上，知情权作为政治民主化的一种必然要求和结果，是民主政治制度设计的一个重要条件，因为"充分的知情"意味着"在合理的时间范围内，所有成员都有同等的有效的机会来了解各种备选的政策及其可能的结果"。③ 因此知情权首先应当是公法领域内的概念。但随着知情权作为一项独立权利的发展演变，其外延已经涉及私法领域，特别

---

① Ralph L. Holsinger, Media Law, RandomHouse, 1987, p. 292.
② 王利明主编：《人格权法新论》，吉林人民出版社1994年版，第489页。
③ ［美］罗伯特·达尔：《论民主》，李柏光、林猛译，商务印书馆1999年版，第49页。

是对个人信息的知情权，也已演变成公民作为民事主体所必须享有的人格权的一部分。因此本书更赞同以下观点，即"知情权不仅是一种公权利，如公民有权知悉国家的政治经济状况，政府官员的道德品质及财产状况等（即知政权），而且也带有浓厚的私权利的性质，尤其是其中对个人信息的知情权，更是公民作为民事主体不可缺少的民事权利，是公民的基本人权之一。"①

美国是世界上最早确立知情权的国家，上世纪50年代和60年代，美国曾掀起过"知情权运动"，获得了广泛认同。1966年在新闻界的大力推动下，国会通过了《情报自由法》法案，成为美国乃至世界情报公开史上具有里程碑意义的事件。该法第一次赋予美国公民取得政府档案和文件的法定权利，它规定任何人均享有向行政机关申请查阅、复制行政情报的权利。该法后来经1976年、1986年、1996年修改，编入美国法典第552条。

与美国相比，英国政府在知情权立法方面动作虽晚，但却更加完善。1984年英国政府通过《数据保护法案》，该法案赋予公众通过计算机查阅个人信息的权利；同年通过《地方政府法》，该法于1986年4月生效，它给予公众更多获知地方议会的会议、报告和文件的权利；1987年通过《个人资料获得法案》；1988年通过《医疗报告获得法案》、《环境和安全信息法案》；1990年通过《健康数据获得法案》；1993年出版《开放政府》白皮书；1994年《获得政府实用信息守则》开始生效；2000年通过《信息公开法》。

而知情权的重要作用也引起了包括联合国在内各国际组织的高度重视。联合国人权委员会早在1995年就指出，"言论与表达自由的最重要的要素之一是寻找或者获得信息的权利"，而在1998年的报告中则宣告，信息自由包括从国家获得信息的权利，"寻找、接

---

① 翁国民、成红：《论隐私权与知情权的冲突》，载《浙江大学学报（人文社会科学版）》2002年第2期。

收与传播信息的权利使国家负有积极的义务，以保证获得信息，尤其是政府以所有方式储存的信息"。在 2000 年报告中，该组织具体阐明了作为一项人权的信息权的特定内容，并教促各国应修改其法律或者制定新的法律，以保证公众获得信息的权利。[①]

知情权和隐私权始终处在一种与生俱来的对立状态，二者分别代表了不同的利益期待。知情权的宗旨则是保障个人"知的权利"，以满足民主社会中个人能够依法知悉和获取信息，满足其知的需要。因此，"制定信息自由法案要达到三个保护目的：首要的目的就是确保公共能够获知与政府事务有关的必要的和有价值的信息；其次是确保公共获取有关公共政策的信息；再次就是以此对抗秘密法律、秘密规则和秘密决策。"[②] 而隐私权的初衷在于个人有权看护、维持自己的私生活静谧，防止他人非法侵入。有意思的是，公民自己要求隐私的同时也无时无刻不在关注他人隐私。因此我们不难看到在现实生活中，人们一方面关紧房门，避免别人窥探自己隐私；另一方面又想千方百计借口知情权而搜索、刺探他人私人信息。而知情权和隐私权的矛盾也就始终处在了一种刺探与反刺探的纠缠中。

同时，尽管隐私支配权属于一个带有主动性、外向性的隐私权能，但从权利整体属性来看，隐私权主要还是一种静态的、消极的权利；而知情权无疑是一种侵入性的、积极的权利。因此，总的来看，知情权较为容易侵扰隐私权领域，而相反情况则鲜有发生。正基于此，尽管在美国知情权已经得到广泛之认可，许多文献与学者也认为知情权应发挥"看门狗"（watchdog）的功能，使个人了解

---

① 周汉华主编：《外国政府信息公开制度比较》，中国法制出版社 2003 年版，第 1—2 页。

② Fred H. Cate, D. Annette Fields, James K. McBain, The Right To Privacy and The Public's Right to Know: The "Central Purpose" of the Freedom of Information Act, Minnesota Law Review, 1994 (46), p. 65.

更多的社会信息。但在面对许多个人资料被政府以知情权之名义提供给私人时，学者们也不无忧虑地指出："阳光法案逐渐成为财团为增益其商业利益而搜集个人资料之工具，而不再将阳光洒向政府；监看政府的窗户已经倒过来成为政府及私人机构偷窥个人隐私之用。相当矛盾的，这是一个和我们追求的目的完全相反的结果。"[1] 因此，至少在现阶段，在确定隐私权公共政策时，知情权对隐私权的侵害应当引起决策者们的充分重视。

三、隐私权与合法监控[2]

社会科学中的"监控"（surveillance）概念来自于西方。在英文中，surveillance 一词的本义实际上就是密切注视、观察或监视某人或某些人，在传统社会中监视是靠人的感官来完成的；而在所谓的现代、后现代社会中监控一词已经不仅仅限定于人的感官的视、听这种原始的信息处理方式，而是指更多的由感官功能扩展、演化来的对于信息的记录、储存和比对的众多现象。[3]

随着各种监控手段在社会生活中的广泛应用，学界也开始对监控进行研究，如吉登斯认为监控有两种形式，"'监控'指两类互为关联的现象。其一是积累'业经整理的信息'，这样可被用于管理个人的活动，它所积累的正是有关个人的信息。在此，重要的不

---

① Daniel J. Solove, Modern Studies in Privacy Law: Notice, Autonomy and Enforcement of Data Privacy Legislation: Access and Aggregation: Public Record, Privacy and the Constitution, Minnesota Law Review, June 2002 (53), pp. 1197 - 1198.

② 本书在此没有引用监控权的概念，而是自行创造了"合法监控"的名称。这是因为无论是国家还是个人都可以进行合法监控，因此无法说明监控到底是一种权利还是权力。其实名称并不重要，重要的是能够清楚说明问题。因此，为了不至于产生歧义，也为了行文便利，本书采用"合法监控"的称谓。

③ 王俊秀：《监控的边界》，中国社会科学院社会学所 2004 年度博士论文，第 10 页。

仅是信息的收集，而且还有信息的储存。……另一种意义上的监控是，居于权威位置的个人对另一些个人的活动实施直接的监管。在具有明确边界的情境中展开的活动集中过程，很大程度上强化了支配者对这些活动所进行的‘监视’乃至控制。"[1] 而 Lyon 则认为监控是"任何收集和处理个人信息的过程，而不论是否能够确认，是以影响和管理那些被收集和储存信息的对象为目的的活动"。[2]

在现实生活中，主要监控手段大致有：[3]

1. 闭路监控系统（closed circuit television，简称 CCTV），这是实践中最常见的监控形态，是将摄像头与监视器、电脑网络连接在一起，组成一个既可以同步监视、又可录制保存、事后查看的全天候的监视系统。

2. 电脑网络监控，主要是通过电脑软件（如小甜饼 Cookies，食肉者 Carnivore 以及键盘监听软件 Tong Key Logger）或者硬件设备（如英特公司的 Pentium Ⅲ 的芯片序列）对电子邮件、网络用户的上网活动、上网习惯进行监控。

3. 无线射频识别监控（Radio Frequency Identification，简称 RFID），是一种非接触式的自动识别技术。最简单的 RFID 系统由标签（Tag）、阅读器（Reader）和天线（Antenna）三部分组成——在实际应用中还需要其他硬件和软件的支持。主要用于宠物与野生动物跟踪、高速公路自动收费及交通管理、汽车防盗、防伪、电子物品监视系统等领域大展身手。由于该系统现已可以做成

---

① ［英］安东尼·吉登斯：《民族—国家与暴力》，胡宗泽等译，三联书店 1998 年版，第 14—15 页。

② Lyon，David，Surveillance Society：Monitoring Everyday Life，Open University Press，2001，p. 2.

③ 原则上来讲，监控就是对每个人的生活，人的信息被全面细致入微地记录储存和使用，因此，监听也应当是一种监控方式。但监听毫无疑问也是司法权的一种集体体现，因此本书将其列入司法权部分中，在此不再赘述。

小块芯片，如果附着在人随身携带的物品上，可以掌握个人的行踪，并与全球定位系统配合使用，跟踪的范围可以遍及全球。

4. 电磁波监控，是一种高新技术，是从建筑物外"阅读"建筑物内的计算机系统发射的地磁辐射，把有关计算机数据再现在电视机上，并记录下来。

如今，上述监控设施已经广泛应用在各个领域，促成监视的科技正呈现爆炸性的发展，包括数据库、计算机、摄影机、感应器、无线网络、植入式芯片、全球卫星定位系统和生物辨识系统等。并且随着科技的发展，还会陆续有更多监控手段产生。比起乌托邦小说《1984》的作者 George Orwell 创作该小说的 1948 年，今日信息科技的蓬勃发展使监视机制的运作更加精密且无所不在，"它不仅将电子化的全景敞视主义发挥得淋漓尽致，伴随着监视系统的极小化和隐秘性，触角扩及私人领域中，监看人们的日常生活。尤其在第二媒介时代，电子媒介利用数据数据库创造出另一形式的超级全景监狱"。①

监控手段的出现无疑会对维护社会治安带来极大的便利。英国是全世界使用录像监视器最为普遍的国家，根据谢菲尔德大学罪犯研究中心 2004 年所做的数据显示，"三年内英国监视录像机的数目增加 4 倍，已达 428 万余部，几乎每 14 人就受一架录像机监控。此外，英国占全球监视录像机数目的五分之一；估计伦敦居民平均一天被侧录 300 次以上"。② 而事实上，这一举措的确效果颇佳。以 Newcastle 市为例，该市自 1992 年开始引入闭路监视系统，1994 年的违法犯罪率与 1991 年的违法犯罪率相比，街头暴力下降了

---

① ［美］马克·波斯特：《第二媒介时代》，范静晔译，南京大学出版社 2001 年版，第 119—127 页。

② Norris, Clive, Mike MaCahill and David Wood, The Growth of CCTV: a global perspective on the international diffusion of video surveillance in publicly accessible space, Surveillance & Society 2004（2），p. 112.

11%，入室盗窃下降了44%，刑事犯罪率下降了44%。① 因此，单从监管、预防、震慑违法犯罪和收集证据，维护社会治安的角度而言，监控系统确实功不可没。

　　但同时，个人对无所不在、无所不能的监控势力在其日常生活领域的蔓延与普及的恐惧也与日俱增。在日常监控状态中，"人们被国家赶入围栏，被从一个地方牵引到另一个地方放牧，我们的生活，至少我们大部分的娱乐行为被重新塑造，更让人恐惧的是不断发展的监视技术也增强了国家对我们监视的可能性。国家的控制不再呈现铁拳的面目，而更像是柔软的手套"。② 而波斯特也指出，"权力'毛细血管式的'延伸触及规训社会的整个空间，福柯所注意到的这种情况在今天已经远为完善了。电话电缆和电线电路细针密缕的纵横交叉、覆盖着我们的世界，他们是超级全景监狱的极端手段，把我们的行动转化为监视的外延话语，把我们的私人行为转化成公开布告，把我们的个人言语转化成一种集体语言"。③ 而正是因为密布在各种场所的监控设备的存在，使得人类第一次遭遇隐私被彻底暴露在光天化日下的严重危险。因此，人们在所入住的酒店上厕所或洗澡时时提防有无针孔探头；时尚女性在坐公交车时，不得不随时留意胸口的扣子有无系紧，以免被车门处摄像头拍到自己私密部位走光的图片。而如今"监控的崛起为侵犯隐私提供了从未有过的方便，面对强大的监控人们感到自己原有的私人空间不再私人化，衣服、家门、信封、紧闭的嘴这些已经不能阻止隐私的泄露。主观的我和客观的我再一次陷入了矛盾，主观的我千方百计

---

① John Deane, CCTV Boost Follows Crime – Fighting Success, Press Ass'n Newsfile, 1995, p. 13.

② Ronald V. Clarke. Situational Crime Prevention: Successful Case Studies. Albany, NY : Harrow and Hesston, 1992, p. 27.

③ ［美］马克·波斯特:《第二媒介时代》，范静晔译，南京大学出版社2001年版，第122页。

地获取他人的信息，但客观的我却深受自己的信息被不断公开之
苦，私我已经无处藏身"。①

　　但同时，隐私仍然是人们用来质问和对付监控扩张的有力工
具。事实上，在监控方面最需要注意之焦点在于如何平衡公益与私
益，也就是说，在打击犯罪维护社会秩序等等之公益里与治安和保
障个人隐私之个别私益之间，需要找寻到一个平衡点。在一个专制
国家，或许维护社会秩序至上，故为了更有效率地维持治安，必定
会牺牲个人之隐私权，将监控权加以滥用，以收预防犯罪与威吓之
效果；但是另一方面，若单纯对隐私权奉若神明而对监控体系对防
范违法犯罪之功能视而不见，也无异于因噎废食。故而在监控体系
设置方面应加以合理之限制，但是此等限制应该是在干涉个人隐私
之最小范围之内，且能执行维持社会治安之功能为足够。

四、隐私权与司法权

　　"司法是特定的国家机关依法进行的一项专门活动，哪些国家
机关有权从事司法活动、依照什么样的程序进行司法活动，都由法
律作出专门的规定"。② 而司法权则是指司法机关实施法律的专门
活动的一种强效性国家权利。在现实生活中，司法权也是影响隐私
权公共政策的一个重要因素。"无论是民事司法和刑事司法，国家
机关在负责有关的程序活动过程中，将与诸多组织和个人打交道，
尤其是与原被告、犯罪嫌疑人、受害人、证人等打交道，动用一切
可能的合法手段，查明案件的真相。这些手段的运用，将直接涉及

---

　　①　Lyon，David，Surveillance Society：Monitoring Everyday Life，Open University Press，
2001，p. 20.

　　②　张新宝：《隐私权的法律保护》，群众出版社 2004 年版，第 315 页。

相关人员的人身权利和民主权利，尤其是他们的隐私权。"[①] 因此，司法权也就成为影响隐私权公共政策内容及其权利配置的一个重要影响因素。

而在司法实践中，司法权对隐私权的影响主要集中在刑事司法程序中，简而言之，主要包含以下方面：

1. 窃听

窃听（wiretap，其原意是在电话线"wire"上装上窃听器"tap"），又称监听，[②] 其含义并没有定论，学界多从其内容及特征方面给予具体界定，如我国台湾学者陈仟万认为："现行监听其意义系指司法侦查单位，对于涉嫌犯罪者所使用的电话秘密安装截听设备，而从旁听其电话交谈内容之意。申言之，监听是司法人员针对被监听者若有从事犯罪通讯行为时，以科技器材接听其通讯内容，而进行侦查犯罪。"[③]

在所有司法权行使手段中，窃听对隐私侵入程度最深。侦查人员预先并不知道被监听人谈话的对象以及交谈的内容，因此所窃听的可能是与案件有关的情况，但也许是与恋人的私密话语。故而，窃听如同恶灵蛮横地钻入到被窃听人的内心深处，进而引发人们的惶恐。因此，尽管窃听是一种重要的侦查手段，但是基于其对隐私权的实质威胁，各国也纷纷对其适用采取了严格之限制。

如意大利《刑事诉讼法》第 266 条的规定，直接限定了涉及隐私权的侦查措施的适用对象的范围："对窃听的限制：1. 在与下

---

① 张新宝：《隐私权的法律保护》，群众出版社 2004 年版，第 317 页。

② 值得注意的是，美国法学界通常将带有侵入性的监听技术，如监听电话、拦截电子邮件、对私人区域进行秘密录音录像等，视为搜查，认为其侵犯了一个人对隐私的合理期待，属于美国第 4 修正案"任何人的人身、住宅、文件和财产不受无理搜查和查封"的保护范围。但由于中国没有美国类似的宪法解释制度，因此将监听行为单独罗列更符合中国语境。

③ 陈仟万：《论监听与录音》，载台湾《法令月刊》1998 年第 3 期。

列犯罪有关的刑事诉讼中，允许对谈话、电话和其他形式的电讯联系进行窃听：（1）依照第4条的规定依法判处无期徒刑或者5年以上有期徒刑的非过失犯罪；……只有当确有理由认为那里正在进行犯罪活动时，才允许窃听。"[1]

而长期以来，美国对窃听手段的适用提出了一种近乎苛刻的要求。20世纪60年代，针对联邦和州的各种执法机构违法监听日益突出的问题，美国联邦最高法院要求窃听必须征得通话的一方当事人同意才可进行，并且其手段还要受联邦宪法第四修正案的限制。1968年国会通过《综合犯罪控制与街道安全法》，并对运用电子、机械及其他手段窃听任何电子通讯或口头会话作了详细规定。侦查机关需要采取监听手段时，除经通讯的一方当事人事先同意的以外，原则上必须事先申请有管辖权的法官授权，在紧急情况下，也可先行监听，然后申请有管辖权的法官认可。这里"有管辖权的法官"是指联邦地区法院或者上诉法院法官以及州成文法授予普通管辖权的法院的法官，不包括治安法官。[2] 但是随着"9·11"事件的出现，美国当局曾迅速通过《爱国者法案》进而窃听的适用开始松绑，但该法案在强化反恐效果的同时却对公民的隐私造成威胁，因而从时下来看，窃听在和隐私的较量中，似乎已经占据明显上风。

2. 搜查

搜查是指为了收集犯罪证据、查获犯罪嫌疑人而由侦查人员依法对犯罪嫌疑人以及可能隐藏罪犯或者罪证的人的身体、物品、住处或其他有关场所进行搜索的一种侦查活动。作为一种具有高度强制性的司法权力，搜查对司法机关高效地侦破案件、控制犯罪人和

---

[1]　《意大利刑事诉讼法典》，黄风译，中国政法大学出版社1994年版，第90页。

[2]　孙长永：《侦查程序与人权——比较法考察》，中国方正出版社2000年版，第147—148页。

赃款赃物、恢复被犯罪行为破坏的社会秩序具有重大意义。因此，任何一个时期、任何一个国家都不可能无视搜查手段的运用。然而，搜查对象不仅包括个人住宅、私人物品、日记、电脑，甚至还包括公民身体，因此，搜查手段直接和公民的最私密的隐私相对抗。据美国联邦最高法院和州法院案例中的 50 种不同的搜查和扣押，按照体现"侵犯率"等级模式的情形设计，对 217 名试验对象的调查显示，人们关于政府权力对隐私权可能产生侵犯的担忧在刑事领域明显高于民事领域。[①] 因此，由于搜查可能给公民的隐私权利造成严重损害，世界各国在刑事搜查中，都特别强调对公民隐私权的保护。

如在日本，决定是否搜查时"必须要存在具体的嫌疑事实"，"必须考虑到有无扣押、搜查的'必要'。参照犯罪的形态和轻重、对象物的重要程度、被扣押和被搜查对象的利益受损程度大小等各种因素，明确认定不具有扣押、搜查必要的时候，不允许扣押和搜查"。[②] 同时，日本《刑事诉讼法》第 102、222 条就规定了搜查"身体"、物品或者居住等其他场所时，从保护第三者隐私等人权角度出发，只限于很有可能存在证据时方可进行。对被害人住所和所持物品的搜查更是要考虑"被害人的恢复问题"，注意保护隐私权。[③]

---

① 表格数据以自愿组织起来的四组人为实验对象：（1）南加利福尼亚大学刚开始法律和社会学课程学习的本科生；（2）还没有学习刑事诉讼的佛罗里达州大学的法律系学生；（3）格里斯威尔普通市区的公民；（4）来自墨尔本大学法律系学生。实验对象由大约一半男性和一半女性组成，年龄由 18 到 70 岁不等（平均解岁），平均教育程度为大学水平，大部分是葡萄牙人、西班牙人、拉丁人和亚洲人。See, Christopher & Joseph E. Schumacher, Reasonable Expectation of Privacy and Autonomy in Forth Amendment Cases: Duck Law. Journal, 1993 (727)。

② ［日］松尾浩也：《日本刑事诉讼法》，张凌译，中国人民大学出版社 2005 年版，第 75 页。

③ ［日］田口守一：《刑事诉讼法》，刘迪等译，法律出版社 2000 年版，第 67 页。

而在美国，实施搜查则要求具有"合理根据"。美国联邦宪法第四修正案明确规定"人民的人身、住宅、文件和财产不受无理搜查和扣押的权利，不得侵犯。除依据合理根据（probable cause），以宣誓或代誓言保证，并详细说明搜查地点和扣押的人和物，不得发出搜查和扣押令状"。① 而对于有证搜查，法官对于搜查所必要的"可能原因"的审查所适用的标准与逮捕时相同，但逮捕的理由不能代替搜查的理由，即关于搜查必须另有相当的证据证明被搜查的物品与犯罪活动有关并且将会在被搜查的场所发现。② 从而对有证搜查提出了更高限制要求。

但即便如此，从各国刑事司法实践来看，搜查权在和隐私权的碰撞中也屡占上风。由于作为个人权利的隐私权相对于作为公权力的搜查权来讲总是显得更为弱小和单薄，因此，合理限制搜查权以期将砝码向隐私权适当倾斜，才是保护人权的应有之义。

3. 司法鉴定

司法鉴定一直是确认犯罪嫌疑人的有力武器，但司法鉴定也有侵入公民隐私的可能。尤其是如司法人员强制抽取犯罪嫌疑人的血液，以检验其是否酒后开车撞人或进行 DNA 鉴定；强制采集犯罪嫌疑人的尿液以检测其是否吸食冰毒等，而上述行为无疑对被鉴定者的隐私权造成一定的侵害。

如在美国，强制抽取犯罪嫌疑人血液进行检验，如果是安全的、无痛苦的、平常的，美国宪法就不禁止政府在迫切有限（stringently limited conditions）的情况下对个人身体轻微的侵入。③

---

① ［美］杰罗德・H. 以兹瑞等：《刑事程序法汇》，法律出版社 1999 年英文影印版，第 74—75 页。

② ［美］杰罗德・H. 以兹瑞等：《刑事程序法汇》，法律出版社 1999 年英文影印版，第 86—87 页。

③ 朱富美：《强制酒后驾车涉嫌人呼气或抽血检验酒精浓度是否侵害其缄默权?》，载台湾《司法周刊》2000 年第 19 期。

也就是说，强制抽血检验并不违反美国宪法第五修正案"反对强迫自证其罪"的原则（right against self - incrimination），反对强迫自证其罪的证据范围不包括被询问者的血样及测量和检查被询问者的身体等。[①] 而在日本，情况则更为糟糕，如采集人体尿液进行分析化验，是证明犯罪嫌疑人使用冰毒的有效方法，但犯罪嫌疑人不会轻易提供自己的尿液，需要强制采取。在日本，其强制采尿的方法一般是压制其身体，使其暴露出生殖器，把导尿管插入尿道或膀胱，强制采取尿液。[②]

因此，在现代社会中，尽管不少国家已经开始重视司法鉴定同维护公民隐私权的关系。但各国在司法鉴定制度及司法实践中来看，国家并未充分考虑公民的隐私利益。因而较之司法鉴定，隐私权始终是一种弱不禁风的权利。

总体而言，司法权的行使与隐私权的冲突在司法实践中时常发生，并且从二者的对抗中，隐私权却始终处在一种被动挨打的不利局面。而无论是学者还是立法却对此不以为怪，如我国台湾学者简旭成就认为，被逮捕的犯罪嫌疑人于诉讼期间丧失隐私权，所以警察强制收集犯罪嫌疑人的体液证据不构成对其隐私权的侵害。其理由是：一个人被指控犯罪，其生活就不属于私人性质，而成为公共利益事项，既属于公共利益事项，就须忍受隐私权被侵犯。再者，警察采取犯罪嫌疑人的身体证据，属于警察的权力范围，其系代表政府依法执法，并非无令状隐私权之侵犯。况且犯罪嫌疑人极有可能为侵害他人权利之人，基于保障他人权利之宗旨，自得暂时限制加害人之权利。[③] 而在英国普通法上，"将罪犯定罪这个社会利益

---

① 陈光中、丹尼尔·普瑞方廷（加）主编：《联合国刑事司法准则与中国刑事法制》，法律出版社1998年版，第274页。

② ［日］田口守一：《刑事诉讼法》，刘迪等译，法律出版社2000年版，第73页。

③ 简旭成：《体液证据与宪法保障之基本权》，载台湾《中国刑事法杂志》1999年第4期，第80页。

在各种价值的排列中要优先于被告的个人隐私"。苏格兰的情形也基本相同："法律必须努力调和两种极为重要、但又极易发生冲突的不同利益，即一方面是公民个人自由权利不受权力机构非法的或非正式的干涉的利益，另一方面是国家保证有关犯罪的、必定能使正义得到伸张的证据不会由于任何形式上的或技术性的原因而被法庭排除的利益。"这种平衡被委诸法官的自由裁量权，而结果很少有超出理论上可能对个人隐私权的保护。① 而在大陆法系，情况也大致如此，正如德国学者托马斯·魏根特所说，"德国程序法整体上对通讯秘密提供了极其有限的保护。似乎运用犯罪嫌疑人自己的言词对其定罪的诱惑是如此强烈，以致超过了对更重要的隐私权利益的关注"。②

因此，柔弱的隐私权和强悍的司法权所进行的完全是一种不对称的斗争。其中一方面原因是因为隐私权作为新成长的权利尚未真正在民众及立法者心目中落地生根；另一方面原因则是司法权背后总是有所谓的"公共利益"或"国家利益"的大旗做幌子。所以，在考量隐私权公共政策时如何适度摆脱司法权对隐私权的钳制，淡化司法权过度侵入隐私权的消极影响，将是摆在决策者面前的一个重要的现实问题。

---

① ［英］彼得·斯坦、约翰·香德：《西方社会的法律价值》，王献平译，中国人民公安大学出版社1990年版，第239—240页。

② ［德］托马斯·魏根特：《德国刑事诉讼程序》，岳礼玲、温小洁译，中国政法大学出版社2004年版，第127页。

第三节　公共政策视野中的隐私权与刑法

一、刑法是一种强效性公共政策

（一）刑法与公共政策有着相同的价值取向

　　刑法能够体现出强烈的公共政策价值取向，"作为国家实现社会控制的政治策略和表达方式，公共政策旨在支持和加强社会秩序，以增加人们对秩序和安全的预期。公共政策的秩序功能决定了它必然是功利导向的，刑法固有的政治性与工具性恰好与此导向需要相吻合"。①

　　对于刑法的价值取向，德国刑法学家宾丁在其宏篇巨著《规范论》中曾指出："规范就是行为的命令及禁止，它是作为一定的刑法法条的前提而存在的行为法即行为规范。它表现为国家为实现自己的目的而命令其国民及其国家机关为实现目的而进行必要的行为，禁止实行被认为有害的行为，体现的是国家意志。"② 刑法规范通过对具有行为能力者所作的为一定的作为和不作为的规定，实现国家对公民的行为进行指导和制约，从而要求人们为对国家有益的行为，抑制有害行为，以实现和保护国家的一定价值状态，这便是所谓的"规范支配方法"的本质。不仅如此，刑法作为一种特有的法律规范，其包含着国家对一定行为的明显的偏爱和憎恨，对此德国学者耶赛克有句很贴切的话："刑法在某种意义上是我们文化状况最忠实地反映并表现着我们国家占主导地位的精神状态。"③因此每个刑事司法判决不是任意裁定，而是藏括着司法者实现政策

---

① 劳东燕：《公共政策与风险社会的刑法》，载《中国社会科学》2007年第4期。
② 马克昌：《西方刑法史略》，中国检察出版社2004年版，第230页。
③ 李海东：《刑法原理入门（犯罪论基础）》，法律出版社1998年版，第16页。

信念的坚定决心，而每个刑法规范也不是凭空而来，而是蕴涵着立法者强烈的公共政策价值取向。

（二）刑法能够实现公共政策功能

刑法的公共政策品格是与其实现社会治理的功能休戚相关的，法律并不是可以自由创造的东西，而是受人类意识所支配并达到人类目的的东西。因此，法律不仅有其独特的内在价值，还必须有效果良好的使用价值，这种使用价值就是法的工具性。而"任何特定时期的法律都可以以工具主义的方法而被加以利用，可以为了实现特定目的而被修订和改写。"①因此，"从宽泛的意义上来讲，法很大程度上就是政策工具。刑法的刑事政策化是现代刑事法的主要特征之一"。②而刑法的政策性工具特征必然要求无论是从刑事立法设计还是刑事司法活动都应当体现出鲜明的政策导向，最大程度的迎合公共政策决策者的理念及愿望，以达到工具对目的的促进作用，进而实现公共政策的社会治理功能。

（三）刑法本身就是一种公共政策

刑法是公共政策的产物，或者更确切地说，刑法就是"刑法化的公共政策"。这是因为"相关刑事政策内容本身就应当在刑事立法中加以规定或体现。成功的、成熟的刑事政策应当纳入刑事法律之中，刑事政策法律化是刑事政策过程的终结，是刑事政策合法化的一种重要而又特殊的形式"。③ 而"公共政策刑法化"的过程可以从"严打"政策"刑法化"的发展轨迹中清晰可见。

---

① ［英］P. S. 阿蒂亚：《法律与现代社会》，范悦等译，辽宁教育出版社、牛津大学出版社 1998 年版，第 130 页。

② 李纪东：《刑事政策学》，台湾国立编译馆 1936 年版，自序第 1 页。

③ 曲新久：《刑事政策的权力分析》，中国政法大学出版社 2002 年版，第 230 页。

"严打政策始终与政治密切联系，紧密结合，体现了刑事政策与政治权利的密切联系，而使得严打政策成为一项长期的刑事政策，并进而成为一项基本的刑事政策"。[①]但颇有意味的是，随着"严打"政策长期化、普遍化，刑事立法也不甘寂寞与之桴鼓相应，一唱一和。特别是在 1997 年刑法的制定完全体现了严打政策的精髓。如死刑罪名由 1979 年刑法的 28 种迅速扩张至 68 种；又如累犯考验期限由 1979 年刑法的 3 年延展至 5 年；再如严格限制假释适用条件，增加"累犯以及因杀人、爆炸、抢劫、强奸、绑架等暴力性犯罪被判处十年以上有期徒刑、无期徒刑的犯罪分子，不得假释"的内容。因此，"严打"政策的意旨已经部分被刑法条文所吸收，从而转变为"刑法化的公共政策"。

事实上，"严打"政策走入立法仅是公共政策刑法化的一个侧面，其他诸如自首、立功、减刑、缓刑制度等刑法规范中都能透露出公共政策的影子。因此，本书认为，如果说指引规划刑法规范制作的立法政策是一种宏观的公共政策，那么刑法也可以被称做一种微观的公共政策。同时，由于刑法是以其强效性与严厉性为根本特征，故而刑法可称为一种强效性的公共政策。而正如下文所揭示，刑法这种公共政策的特征，也将会在刑法对隐私权保护与限制的角力中彰显无遗。

二、刑法如何保护隐私权

当代社会中，隐私权无疑是一种极为重要的权利，徐显明教授曾说：倘有机会修宪，在现实生活中日显活跃的人权应提升为我国法定人权系谱中的新成员。而在他所指出的十项权利中隐私权则居于首位。对此，他特别指出："隐私权的实质是人的尊严，侵害隐

---

① 曲新久：《刑事政策的权力分析》，中国政法大学出版社 2002 年版，第 267 页。

私权就如同剖开人的胸膛去窥看人的心脏，这是残酷之极的一种侵害。其提升为基本人权的关键在于约束国家对人的私生活、私信息不评价、不介入、不暴露、不滥用。"①

随着人类文明程度的提高，公民个人权利意识的增强，从而更加要求他人尊重自己隐私空间，维护自己的私人生活隐秘与安宁不受侵扰。但与人们隐私意识提升的趋势恰恰相反的是，现代社会中个人隐私正随着科技的发展而日趋消亡。而正如美国迈阿密大学的教授 Foomkin 在《隐私已经死亡了吗?》一文中所称，日常的信息资料的搜集、在公共场所的自动监视的增加、对面部特征的技术辨认、电话窃听、汽车跟踪、卫星定位监视、工作场所的监控、互联网上的跟踪、在电脑硬件上装置监控设施、红外线扫描、远距离拍照、透过身体的扫描等等，这些现代技术的发展已经使得人们无处藏身。② 因此，人们迫切需要法律挺身而出，对个人隐私进行行之有效的保护。

在隐私权的法律保护中，刑法往往是最后出场的，但这并非意味着刑法对隐私的保护就无足轻重。而事实上则恰恰相反，没有刑法保护的权利是纸上的权利、大写的权利，而不是现实的权利、小写的权利；没有刑法保护的权利是强盗们公然烧杀掠夺的权利，是强权者肆意践踏个人人格尊严的权利。同样，虽然宪法、行政法与侵权法一定程度上都能保护隐私，但是上述法律本身的实际效果也来自于刑法的不懈支持。因此没有刑法的支持，对隐私权所有的法律保护都无异于望梅止渴、画饼充饥。

刑法对隐私权的保护不是一个抽象的行动，而是有具体指向的。一般意义来讲，利益的保护往往要通过对相应利益的限制来实

---

① 徐显明：《人权建设三愿》，载《人权研究》（第二卷），山东人民出版社 2002年版，第 2 页。

② Michael Foomkin, The Death of Privacy?, Stanford Law Review2000（52），p. 1461.

现，因此刑法也主要是通过对影响隐私权公共政策的四个因素的限制来实现对隐私权的保护。具体而言：

1. 刑法通过限制司法权保护隐私

刑法要求司法权不得任意渗透公民的住宅空间，尤其未经法定程序不得对公民住宅内的活动进行监视监听、窥视、摄影、录像。此处之住宅，不仅指法定住宅，也包括临时居住、栖身之处，如栖身的房间、工人临时居住的工棚、无房产居住的办公室等。

刑法要求司法权不得任意侵入公民隐私信息，未经法定程序不得拆封、毁弃、偷阅他人的信件；不得扣押、查阅、复印公民日记。

刑法要求司法人员未经法定程序，不得随意对他人人身、住宅及物品进行搜查；在搜查中要出示证件、搜查令状；搜查过程中要尊重被搜查人人格尊严。

上述行为，情节严重构成犯罪的，依法追究行为人刑事责任。

2. 刑法通过限制知情权保护隐私

刑法要求，任何人不得以所谓知情权为理由，未经隐私权人许可，非法刺探、搜集、记录公民姓名、肖像、住址、住宅电话、身体肌肤形态（尤其是性器官）的秘密。

刑法要求，任何人不得以所谓知情权为理由，未经隐私权人许可，非法调查公民的社会关系，包括亲属关系、朋友关系等。

刑法要求，任何人不得以所谓知情权为理由，未经隐私权人许可，非法刺探公民的通信、日记和其他私人文件（包括储存于计算机内的私人信息），或非法搜集、记录或复制公民的其他隐私数据。

刑法要求，任何人不得以所谓知情权为理由，未经隐私权人许可，非法搜集或记录公民不向社会公开的过去或现在的纯属个人的情况（如多次失恋、被罪犯强奸、患有某种疾病或曾经患有某种疾病）。

上述行为，情节严重构成犯罪的，依法追究行为人刑事责任。

3. 刑法通过限制表达自由权保护隐私

刑法要求，任何人不得以所谓表达自由权为理由，未经隐私权人许可，公开其通过合法或非法渠道所掌握的公民的储蓄、财产状况，但是依法需要公布财产状况者除外。

刑法要求，任何人不得以所谓表达自由权为理由，未经隐私权人许可，公开其通过其他合法或非法渠道所掌握的其他公民的姓名、肖像、住址、住宅电话、身体肌肤形态（尤其是性器官）的秘密，但是依法需要公布财产状况者除外。

刑法要求，任何人不得以所谓表达自由权为理由，未经隐私权人许可，公开其通过其他合法或非法渠道所掌握的其他公民的社会关系，包括亲属关系、朋友关系等。

刑法要求，任何人不得以所谓表达自由权为理由，未经隐私权人许可，公开其通过其他合法或非法渠道所掌握的其他公民的通信、日记和其他私人文件（包括储存于计算机内的私人信息），或其他个人隐私性数据。

刑法要求，任何人不得以所谓表达自由权为理由，未经隐私权人许可，公开其通过其他合法或非法渠道所掌握的其他公民不愿意向社会公开的过去或现在的纯属个人的相关信息（如多次失恋、被罪犯强奸、患有某种疾病或曾经患有某种疾病）。

上述行为，情节严重构成犯罪的，依法追究行为人刑事责任。

4. 刑法通过限制合法监控保护隐私

刑法要求，安装监控设备应当向有关部门严格按规定报批备案。

刑法要求，监控设备要以明显可见的形式存在，或以应当向公众明示告知，若无明示则有偷窥之嫌，而秘密监控显然会贬损公民人格尊严。

刑法要求，监控设施仅限安装于公众场所，并且并非所有公共场所都可以安装监控设施，如公众体育场馆的更衣室、卫生间、浴室等处不得设置。

刑法要求，监控机构不得随意公开其所录制的涉嫌公民隐私的图片及视频。

刑法要求，公众有权知悉监控信息资料的储存情况，对于其所录制的涉嫌自己隐私的图片及视频，若无其他特别重大之公共利益期待，有权要求监控机构交还自己保管或予以销毁。

任何单位或个人，违背上述要求，严重侵犯他人隐私进而构成犯罪的，应依法追究其刑事责任。

三、刑法如何限制隐私权

隐私强调了人权和主体存在意义和价值，但任何问题都具有利弊两面性，人除了隐私需求之外还有沟通的需求，过分强调个人的空间和个人价值会给人际交往和人际沟通造成壁垒。这是一个问题的两个方面，正如屋子安装窗子需要阳光，而又要装上窗帘遮挡住刺眼的阳光一样，是一个矛盾。这种矛盾不是激烈的对抗和冲突，而是需要在协调中平衡。只有在隐私需求和沟通需求之间保持适度的平衡，人与人之间的关系才是适度的。[①] 因此，隐私权固然需要保护，但刑法也必须思考对隐私权进行合理限制，以期实现隐私权与司法权、公共表达权、知情权及合法监控之间的适度平衡。立法者在多元社会当中并无绝对之权力，特别是在利益冲突的跷跷板上，立法者断不能偏重一端，不可仅为保护隐私利益而扼杀其他同样重要的利益期待。

本书认为，刑法对隐私权的限制，其实就是在刑法对隐私权保护的理论及实践中体现出对司法权、公共表达权、知情权及合法监控的尊重和照顾。然而，由于在任何刑事法律规范中都不可能存在对上述利益的直接描述，因此，本书将引入刑法正当化事由的命题，并借之说明刑法对隐私权的限制。[②]

---

① 王治东：《哲学与文化视角下隐私问题的探析》，载《南昌大学学报》2006年第1期。

② 刑法中的正当化事由是多种多样的，每个罪名所可能对应的正当化事由更是无胜繁多，刑法对此显然不可能一一罗列，否则刑法典将完全淹没在正当化事由的汪洋大海之中。

正当化事由，又称违法性阻却事由，是指刑法中排除犯罪性的行为。"在法秩序中，不仅有禁止规范，同时也有允许规范。这种允许规范在一定情况下会取消某种规范的禁止性。这种允许规范表现为正当化事由构成要件，它是作为不法构成要件的对立面而发挥作用的。在具备正当化事由的情况下，不法构成要件中体现作为法律义务的禁止性规范就会失效"。① 刑法中的规范大多都是禁止性的，这也是刑法与以授权性法律规范及命令性规范居多的宪法及民法的一个显著区别。而正当化事由就是刑法中的为数不多的允许性规范，允许规范具有高于禁止规范的效力，从而使禁止规范失效。② 由此而言，正当化意味着合法化。

根据法律对正当化事由是否有规定，可以把正当化事由分为法定的正当化事由和超法规的正当化事由。法定的正当化事由是指刑

① 李海东：《刑法原理入门（犯罪论基础）》，法律出版社 1998 年版，第 75 页。

② 特别需要指出，不能把刑法规范和刑法法规相混淆。一般认为，法律规范"由国家颁布和受国家保护的，有普遍约束力的行为规则，它赋予社会关系的参加者以某种法律权利，并使他们规定法律义务"。对此可参见［前苏联］C. C. 阿列克谢耶夫：《法的一般理论》（下册），黄良平、丁文琪译，法律出版社 1991 年版，第 395 页。但这并不能就此证明法律规范等同于法律条文，更确切地说，法律条文只是体现出法律规范的精神。这一点对刑法来说尤为如此，正如德国刑法大师宾丁所说，规范就是行为的命令及禁止，它是作为一定的刑法法条的前提而存在的行为法及行为规范。之所以这样说，因为它对行为能力者，是其举动的规矩，是其自由的栏栅。它先于刑法法规而存在，是刑法法规的必要的前提。根据刑法法规规定的构成要件，可以推知规范的内容。如刑法规定盗窃的构成要件和法定刑、杀人的构成要件和法定刑，这是刑法法规；从此规定可以推知规范所要求的行为准则为不得盗窃，不得杀人。因此，在宾丁看来，犯人所侵犯的是规定其行为准则的一般法令中的行为法及该行为法中所表现出来的行为规范，而非刑法法规。对此可参见马克昌：《近代西方刑法学说史略》，中国检察出版社 2004 年版，第 221 页。而作为刑法规范前提的"行为规范"，一般均以成文法的形式在刑法典之外的一般法令中有明确详细的规定。如刑法中有关破坏经济秩序的犯罪，通常是以破坏海关法规、金融、外汇、工商、金银管理法规等规定的内容为前提的。而该成文法中所出现的，"不得……"字样的则为禁止性规范，相反，"有权……"字样的则为允许性规范。

法有明文规定的正当化事由，正当防卫与紧急避险等涉及重大法益的正当化事由在各国刑法中通常有明文规定。超法规的正当化事由是指刑法无明文规定、从其他部分法所引申出来的正当化事由。中国刑法只规定了正当防卫与紧急避险两种正当化事由，但从刑法的实际运转来看，中国刑法事实上还存在其他排除犯罪的事由，如法令行为、正当业务行为、经被害人承诺的行为、基于推定的承诺的行为、自救行为、自损行为、义务冲突等超法规的正当化事由，而本书所论及的影响隐私权公共政策的司法权、公共表达权、知情权及监控等的正当行使则均属于超法规的正当化事由之类。

而如何确定行使司法权、公共表达权、知情权及监控的具体行为属于正当化事由，则需要以社会的相当说为理论依据。

社会的相当说认为，在历史中所形成的社会伦理秩序范围内所允许的行为，或作为法秩序的基础的社会伦理规范所允许的行为，就是具有社会相当性行为，该行为是正当的。由此，法益侵害行为则可以分为两种：一是不具有社会相当性的实质上的违法行为；二是具有社会相当性的行为。具有社会相当性的行为，即使存在法益侵害，也不在法律禁止之列。因此，即便行使司法权、公共表达权、知情权及监控的具体行为侵害到个人隐私，但若该种行为具有社会相当性，则可因此而消除其行为的违法性，因而应当为正当行为。

社会相当性是由德国刑法大师威尔泽尔所创造的概念。根据威氏之观点，社会生活是不断变动的而非静态的，在社会生活中只有对行动自由加以限制才能形成社会共同生活。但如果法律对所有法益侵害的行为都认为客观的违法而加以禁止，则社会生活就会停滞。因此，应当在历史所形成的国民共同秩序内，将具有机能作用的行为排除于不法概念之外，并将此种不脱逸社会生活上的常见行为，称为社会相当行为。换言之，行为若符合历史所形成的社会伦理秩序，其行为就具有社会相当性。①

　　社会相当性是一个非常抽象的概念，而一行为是否具有社会相当性则应当视该行为所发生的具体场景及社会公众所处时代的历史背景而定，这一点对于损害隐私的行为是否具有正当性的判断上也是如此。如就某一监控行为是否具有社会正当性而言，治安部门可以依法在社区的公共场所安装监控设备，但若该设备却能将某一楼层的居民住宅内私密生活的情况一览无遗，则安装行为显然不会为社会公众的伦理观念所认可，因而不具有社会相当性；又如就某一司法行为是否具有社会相当性而言，司法部门若随意窃听公民电话、查看其信件、包裹则显然会遭受社会观念之抨击。然而，对看守所及监狱的在押人员实施同样的行为则不会引发太大争议。因此，社会相当性是一个动态性、语境性的概念。具体问题具体分析应当是对社会相当性理论的最好概述。

　　也许社会相当性的动态性与不安定性会给我们的学术研究平添些许烦恼，但这也恰恰是其优点所在。社会生活方式及民众的伦理观念本身就是变动不居的，因此，衡量行为正当性的标准也只能是抽象性的、开放性的。而正是这种抽象性和开放性使得这个标准具有强大的适应性，能够与时代发展同步，保持与时俱进的品格。

　　同时需要指出的是，行使司法权、公共表达权、知情权及合法监控从而侵扰隐私权的具体行为是否具备社会相当性，显然要采用个案平衡原则，深入该行为发生时的具体场景而具体分析。而事实上，个案平衡原则的落实也要借助其当下时代所形成的一般社会公众的伦理观念。无论社会相当性理论也好，个案平衡原则也好，都体现了一种灵活与开放的气质，其终极目的无非是隐私权刑法保护与限制中寻找合适的平衡点，以使得各种权益都能获致刑法的妥善

----

　　①　黄丁全：《社会相当性理论研究》，载《刑事法评论》（第5卷），中国政法大学出版社1999年版，第321页。

关怀与照顾。

四、隐私权公共政策的动态性及其对刑法的影响

公共政策是一个开放的系统，它的存在和发挥作用是以与外界不断交换信息为前提的，它的生命力表现在它的开放性。公共政策本身是寻求符合目的的最佳手段的不断改革和完善的过程，它的开放性主要通过它的动态性来表现。由于政策规划所面临的环境充满着不确定性，各种因素都将影响政策规划过程，问题的发生固然是动态的，问题的解决也不表示停止不动的，所以公共政策不是终止的静态现象。

而隐私权公共政策的动态性特征则尤为明显。晚近时节，随着网络监听软件及针孔摄像头、可拍照的手机等流行、网络搜索技术的突飞猛进以及各种资讯公司大规模搜集贩卖公民私密信息的泛滥成灾，公众对自己的隐私安全普遍感到恐慌。而"偷窥时代"、"人肉搜索时代"、"泄密时代"与民众对隐私权期待的不期而遇，使得隐私权公共政策似乎有充足的理由更加关注隐私权的保护。

但与此同时，表达自由权、知情权、合法监控及司法权从未放弃过与隐私权的角力。如为了打击日益猖獗的有组织犯罪，1999年夏秋之际，日本国会参众两院通过了一项法案《犯罪侦听法》，允许对特定的有组织犯罪窃听证据合法化，因此日本朝野将其称为"窃听法案"。这在日本政界和学界引起巨大震动，围绕日本要保持法治国还是退回警察国展开了激烈争论，因为被认为窃听法案有违宪法规定的公民的隐私权。① 而在2001年"9·11"恐怖袭击过

---

① 储槐植：《刑事一体化要论》，北京大学出版社2007年版，第167页。

后，美国国会参众两院通过了"爱国者法案（U. S. Patriot Act）"①
这个法案在跟踪和截获通讯方面给予联邦执法人员更大的权力，以
达到执法和搜集国外情报的目的。隐私权的法律保护遭遇了史无前
例的大倒退。如根据法案的规定，联邦调查局等有关政府部门可以
在不向被调查人出具搜查许可证的情况下先行对其住所和人身进行
搜查；如果对方提出要求，搜查许可证可以在搜查后的几周内再向
其出具。又如第215条款规定，国家只要需要，可以"悄悄"获
得公民的驾驶执照、租房合同等信息，允许联邦调查局等部门从图
书馆收集读者的读书记录或监视公民的读书记录，甚至可以对公民
的一举一动进行窃听和监视，以判断他们是否受到恐怖主义影响。

因此，隐私权公共政策势必要受到隐私权与表达自由权、知情
权、合法监控及司法权之间持续较量的影响，因而会在长时期内保
持一种相对的动态平衡。也许眼下还难以断定隐私权公共政策的走
向，但毋庸置疑的是，隐私权公共政策将作为一个附有强烈时代性
的研究议题，而随着时代发展的韵律而处于一种摇摆不定的波动
状态。

隐私权公共政策动态性势必要影响到包括刑法在内的各种部门
法对隐私权规制的变动。由此人们不难看到一幅隐私权法律保护与
限制同步进行、相映成趣的画面：一方面国家通过各种立法手段在
加强隐私权的法律保护；但另一方面，却又放开司法权、表达自由
权、监控及知情权的手脚，而使其影响力与日俱增，从而在事实上

---

① 该法案的英文全称是：Uniting and Strenthening America By Providing Appropriate
Tools Required to Intercept and Obstruct Terrorism Act，意思是"通过提供截获和阻止恐怖
主义所需要的相宜技术团结人民和加强美国安全法案"，而其词头缩写正好是 Patriot
Act，故简称"爱国者法案"。

抵消了隐私权法律保护的力量。①

尤为值得注意的是，隐私权公共政策的动态性对刑法的影响并非仅停留在刑法法规层面。一般而言，刑法中对隐私权的规定都体现在刑法的禁止性规范方面，如在刑法中设置某些条文，禁止侵害某一方面的隐私利益。这一点可以称之为隐私权公共政策的动态性促进隐私权刑法保护的积极层面。但正如上文所称，刑法中还有一些允许性规范，② 而诸如司法权、表达自由权、监控及知情权等的正当行使则属于刑法的允许性规范。由于这些权利（权力）都是存在于刑法之外的其他法律中，因此隐私权公共政策的动态性对隐私权刑法保护的消极层面就是指，在其他法律中，增强司法权、表达自由权、监控及知情权的力量，从而作为某种正当性事由对隐私权进行适度限制。

隐私权公共政策的动态性对于隐私权刑法规制方面的深远影响将使得隐私权的刑法保护处于一种复杂的、多变的状态。这种复杂

---

① 如在中国，信息产业部 2000 年发布的《互联网电子公告服务管理规定》第 12 条规定："电子公告服务提供者应当对上网用户的个人信息保密，未经上网网络使用者同意，不得向他人泄露。"而从 2003 年开始，国务院信息办就委托中国社科院法学研究所的部分专家成立课题组，开始起草《个人信息保护法》专家建议稿，2005 年初已经完成，近日，国务院有关部门已经启动了《个人信息保护法》的立法程序，并已交由国务院信息管理办公室正式起草。更为重要的，在 2008 年 8 月 25 日举行的十一届全国人大常委会第四次会议上，刑法修正案（7）也增加了有关个人信息保护的条款，其第 6 条规定："国家机关或者金融、电信、交通、教育、医疗等单位的工作人员如违反规定，将本单位在履行职责或者提供服务过程中获得的公民个人信息，出售或者非法提供给他人，情节严重的，将被处以三年以下有期徒刑或者拘役，并处或者单处罚金。"但与上述法律对隐私权加大保护的同时，人们却在实践中看到另一幅场景。据 2008 年 10 月 16 日《新京报》报道，北京市文化执法总队要求公民在北京市 1500 多家网吧上网时，如果是第一次进入网吧，就要在网吧内的监管系统终端设备上拍照、扫描身份证，并且以此存档。年内北京所有网吧都将安装并使用这种登记摄像设备。而在这种强效监控之下，除了个人资料有可能被泄露外，公民上网的通信自由和聊天隐私也将彻底暴露在他人视线当中。

② 请注意本书在前一部分所论述的刑法规范和刑法法规的区别。

性与多变性不仅体现在隐私权和司法权等在当下宏大历史场景的相互争斗中，而在某种具体而微小特定场合中也能得到更为清晰的显现。如在"非典"时期，SARS 疑似病患者的隐私权显然应向社会公众的知情权、表达自由权以及国家要求对其强制体检、体温测试及有效监控等进行让步。同样，在地震灾区，救灾人员不会因为翻看受伤昏迷者的手机信息联系其家属而被指控为侵犯伤者隐私。隐私权的刑法保护在这种语境中必须保持克制。而这种复杂性与多变性当然会使得隐私权的刑法保护充满变数，因此，无论是圆桌围坐的立法者、法槌在握的裁判者还是爬犁书卷的研究者，都应该对此予以充分的关注和思考。

第三章 部分国家或地区隐私权刑法保护

学术研究的意义在于揭示问题并解释其意义，在此过程中既要视角向内浏览，在本国现实语境对该问题进行探掘和思考。但同时仍需时刻注意该问题在域外的发展与走向，因为"发生了什么和为什么发生，秘密就藏匿在这个充满差异和竞争的多元体系中，如果兴趣囿于某一个国家，秘密是无法探究出来的"。① 因此，研究者也应当时刻将目光向外顾盼，从而在不同国度的比较之中，可以看到哪些东西缺席或者哪些路径未曾选择。

同样，法学研究也应坚持双头鹰式的研究策略，在致力于钻研本国问题时，也应该对国外法律制度及其理论给予适当的关注。正如有学者曾言："考察法律，应着眼超越地域、国度和民族，甚至超越时空的人际层面，努力发现本来属于整个人类的理念和规范，并在此基础上寻求并促进人与人、民族与民族、国家与国家之间越来越普遍深入的交往。吾人之规可为他人所取，他

---

① ［英］艾伦·麦克法兰、格里·马丁：《玻璃的世界》，管可秾译，商务印书馆 2003 年版，第 210 页。

人之法可为吾人所用，概其皆出乎人之本性。所以'取法人际，天道归一'，当为人类社会法律进步之最高思想境界。"① 因此，法学研究者也应该将其视线在本国与他国之间往来流转，只有在外国法的比较中，才能更加清楚地认识到本国法的不足及缺憾。职是之故，就隐私权刑法保护而言，本书研究重点固然在于立足本国社会现实应对国内问题，但同时也拓展视域，关注境外隐私权刑法保护的现状及其发展，从而为本国隐私权刑法保护研究提供可资借鉴的思路及方法。

隐私权法律制度的正式确立在国外已经有百余年历史，而无论普通法还是欧陆法系国家都基于各自对隐私权不同理解和侧重保护点的不同，而在隐私及隐私权界定方面大异其趣。② 如美国法的"privacy"，台湾民法以及大法官会议解释里的"隐私"，以及德国法的"私领域"（Privatsphre），其所指涉的对象领域就相当不同。③而从隐私权权利地位上来看，有些国家在宪法中明确隐私权的称谓；有些国家则称之为私生活权或私生活秘密权；而有些国家则根

---

① 米健：《当代德国法学名著总序》，载〔英〕卡尔·恩吉施：《法律思维导论》，郑永流译，法律出版社2004年版，序言。

② 对于相同称谓的概念在不同地域的应用时，我们应该持一种更加谨慎的态度。因为这些概念在其他地区未必就能"理所当然"与当地语境形成丝丝入扣的契合。如中文的"国家"在表示为有地理区域界定则对应于英文的"country"，而在体现为由某一政治实体或政治形式的管治时则对应于英文的"state"，而在表述为有共同语言、种族、历史以及背景的群体时，则对应于英文的"nation"。同样，对于法学中所运用的各种理论性概念，当然也不能够不加反思地以为这是没有历史脉络和具体语境的"普适性理论陈述"。因此不可望文生义，对他国隐私权之内容与含义不加分析，直接移植安装于本国法律体系中。

③ 如在德国法上，并没有直接的privacy概念，但是不论从其法制史、学说史或当前实证法与实务见解来考察，德国法上主要是透过人格、一般人格权，与私领域保护等几个概念的运作来达成相当于美国法中之privacy的保护效果。由此可以看出美国法之隐私或隐私权概念，在大陆法系中与人格权之间的紧密关系。颜厥安：《财产、人格，还是资讯？论人类基因的法律地位》，载台湾《台大法学论丛》2002年第1期。

本未曾给隐私权单独之名分，而将其寄生在其他权利之下。而在隐私权刑法保护方面，各国和地区也存在较大差异，如有些国家的隐私权刑法保护规范数量众多且相对集中，而有些国家隐私权刑法保护规范条文稀少且零星分散；再如有些国家采用直接保护模式，在其刑法典或单行法中对侵害隐私权的犯罪行为作出具体规定，不假其他权利之手，对隐私权进行点对点的直接保护。而有些国家则采用间接保护模式，将隐私权寄托在人格权或其他权利之上，凭借在刑法对这些权利保护的同时，间接对隐私权进行附带保护。总体而言，各国或地区隐私权刑法保护呈现出异彩斑驳、相映成趣的景象，并因此而勾勒伸展开人类历史上一张张优美曼妙、多姿多彩的隐私权刑法保护的巨幅画卷。

本书将选择欧陆法系以及普通法系的几个代表性国家或地区，考察其对隐私权刑法保护的基本特点。同时，鉴于俄罗斯承续了前苏联的基本法律制度，其法律体系仍具有社会主义法系的基本特征，其对于同属社会主义法系的中国来讲也许更有借鉴意义，因此本书也将对其隐私权刑法保护进行专门研究。

第一节 普通法系国家隐私权刑法保护

一、美国隐私权刑法保护

（一）美国法律对隐私权保护概况

美国宪法没有对隐私权作出明文规定。在美国，普遍认为美国宪法第 1 条、第 4 条、第 5 条以及第 14 条修正条款是隐私权的法源基础。其中第 4 条修正条文对自由的保护，是隐私权成长并得以确认的最主要宪法渊源。[1] 美国法上隐私权与人格不可侵犯是一个问题的两个方面，隐私权保障的就是个人人格不受侵犯。美国的隐私权制度根植于人性尊严，是全面保护个人人格的法律制度。这种理解所指的隐私权，是基本权利形态，涵盖面最为宽广，甚至包括婚姻、生育、避孕、家庭关系、对子女的养育与教育等性质的活动。[2]

美国公民隐私权的保障既来自于侵权法，又来自于宪法的保护。侵权法和宪法是美国隐私权保护的两种不同依据，侵权法对隐私权的保护主要针对的是私人行为，是对公民私行为的规范，而宪法下隐私权则是用来规范政府尤其是州政府的立法行为，防止州政府立法行为对公民隐私的侵犯。相对于欧陆法系对隐私中人性尊严的特殊重视，美国人对于隐私，更为关注的是自由的价值，尤其是针对政府的自由。在其核心观念中，美国人对隐私权的思想仍然是19世纪的形式：即旨在免予侵犯自由的权利，尤其是在个人住宅中。[3] 因而，在美国人看来，隐私之大敌是政府机关对我们住宅神圣性的侵犯（这一说法在19世纪曾是最高法院的主流观点）。所以，美国人对于媒体的担忧相对小得多。他们更倾向于担心如何保护自己的隐私免受公权的侵扰。[4]

美国是世界上隐私权法律制度比较发达的国家，除美国宪法修正案第1、4、5、14条对其间接加以阐述外，美国国会自20世纪70年代

---

① 美国宪法第4条修正案（1791）规定：人民的人身、住宅、文件和财产不受无理搜查和扣押的权利，不得侵犯。除依照合理根据，以宣誓或代誓宣言保证，并具体说明搜查地点和扣押的人或物，不得发出搜查和扣押状。

② 王郁琦：《美国〈计算机比对资料法〉之介绍》，载台湾《信息法务透析》1995年第10期。

③ Jeffrey Rosen, The Unwanted Gaze: The Destruction of Privacy in American, Random House Inc, 2000, p. 5.

④ James Q. Whitman, The Two Western Cultures of Privacy: Dignity Versus Liberty, Yale Law Journal, 2004（113）, p. 1161.

尚通过一系列相关单行立法，来加强一般民众的隐私保护。具体而言：

（1）1970 年公评信用报告法（Fair Credit Reporting Act），规范征信业搜集处理个人数据之行为，限制揭露信用档案；

（2）1974 年隐私权法（Privacy Act），就政府机构对个人信息的采集、使用、公开和保密问题作出了详细规定，以此规范联邦政府处理个人信息的行为，平衡公共利益与个人隐私权之间的矛盾；

（3）1978 年家庭教育权利及隐私权法（Family Educational Right and Privacy Act），保护各项教育纪录之信息隐私；

（4）1980 年隐私保护法（Privacy Protection Act），限制公权部门搜集新闻媒体相关数据的权限；

（5）1984 年有线通讯政策法（Cable Communications Policy Act），规范有线电视业者持有数据之隐私保护；

（6）1986 年电子通讯隐私法（Electronic Communication Privacy Act；ECPA），因应新兴科技发展，补充 1968 年联邦监听法（Federal Wiretap Act）的漏洞；

（7）1988 年计算机比对与隐私权保护法（Computer Matching and Privacy Protection Act），规范行政机关利用自动化机器比对计算机数据之调查行为；

（8）1988 年员工测谎保护法（Employee Polygraph Protection Act），管制私部门雇主测谎器之使用；

（9）1988 年录像带隐私权保护法（Video Privacy Protection Act），保护人民租借影带的相关纪录的信息隐私；

（10）1991 年电话消费者保护法（Telephone Consumer Protection Act），赋予消费者对持续性电话营销之损害赔偿请求权；

（11）1994 年驾驶人隐私保护法（Driver's Privacy Protection Act），限制各州不得揭露或贩卖机动车辆使用者之个人信息（即车籍数据）；

（12）1996 年健康保险便利性及可说明性法案（Health Insurance Portability and Accountability Act)，授权健康及人类服务部（Department of Health and Human Services）颁布法令以保护医疗信息隐私；

（13）1998 年儿童在线隐私保护法（Children's Online Privacy Protection Act；COPPA)，限制网站搜集、使用 13 岁以下儿童之数据；

（14）1999 年金融服务现代化法案（Gramm‐Leach Bliley)，规范金融机构欲揭露个人资料予其他公司时，应先告知消费者并予其选择退出的机会。

另外，除了上述制定法之外，普通法也对隐私权提供相应之保护。1960 年，美国学者普罗瑟在《加利福尼亚法律评论》上发表了《论隐私》一文，开创了普通法上隐私权的类型化。普罗瑟在总结以往多个判例的基础上，从侵权法的角度出发，将普通法上隐私权的类型概括为四种：1. 侵入原告僻居或独处地点，或者侵入其私人事务；2. 公开原告的私人事件；3. 扭曲原告形象的不实公开；4. 为私人利益而利用原告的姓名或肖像。该分类已于 1977 年被吸收进《美国侵权法第二次重述》中，被法院用来作为对隐私侵权案件进行判决的首选考虑。①

应该说，仅从美国隐私权保护的法律法规及其条文数量来看，世界上任何一个国家都难以望其项背。但值得注意的是，美国的隐私法律保护，并非如欧盟那样采取统一化、系统化、整合化且保护程度较为严格的全面立法模式，而系依照个别法律领域内的数据保护需求，于个别法律内分别予以规范，采取零星化、分散化、个别化且保护程度较为宽松的立法体制。因此虽然美国对隐私保护已有许多法律规范，但整体而言，各个法规背后并没有一贯的隐私权保护政策。从这些法律的规范对象及立法体制来看，其每部法律的规

---

① ［美］阿丽塔·L. 艾伦、理查德·C. 托克音顿：《美国隐私法：学说、判例与立法》，冯建妹等译，中国民主法制出版社 2004 年版，第 259 页。

制对象都仅限于各自领域而无法向外蔓延。而头痛医头脚痛医脚的立法思路造成各个领域的隐私利益保护部门各扫门前雪。因此，本应体系完整、结构协调的隐私权遭受人为的切割，然后被分别搁置在互不相连的群岛之上，无从得以普遍之适用。

同时，除联邦立法外，美国各州也在诸如银行、金融、娱乐、医疗、电讯、电信和教育等方面各自制定了行业性信息隐私法，保护特定私人行业和领域中的个人信息隐私。与联邦法类似，它们也仅针对某行业中的特定问题，具有明显的局限性和临时性。①

因此，虽然美国的隐私法规多如牛毛，但有学者却将其形容为："一堆不协调、不一致且经常不理性的联邦和州法律规则有点像拼图玩具但每一片都不合，且并不是来自于一块完整的图片。"②综观美国重要的隐私权相关法律，似乎不能否认的是，美国的隐私权保护网广泛而不周延、破碎而缺乏通盘考虑，因而不能全面、有效地保护个人隐私。

（二）美国对隐私权保护之刑事立法

美国是典型的混合立法模式，通常会在某一行业领域的单行立法中，将民事侵权行为、行政违法行为以及刑事犯罪行为编排在一起，然后分别对应侵权责任、行政责任及刑罚处断措施。这一点在美国不同年代所颁布隐私单行法中也尤为突出。从1967年《信息自由法》、1974年《隐私法》以及1978年《公平信用报告法》、1978年《家庭教育及隐私法》、1980年《隐私保护法》直至1998年《儿童在线隐私保护法》和1999年《金融服务现代化法案》等

---

① Joel R. Reidenberg, Privacy Wrongs in Search of Remedies, Hastings Law Journal, 2003，（54），p. 366.

② ［美］爱伦·艾德曼、卡洛琳·甘迪：《隐私的权利》，吴懿婷译，台湾商周出版社2001年版，第207页。

十余部法规中都设置了内容不等的隐私刑法规范。① 同时，1962 年美国法学会编制了《模范刑法典》，意在作为标准化刑事立法以供各州选择性适用或参照。自从 1962 年《模范刑法典》公布以来，在美国已然获得广泛而深刻之影响，已有超过 35 个州全部或部分采纳《模范刑法典》。故而研习美国隐私刑法规范时也应该对《模范刑法典》予以适当关注。下文将对分散在美国单行法中的若干隐私刑法规范及在《模范刑法典》中相关隐私条款予以介绍。

首先，单行法中的隐私权刑法保护规范：②

（1）1974 年《隐私权法》

该法第 552 条（a）规定：如果政府工作人员利用职权，故意向无权获得信息的组织或个人披露私人信息，就有可能会受到刑事处罚，被判犯有轻罪，并处以 5000 美元以下的罚金。这种刑事处罚同样适用于利用欺诈手段恶意骗取含有私人信息的政府记录的人。③

（2）1970 年《公平信用报告法》

---

① 对美国隐私权刑事立法的搜集与梳理甚为艰难，本书在英美法系隐私权刑法保护部分写作费时甚多，其中相当一部分时间消耗在查找浩如烟海般的英文法规之中。我在本书写作过程中，先后翻译了上述隐私法规中的大部分刑法规范，但限于文章篇幅，我在本书中仅列举相对重要的一些条文。上述条文的英文版本在 Westlaw 法律检索数据库中都可以查看。另外美国 Cornell University 法学院网站也有详细内容，见相关链接：http://www.law.cornell.edu/uscode/。

② 请注意，1926 年首次将建国二百多年以来国会制定的所有立法（除独立宣言、联邦条例和联邦宪法外）加以整理编纂，把每部单行法都按照条文逐一拆开，再按照事先划分的 50 个大类进行分门别类，同一类别的条文就编入一个大类中，而不论其来自哪部成文法。这样把全部的法律进行分解、分类、重排、汇编，就形成了 50 个大类组成的美国法律"分类汇编"，并将之命名为《美国法典》（United States Code，简称 USC），后来每每 6 年修订一次，每年有一补编，收入当年国会通过的法律。1974 年 12 月 31 日，美国参众两院通过了《隐私权法》（The Privacy Act），1979 年，美国第 96 届国会修订《联邦行政程序法》时将其编入《美国法典》第五编"政府组织与雇员"，形成第 552（a）条。因此在引用其条文时则称为《隐私法》第 552 条（a），以下《公平信用报告法》、《惩治计算机与滥用法》等法条规范的引用也是如此。

③ 5 U.S.C.552（a）.

该法第 1681 条（b），禁止信用报告机构滥用其掌握的私人信息。该条规定：恶意以欺诈手段获取信用信息或故意向无权获得信息的人披露信息的，可处 5000 美元以下罚金或 1 年以下监禁，或两者并用。[1]

（3）1984 年《惩治计算机与滥用法》

该法第 1030 条（a），（4）规定：故意并意图诈欺，而未经授权或逾越授权范围，侵入受保护的计算机，并藉此行为获得利益。但如果有使用计算机，且一年内获利不超过五千美元者，不在此限。[2]

而该法第 1030 条（a），（5）则规定：故意未经授权故意传输程序（program）、信息（information）、密码（code）或指令（command）而造成对受保护计算机的损害；或未经授权故意侵入计算机，无论是否出于轻率因而造成损害。依前项之行为造成一人或多人在一年内合计至损失五千美元以上；医疗检查、诊断治疗的限制或伤害；对任何人身体的伤害；对公众安全或健康的威胁；或损害影响政府所使用之执法、国防或国家安全的计算机系统。[3]

对于上述两种行为的可处以罚金，或 10 年以下监禁，或两者并用。[4]

（4）1986 年电子通讯隐私法

第 2510 条首先对截取作出解释。截取是指通过各种电子仪器、机械器材或其他装置，以获取任何有线、电子、口头通讯的声音或其他内容。1986 年的修正案表明截取的对象可以包括非语音的通讯内容。[5]

---

[1]　15 U. S. C. 1681（b）'.

[2]　18 U. S. C. 1030,（a），（4）

[3]　18 U. S. C. 1030,（a），（5）.

[4]　18 U. S. C. 1030,（c），（1）.

[5]　18 U. S. C. 2510,（4）.

　　第2511条（1）分别规定了四种犯罪行为故意截取，力图截取，或教唆他人截取或力图截取任何有线、电子、口头通讯的声音或其他内容的；故意使用、力图使用或教唆他人使用任何连接在通讯电线电缆上的电子仪器、机械器材或其他装置，或其他无线通讯中的相关设备截取任何有线、电子、口头通讯的声音或其他内容的；明知是以侵犯他人隐私的截取方式而获得的任何有线、电子、口头通讯的声音或其他内容，而故意向他人揭露或力图揭露上述信息的；明知是以侵犯他人隐私的截取方式而获得的任何有线、电子、口头通讯的声音或其他内容，而故意使用或力图使用上述信息的。[1]

　　第2511条（4）则规定实施上述四种行为的，可以处10000美元以下罚金，或5年以下监禁，或二者并处。同时要没收非法监听装置，在某些情况下禁止对截取装置的生产、传播和拥有。[2]

　　第2512条则规定，生产、装配、持有或贩卖用于截取有线、电子、口头通讯的声音或其他内容的电子仪器、机械器材或其他装置，或者在报纸、杂志、传单或其他出版物中放置或用电子渠道散布贩卖用于截取有线、电子、口头通讯的声音或其他内容的电子仪器、机械器材或其他装置的广告材料的，处罚金，或5年以下监禁，或二者并处。[3]

　　（5）2004年视频窥阴预防法[4]

　　该法第1801条规定：任何人在美利坚合众国所辖海域或陆地，未经个人同意，故意获取其私人场所的图景影音，并且明知在该场所实施上述行为会违背该个人的合理隐私期待的，处罚金，或5年

---

[1]　18 U. S. C. 251 (1) (a), (b), (c), (d).

[2]　18 U. S. C. 2511, (4) (a).

[3]　18 U. S. C. 2512, (b), (c).

[4]　Video Voyeurism Prevention Act of 2004.

以下监禁，或二者并处。①

其次，《模范刑法典》中的隐私权刑法保护规范：②

（1）第 250.12 条侵犯隐私

该条规定：（1）非法的窃听或监视。除法律许可外，行为人实施下列行为的成立轻罪：（a）以对处于私人场所的他人进行窃听或者监视为目的，非法侵入财产；或者（b）未经在私人场所享有隐私权的他人的同意，在该场所安装用于对当场的声音或者事件进行观察、拍摄、录制、放大或者广播的设备，或者使用此类非法安装的设备；或者（c）未经在私人场所享有隐私权的他人的同意，在场所以外安装或者使用设备，用于收听、录制、放大或者广播通常在场外无法听见或者理解的该场所的声音。"私人场所"，指行为人可以合理期待其不会被偶然或恶意的侵入、监视所侵害的场所，但不包括公众或者相当数量的公众能进入的场所。（2）其他侵害通信秘密的行为。除法律许可外，行为人实施下列行为的，成立轻罪：（a）未经发送人或者接受人同意，秘密截获通过电话、电报、信件或者其他通信方式传递的信息；但本项规定不适用于（i）通过在电话合用线或者分线上通常安装的设备偶然接听的行为，或者（ii）电话公司或者其用户为执行有关限制使用设备的规则或者其他正常的操作或使用而附随实施的截获行为；或者（b）行为人明知该信息为非法截获的，或者行为人在通信传送机构执行业务期间获得的，未经发送人或者接受人同意而将该信息的存在或

---

① 18 U. S. C. 1801，（a）.

② 本书援引美国《模范刑法典》中的刑法条文均来自于美国法学会：《美国模范刑法典及其评注》，刘仁文等译，法律出版社 2005 年版，为节省篇幅下文不再逐一列举。

内容泄露给他人。①

（2）第250.4条滋扰

该条规定：行为人以滋扰他人为目的，实施以不合法通信为目的，给他人打电话的，成立微罪。②

（3）第221.2条刑事侵入

该条规定：（1）建筑物和被占用的构筑物。行为人明知其未经许可或者无权进入，而进入建筑物、被占用的构筑物或者他人独立占有的部分，或者秘密地滞留在内，构成犯罪。行为人在夜间侵入他人住宅的，属于轻罪。在其他情况下，属于微罪。（2）公然侵入者。行为人明知其未经许可或者无权进入，而进入或依下列方法警告禁止入内的场所，或者滞留在内的，构成犯罪：（a）对行为人进行实际通告；或者（b）以法律规定的方法或者可能促使侵入者注意的其他合理方法予以告示；或者（c）设置有明显用以禁止侵入的围墙或者其他围绕物。对于本条规定的犯罪，行为人违抗该场所的所有人或者有权限的其他人亲自向行为人传达的离开命令的，属于微罪；在其他场合，属于违警罪。③

（三）对美国隐私权刑法保护的评析

虽然美国法植根于英国普通法传统，但是，为了适应美国社会的发展需要，美国法律却以独特的方式发展着制定法。与之相应，

---

① 美国模范刑法典第1.04条将犯罪分为四类：重罪（felony）、轻罪（misdemeanor）、微罪（petty misdemeanor）和违警罪（violation），其中前三类被称为"实质犯罪"（crime），其处罚后果均可能涉及剥夺人身自由（微罪可处以最高不超过1年的监禁刑），第四类"违警罪"只能被处以罚金或其他民事制裁，而且"不产生有罪认定所引起的限制能力或者法律上的不利"。

② ［美］美国法学会：《美国模范刑法典及其评注》，刘仁文等译，法律出版社2005年版，第209页。

③ ［美］美国法学会：《美国模范刑法典及其评注》，刘仁文等译，法律出版社2005年版，第154页。

普通法犯罪在美国刑法中的地位也日渐式微，原先普遍视为犯罪的通奸、乱伦、鸡奸和亵渎上帝的行为也被很多州的立法机关予以非罪化。而由于罪刑法定原则在美国的日益牢固，在司法系统，普通法的适用也非法官的最优选择，因此"正如联邦最高法院所解释的，根据美国联邦宪法，联邦法院对任何一种行为不能仅仅因为普通法将其视为犯罪而进行惩罚。这并非意味不再有联邦普通法犯罪。任何一种行为不得作为联邦犯罪而进行处罚，除非在国会法规中作出规定"。① 况且，"美国的法律出版社每年出版数以百计的司法判例，而对它们不加以批评地选择，材料的数量如此之多，以致确实不可指望顾及全部有关的先例。除此之外，美国的政治、社会和经济的发展如此富有戏剧性，在法律秩序内容方面随之而来的变化又如此之迅速，以致各个高级法院从未采取它们应绝对受自己先前判决拘束的观点"。② 故而在美国，由于法典化运动的影响，制定法在司法实践中地位和作用都要大于普通法。

同时，尽管普通法确定了诸如性骚扰、公开他人隐私关系、未经授权的监听监视、未经授权获取他人隐私信息、媒体进行报道时侵扰他人隐私等属于违法行为，并应承担相应之责任。但正是因为罪刑法定原则精神的影响，在普通法中没有设置刑事责任条款，因此上述行为仅能分配以损害赔偿的侵权责任。故此，在美国法律中，所有隐私刑法保护条款都集中在《模范刑法典》以及上述十几个隐私保护单行法中。职是之故，隐私权刑法规范的彻底制定法化代表了美国刑法发展的方向，从表面上来看符合罪刑法定原则的基本人权保障要求，这也是美国隐私权刑法最大特点。

---

　　① Joseph G. Cook & Paul Marcus, Criminal Law, Matthew Bender&Company Inc, 2003, p. 71.

　　② ［德］K. 茨威格特等：《比较法总论》，潘汉典等译，贵州人民出版社1992年版，第461页。

但美国隐私权刑法规范的彻底制定法化也存在着一定的弊端。正如前文所称，虽然美国存在着大量隐私法律规范，但这些法律规范的制定根本没有统一的政策协调，结果造成规范之间不仅存在相互交叉粘连、叠加重复，而且还伴有权利保护的缝隙与纰漏，同时也不可避免地造成隐私权刑法规范之间的矛盾冲突。因此，从整体上来看，美国隐私权刑事制定法保护网广泛而不周延。美国隐私权刑法就像用不同布料所拼凑的雨衣，外表臃肿厚笨。虽然布满了大大小小、新旧不一的补丁，但却因为某些局部的裂口而难以遮蔽风雨。美国隐私刑事立法欠缺整体规划，导致隐私刑法保护体系上的不协调。这也是美国制定法分散立法模式带来之必然结果。

同时，就美国法的历史轨迹及其现实状况来看，制定法和普通法是骨肉相连的法制模式。甚至制定法就是从普通法发展而来，普通法是滋养制定法发育的胎盘，将其扯断，制定法就会带着早产的危险问世。普通法的发展历史有力地证明，判例的价值即在于其随遇而安的强大应变能力。正如英国著名的法社会学家梅因指出："社会的需要和社会的意见常常是或多或少走到'法律'的前面的。我们可能非常接近地达到它们之间的缺口的接合处，但永远存在的趋向是要把这缺口重新打开来。因为法律是稳定的，而我们谈的社会是进步的，人民幸福的或大或小，完全决定于缺口缩小的快慢程度。"[1]而以判例法为基础的普通法在调和法律同社会发展之间的矛盾，缩小"缺口"方面发挥着重要作用。普通法最重要之优点即在于其对社会生活变迁的敏感性及对之随时作出相应调整的灵活性，可以适用于先前未曾预见的新情况。因此，它们保证法律可以调控各种社会行为，即使立法机关颁布的制定法规范未能预见这种行为的发生，也不影响普通法效用的发挥。因此，普通法在某种程度上能够消解制定法就事论事的僵硬机械，还可填补其制定法之

---

① ［英］亨利·梅因：《古代法》，沈景一译，商务印书馆 1959 年版，第 15 页。

间因割据孤立、互不相连所产生的法律规范空缺与漏洞。

同样，在历史中，制定法与普通法也是美国刑法中根脉相连互助互补的两大根基。二者携手共同构建美国刑法保护规范大厦，这已经是美国刑法所长期固守的悠远之历史传统。但在隐私权刑法保护领域，这种历史传统却遭受彻底摒弃。另外，美国普通法隐私权保护虽然只有四种类型，但事实上，其已经基本上涵盖了现实领域的各种侵犯隐私行为。仅从这一点来看，普通法上的隐私权保护完全存在同制定法刑法隐私保护规范相沟通的链接契机。因此，美国隐私权刑法保护与普通法的一刀两断，不仅砍裂了美国刑法的这种历史传承，也使其丧失了从普通法中填补制定法隐私权刑法保护缝隙的可能，从而导致隐私权刑法保护难以受到良好之效果。

美国隐私权刑法保护放弃制定法与普通法互相倚重的优良传统固然是一个很美国化的问题，但其对待历史传承的这种态度也值得我们深思。传统构成现实存在的基础，人们事先属于传统然后才属于现实的，传统以其强大的力量影响着和形成着人们，传统构成了人们存在的一部分。正如现代哲学解释学的创始人汉斯—格奥尔格·伽达默尔曾言："其实历史并不属于我们，而是我们隶属于历史。早在我们通过自我反思理解我们之前，我们就以某种明显的方式在我们所生活的家庭、社会和国家中理解了我们自己。"① 因此，当我们批评美国隐私权刑法保护对历史传承的遗弃，并为之扼腕叹息时，并更应当俯身检视中国刑法在对西法借鉴和吸收的现代化过程中，有多少优良而悠远的传统业已从立法者手中悄无声息流逝而去。故而，美国隐私权刑法保护中的经验教训尽管是一个很美国化的问题，但也应当引起中国刑事法研究者为之深深警惕。

---

① ［德］汉斯－格奥尔格·伽达默尔：《真理与方法》，洪汉鼎译，上海译文出版社 1999 年版，第 355 页。

二、英国隐私权刑法保护

(一) 英国法律对隐私权保护概况

英国和美国都是普通法系的代表性国家，但在隐私权法律保护方面英美两国却判若云泥。美国法律是极端保护个人隐私的，而长期以来，英国学者则认为，隐私权不但内容模糊而且边界不明，因而不具备法定权利的基本特征，因此英国法律不承认独立的隐私权。受这种意识的影响，英国学者普遍认为，个人隐私只能是法律之外的东西，或者最多不过是一种附属的价值。因此，英国对隐私权采取间接保护的方法。当公民个人的隐私权受到侵害时，受害人只能将这种损害附从于其他诉因，请求法律保护与救济。英国丹宁勋爵曾形象地称这种间接保护为"寄生虫"模式，他指出："有一些损害，如果独立诉讼，将无法得到补偿，如果附着于其他诉讼请求赔偿，或许可以得到补偿。我们称之为'寄生的'诉讼，因为像生物学上的寄生虫，它们不能独立存在，为维护其生命及营养，它们不得不依赖于其他生物……"[1] 寄生式权利的地位显然是极为低下的，若受害人仅仅是隐私权受到侵害，其他权利并没有受到侵害时，隐私利益则处于权利真空状态，无从得以保护。

同时，在英国公民的隐私利益还受到监控、表达自由及政府窃听的三重牵制，这使得本已柔弱纤细的隐私权更是处于风雨飘摇之中。

首先，在英国 CCTV 无处不在，[2] 学校安装摄像机以防止学生

---

[1] Spartan Steel and Alloys ltd. v. Martin 一案的判词，转引自王小能、赵英敏：《论人格权的民法保护》，载《中外法学》2000 年第 5 期。

[2] CCTV（闭路电视摄像机系统），系英文 Closed Circuit Television 的简称，和"中央电视台"的英文缩写相同。

损坏公物或抽烟。全国的停车场里都安装了摄像机，能够对偷窃汽车的行为起到震慑作用。公路上的摄像机监视车辆行驶速度。伦敦的地铁系统也装上了至少 1400 台摄像机。据"国际隐私组织"推算，在最近时节，英国政府为监控系统总共投入了 90 亿美元。英国政府也公开宣布，他们还为安装闭路电视摄像机预留了 25 亿美元，其中 11 亿美元已被用于官方所称的"全面打击犯罪和整顿治安"行动中。①

其次，在英国言论自由自古以来都是法律的宠儿。英国的《煽动兵变法》、《国家机密法》、《出版自由规则》等对公民的言论自由权都作了明文规定。英国著名的政治思想家约翰·弥尔顿在 1646 年出版的《论出版自由》中提出：言论自由"是一切自由中最重要的自由"。② 英国 1689 年的《权利法案》第 9 条规定："议会内之演说自由、辩论或其议事之自由，不应在议会以外的任何法院或任何地方受到弹劾或讯问。"③ 而正基于此，在隐私权和表达自由的较量中隐私权始终居于下风。

最后，在英国通信截收作为一种秘密侦查方法，在该国具有非常久远的历史。早在 1937 年英国政府决定在"政策"上由国务大臣签发许可证，授权对与犯罪有关的电话交流实施截收（即所谓窃听）。但这里所谓的"公告"或"政策"显然不具有法律的性质和样态。也就是说英国的通信截收活动依然缺乏明确的、清晰的法律依据。而这种由国务大臣签发许可证，授权实施通信截收的做法就意味着通信截收行为尚处于行政机关的自我控制之下，司法审查

---

① 马寿成：《生活在 CCTV 监视下的英国人》，载《当代世界》2005 年第 1 期。

② ［英］约翰·弥尔顿：《论出版自由》，吴大椿译，商务印书馆 1985 年版，第 45 页。

③ 戴学正等编：《中外宪法选编》（下册），华夏出版社 1994 年版，第 21—22 页。

机制尚未渗透到通信截收领域内。①

不过，英国司法界亦曾数次尝试对隐私权的全面保护。早在1931 年，温费尔德（Winfield）就提议，"对他人隐私的侵害"应该视为一种独立的民事侵权行为。1961 年，曼克诺夫特（Mancroft）大法官在英国上院提出了《隐私权法案》。该法案在英国上院获得多数票，著名的歌达（Goddard）大法官和丹宁（Denning）大法官都投了支持票。但是，该法案没有继续下去，原因是"合理的公众利益"这一概念在司法实践中特别难以应用。20 世纪 60年代，英国便开始为隐私权保护的系统化和专门化而努力。英国众议院为推动保护隐私权的立法曾成立了一个政府委员会，该委员会专门提出了几项特殊措施。不过，这些措施对于全面保护隐私权毫无意义。②

虽然以判例法为主要法律形式的英国侵权行为法对个人隐私权的保护采取了一种比较保守的态度，但在成文法对隐私权保护方面还是有所进展。如 1984《数据保护法》（The Data Protection Act）承袭了《欧洲数据保护公约》的基本内容，此法就取得、持有、使用或披露有关个人数据处理过程等方面作出规定。之后 1992 年《性侵犯法案》（Sexual Offences Act）指出，在媒体的报道中，受侵犯的一方应该匿名，包括其姓名、住址、肖像、任何照片或拍摄到的运动图像，这些都不允许被公开报道。1999 年《青少年审判和犯罪证据法案》（Youth Justice and Criminal Evidence Act 1999）都指出，在法庭审理案件和调查的过程中，犯罪过程中出现的任何18 岁以下的青少年都不应该被公开报道，包括不能透露他的姓名、

---

① 邓立军：《英国通信截收制度的变迁与改革》，载《中国人民公安大学学报（社会科学版）》2007 年第 3 期。

② K. Zweigert and H. K tz（translated by Tony Weir），An Introduction to Comparative Law Volume II—The Institution of Private Law，Clarendon Press，Oxford，1987，p. 396.

地址、学校和教育机构、工作环境以及照片和视频等任何足以证明
他身份的资料，以免公众以为他就是犯罪涉嫌人。[①]

尽管近年来，英国隐私权立法取得上述突破，但总体来看，其
隐私权法律保护制度还有待完善。面对层出不穷的严重侵扰公民隐
私的行为，英国民众也一直在强烈呼唤制定隐私法，从而实施对隐
私权的直接保护，但国会对于这种呼声却始终充耳不闻。法学博士
乔纳森·格里菲斯对此曾说："公众强烈要求依法保护隐私，但是
国会却不能立法，还真是一个民主社会的遗憾。"[②] 因此，尽管
人们对隐私立法饱含期待，但这种期待转化为现实似乎还需以
时日。

（二）英国对隐私权保护之刑事立法[③]

英国虽无严格意义上的刑法典，却存在着完备的刑事制定法体
系。但英国隐私权刑法保护却条文稀少，且相对零散，具体而言：

（1）1984 年《数据保护法》第 5 条禁止未经登记许可掌握私
人数据罪

该罪规定：①任何人不得掌握私人数据，但是，有关数据使用
或经营电脑社的数据使用者当时得到登记许可的除外。②有关获得
登记许可的人，不得实施下列行为：a. 不得掌握除登记种类以外
的任何形式的个人数据；b. 不得将其掌握的或使用的经登记许可
的个人数据用于登记目的以外的其他任何目的；c. 不得从登记许
可的渠道以外的其他渠道获得此类个人数据或者此类个人数据所包
含的信息；d. 不得向登记许可范围之外的其他人泄露其掌握的此

---

① Youth Justice and Criminal Evidence Act 1999, Chrapter Ⅳ and Schedule2.

② 徐迅：《以自律换取自由——英国媒介自律与隐私法》，载《国际新闻界》
1999 年第 5 期。

③ 本书援引英国隐私刑法条文，均来自于《英国刑事制定法精要》，谢望原等译，
中国人民公安大学出版社 2003 年版，为节省篇幅下文不再逐一列举。

类个人数据；e. 不得直接或间接地将其掌握的此类个人数据传递给予登记许可限定或规定不相同的联合王国之外的任何国家或地区。③上述第②款规定之人的雇佣人或代理人，就其雇主或代理人掌握的个人数据而言，在数据的使用、披露和传播方面和其雇主或被代理人一样受到上述第②款第 b、c、d、e 项的限制；就其雇主或被代理人掌握的个人数据而言，雇佣人和代理人也要和其雇主或被代理人一样受到上述第②款 c 项的限制。④经营电脑社者，不应提供有关个人数据的服务。但是，有关经营此类服务社的人或者经营此类服务社之数据使用者当时得到登记许可的除外。⑤违反上述第①款的规定，或者故意或轻率地违反本条上述任何其他条文之一的构成犯罪。⑥违反上述第②款或第③款规定，知道或有理由相信泄露个人数据违反上述款项，而诱使他人向自己泄露个人数据的，构成犯罪。⑦违反上述第⑥款的规定将诱使他人向自己泄露的个人数据出卖的，构成犯罪。⑧如果一个人违反上述第⑥款的规定，将已经诱使他人向自己泄露的数据或者后续诱使他人向自己泄露的数据提供出卖的，构成犯罪。⑨对前列第⑧款有关事项解释如下：做广告公示有个人数据正在或可以出售行为的，属于提供个人数据以供出卖的行为。⑩就上述第⑦款和第⑧款而言，出卖或者提供出卖的有关个人数据，包括从个人数据中抽取或者提炼出的信息。

根据该法第 19 条规定，该罪行经公诉程序判决的，判处罚金；或者经简易程序判决的，判处不超过法定最高额的罚金。

（2）1984 年《数据保护法》第 15 条电脑服务未经授权的数据披露罪

该罪规定：①与电脑服务社经营者提供的服务相关的被服务者的个人数据，除非得到被服务者的预先许可，不得被电脑服务社经营者披露。②上述第①款的规定，也适用于电脑服务社经营者的雇佣人或代理人。③故意或轻率地违反本法规定的，构成犯罪。

根据该法第 19 条规定，该罪行经公诉程序判决的，判处罚金；或者经简易程序判决的，判处不超过法定最高额的罚金。

另外，该法第 20 条设置了替代责任及法人责任，该条规定：①本法规定的犯罪如果已经被某法人实施，并且有证据证明该犯罪是在任何领导者、经理、部长或法人的相当官员或者任何意图以这种能力活动的人的同意或纵容下实施的，或者可以归责于上述人员的任何疏忽。那么，上述人员应当与该法人一起被认定为构成犯罪并受到起诉和相应的惩罚。②如果一个法人的事物是由其成员管理的，那么，一个成员与其管理功能相联系的行为或不负责任的举动应当相应地使用上述第①款的规定，就好像这个成员是法人的指挥者一样。

（3）1990 年《计算机滥用法》第 1 条未经授权进入计算机资料罪

该条规定：①实施下列行为的，构成犯罪：a. 意图得以进入任何计算机中储存的程序或者数据，并为此操纵计算机执行任何功能；b. 意图获得的进入是未经授权的；并且 c. 在他操纵计算机执行有关功能时，他知道他意图获得的进入是未经授权的。②实施本条之规定之罪者的意图无须指向：a. 任何特定的程序；b. 任何特定种类的程序，或者数据中的某一程序或数据；或者 c. 任何特定计算机中储存的程序或者数据。③犯本条规定之罪者，应当经简易程序判罪，处以不超过 6 个月的监禁，或者单处或并处不超过标准罚金额度第 5 等级的罚金。

另外，在英国刑法往往仅关注于存储资料（或信息）的物质，即诸如文件档案、计算机、磁盘、微芯片等有形财产，而不大关注这些物质上存储的无形体，即资料（信息）。因此，对以盗窃、诈骗手段获取他人秘密的物质载体的行为，可以按照侵犯财产罪论处。如果只是通过对储存资料的有形物阅读、记忆或照相之类的方法取得或侵犯资料，则超出刑法调控之范围。因此，上述财产犯罪尽管某种程度上可以起到保护隐私的作用，但也难以称其为隐私权刑法保护条款。

（三）　对英国隐私权刑法保护的评析

由于英国宪法、侵权法及行政法对隐私权保护持一种消极冷漠的态度，因此造成英国隐私权法律制度发展严重滞后。而这种保守消极的态度，显然也影响了其对隐私权刑法保护的力度。在英国制定法中，不仅隐私权刑法保护规范数量稀少，而且隐私权也始终是寄托在其他权利的阴影之下，没有获得单独的名分，这显然难以给英国民众提供令人满意的隐私利益保护效果。不仅如此，隐私权刑法保护在司法实践中还深受各种利益群体的牵制，使其本已单薄的条文也难以发挥应有之作用。如对隐私权保护最重要的 1984 年《数据保护法》实施二十多年以来，尽管有上述详尽规定的个人数据保护的司法制度，但实际产生的案例不到 5 件，可谓少而又少。[1]　如今英国侵犯隐私行为业已泛滥成灾，英国新闻媒体在表达自由的掩护下，肆无忌惮地搜罗揭露个人隐私。个人隐私随时可能被周边的人或匿名窥视者拿去卖给小报。而记者安装电话窃听器或隐藏摄影机，擅闯私宅翻箱倒柜，架设长镜头相机窥伺，甚至潜入病房窥视隐私情况层出不穷。另外，政府部门对公民隐私数据保护不力也造成个人隐私大量泄露。如 2007 年 11 月 20 日，英国财政大臣在下院证实，英国税务及海关总署工作人员因疏忽而遗失两张数据光盘，该光盘记录了英国所有儿童福利补贴受益人及其子女的姓名、住址、出生日期、儿童补贴受助号码、国家社会保险号码以

---

① 康晋颖：《论英国个人数据保护制度》，对外经济贸易大学 2005 年度硕士学位论文，第 20 页。

及相关银行或抵押银行账户信息，涉及 2500 万人、725 万个家庭。[①] 因此，隐私权刑法保护无所作为使得英国社会事实上已经处在隐私失控的危险状态之中。

同时需要指出，尽管存有上述缺憾，但英国隐私权刑法保护并非一无是处。英国刑法独特的责任制度和刑罚制度在其对隐私权刑法保护中也有明显体现，因而非常值得引起关注。

一方面，英国隐私犯罪的刑事处罚中，罚金刑地位非常显赫。罚金刑在英国所有隐私犯罪中均得以普遍适用。罚金刑具有灵活性与经济性，执行起来比较简单、便捷，而且不会给公众带来负担，因此深得英美刑法器重，适用范围非常宽广。同时，罚金刑是制裁经济犯罪的一类重要手段，对这些犯罪分子在金钱上予以一定剥夺，能够预防他们利用这些金钱继续进行经济犯罪活动，同时能够教育犯罪人。由于隐私犯罪的绝大部分动因均与经济利益有关联，对此类犯罪人适用罚金刑可谓对症下药；另外，由于隐私犯罪主体包括法人，而对法人则不可能实施监禁刑，因此对其适用罚金刑也是再合适不过。故此，罚金刑应当是处罚隐私犯罪之首要选择。而欧陆法系中虽然也存在罚金刑，但从其分布以及在条文中的位置来看，其地位远在自由刑之下，故此其效力也会稍有折扣。

另一方面 1984 年《数据保护法》设置了禁止未经登记许可掌握私人数据罪及电脑服务未经授权的数据披露罪的法人责任与替代

---

① 朱益：《如何确保个人信息安全　各国都很头疼》，http：//news. xinhuanet. com/world/2008 - 03/14/content_ 7786944. htm，访问日期：2008 年 9 月 8 日。

责任。① 而这两种责任的设立对隐私权刑法保护具有非常明显之促进作用。

首先，尽管在英国承认法人责任已有百余年历史了，但隐私犯罪的法人责任的设置还是有其独特意义。随着网络时代的来临，隐私泄露所给个人带来的风险与日俱增。而很多法人，如银行、医院、保险公司、律师集团，由于其经营业务范围会牵涉到公民隐私，而其对隐私造成损害的危险性和可能性也不容忽视。为保护个人隐私，国家必定要求法人加强数据管理，提高风险意识。为此，立法者有必要将数据保密义务用更严格的民事责任来认可，甚至上升为刑事责任。因此，隐私犯罪法人责任的设置有助于国家强化对法人数据管理活动的控制，有效提高对非法处置个人数据行为的威慑和遏制作用。

其次，替代责任对于隐私权刑法保护而言也具有非比寻常之重要意义。替代责任的立法理由在于：一定的业务行为中，领导者与被领导者具有密切的联系，许多业务行为本身具有一定的危险性，而且在许多情况下雇主对雇员所实施行为的态度是难以确定的。所以，为促使雇主在选择和监督他的雇员时更加谨慎，也为了免除起

---

① 替代责任又译"代位责任"。英美法系刑法无罪过责任的一种。即一个人虽然没有罪过，但由于其具有一定的地位或职位，要对其他人（通常是他的雇员）的危害行为负刑事责任。在普通法中，除了一定的人要对他人实施的骚扰和诽谤行为负责的特例之外，没有其他替代责任的规定，其基本上是在近代由制定法以明示或暗示的方法加以规定的。替代责任除了像严格责任那样不要求必须具有本人罪过之外，也不要求必须具有本人的行为，而是一种基于一定的地位，为他人行为负责，即将本人罪过和本人行为同时省略，被告人（通常是雇主）为他人（通常是雇员）的行为负责，是基于被告人与他人之间的某种关系，以及在这一关系中被告人所处的地位，至于其本人罪过则不必考虑，即无论其是否授权、准行、明知纵容或禁止、劝阻他人行为，都要为他人行为负刑事责任。对此可参见孙膑杰、吴振兴主编：《刑事法学大辞典》，延边大学出版社1989年版，第1088—1089页。

诉者准备罪过证据的困难，有必要规定替代责任。① 在公民隐私利益极易遭受不法侵害的风险社会中，如果说法人责任的设置是促使法人强化了对其内部人员的约束，减少非法处置个人数据现象。而替代责任则是促使雇主强化其雇员的管理，防范雇员故意或过失侵犯公民个人隐私行为的发生。因此，隐私犯罪替代责任的设置同样能够抵制现代社会隐私泄露的风险。就此而言，替代责任和法人责任有着异曲同工之妙处，二者在英国隐私权刑法保护中相映成趣，从而也构成了英国隐私权刑法保护中最亮丽的风景。

第二节　欧陆法系国家和我国台湾地区、澳门特区隐私权刑法保护

一、德国隐私权刑法保护

（一）德国隐私权法律保护概况

德国是典型欧陆法系国家，深深刻画在德国文化中的基督教传统和康德所倡导的尊严概念，促使德国给予基本人权充分的保障。这种强烈的人性尊严意识，也自然会影响到德国对于作为基本人权的隐私权高度重视。正如 Richard Spinello 所说，"欧盟核心国家如德国和瑞典显然采取了比美国更主动的方式保护隐私。这种不同的哲学背后的部分原因是，欧盟认为隐私是一个数据保护的概念，认为隐私是基本人权的基础。同时也有一个长期的假设，即国家必须承担保护私人信息的义务"。② 因此，德国独特之历史与社会文化

---

① 孙膺杰、吴振兴主编：《刑事法学大辞典》，延边大学出版社 1989 年版，第 1088—1089 页。

② Richard Spinello, Herman Tavani, Introduction to Chapter Four: Privacy in Cyberspace , The MIT Press, 1997, p. 219.

传统背景，决定其必然会将赋予隐私权一般人格权的属性而重点加以保护，而这种保护路径显然是与英美法系大异其趣的。

但仍需指出的是，任何权利的产生与巩固都不是一蹴而就的，隐私权在德国的形成及确认亦是屡经风波。1900 年开始施行的德国民法中，并未明文规定一般人格权，甚至未予承认。《德国民法典》第 823 条第 1 款规定："因故意或过失不法侵害他人的生命、身体、健康、自由、所有权或其他权利者，对被害人负赔偿损害的义务。"过去，德国大多数判例和法学家认为，这一条对"个人权利"的列举是详尽的，因此拒绝对名誉权和隐私权加以保护，除非被害人能证明侵害行为违反了该条第 2 款第 1 项"违反以保护他人为目的的法律者，负相同的义务"。[①]　而第二次世界大战以后，情况发生了很大变化。由于二战期间，纳粹政权无视人权、践踏人权的暴政，不仅使魏玛宪法中有关人权的保护性规定成为具文，鼓励告密等规定更与隐私权的精神背道而驰。战后的德国痛定思痛，认识到"个人隐私之揭发，不但构成对人的尊严之侵犯，亦妨碍人格之自由发展，故个人隐私权之保障，已为战后德国之宪法所确认"。[②]

德国宪法对隐私权的承认仍然是通过一般人格权的路径，德国联邦最高法院于 1959 年根据新宪法第 1 条关于性尊严之规定、第 2 条关于人格的自由发展权之规定，确认人身的一般权利属于民法典第 823 条第一款保护的其他权利，即所谓法院判例发展起来的"一般人格权"，名誉权和隐私权才被作为绝对权利对待。德国宪法第 10 条对通讯自由和第 13 条对居住自由等也分别从各自侧面对隐私权进行保护。而德国民法则对隐私权特别是个人私生活的隐私

主要是采取判例模式保护的。1954年德国联邦最高法院就曾作出判决，认定对于人格尊严、自治、隐私的权利是《德国民法典》第823条中的权利，违反此等权利所造成的非物质损失得予以赔偿。而从法院审理的相关案件来看，德国关于隐私范围的认定主要集中在个人私生活领域，正如德国联邦法院于1973年6月5日在其判词中指出，公布一项过去犯罪案件（当事人的）姓名、肖像也会侵犯有关人员的人格隐私。[①]

不仅如此，由于对隐私权利的高度重视，德国还制定一些特别立法来保护公民隐私。如1977年制定的《联邦个人资料保护法》，防止通过个人资料侵犯个人隐私利益。另一项重要的法律是 G - 10 法案，其对某些领域的通讯秘密进行必要的限制，2001年修订后的法案要求通讯服务商为执法部门监控数据和语音线路提供方便。而《1996年远程通讯载波数据保护法案》、《信息与通讯服务法》等也都不同程度上包含了一些隐私权条款，并提供相应的隐私权法律保护。

（二）德国对隐私权保护之刑事立法[②]

德国隐私权刑法保护主要集中在《德国刑法典》第15章侵害私人生活和秘密罪之中，具体而言：

（1）第202条侵害言论秘密罪

该罪规定：一、非法为下列行为之一的，处3年以下自由刑或罚金刑：1. 将他人不公开的言论加以录音的，或 2. 使用此类录音或使第三人取得的。二、非法为下列行为之一的，处与前款相同之刑罚：1. 用窃听器窃听自己无权知悉的他人不公开的言论，或

---

① 张新宝：《隐私权的法律保护》，群众出版社2004年版，第40—41页。

② 本书援引德国刑法条文，均来自于《德国刑法典》，徐久生、庄敬华译，中国法制出版社2000年版。为节省篇幅下文不再逐一列举。

2. 将第 1 款第 1 项之录音或第 2 款第 1 项所窃听的言论告知第三人。在后一种情况下，只有当告知第三人其所窃听的言论造成对他人权益的侵害的，始受处罚。告知第三人其所窃听的言论是为了维护重大公益的，行为不违法。三、公务员或从事特别公务的人员侵害他人言论秘密的（第 1 款和第 2 款），处 5 年以下自由刑或罚金。四、犯本罪未遂的，亦应处罚。五、正犯或共犯用于犯罪的录音机和窃听器得予以没收。相应适用第 74 条 a 的规定。①

（2）第 202 条侵害通信罪

该罪规定：一、非法为下列行为之一，如行为未依第 206 条处罚的，处 1 年以下自由刑或罚金：1. 非法开拆他人封缄信件或其他文件的，或 2. 虽未开拆但以技术手段非法探知此类文件内容的。二、非法开拆他人经特别封套的文件探知其内容的，处与第 1 款相同之刑罚。三、其他图片，视为第 1 和第 2 款意义上的文件。

（3）第 202 条 a 探知数据罪

该罪规定：一、非法为自己或他人探知不属于自己的经特别保安的资料的，处 3 年以下自由刑或罚金。二、第 1 款所述数据，但指以电子或其他不能直接提取的方法储存或传送的数据。

（4）第 203 条侵害他人秘密罪

该罪规定：一、因下列各种身份而被告知或知悉他人的秘密，尤其是私生活秘密或企业、商业秘密，未被授权而加以泄露的，处 1 年以下自由刑或罚金：1. 医师、牙医、兽医、药剂师或其他须经过国家规定的培训始可执业的医护人员；2. 国家承认的结业考试合格的职业心理学家；3. 律师、办理专利问题的律师、公证人、诉讼程序中的辩护人、会计师、审计员、税务顾问、税务代理人或

---

① 第 74 条 a 系指没收的扩充条件，规定了对 74 条没收条件以外的补充没收情况。即某物虽然不是正犯或共犯所有，但至少是由于轻率而致使该物被作为犯罪物或与被犯罪工具时，或成为犯罪客体的；以及明知该无可能被没收而不当取得的。

者律师公司、专利代理公司、经济审查公司、账簿审查公司或税务顾问公司的机关或其成员；4. 婚姻、教育和青年问题顾问，以及由官方或团体、其他机构或公法上的财团法人所承认而设立的咨询机构之成员或顾问，4a. 避免和克服怀孕冲突法第 3 条和第 8 条规定的被承认的咨询机构的成员或顾问；5. 国家承认的社会工作人员或社会教育人员；或 6. 私营的疾病、事故或人寿保险机构的职员，或私人医务所会计人员。二、因下列各种身份而被告知或获悉他人的秘密，尤其是私生活秘密或企业、商业秘密，未经授权而加以泄露的，处与第 1 款相同之刑罚：1. 公务人员，2. 从事特别公务的人员，3. 依职位代理法执行任务或职权的人员，4. 联邦立法机关或州立法机关所属调查委员会的成员，或其他委员会中不具有立法机关成员身份的人员或该委员会的协助人员，或 5. 依法忠诚履行其职位的公开聘任的专家因履行行政职务而执行有关他人的人或物之个别资料视同上述秘密；由于公共行政关系而将该个别数据交付其他当局或其他机构，且法律不加禁止的，不适用上述规定。三、律师事务所的其他律师视同第 1 款第 3 项所述律师。为第 1 款和第 1 句所列人员服务或协助其工作之人，视同第 1 款所规定的具有特定身份之人。从死者或其遗物中知悉其秘密而负有保密义务者，视同第 1 款和本款第 1 句和第 2 句规定的具有特定身份之人。四、行为人在关系人死亡后，未经授权而公开其秘密的，适用第 1 款至第 3 款的规定。五、行为人为获得报酬或意图使自己或他人获利，或损害他人的利益而公开此等秘密的，处 2 年以下自由刑或罚金。

（5）第 204 条利用他人的秘密罪

该罪规定：一、依第 203 条的规定应为他人保密之人，未经授权而利用他人秘密，尤其是企业或商业秘密的，处 2 年以下自由刑或罚金。二、相应适用第 203 条第 4 款的规定。

另外，第 205 条规定，一、犯第 201 条第 1 款和第 2 款以及第 202 条至第 204 条之罪的，告诉乃论。二、被害人死亡的，告诉权依第 77 条第 2 款转移给其亲属。① 本规定不适用于第 202 条 a 之情况。秘密不属于私生活范围，则告诉权依第 203 条和第 204 条由其继承人行使、行为人在关系人死亡后犯第 203 条和第 204 条公开或利用他人秘密之罪的，适用本款第 1 句和第 2 句的规定。

（6）第 206 条侵害邮政或电讯秘密罪

该罪规定：一、未经授权，将其作为从事邮政或电讯业务企业所有人或雇员，而获悉的属于邮政或电讯秘密的事实告知他人的，处 5 年以下自由刑或罚金。二、作为第 1 款所述企业的所有人或雇员，未经授权而为下列行为之一的，处与前款相同之刑罚：1. 开拆他人交此等企业邮寄的经封缄的邮件，或虽未开拆但以技术手段探知其内容的，2. 扣留他人交由此等企业邮寄的邮件的，3. 对第 1 款或本款第 2 项或第 2 项所述行为予以批准或促进的。三、下列人员犯此等罪的，同样适用第 1 款和第 2 款的处罚规定：1. 对第 1 款所述企业的业务进行监督之人；2. 受此等企业委托或经其授权，从事邮政或电讯业务之人；3. 制造为经营此等企业所需的设备或参与工作之人。四、非从事邮政或电讯业务之公务人员，经授权或未经授权而知悉邮政或电讯秘密，未经授权而将其告知他人的，处 2 年以下自由刑或罚金。五、邮政运输特定之人的详细情况以及邮件的内客均属邮政秘密。电讯内容及其详细情况，尤其是有关某人是否参与通话的事实，均属于电讯秘窖。电讯秘密还及于未接通的详细情况。

（7）第 123 条及第 124 条非法侵入他人住宅罪

该罪位于第 7 章妨害公共秩序罪之中，第 123 条规定：一、非

---

① 第 77 条第 2 款之内容为：被害人死亡的，告诉权依法转移给其配偶或子女。被害人既无配偶也无子女的，或其配偶和子女在告诉期届满前死亡的，告诉权转移给其父母。父母在告诉期届满前死亡的，告诉权转移给其弟姐妹和孙子女。如某一亲属参与犯罪的，则在告诉权转移时不能享有此等权利。如对犯罪进行追诉违背被害人的意愿的，则不转移告诉权。

法侵入他人住宅、经营场所或土地，或用于公共事务或交通的封闭场所，或未经允许在该处停留，经主人要求仍不离去的，处1年以下自由刑或罚金刑。二、本行为非经告诉不得追诉。

而第124条则就严重的非法侵入他人住宅行为设置了更重的处罚条款，该条规定：公开地聚众，故意以对他人或物实施暴力的手段，非法侵入他人住宅、经营场所或土地，或用于公共事务或交通的封闭的场所的，所有参与违法行为的人均处2年以下自由刑或罚金刑。

（三）对德国隐私权刑法保护的评析

制定条理清晰、概念明确的成文法典一直以来就是欧陆法系国家乐此不疲的事业。早在查士丁尼编纂《国法大全》时，"概念明确、条理清晰、逻辑严密"就成了欧陆法系法学家们孜孜不倦的追求。而作为欧陆法系代表国家的德国自古就将制作精良完美的法典视为法学家终身经营，而翻看《德国刑法典》中隐私权保护条款，更会触摸到流转于法条之间的德国法学家们充盈的智慧与才情。隐私权刑法保护条款仅仅是德国刑法普通的一角，但其细巧与精致也足以令人啧啧称赞。具体而言，德国隐私权刑法保护有如下特征：

1. 隐私权刑法保护条款高度集中，刻意突出私人生活之重要性

在德国刑法中，涉及对隐私权保护的罪名总共有7种，但有6种都集中在第15章侵害私人生活和秘密罪，并且上述6种都是围绕保护公民私人生活而构建，从而彰显了立法者对隐私利益的高度重视，这不仅能够为法官适用法律以及促进公众对隐私权刑法的普遍理解提供极大的便利，还可以强化隐私权刑法保护的一般威慑功能。

2. 隐私权刑法保护范围涵盖宽广

德国隐私权刑法虽然仅有 7 种罪名，但是由于其立法技巧精良，语言包容性强，其隐私权刑法保护的触角先后延展至言论、通信、通讯、私密信息、电磁数据等私人生活的方方面面，已经将实践中多发的绝大部分严重侵害隐私行为涵括在内。其内容之宽泛，远远超过同属于欧陆法系的另一个代表性国家日本。

3. 隐私权法人犯罪的设置

德国隐私权刑法保护的一个引人侧目之处，就是在第 203 条侵害他人秘密罪第 1 款第 3 项规定律师公司、专利代理公司、经济审查公司、账簿审查公司或税务顾问公司的机关都可以成为本罪的犯罪主体，因此事实上设置了隐私权法人犯罪。在欧陆法系国家刑法单位犯罪属稀少之物，而就隐私权犯罪来说同属欧陆法系的中国台湾地区、日本都没有规定隐私权单位犯罪。但实践中，的确存在单位直接组织或参与的贩卖散布个人隐私行为，因此德国刑法这一规定也是有的放矢的，也应属于其刑法的一个创新之处。

4. 刑法条文缜密细致

德国隐私权刑法条文设计周密严谨，具有很强的包容性。如德国刑法第 202 条侵害通信秘密罪特意将采用技术措施非法探知文件内容的行为入罪，又如该条第 3 款中，将图片与文件等同视之，从而可以有效地堵塞法律漏洞。[①] 再如德国刑法第 202 条 a 探知数据罪所规定的电磁记录能广泛涵盖以电子、磁性或其他无法以人之知觉直接认识之方式所制成之记录。电磁记录属于"以文书论"的范畴，包括网络游戏中的虚拟"宝物"、电子信箱、QQ 号码、网络财产、信用卡信息等都可以包含在内，从而极大地提高该罪的适应能力。

---

① 类似的法律漏洞在日本隐私权刑法保护规范中存在，如日本刑法第 133 条开拆信件罪。对此可参见本书日本隐私权刑法保护部分。而中国台湾地区刑法和德国刑法都以其条文的缜密性弥补了该漏洞。

5. 处罚措施的多样化

德国刑法对隐私犯罪采取了多种多样的处罚手段，除了通常的自由刑及罚金刑之外，还专门针对使用录音器材及窃听器侵害言论自由在第210条第5款中规定，对用于犯罪行为的录音机及窃听器的没收的对物保安处分措施，以消除侵害言论自由罪的物质条件。

尽管德国隐私权刑法保护具有以上之优点，但同时也需要指出，德国隐私权刑法保护规范也存在一定的不足之处。如第203条侵害他人隐私罪采用逐一列举的方式，试图以此完全网罗实践中所有的以泄露秘密方式出现的严重侵害他人隐私犯罪行为。而实际上，尽管该条内容烦琐冗长，其犯罪主体从医师律师、职员顾问直至国家公务人员及专家委员，但仍然遗漏了诸如网络销售、物流企业、公共服务网站、房产公司、信息咨询公司等众多有可能通过自己职务行为掌握个人信息并进行贩卖的情况。而这种疏漏也与欧陆法系所固有的立法理念有关，欧陆法系立法者通常殚心竭力使其法律条文尽量完整以求适用于各种事实状态、清晰而无需任何解释，逻辑严密而不出现任何冲突，从而使法典的适用成为一种自动的过程。但事实上，由于隐私权现实权利边界的不确定性以及其作为新生权利所具有的不断发展变迁的特征，使得无论立法者如何费尽心力，也难以将其一网打尽。因此，正如第203条所揭示，这样的努力往往会使得刑法由于过分庞杂而变得僵硬呆板，反而会出现越是具体细致反倒越是破绽百出的尴尬像。① 另外，德国隐私权刑法保护似乎并未嗅闻出社会日新月异发展的鲜活气息，因此也就缺少某种时代的灵敏度，自2002年最后一次修改至今，在德国社会生活中已经出现

① 列举式立法模式在德国刑法中被广泛适用，如德国刑法第250条的加重强盗罪也采用这种立法模式。对于列举式立法模式，德国刑法学者也诟病颇多，认为"此种方式虽具有较大法律安定性之优点，但也造成谨慎拘泥以及与实际生活脱节的结果——耗费大而收获小"。对此可参见［德］亚图·考夫曼：《类推与"事物本质"》，吴从周译，台湾学林文化事业有限公司1999年版，第117页。

大量的非法搜集公民隐私信息、非法设置监控设备、非法偷拍偷窥他人隐私等严重侵犯个人隐私行为，但德国刑法对此却置若罔闻反应迟钝，因此造成司法部门对此鞭长莫及的不利局面。

二、日本隐私权刑法保护

（一）日本法律对隐私权保护概况

1868 年明治维新之前的日本沿用以唐朝法律为模式的封建法律制度，其法律形式、内容及法律观念均受到中国封建法律及其法律文化的深刻影响。而自从 19 世纪 70 年代中期明治维新以来，日本法开始走上全面西方化的道路，日本法律制度以欧陆法系德国及法国为蓝本进行设计，相继编纂了一系列法典，使日本资产阶级六法体系最终得以确立，但至今还保留了浓厚的封建因素。因此，从总体上来看，日本应属于典型的欧陆法系国家。但二战之后，日本又吸收了英美法的许多精华。因此，日本法不仅同时具有两大法系的特征，也难以摆脱其传统民俗习气的沾染，这在当代社会的法律体系中别具一格。而这种兼容并蓄、含新纳旧的法律风格，在隐私权这个议题上更是得以淋漓尽致地展现。

在日本现行宪法中，并未对隐私权有任何明文规定，但由于作为其宪法权利之母法的宪法第 13 条规定："一切国民，均作为个人而受尊重。对于生命、自由及追求幸福之国民权利，以不违反公共福祉为限，需在立法及其他国政上，予以最大之尊重。"① 本条规定因具有高度的解释空间，而成为日本法院及学界用以推导新兴

---

① 日本宪法第 13 条在日本宪法中实质上起到其他宪法权利的母法条款的重要地位，相对于第 14 条以下之基本权利而言，该条的幸福追求权在意义上呈现出相当的抽象及模糊性，具有高度解释的空间与拓延的可能性。因此，本条规定在日本宪法上所扮演的角色，被法院及学界称为基本权利概括条款，成为新兴基本权利的规范依据。

基本权利受国家保障的概括条款。因此，尽管在宪法条文中对隐私权有所缺失，但这并不妨碍日本宪法以对"追求幸福权"溯本正源的目的解释方法，勾勒出隐私权的框架。

日本宪法通说认为，第13条所谓生命、自由及幸福之追求权，其所保障的对象究其根本即是作为人类生存根源之人格价值，而从此人格价值中将会衍生出对人格利益的承认与保护；而隐私权即属上述人格利益之一环，因此解释上受到宪法第13条幸福追求权的保护。但是这样的见解并未独占性地排除隐私权以其他规定作为规范基础的可能性，例如宪法第21条第2项后段对于通信秘密的保护，第35条对于住居侵入及搜索扣押之保障、第38条关于禁止刑事上强迫为不利于己供述之保障，以及第19条对于思想及良心自由之保障等，虽然都各有其不同界限，但其实都可以在各自领域中作为隐私权的保障规定。①

而在民法方面，日本在第二次世界大战前亦无隐私权的具体规定，也没有相应的司法判例。战后，日本修改民法典，确立"个人尊严及两性实质平等"为民法最高准则，公民私生活被理解为受民法保护的人格权。日本法院则在司法实践中以判例形式对个人隐私权加以确认。② 但在日本，隐私权真正作为私法上的权利得到确认的标志性案件是1964年的"盛宴之后案"。在该案中，原告认为被告以原告等为原型创作了小说《盛宴之后》，并采用"偷窥"式的手法描写了其私生活场面。法院在该案判决中指出：个人尊严这一思想是近代法的根本性理念之一，也是日本宪法所立足之处，只有人格得到尊重、自我受到保护而不受不正当的干涉，这一思想才能成为确实的东西，因此，不允许毫无正当理由地公开他

---

① 徐亮：《论隐私权》，武汉大学2005年度博士论文，第26页。
② ［日］黑田英文：《高度情报化社会的法律课题——如何谋求私生活的保护》，高作宾译，载《国外社会科学》1986年第2期。

人的私事。① 此后，隐私权作为一种民事权利在日本得以缓慢成长。

　　另外，日本一些信息保护方面的行政法规也对隐私权做出了相应的保护，如《建立高度信息通信网络社会基本法》、《电子签名法》、《禁止非法接入法》、《个人信息保护法》、《行政机关保存的个人信息保护法》、《独立公共事业法人等保存的个人信息保护法》、《信息公开、个人信息保护审查会设置法》等法律中都包含有对公民个人隐私性信息保护的规范性条款。其中尤为值得一提的是 2005 年 4 月 1 日生效实施的《个人信息保护法》，该法的基本思想就是正确处理个人信息保护和利用之间的关系，在确保个人信息有效利用的同时保护个人信息的安全，约束和防范滥用个人信息等不法行为。而实际上，由于该法在日本隐私权行政法规保护方面居于绝对的核心地位，其制定实施无疑将对日本国民隐私起到重要的保护作用。

（二）　日本对隐私权保护之刑事立法

　　首先，《日本刑法典》中隐私权刑事立法，具体规定如下：②

　　（1）第 133 条开拆书信罪

　　该罪规定，开拆他人封缄书信的，处一年以下或者二十万日元以下罚金。另据第 135 条之规定，本罪为亲告罪。

　　（2）第 134 条泄露秘密罪

　　该罪规定，贩卖者、助产士、律师、辩护人、公诉人、证人、或者曾经从事此类职业的人，无正当理由，泄露由于处理业务而知

---

　　① 吕艳滨：《日本隐私权保障的研究与启示》，载《中国社会科学院院报》2004年 7 月 1 日第 3 版。

　　② 本书援引日本刑法典条文，均来自于《日本刑法典》，张明楷译，法律出版社2007 年版，为节省篇幅下文不再逐一列举。

悉的他人秘密的，处六个月以下惩役或者十万日元以下罚金。从事宗教、祈祷或者祭祀职业的人或者曾经从事此类职业的人，无正当理由，泄露由于处理业务而知悉的他人秘密的，与前项同。另据第135条之规定，本罪为亲告罪。

（3）第130条侵入住宅罪

该条规定，无正当理由侵入他人住宅或者他人看守的宅邸、建筑物或者船舰，或者经要求退出但仍不从上述场所退出的，处三年以下惩役或者十万日元以下罚金。另据第132条之规定，本罪之未遂应当处罚。

（4）第259条毁弃私用文书罪

该条规定，毁弃他人的有关权利或义务的文书或电磁性记录的，处五年以下惩役。另据第264条之规定，本罪为亲告罪。

银行的账户余额文件、电话费的收费文件、预付贷款卡的词条信息部分等就相当于电磁性记录。

（5）第263条隐匿书信罪

该条规定，隐匿他人书信的，处六个月以下惩役、监禁或者十万日元以下罚金或科料。另据第264条之规定，本罪为亲告罪。

其次，日本隐私权保护刑事立法还体现在相关附属刑法中，如：为应对针对计算机系统的非法侵入或黑客行为，2000年8月日本制订了禁止非法侵入等行为的法律（法律第128号，简称禁止非法侵入法）。该法第3条规定，无论何人都不得实施非法侵入行为；第8条规定，对违反这一规定的行为，处1年以下惩役或者50万日元以下罚金。而根据该法，所谓非法侵入行为，就是禁止直接通过他人的计算机或网络，利用他人的ID号码或密码冒充他人，利用计算机的弱点（防范漏洞）非法侵入，使他人计算机处于能利用状态的行为。

此外，上述法律第4条规定，严禁提供他人的识别符号（ID号码或密码）等帮助非法侵入的行为，违反者依该法第9条处30

万日元以下的罚金。①

另外，在特别法中，处罚泄露职务上知悉秘密的规定占有相当的数量。例如，国家公务员法第100条、地方公务员法第34条、禁止垄断法第39条、民事调解法第38条、公认会计师法第27条、司法书记员法第11条等均存在相应的刑事处罚条款。②

（三）对日本隐私权刑法保护的评析

本书创作之初，曾对日本刑法对隐私权之保护颇有期冀，但笔者在对日本隐私权法律规定认真研习之后，③却甚感失望。在欧陆法学领域与德国共执牛耳的日本，在对隐私权法律保护方面气力之单薄超乎想象。如因为没有明确的宪法规范，隐私权只能靠所谓的"权利推演"而勉强存在，而在日本出版的一些民法典文本中，并未将隐私权列入独立的一类人格权，而是将其包括在名誉权之中，如比较权威的三省堂《模范六法》，将人格权分为身体、自由、名誉信用和姓名、贞操等，而没有隐私权的独立地位。④

和日本宪法及民法对隐私权保护现状相比，日本在隐私权刑法保护状况也同样不容乐观，具体而言：

1. 隐私权刑法保护条款稀少

综观日本刑法典及附属刑法，对涉及隐私权刑法保护的规范数量非常稀疏匮乏，在其刑法典中仅有5个罪名与隐私权刑法保护有

---

① ［日］西田典之：《日本刑法各论》，刘明祥、王昭武译，中国人民大学出版社2007年版，第104页。

② ［日］西田典之：《日本刑法各论》，刘明祥、王昭武译，中国人民大学出版社2007年版，第85页。

③ 请注意，本书在此特意使用法律规定而不是法律体系或制度，因为甚至上述称谓对日本的隐私权法律保护来讲似乎过于奢侈。

④ ［日］三省堂编：《模范六法》，转引自张新宝：《隐私权的法律保护》，群众出版社2004年版，第43页。

所关联，而其中真正的隐私刑法保护条文更是少之又少，严格意义上来讲仅有第 133 条开拆书信罪及第 134 条泄露秘密罪属于纯粹性隐私权刑法保护规范。至于本书所列举其他条文以及附属刑法规范，有的属于侵害住宅权犯罪（第 130 条侵入住宅罪），有的属于计算机犯罪（附属刑法中的禁止非法侵入计算机罪），有的属于对公共信用的犯罪（第 259 条毁弃私用文书罪及第 263 条隐匿书信罪），而这些犯罪的直接法益都不是隐私利益，因此，其对隐私权只能提供隔靴搔痒式的间接性保护。

2. 尚未形成以私人生活为轴心的隐私犯罪体系

日本刑法对隐私权保护不但规范条文稀少，而且从整体来看，上述条文位置分散，布局零散。并且尚未曾形成诸如德国及我国台湾地区刑法中以私人生活为核心的隐私权犯罪体系，甚至在所有刑法规范中都不曾出现过隐私或私人生活的字样。这无疑证明日本刑法对隐私权保护所采取的冷淡消极态度，也难以培育公民对隐私刑法规范的忠诚意识，并使其一般预防效果大为降低。

3. 隐私权刑法保护规范缺乏时代性

近年来，日本频繁修订刑法典，许多条文都能及时捕捉到现实生活气息，反映出日本政治经济社会生活的真实变化。但对于隐私权刑法保护方面却始终没有采取像模像样的举措。如在日本偷拍偷窥、非法设置监控设施、在网上散布泄露隐私图片视频、偷窥他人日记、非法窃听等行为已然非常普遍，但历次修订刑法都对此视若不见，因此造成隐私权刑法保护难以体现时代特征。

4. 现有隐私权刑法保护规范存在漏洞

日本刑法第 133 条虽然规定有开拆书信罪，但随着科技的发展，人们通过某种技术手段，在保持信件封口完整的情况下，仍能洞悉其内容，这无疑也会侵害他人隐私。而开拆书信罪显然就无法应对这种法律漏洞。而且，随着网络的普及，电子邮件已经获得与传统纸样书信平起平坐的地位，而开拆书信罪对之也束手无策。①
又如，第263条中设置隐匿书信罪，但对于与隐匿书信罪具有同样
或者更为严重的毁弃书信的行为却失之阙如。另外，第134条泄露
秘密罪规定，贩卖者、助产士、律师、辩护人、公诉人、证人、或
者曾经从事此类职业的人，无正当理由，泄露由于处理业务而知悉
的他人秘密的，应受刑事处罚，但该罪的主体显然不包括银行、保
险公司、航空公司等单位的业务人员，而在现实生活中，这些单位
的工作人员也存在着泄露客户隐私的现象。更令人费解的是，在日
本已经出现了大量以搜集并贩卖他人信息从而获利的信息服务公
司，而无论是对该种公司的隐私搜集行为还是贩卖行为，刑法都对
其无动于衷，这在一定程度上只能助长该种行为的泛滥成灾。

应该指出的是，日本包括刑法在内的法律对隐私权保护的相对
缺失是与日本的具体国情有所关联的。一方面日本国民隐私意识相
对稀缺，历史上日本在传统儒家文化的熏染下，构建了以儒家伦理
学说为基础的社会文化制度社会，日本从古代开始逐渐形成了严格
受三纲五常限制的群体生活模式，而在这种生活模式下，家长和长
辈了解家庭成员生活信息应视为对其关心和爱护，因此隐私也就丧
失了成长的制度土壤。另一方面，由于晚近时节，日本深受美国法
律制度的影响，尤其是在隐私权法律制度方面，采用间接保护方
法，通过在各种部门法律中分散的零星的保护隐私，但同美国广泛
而繁杂的隐私法律规范体系相比，其隐私保护条款无论是从法规数
量上，还是单个法律的法条数量上都要逊色得多。因此至今也未形
成隐私权法律保护的制度及理论体系。正基于此，日本刑法对隐私
权保护的疏漏与悖谬也就无足以怪了。

---

① 而德国刑法第202条第1款第2项则对此规定，虽未开拆但以技术手段非法探
知他人封缄信件或其他文件的，也构成犯罪。对此可参见《德国刑法典》，徐久生译，
中国方正出版社2004年版，第104页。

三、丹麦隐私权刑法保护

丹麦刑法对隐私权的刑法保护主要集中在其刑法典分则第 27 章侵犯人之尊严和某些个人权利之犯罪中，具体而言：[1]

（一）第 263 条非法获得他人私密信息罪

第一款　非法实施下列行为之一的，应当处以罚金，或者处以不超过六个月之监禁：

1. 毁弃、开拆他人信件、电报或者其他密封之信函、通知，或者使自己知悉其内容；或者

2. 进入他人保存有关个人物件之处所；或者

3. 借助有关器具秘密窃听、录制他人私人谈话、电话通话，或者其他人之间或自己没有参加以及不得非法接触之秘密会议协商谈话。

第二款　非法进入他人设计用于电子数据程序之信息或者编程的，应当处以罚金，或者不超过六个月之监禁。

第三款　以获取或者使自己知悉有关一个公司之商业秘密为目的，或者具有其他加重处罚情节，实施上列第一款和第二款规定之行为的，其刑罚可以加重至不超过四年之监禁。

（二）第 264A 条非法侵入他人房屋处所罪

第一款　非法实施下列行为之一的，应当处以罚金，或者处以不超过六个月之监禁：

---

[1]　本书援引丹麦刑法条文，均来自于《丹麦刑法典与丹麦刑事执行法》，谢望原译，北京大学出版社 2006 年版。为节省篇幅下文不再逐一列举。需要指出的是，在丹麦刑法典中，立法者只罗列规范而并没有指明罪名，因而此处所出现的罪名均为本书研究之方便而根据自己的理解予以命名。

1. 进入他人房屋或者任何不可随意进入之处所；或者
2. 被要求离去时不离开他人之土地。

第二款 以获取或者使自己知悉有关一个公司之商业秘密为目的，或者具有其他加重处罚情节，实施上列第一款和第二款规定之行为的，其刑罚可以加重至不超过四年之监禁。

（三）第 264B 条非法对他人拍照罪

非法对处于不对公众开放场所之人士进行拍照的，应当处以罚金，或者处以不超过六个月之监禁。借助于望远镜或者其他设备，非法观看处于前述场所人士的，前句规定之刑罚同样适用之。

（四）第 264C 条非法曝光他人私密信息罪

没有参加前述特定犯罪活动，获取或者非法利用相关犯罪行为使之曝光之信息的，本法第 263 条至第 264A 条规定之刑罚同样适用。

（五）第 264D 条非法传播他人私生活信息或图片罪

非法传播有关他人私生活之信息或者照片，或者非法传播他人显然不希望为公众所知晓情况下之其他照片的，应当处以罚金，或者处以不超过六个月之监禁。传播已经死亡之人前述相关照片的，前句规定之刑罚同样适用之。

（六）第 265 条非法侵扰他人生活安宁罪

受到警察之警告，仍以侵扰、信件、追逐或者其他令人烦恼之方式破坏他人宁静生活的，应当处以罚金，或者处以不超过六个月之监禁。本条所称之警察警告，有效期为五年。

另外根据第 27 章第 275 条之规定，上述犯罪应当以自诉形式提起诉讼。但若依照被害人之请求，可以提起公诉。

隐私权是公民的一项基本权利，刑法则是人权保护的重要工具，而"人的权利与尊严早即成为丹麦法律所追求的基本价值"。①综观丹麦隐私权刑法保护规范虽然条文不多，但其对作为基本人权的隐私权保护也独具特色，而这也能从一个侧面体现出北欧福利国家对公民基本人格尊严的费心呵护与照顾。具体而言，丹麦隐私权刑法保护有以下特色：

第一，隐私权刑法保护规范高度集中。《丹麦刑法典》专门设置第27章，共用12个条文对"侵害人之尊严和某些个人权利之犯罪"进行处罚。而在《丹麦刑法典》中，所有隐私权刑法保护规范也都集中在本章之内。这一方面说明丹麦立法者对于隐私权所具有的一般人格权的本质特征的深刻理解；同时，隐私权刑法保护规范的高度集中也有利于法官准确适用法律以及促进公众对隐私权刑法的普遍认识与掌握，还可以强化隐私权刑法保护的一般威慑功能。

第二，隐私权严而不厉的刑法保护体系。《丹麦刑法典》中，隐私犯罪所分配的刑罚一般为罚金，或不超过六个月的监禁，总体而言刑罚量非常轻缓，②但同时《丹麦刑法典》也并未放过诸如非法侵扰他人生活安宁、借助于望远镜或者其他设备非法观看处于私人场所人士等非常琐碎的侵扰隐私权的行为。职是之故，其隐私犯罪中刑罚量的轻缓是与其刑法适用范围的宽泛紧密结合的，而这无疑体现了其隐私权刑法保护体系具有严而不厉的特征。

---

① 谢望原：《丹麦刑法典与丹麦刑事执行法的历史演变与四大特色及其对中国的启示》，载《丹麦刑法典与丹麦刑事执行法》，谢望原译，北京大学出版社2006年版，第8页。

② 至于第263条第3款以及第264条第2款虽然设置了不超过四年的监禁刑，但其主要目的是为了惩罚意图获得商业秘密而实施上述非法拆开他人信件、非法窃听他人电话或非法侵入他人住宅，或者惩罚其他加重情节之行为。因此，不应当被视为典型意义上的侵犯隐私的犯罪。

　　第三，对隐私人格尊严的高度保护。《丹麦刑法典》中隐私权刑法保护规范秉承了丹麦法律坚决捍卫公民人格尊严的传统，从而彰显了立法者对包括隐私利益在内的人格尊严的高度重视。如《丹麦刑法典》第264D条非法传播他人私生活信息或图片罪就规定，传播已死亡之人私生活信息及照片，应处以罚金或不超过六个月监禁。这也就意味着，丹麦刑法事实上承认了已经死亡之人仍然拥有隐私权，这在普遍认为死亡之人不能成为隐私权主体的世界各国立法中，不仅是开风气之先，极具创新色彩，而且也体现了立法者对隐私人格尊严的高度保护意识。又如，《丹麦刑法典》第265条非法侵扰他人生活安宁罪，对曾受警察警告而仍以侵扰、信件、追逐或者其他令人烦恼之方式破坏他人宁静生活的行为进行刑事处罚的规定，也是世界各国刑事立法中所罕见的，也足见丹麦立法者对隐私权利益保护之用心良苦。对此难怪有学者如此评论道："此种规定不禁令人感慨万端：如果法国当年亦有类似立法，恐怕黛安娜王妃就不至于为了逃避狗仔队的视线而飞车殒命了！"[①]

　　第四，自诉和公诉自由选择的起诉模式。根据《丹麦刑法典》第27章第275条之规定，隐私犯罪应当以自诉形式提起诉讼。但若依照被害人之请求，可以提起公诉。由于隐私的特点是本人不愿透露的私人信息，因此该信息能否成为隐私也要取决于被害人的意愿。采用刑事诉讼模式无疑会使得本已遭受侵害的隐私有进一步被公之于众的风险。因此，基于隐私权的以上特点，在对隐私权适用刑法保护时，将对隐私权侵犯的犯罪归入亲告罪中，适用告诉才处理原则比较合适。但同时，由于隐私犯罪方法通常多种多样，犯罪人又常常借助各种高科技手段，因此其犯罪手法相对隐蔽，进而导

---

　　①　谢望原：《丹麦刑法典与丹麦刑事执行法的历史演变与四大特色及其对中国的启示》，载《丹麦刑法典与丹麦刑事执行法》，谢望原译，北京大学出版社2006年版，第8页。

致自诉人难以收集证据，尤其是涉及单位隐私犯罪时，自诉人缺乏相应之取证能力，更是无法与其进行平等对抗。如利用互联网散布他人隐私的，稍有网络常识的人都清楚，如果犯罪行为人使用异地的 IP 地址或者借用他人的服务器，不借助刑事侦查权力和相应技术手段就很难找到犯罪行为人。而在这种情况下，将隐私犯罪完全作为自诉案件处理，显然不合时宜。而依照《丹麦刑法典》第 275 条之规定，在此种情况下，公诉机关就可依照被害人的建议，对隐私犯罪及时介入，而其强大的侦查取证能力以及所拥有的各种刑事强制措施，更有助于案件的侦破及证据固定，从而能够有效实现对被害人的权利救济。

四、我国台湾地区隐私权刑法保护

（一）我国台湾地区法律对隐私权保护概况

自台湾开省建制以来，长期沿用中华法系之制度与法律，而至 1895 年马关条约后，随着清王朝在台湾统治戛然而止，台湾先后经历了日治时期（1895—1945 年）与国治时期（1945 年至今）。然而，日治与国治两种法律治理模式，同样源自近代西方，特别是德国法学，虽经法治交际但其基本制度却得以延续。而时下日治时期所形成的欧陆法律生活模式，仍是台湾地区整个法律社会的主轴，因而使得台湾地区法规范的实质内容，呈现出浓郁的欧陆法系特色。

本书在介绍德日隐私法制时曾提到的，上述两国在宪法虽均不曾对隐私权做出明确规定，但却也都通过不同路径，发展其宪法隐私权利。台湾传承德日法律，深受其制度及精神的影响，因而在隐私权法制发展道路也和德日隐私法制有着惊人的相似。

在宪法中，台湾地区宪法中并未明确规定隐私权利，但台湾地区宪法第 10 条保障人民的居住自由，第 12 条保障人民的秘密通讯自由、第 13 条保障信仰和思想自由、第 14 条保障结合自由、第 15 条保障生存权、第 22 条则以概括的方式保障了人民其他的自由权利，凡此均构成了隐私权的宪法基础。而在 1992 年制定宪法增修条文时，在第 18 条第 4 项增加了对妇女人格尊严的保障，虽未承认隐私权对所有公民的普适性，但却首次将隐私权的基础价值明定于宪法中。

因此，按照台湾地区宪法学界通说，虽然普适性隐私权利并未在宪法中得以明确展示，但并不能因此而否认隐私权作为基本宪法权利的特征。而事实上，正如有学者所说，"隐私权保障范围系由个人行动自由到个人私密空间的不被侵犯，乃至到个人信息之自主决定等范围，其中部分范围已可由我国宪法条文规定寻求依据，因此这些个别规定应成为隐私权宪法之基础依据。但如此，并非排斥宪法第 22 条之规定成为隐私权之宪法基础，而系认为应将宪法第 22 条之规定列为补充规定，只有在其他个别规定无法充分保障隐私权时，方以宪法第 22 条之规定作为隐私权之保障依据"。① 按照学界的上述思路，台湾司法界随之跟进。台湾高等法院 87 年度上字第 76 号民事判决，便在其判决中提出："所谓隐私权，乃系不让他人无端地干预其个人私的领域的权利，此种人格权，乃是在维护个人尊严、保障追求幸福所必要而不可或缺者。人的尊严是宪法体系的核心，人格权为宪法的基石，是一种基本权利。宪法第 22 条'明定凡人民之其他自由及权利，不妨害社会秩序公共利益者，均受宪法的保障。'由上开判决文中可以发现，在本号判决中，承审法官认为隐私权为宪法所保障之基本权利，而其宪法基础则系宪

---

① 吴美文：《论新闻自由与隐私权之保障》，台湾东吴大学法研所 2000 年度硕士论文，第 46—47 页。

法第 22 条规定。"①

因此，正如德国借以新宪法第 1 条人性尊严之规定、第 2 条人格的自由发展权，以司法判例形式确认宪法隐私；而日本则经由对第 13 条所谓生命、自由及幸福之追求权的客观解释，由法院认可隐私权的宪法化。台湾地区也采用了类似的途径，通过法院阐释其宪法第 22 条中所蕴含的保护人格尊严的基本价值，从而确认隐私权属于基本宪法权利。

和其他国家一样，同时，台湾地区并无以专法对隐私权法律保护进行全面规定，而隐私权法律规范也都分散见于各法规中，如《行政程序法》、《民法》、《性侵害犯罪防治法》、《民事诉讼法》、《社会秩序维护法》、《精神卫生法》、《儿童福利法》、《性骚扰防治法》、《计算机处理个人数据保护法》、《通讯保障及监察法》、《刑法》、《家庭暴力防治法政府》、《信息公开法》等都包含了数量不等的隐私权保护规范。其中尤为值得一提的是 1995 年所公布之《计算机处理个人数据保护法》，该法内容同时就公务机关之数据处理和非公务机关之数据处理加以规范，明定尊重当事人意愿、诚实信用方法、不得逾越特定目的等原则，并赋予当事人有查阅、制给复本、补充更正、停止处理利用和删除之请求权。该法创制了针对个人信息的收集、处理和利用的规范，填补了立法的空白。但该法所保障之范围仅限于以计算机处理之个人数据。因此虽然其是台湾地区在对于专门针对隐私权保障之首创立法，但仍未摆脱就事论事的机械性立法思路，导致其适用范围狭窄之遗憾。

(二) 我国台湾地区对隐私权保护之刑事立法

台湾地区对隐私权的刑事立法主要由刑法典及附属刑法组成，

---

① 殷玉龙：《论新闻自由与隐私权之冲突——以刑法第 315 条之 1 及第 315 条之 2 规定为重心》，台湾东吴大学法学院 2006 年度硕士论文，第 36 页。

具体而言:①

首先,刑法典中的隐私权保护条款:

(1) 第 133 条邮电人员妨害邮电秘密罪②

该罪规定:在邮务或电报机关执行职务之公务员,开拆或隐匿投寄之邮件或电报者,处三年以下有期徒刑、拘役或五百元以下罚金。

(2) 第 306 条侵入住居罪③

该罪规定:无故侵入他人住宅、建筑物或附连围绕之土地或船舰者,处一年以下有期徒刑、拘役或三百元以下罚金。无故隐匿其内,或受退去之要求而仍留滞者,亦同。另据第 308 条之规定,本罪为亲告罪。

(3) 第 307 条违法搜索罪

该罪规定:不依法令搜索他人身体、住宅、建筑物、舟、车或航空机者,处二年以下有期徒刑、拘役或三百元以下罚金。另据第 308 条之规定,本罪为亲告罪。

(4) 第 315 条妨害书信秘密罪④

该罪规定:无故开拆或隐匿他人之封缄信函、文书或图画者,处拘役或三千元以下罚金。无故以开拆以外之方法,窥视其内容者,亦同。另据第 319 条规定,本罪为亲告罪。

(5) 第 315 条之 1 妨害秘密罪

该罪规定:有下列行为之一者,处三年以下有期徒刑、拘役或三万元以下罚金:一、无故利用工具或设备窥视、窃听他人非公开之活动、言论、谈话或身体隐私部位者。二、无故以录音、照相、

---

① 本书援引我国台湾地区法律条文,均来自于台湾地区政府官方网站,为节省篇幅下文不再逐一列举。

② 本条设置于第 4 章渎职罪之中。

③ 本条及第 307 条设置于第 26 章妨害自由罪之中。

④ 本条至第 318 条设置于第 28 章妨害秘密罪之中。

录像或电磁记录窃录他人非公开之活动、言论、谈话或身体隐私部位者。据第 319 条规定，本罪为亲告罪。另据第 315 条之 3 规定，本罪相关物品应予没收。

（6）第 315 条之 2 图利为妨害秘密罪

该罪规定：意图营利供给场所、工具或设备，便利他人为前条第一项之行为者，处五年以下有期徒刑、拘役或科或并科五万元以下罚金。意图散布、播送、贩卖而有前条第二款之行为者，亦同。制造、散布、播送或贩卖前两项或前条第二款窃录之内容者，依第一项之规定处断。前三项之未遂犯罚之。据第 319 条规定，本罪为亲告罪。另据第 315 条之 3 规定，本罪相关物品应予没收。

（7）第 316 条泄露业务上知悉他人秘密罪

该罪规定：医师、药师、药商、助产士、心理师、宗教师、律师、辩护人、公证人、会计师或其业务上佐理人，或曾任此等职务之人，无故泄露因业务知悉或持有之他人秘密者，处一年以下有期徒刑、拘役或五万元以下罚金。另据第 319 条规定，本罪为亲告罪。

（8）第 317 条泄露业务上知悉工商秘密罪

该罪规定：依法令或契约有守因业务知悉或持有工商秘密之义务，而无故泄露之者，处一年以下有期徒刑、拘役或一千元以下罚金。另据第 319 条规定，本罪为亲告罪。

（9）第 318 条泄露职务上工商秘密罪

该罪规定：公务员或曾任公务员之人，无故泄露因职务知悉或持有他人之工商秘密者，处二年以下有期徒刑、拘役或二千元以下罚金。另据第 319 条规定，本罪为亲告罪。

（10）第 318 条之 1 利用计算机或其他设备泄密罪

该条规定：无故泄露因利用计算机或其他相关设备知悉或持有他人之秘密者，处二年以下有期徒刑、拘役或五千元以下罚金。另据第 319 条规定，本罪为亲告罪。

另据第 318 条之 2 规定，利用计算机或其相关设备犯第 316 条至第 318 条之罪者，加重其刑至二分之一。

（11）第 358 条入侵计算机或其相关设备罪①

该罪规定：无故输入他人账号密码、破解使用计算机之保护措施或利用计算机系统之漏洞，而入侵他人之计算机或其相关设备者，处三年以下有期徒刑、拘役或科或并科十万元以下罚金。

（12）第 359 条破坏电磁记录罪

该罪规定：无故取得、删除或变更他人计算机或其相关设备之电磁记录，致生损害于公众或他人者，处五年以下有期徒刑、拘役或科或并科二十万元以下罚金。

其次，《计算机处理个人数据保护法》中的隐私权刑法保护条款：

个人数据保护法中犯罪行为及其处罚在性质上可称为行政刑法或附属刑法。其包括该法第 33 条之意图营利违反规定或限制罪及第 34 条之非法输出、干扰、变更、删除等妨害正确罪。该法首先对公务机关及其公务员，非公务机关及其人员利用电脑处理个人资料设置相应之行为规范，并对违背规范的行为设置相应之刑罚罚则。具体而言：

第 7 条规定：公务机关对个人资料之搜集或电脑处理，非有特定目的，并符合下列情形之一者，不得为之。一、于法令规定职掌必要范围内者。二、经当事人书面同意者。三、对当事人权益无侵害之虞者。

第 18 条规定：非公务机关对个人资料之搜集或电脑处理，非有特定目的，并符合下列情形之一者，不得为之。一、经当事人书面同意者。二、与当事人有契约或类似契约之关系而对当事人权益无侵害之虞者。三、已公开之资料且无害于当事人之重大利益者。

---

① 本条及第 359 条设置于第 36 章妨害计算机使用罪之中。

四、为学术研究而有必要，且无害于当事人之重大利益者。五、依本法第三条第七款第二目有关之法规及其他法律有特别规定者。

第 19 条规定：非公务机关未经目的事业主管机关依本法登记并发给执照者，不得为个人资料之搜集、电脑处理或国际传递及利用。征信业及以搜集或电脑处理个人资料为主要业务之团体或个人，应经目的事业主管机关许可并经登记及发给执照。

第 33 条设置了意图营利违反规定或限制罪，该条规定：意图营利违反上述规范，致生损害于他人者，处二年以下有期徒刑、拘役或科或并科新台币四万元以下罚金。

第 34 条设置了非法输出、干扰、变更、删除等妨害正确罪，该条规定：意图为自己或第三人不法之利益或损害他人之利益，而对于个人资料档案为非法输出、干扰、变更、删除或以其他非法方法妨害个人资料档案之正确，致生损害于他人者，处三年以下有期徒刑、拘役或科新台币五万元以下罚金。

而第 35 条设置了因谋取不法利益而犯上述两罪的加重处罚条款，该条规定：公务员假借职务上之权力、机会或方法，犯前二条之罪者，加重其刑二分之一。第 36 条则规定：上述犯罪，须告诉乃论。

再次，《通讯保障及监察法》中的隐私权刑法保护条款：

台湾地区于 1999 年公布《通讯保障及监察法》。其目的在于保障人民秘密通讯自由不受非法侵害，并确保国家安全，维护社会秩序，同时并强调通讯监察除为确保国家安全、维持社会秩序所必要者外，不得为之。因此该法的主要目的并非在规制人民，而是国家，避免情治检调机关滥行监听。该法也规定了一些隐私权刑法规范，具体而言：

第 24 条规定：违法监察他人通讯者，处五年以下有期徒刑。执行或协助执行通讯监察之公务员或从业人员，假借职务或业务上之权力、机会或方法，犯前项之罪者，处六月以上五年以下有期徒刑。意图营利而犯前二项之罪者，处一年以上七年以下有期徒刑。

第 25 条规定：明知为违法监察通讯所得之数据，而无故泄露或交付之者，处三年以下有期徒刑。意图营利而犯前项之罪者，处六月以上五年以下有期徒刑。

第 26 条规定：前二条违法监察通讯所得之数据，不问属于犯人与否，均没收之。犯人不明时，得单独宣告没收。

第 27 条规定：公务员或曾任公务员之人因职务知悉或持有依本法或其他法律之规定监察通讯所得应秘密之数据，而无故泄露或交付之者，处三年以下有期徒刑。

第 28 条规定：非公务员因职务或业务知悉或持有依本法或其他法律之规定监察通讯所得应秘密之数据，而无故泄露或交付之者，处二年以下有期徒刑、拘役或新台币二万元以下罚金。

（三）对我国台湾地区隐私权刑法保护的评析

1. 隐私权刑法保护的双轨制立法模式

台湾地区隐私权刑法最显要之特征就是其双轨制立法模式，除了本书在台湾地区刑法典、《计算机处理个人数据保护法》以及《通讯保障及监察法》所列举的上述隐私权刑法保护条款之外，其他诸如《行政程序法》、《性侵害犯罪防治法》、《民事诉讼法》、《社会秩序维护法》、《精神卫生法》、《儿童福利法》、《性骚扰防治法》等法律法规中都零星分布了一些作为附属刑法而存在的隐私权刑法保护规范。其隐私权附属刑法条文总数已经远远超过刑法典。事实上附属刑法的大量出现，不仅在体现隐私权刑法保护方面，其他法益保护也存在这种现象。台湾刑法中双轨制立法模式之适用非常普遍，其附属刑法和刑法典相映成趣、互为照应，或更形象地说，其刑法典是漂浮在附属刑法条款之中，并且得以随时从中汲取营养。而事实上，台湾地区刑法典中所确立的许多隐私权刑法保护规范，先前都是以附属刑法的形式存在于其他部门法规之中的，而在这些法规得到社会检验并日臻成熟之后，则被并入刑法典之中。因此，台湾地区刑法典中隐私权保护之所以发达，也和其双轨制立法模式大有关联。

2. 集中体现隐私权的私人生活本质

关照个人私密生活是隐私权存在之目的，私生活的秘密遭到妨碍、暴露必然是个人遭受精神痛苦。故此台湾地区刑法典在第 28 章中专门规定了妨害秘密罪，以保护公民的秘密权。而该章所包括妨害书信秘密罪、窥视窃听窃录罪、便利窥视窃听窃录罪、泄露业务上知悉的他人秘密罪、泄露业务上知悉的工商秘密罪、泄露公务上知悉的工商秘密罪、泄露因利用计算机或其他相关设备知悉或持有他人秘密罪等 7 种犯罪几乎涵盖到了隐私利益的每个角落，集中体现了刑法对私人生活的关照。

3. 风险控制意识浓烈

隐私是一种不可恢复的易碎品，一旦被暴露其损害则基本上无以挽回。尤其随着网络时代的来临，被泄露的隐私会在瞬间传遍世界的每个角落。因此，对于隐私权的刑法保护就不能仅限于不厌其烦地亡羊补牢的事后惩罚而应当着眼于未雨绸缪式的风险控制。

应当说，风险控制意识在台湾隐私权刑法保护中可谓是彰显无遗，如其刑法典第 28 章中绝大多数隐私犯罪都应当归属于刑法中的抽象的危险犯，因此，将刑法保护的触角大大提前。又如，在第 315 条之 2 图利为妨害秘密罪中，将意图营利供给场所、工具或设备，便利他人实施妨害秘密罪的行为入罪，而这种提供场所、工具或设备的行为，实质上是妨害秘密罪的帮助犯行为。而刑法第 315 条之 2 将其作为独立的犯罪而正犯化，无疑会有效切断共同犯罪锁链，从而有助于防范隐私扩散的风险。

4. 处罚措施的多样化

台湾刑法对隐私犯罪采取了多种多样的处罚手段，除了通常的自由刑及罚金刑之外，还设置了没收这种对物的保安处分措施。如在第315条之1的图利为妨害秘密罪及第315条之2图利为妨害秘密罪中，对于用于窥视、窃听利用工具或设备窥视、窃听他人非公开之活动、言论、谈话或身体隐私部位的录音、照相、录像器材予以没收，从而消除实施上述犯罪的物质条件。

5. 法律规范宽泛而又缜密

台湾地区刑法典第28章妨害秘密罪专门设置7种犯罪以保护隐私利益，而这7种犯罪已经较为全面地包容了实践中多发的侵犯隐私行为。但除此之外，在刑法典中以及附属刑法中还设置了大量的隐私犯罪。综观各国和地区刑法，很少有像台湾动用如此之多的立法资源去费力编制隐私犯罪的天罗地网。同时，台湾刑法隐私保护条文还具备逻辑严密、包容性强的特征，如第315条妨害书信秘密罪一方面将采用科技手段非法探知文件内容的行为入罪，另一方面有将图片与文件等同视之，从而可以有效地堵塞法律漏洞。再如，第316条泄露业务上知悉他人秘密罪中将医师、药师、药商、助产士、心理师、宗教师、律师、辩护人、公证人、会计师或其业务上佐理人，以及曾任此等职务之人都列为该罪犯罪主体，同样第318条泄露职务上工商秘密罪也将公务员以及曾担任公务员职务的人列为犯罪主体，从而可以有效防范上述人士离职后泄露顾客信息的行为。

6. 积极回应时代发展

台湾地区刑法典、《计算机处理个人数据保护法》以及《通讯保障及监察法》都是在晚近时节制定或修订的，尤其是现行刑法典经修正后在2008年1月1日方才予以实施，因此能够敏锐地捕捉到鲜活的时代气息。而事实上，综观台湾刑法近年来的发展，其始终充盈着积极探索和勇于变革创新精神，这一点在隐私刑法领域则更为突出，如由于科技进步，有别于传统的录音、照相、录像技术，以电磁记录窃录的方式，广受犯罪者之欢迎，立法者于1999年4月刑法修正时，增订于妨害秘密罪章中之第315条之一，规范此种犯罪方式。又如，2005 年修正案中针对先前闹得沸沸扬扬的璩美凤事件，也在妨害秘密罪里头增列了"璩美凤条款"，偷窥或偷拍他人非公开场合的活动谈话或身体隐私，将处以 3 年以下有期徒刑或 3 万元以下罚金。而正是这种求新思变的立法宗旨，使得台湾隐私权刑法能够及时探寻出时代发展脉络，更好地迎合社会的需要。

五、我国澳门特区隐私权刑法保护

（一）澳门法律对隐私权保护概况

历经百余年葡萄牙殖民统治，澳门终于在 1999 年回归祖国怀抱。尽管各项法律均应遵循《中华人民共和国澳门特别行政区基本法》（以下简称《基本法》）的宗旨和精神，但澳门地区法律基本上因袭了葡萄牙法律的基本内容，沾染了浓烈的欧陆法系的特征。同时，由于作为特区宪法的《基本法》制定时间较晚，因此也大体能够嗅闻出现实生活气息，体现出鲜活的时代特色。因此，尽管隐私权是一种晚近形成的权利，但《基本法》已经对此作出了明确的规定，该法第 30 条规定："澳门居民的人格尊严不受侵犯。禁止用任何方法对居民进行侮辱、诽谤和诬告陷害。澳门居民享有个人的名誉权、私人生活和家庭生活的隐私权。"因此，澳门即在宪法层面上直接确定隐私权是居民的一项基本权利，应当得到妥帖的法律保障。

和《基本法》对隐私权的原则性规定相照应，澳门特区的各种方面及层次相关法例亦就如何具体落实保护隐私权作出了规定。比如《澳门民法典》、《澳门通讯保密及隐私保护法》、《澳门刑法典》等均从不同角度保障隐私权免受侵犯。如《澳门民法典》就规定，任何人都不应透露属他人私人生活隐私范围的任何事情；或关于某一指明身份的人的个人经历资料，在未经他的同意下，不得将数据的内容全部或部分公开或使用；任何人都有权知悉载于信息化的数据库或纪录内有关他本人的数据及该数据的用途，并可以要求就该等数据作出更正或更新等。而《澳门通讯保密及隐私保护法》也规定，在收集个人数据以便作信息化处理时，应严格依照收集该等数据的目的进行收集，并应让当事人知悉收集该等资料目的。对于违反上述规定而侵犯他人隐私权的人，应当为此承担相应的民事及刑事责任。

（二）澳门对隐私权之刑事立法

由于《基本法》、《澳门民法典》、《澳门通讯保密及隐私保护法》已经对隐私权的法律保护做出了详细而周至的安排，故此1996年实施的《澳门刑法典》则可以从上述法律中汲取营养，并且获得充足的隐私权刑法保护的法理支持。而这一点可以从《澳门刑法典》对隐私权无微不至的照料中得以清晰的体现。

《澳门刑法典》对于隐私权的保护具体分配在以下章节：

首先，第1编第7章侵犯受保护之私人生活方面的犯罪，具体而言：①

（1）第184条侵犯住所罪

该罪规定：一、未经同意，侵入他人住宅，或经被下令退出而仍逗留在该处者，处最高一年徒刑，或科最高二百四十日罚金。二、意图扰乱他人私人生活、安宁或宁静，而致电至其住宅者，处相同刑罚。三、如在晚上或僻静地方，以暴力或以暴力相威胁，使用武器，或以破毁、爬越或假钥匙之手段，又或由三人或三人以上，犯第一款所指之罪者，行为人处最高三年徒刑或科罚金。

（2）第185条侵入限制公众进入之地方罪

---

① 本书援引我国澳门特区法律条文，均来自于澳门特区政府官方网站，为节省篇幅下文不再一一列举。

该罪规定：未经有权者同意或许可，进入或逗留在附于住宅且设有围障之庭院、花园或空间，船只或其他交通工具，设有围障而供公共部门或公营企业用、供运输服务用、或供从事职业或业务用之地方，又或任何设有围障且公众不可自由进入之地方者，处最高三个月徒刑，或科最高六十日罚金。

（3）第 186 条侵入私人生活罪

该罪规定：一、意图侵入他人之私人生活，尤其系家庭生活或性生活之隐私，而在未经同意下作出下列事实者，处最高二年徒刑，或科最高二百四十日罚金：a）截取、录音取得、记录、使用、传送或泄露谈话内容或电话通讯；b）获取、以相机摄取、拍摄、记录或泄露他人之肖像，或属隐私之对象或空间之图像；c）偷窥在私人地方之人，或窃听其说话；或 d）泄露关于他人之私人生活或严重疾病之事实。二、如作出上款 d 项所规定之事实，系作为实现正当及重要公共利益之适当方法者，则不予处罚。

（4）第 187 条以信息方法作侵入罪

该罪规定：一、设立、保存或使用可认别个人身份，且系关于政治信仰、宗教信仰、世界观之信仰、私人生活或民族本源等方面之资料之自动数据库者，处最高二年徒刑，或科最高二百四十日罚金。二、犯罪未遂，处罚之。

（5）第 188 条侵犯函件或电讯罪

该罪规定：一、未经同意，开拆自己非为收件人之密封之包裹、信件或任何文书，或以技术方法知悉其内容，又或以任何方式阻止收件人接收上述物品者，处最高一年徒刑，或科最高二百四十日罚金。二、未经同意，介入或知悉电讯内容者，处相同刑罚。三、未经同意，泄露以上两款所指密封之信件、包裹或文书之内容，又或电讯之内容者，处最高一年徒刑，或科最高二百四十日罚金。

（6）第 189 条违反保密罪

该罪规定：未经同意，泄露因自己之身份、工作、受雇、职业或技艺而知悉之他人秘密者，处最高一年徒刑，或科最高二百四十日罚金。

（7）第190条不当利用秘密罪

该罪规定：未经同意，利用因自己之身份、工作、受雇、职业或技艺而知悉之有关他人之商业、工业、职业或艺术等活动之秘密，而造成他人或本地区有所损失者，处最高一年徒刑，或科最高二百四十日罚金。

（8）第191条不法之录制品及照片罪

该罪规定：一、未经同意，作出下列行为者，处最高二年徒刑，或科最高二百四十日罚金：a）将他人所述而非以公众为对象之言词录音，即使该等言词系对录音之人所述者；或b）使用或容许他人使用上项所指之录制品，即使录制品系合乎规范制作者。二、违反他人意思，且在非属法律容许之情况下，作出下列行为者，处相同刑罚：a）以相机摄取他人、或拍摄他人，即使行为人系在其本身正当参与之事件中为之者；或b）使用或容许他人使用上项所指之照片或影片，即使照片或影片系合乎规范获得者。

第192条设置了上述犯罪的具体加重情节及其处罚。

该条规定：如属下列情况，则第一百八十四条至第一百八十九条及上条所规定之刑罚，其最低及最高限度均提高三分之一：a）为使行为人或他人获得酬劳或得利，或为造成他人或本地区有所损失而作出该事实；或b）透过社会传播媒介作出该事实。

第193条规定，上述犯罪属于自诉罪，非经告诉不得进行刑事程序，但由于第187条以信息方法作侵入罪的社会危害比较严重，故此，将其排除在自诉罪的范围之外。

其次，第4编第3章第263条的侵犯通讯之工具罪

该罪属于第4编妨害社会生活罪第3章公共危险罪的具体犯罪。该犯罪主要打击制造贩卖窃听器械的行为，而由于该种行为的实施能够给侵犯公民隐私提供极大便利，因此，对该种行为的刑法

制裁也应该也能够保护公民隐私利益。该条规定：不符合法定条件、或违反有权限当局之规定，输入、制造、藏有、购买、出售、以任何方式让与或取得、运输、分发或持有专供装设电话窃听用之工具或器械，又或专供侵犯函件或电讯用之工具或器械者，处最高三年徒刑或科罚金。

最后，第5编第1章第5节中的违反保密及弃职方面的犯罪

（1）第348条违反保密罪，该罪属于渎职罪的范围，主要是针对公务员为谋取利益而泄露相关秘密，从而损害公共利益或第三人利益的行为进行处罚。但由于该行为有可能因此妨害到公民的隐私利益，因此，也应该将该罪的设置视为对隐私权的刑法保护。

该条规定：一、公务员意图为自己或他人获得利益，或明知会造成公共利益或第三人有所损失，在未经须获之许可下，泄露在担任职务时所知悉之秘密，或泄露因获信任而被告知之秘密，又或泄露因其担任之官职之便而知悉之秘密者，处最高三年徒刑或科罚金。二、非经监管有关部门之实体或被害人告诉，不得进行刑事程序。

（2）第349条违反函件或电讯保密罪，该罪也属于渎职罪的范围，但因为该渎职行为会附带侵犯公民隐私权，因此，也能起到保护隐私的作用。该条规定：

邮政、电报、电话或电讯部门之公务员，在未经须获之许可下，作出下列行为者，处六个月至三年徒刑，或科不少于六十日罚金：a）消除或取去交托于该等部门且因其职务而可接触之信件、包裹、电报或其他通讯；b）开拆因其职务而可接触之信件、包裹或其他通讯，或不将之开拆而知悉其内容；c）向第三人泄露因其职务而知悉之某些人之间之通讯，而该等通讯系藉该等部门之邮政、电报、电话或其他电讯工具作出者；d）录取或向第三人泄露上述通讯之全部或部分内容，又或使第三人有可能听取或知悉该等通讯；或e）容许或促使以上各项所指事实之发生。

（三）对澳门隐私权刑法保护的评析

　　《澳门刑法典》是在"一国两制"思想指导下，由葡萄牙共和国参与的、澳门政府制定的、中国中央政府认可的澳门刑法典，是澳门立法局制定和澳门总督公布的第一部刑法典和第一部基本法律。澳门政府拥有立法权后，就立即委托葡萄牙著名刑法学家 jorge de figueiredo dias[①] 主持起草《澳门刑法典》。《澳门刑法典》是继 1994 年 3 月 1 日新《法国刑法典》施行以来一部具有典型欧陆刑法风格的大陆法系刑法典，它反映了当代刑法学与刑事立法学的最新研究成果，体现了欧陆刑法的价值观念，因而颇具特色。[②]如果说《澳门刑法典》"是一部值得赞赏的刑法典，对其无论怎么赞誉，怎么褒扬，都不过分"的话，[③]那么《澳门刑法典》对隐私权的保护则更堪称各国之楷模。在所有国家或地区成文刑法中，《澳门刑法典》对隐私权的关照是最为全面、最为细致的，它几乎涵盖到了刑法能够考虑到的隐私权保护的每个方面。而且该刑法典中，专门在第 1 编侵害人身罪部分，设置了侵犯受保护之私人生活罪的章节，并且把绝大多数侵犯隐私权的犯罪行为都融括其中，这不仅反映出隐私权的一般人格权的本质属性，并且还较好地关照了隐私权与私人生活的紧密内在联系，也有利于对隐私权刑法保护进行整体性、宏观性把握。至于第 263 条的侵犯通讯之工具罪、第 348 条的违反保密罪以及第 349 条的违反函件或电讯保密罪等，虽然也涉及对隐私权的保护，但从法益侵害的角度来看，将它们分配

---

　　① 葡萄牙科英布拉大学法学院教授、澳门大学法学院教授，在葡国刑法学界具有极为重要的地位和影响。

　　② 谢望原：《论"澳门刑法典"之特色》，载《文史哲》1996 年第 6 期。

　　③ 王仲兴：《论澳门刑法典之特色》，载《中山大学学报（社会科学版）》1999 年第 3 期。

于公共安全利益及公务员渎职也更为恰当。①

另外，《澳门刑法典》之所以能够在隐私权刑法保护取得如此全面之立法成就，当然是与其宪法体系与其他部门法对隐私权的普遍照应有关联的。在本书所列举的数个国家或地区中，只有澳门和俄罗斯是最典型的对隐私权采取直接法律保护的国家和地区，无论是作为宪法文本的基本法、民法以及刑法都不假其他权利之手，而是直接以隐私权之名分而保护隐私利益。因此在包括刑法在内的法律上也就能够做到对隐私权进行清晰、明确、直观及全面保护。

更需值得指出的是，《澳门刑法典》关于隐私权的保护几乎是对 1992 年 11 月 1 日实施的《澳门通讯保密及隐私保护法》中大部分附属刑法条款的复制。由此可见，附属刑法的先进与成熟，一定程度上能够保证《刑法典》整体质量的提高。因此，在双轨制刑事立法体系国家中，刑法规范先从附属立法开始，并通过附属立法的实施使得相应规范的优劣性在实践中得到考量。故而附属刑法总是制定完备而周全的《刑法典》最好实验场地。长期实行单轨制刑事立法体系的中国刑法对此无疑是相当陌生的，但也更应该是中国刑法进步和发展的必由之路。

第三节　俄罗斯隐私权刑法保护

一、俄罗斯隐私权法律保护概况

1991 年 8 月 24 日，俄罗斯苏维埃联邦共和国宣布独立。此

---

①　这也从另外一个角度证明，由于要照顾到对法益保护的综合性，因此，刑法典不可避免地会将同一种法益分散在不同的章节之中，并会因此而产生重复保护的法条竞合或保护不足的法律漏洞。就此而言，刑法典对单一法益的保护效果确实不如附属刑法。关于这一点，本书将在第五章包裹立法模式部分对此做进一步论证。

后，俄罗斯联邦在对前苏联法律进行整合、修改，并吸收借鉴其他国家最新立法的基础上，开始大范围制定本国基本法律。俄罗斯法律基本上整体继承了前苏联社会主义法律体系的基本特点，但也能体现出时代的先进性。因此，隐私权尽管是晚近才诞生的一种权利，但由于俄罗斯法律制定的时间相对较晚，因而具有一种后发性优势，能够体现最新的权利信念，故而其对隐私权的法律保护反倒比较完善。

　　俄罗斯对隐私权所采取的是一种典型的直接保护方式，这一点无论是从其宪法、民法、行政法及刑法都能得以清晰之体现。1993年《俄罗斯联邦宪法典》第 21 条第 1 款规定，"个人尊严受到法律保护"；第 23 条第 1 款，"每个人都享有私人生活、个人和家庭秘密不受侵犯、维护自己的荣誉和名声的权利"；第 2 款"每个人都享有保守通信、通话、邮件、电报和其他通讯秘密的权利"。第 24 条，除法律规定的情况外，不经本人同意不得收集、保存、利用或传播有关个人私生括的信息。第 25 条规定，住宅不受侵犯。任何人无权违背居住人的意志进人其往宅。[①] 而《俄罗斯联邦民法典》自 1995 年 1 月 1 日起施行，由于此时的隐私权保护已有了相当程度的理论积淀，该法对于隐私权的保护也是比较完备的。其在第 150 条非物质利益第 1 款，具体规定了 "……私人生活不受侵犯权，个人秘密和家庭秘密，自由往来，选择居所和住所的权利，姓名权、著作权，其他人身非财产权利和其他非物质利益是不可转让的，并且不得以其他方式转移"，[②] 这一款对于隐私的内容规定得较为充分，除了私人生活不受侵犯权，还包括个人秘密和家庭秘密的保护，其对隐私权的保护更为具体、可操作性更强。

---

① 姜士林等主编：《世界宪法全书》，青岛出版社 1997 年版，第 827 页。
② 《俄罗斯联邦民法典》，黄道秀译，北京大学出版社 2007 年版，第 93 页。

二、俄罗斯隐私权保护之刑法立法

俄罗斯刑法对隐私权刑法保护主要体现在以下条文中：[①]

首先，刑法第7编第19章第137条所规定的侵犯私生活的不受侵犯权罪

第137条侵犯私生活的不受侵犯权罪是一种最为典型的侵犯隐私权的犯罪行为，在所有侵犯隐私权犯罪中居于最为核心的地位。该罪属于刑法第7编侵害人身的犯罪中的第19章侵犯人和公民宪法权利及自由犯罪，该罪规定：

一、未经本人同意非法收集或者散布构成他人个人或者家庭隐私的私生活材料，或在公开演讲、公开作品或大众信息媒体中散布这些材科，如果这些行为出于贪利的动机或其他的个人利害关系实施，并给公民的权利和合法利益造成损害的，处数额为最低劳动报酬200倍至500倍或被判刑人2个月至5个月工资或其他收入的罚金，或处120小时至180小时的强制性工作，或处1年以下的劳动改造，或处4个月以下的拘役。二、利用自己职务地位实施上述行为的，处数额为最低劳动报酬500倍至800倍或被判刑人5个月至8个月工资或其他收入的罚金，或处2年以上5年以下剥夺担任一定职务或从事某种活动的权利，或处4个月以上6个月以下的拘役。

其次，刑法第7编第19章第138条所规定的侵害通信、电话、邮政、电报或其他通讯秘密罪以及第139条所规定的侵犯住宅的不受侵犯权罪，具体而言：

第138条的侵害通信、电话、邮政、电报或其他通讯秘密罪，

---

① 本书援引俄罗斯刑法典条文，均来自于《俄罗斯联邦刑法典》，黄道秀译，北京大学出版社2008年版。为节省篇幅下文不再逐一列举。

这一犯罪侵害的是公民受宪法保障的通信、电话、邮政、电报或其他通讯方面的隐私权。第 138 条规定：一、侵害公民的通信、电话、邮政、电报或其他通讯秘密的，处数额为最低劳动报酬 50 倍至 100 倍或被判刑人 1 个月以下工资或其他收入的罚金，或处 120 小时至 180 小时的强制性工作，或处 1 年以下的劳动改造。二、利用自己的职务地位或采用秘密获取信息的专门技术手段实施上述行为的，处数额为最低劳动报酬 100 倍至 300 倍或被判刑人 1 个月至 3 个月工资或其他收入的罚企，或处 2 年以上 5 年以下剥夺担任一定职务或从事某种活动的权利，或处 2 个月以上 4 个月以下的拘役。三、非法生产、购售或以销售为目的购买用于秘密获取信息的专利技术的，处数额为最低劳动报酬 200 倍至 500 倍或被判刑人 2 个月至 5 个月工资或其他收入的罚金，或处 3 年以下的限制自由，或处 3 年以下的剥夺自由，并处 3 年以下剥夺担任一定职务或从事某种活动的权利。

第 139 条的侵犯住宅的不受侵犯权罪，这一犯罪侵害的是公民住宅隐私权，第 139 条规定：一、违背居住人的意志非法进入住宅的，处数额为最低劳动报酬 50 倍至 100 倍或被判刑人 1 个月以下工资或其他收入的罚金，或处 120 小时至 180 小时的强制性工作，或处 1 年以下的劳动改造，或处 3 个月以下的拘役。二、使用暴力或以使用暴力相威胁实施上述行为的，处数额为最低劳动报酬 200 倍至 500 倍或被判刑人 2 个月至 5 个月工资或其他收入的罚金，或处 2 年以下的剥夺自由。三、利用自己的职务地位实施本条第 1 款或第 2 款所规定行为的，处数额为最低劳动报酬 500 倍至 800 倍或被判刑人 5 个月至 8 个月工资或其他收入的罚金，或处 2 年以上 5 年以下剥夺担任一定职务或从事某种活动的权利，或处 2 个月以上 4 个月以下的拘役，或处 3 年以下的剥夺自由。

再次，刑法第 7 编第 20 章第 155 条所规定的泄露收养秘密罪[①]

该罪规定：有责任将收养事实作为职务秘密或职业秘密加以保守的人或其他人，出于贪利的或其他卑鄙的动机，违背收养人的意志泄露收养秘密的，处数额为最低劳动报酬 100 倍或被判刑人 1 个月至 2 个月工资或其他收入的罚金，或处 1 年以下的劳动改造，或处 4 个月以下的拘役，并处或不并处 3 年以下剥夺担任一定职务或从事某种活动的权利。

最后，刑法第 9 编第 28 章第 272 条所规定的非法调取计算机信息罪

该罪规定：一、非法调取受法律保护的计算机信息，即在机器载体上、在电子计算机上、在电子计算机系统或网络上非法调取受法律保护的信息，如果这种行为导致信息的毁坏、闭锁、变更或信息复制，电子计算机、电子计算机系统或电子计算机网络的工作遭到破坏的，处数额为最低劳动报酬 200 倍至 500 倍或被判刑人 2 个月至 5 个月工资或其他收入的罚金，或处 6 个月以上 1 年以下的劳动改造，或处 2 年以下的剥夺自由。二、有预谋的团伙或有组织的集团实施，或者利用自己职务地位以及有可能进入计算机、计算机系统或其网络的人员实施上述行为的，处数额为最低劳动报酬 500 倍至 800 倍或被判刑人 5 个月至 8 个月的工资或其他收入的罚金，或处 1 年以上 2 年以下的劳动改造，或处 3 个月以上 6 个月以下的拘役，或处 5 年以下的剥夺自由。

同时，在俄罗斯《电子文件法》、《俄罗斯联邦因特网发展和利用国家政策法》、《信息权法》、《个人信息法》、《国际信息交易法》、《〈国际信息交易法〉联邦法的补充和修改法》、《信息、信息化和信息保护法》、《〈信息、信息化和信息保护法〉联邦法的补

---

① 第 20 章系指侵害家庭和未成年的犯罪。

充和修改法》、《电子合同法》、《电子商务法》、《电子数字签名法》、《个人信息法》等相关行政法规中，也还存在一些保护信息隐私方面的附属刑法。这些附属刑法和《俄罗斯联邦刑法典》一起，共同负担起保护隐私利益的重任。

三、对俄罗斯隐私权刑法保护的评析

1997 年 1 月 1 日生效的《俄罗斯联邦刑法典》从时间上要晚于 1993 年《俄罗斯联邦宪法典》及 1995 年《俄罗斯联邦民法典》，因此，也就能够对其宪法及民法规范进行细致的梳理与把握，从而实现刑法全面保护法益的任务。这一点对于隐私法益的刑法保护来讲也尤为如此。

俄罗斯隐私权法律保护也是呈现出一种全面的直接保护之特征。在其宪法、民法及刑法中均将私人生活作为隐私权的核心组成部分，加以重点明确与关照。其隐私权刑法保护吸收了宪法、民法及体系也以第 138 条侵犯私生活的不受侵犯权罪为中心而构建，并且，大多数条文也都集中在第 19 章侵犯人和公民宪法权利及自由犯罪之中，这基本上反映出其对隐私权的一般人格权特征的认识。而第 155 条所规定的泄露收养秘密罪是以《俄罗斯联邦家庭法典》中"作出儿童收养决议的审判员或进行国家登记的公职人员，以及以其他方式知悉收养事宜的人员，有保守收养秘密的义务"的规定为基础而设立。该罪虽分配于侵害家庭和未成年的犯罪，但收养秘密仍然应当属于公民的高度隐私性信息。泄露该信息，固然会侵害个人隐私利益，但更会因此而严重影响家庭的正常生存，也不利于被收养未成年人的顺利成长。因此，将该犯罪设置在侵害家庭和未成年犯罪章节中，从法益侵害的角度来讲，也大体适宜。而第 272 条非法调取计算机信息罪的犯罪客体是信息占有权和第三人的信息权利。其犯罪对象除了公民隐私信息之外，还包括国家事务、国防建设、尖端科学技术领域的计算机信息。因此，该种犯罪会侵害到公民隐私，但究其总体法益，其归属于危害公共安全方面的计算机领域犯罪也自然合情合理。

同时俄罗斯刑法对隐私权的保护也仍存有一定之瑕疵。如第137条侵犯私生活的不受侵犯权罪的犯罪成立条件及既遂标准都过于严格。一方面，贪利的动机或其他个人利害关系是该犯罪主观方面的必要要件，因此，单纯出于好奇或恶作剧搜集或散布个人私密信件、图片或视频的行为就无法得以追究；另一方面，正如本书第4章所揭示，在网络时代中，隐私利益一旦泄露则根本没有补救之途径，因此考虑到隐私的脆弱性及不可恢复性，风险社会刑法理论对此特意提出的"规范损害原则"，将事先防控隐私泄露之风险作为隐私权刑法保护的重要手段。因此世界各国通常采用将隐私犯罪作为抽象危险犯而设置，以期防患于未然，提前对隐私进行保护。但依照俄罗斯刑法第137条之规定，该罪只有在对公民的权利和合法利益造成损害时这一犯罪才是既遂犯罪，这种亡羊补牢的举措显然也是无法适应公民的合理隐私期待的。又如，第155条泄露收养秘密罪，单从隐私法益方面来讲，应当是属于第137条侵犯私生活的不受侵犯权罪的特别法，并且收养隐私利益之重要性应当要高于普通隐私，因为相关收养隐私的泄露有可能直接导致一个家庭的分崩离析。况且，泄露收养秘密罪的主体大多为因其职务地位有义务保守收养秘密的人员，如审判员、地区行政机构、监护和保护机关、儿童教养机构的工作人员等，因此其背职弃信之行为更加不可原谅。故此，第155条泄露收养秘密罪的法定刑应高于第137条侵犯私生活的不受侵犯权罪，但立法却反其道而行之，其乖谬性实在难以理喻。

但整体而言，俄罗斯刑法对隐私权的保护还是相对完备的，而其对隐私权直接保护的法律模式尤其值得中国刑法予以学习和借鉴。

第四节　部分国家或地区隐私权
刑法保护之启示

虽然隐私权的理论及立法已有百余年之历史。但隐私权这个概念被世界各国法律吸收，却是在第二次世界大战之后。由于各国历史传统不尽相同，在现实发展过程中隐私权刑法保护宏观侧面的立法模式、刑罚模式，以及微观侧面的某些犯罪自诉模式、危险犯处罚模式等也呈现出多元化的趋势。因此，综合分析各国隐私权刑法保护的特点，从而可以为中国隐私权刑法发展提供可资借鉴的方法及路径。本书认为，对境外隐私权刑法保护下列经验应予重点关注。

一、整体保护模式优于刑法分散保护模式

普通法系国家如英国和美国往往将隐私权分散到各个独立的或者是专门的法律规范中，例如专门设立隐私权法，对于严重危害隐私权的侵害行为规定了具体的刑罚或者要求侵害者承担刑事责任，或者在涉及侵犯作为隐私权的具体内容的个人信息、数据、通讯等的法律法规中规定加以惩处，比如美国《信息自由法》、《隐私法》、《公平信用报告法》、《家庭教育及隐私法》、《隐私保护法》、《儿童在线隐私保护法》、《金融服务现代化法案》等十余部法规中都设置了内容不等的隐私刑法规范。而这种刑法分散式保护模式，虽然在侵权法领域隐私权保护的内容、判例较为丰富，但在刑法保护上没有形成完整的体系，刑事立法发展速度较为缓慢，立法相对滞后。

在欧陆法系国家和地区以及俄罗斯，由于制定有成文的刑法典，因而对隐私权的保护多体现在法典中并将隐私权作为一个整体

加以保护。在本书所列举的数个欧陆法系国家和地区及俄罗斯均在其刑法典不同章节中，明确提出了侵犯隐私权犯罪的称谓，如德国刑法典第15章"侵害私人生活和秘密犯罪"及澳门刑法典第7章"侵犯受保护之私人生活方面的犯罪"、台湾刑法典第28章"妨害秘密罪"、日本刑法典第13章"侵犯秘密罪"以及俄罗斯刑法第19章第138条侵犯私生活的不受侵犯权罪。这些国家或地区都将大部分隐私犯罪集中在某一具体章节之中，从而在其刑法典中重点突出对隐私权的整体式保护。

二、直接保护模式要优于间接保护模式

欧陆法系及俄罗斯隐私权刑法保护均采取直接保护模式，在其刑法典或单行法中对侵害隐私权的犯罪行为作出具体规定，不假其他权利之手，对隐私权进行点对点的直接保护。如德国刑法中的侵害言论秘密、侵害通信秘密、探知数据、侵害他人隐私、利用他人秘密、侵害邮政或电讯秘密等侵害秘密等犯罪的设置，都将刑罚的矛头直接指向上述严重侵害隐私的行为。在此尤其值得一提的是俄罗斯及澳门刑法中的隐私权保护。上述宪法、民法及刑法中均将私人生活作为隐私权的核心组成部分，加以重点明确与关照。因此，不仅其刑法而且整个隐私权法律保护体系都是以隐私权之名分而保护隐私利益。因此在包括刑法在内的法律上也就能够做到对隐私权进行清晰、明确、直观及全面保护。

而在普通法系中，美国尽管采用分散式刑法保护模式，在不同的单行法中设置刑法规范来保护隐私，但这些单行法中的每个刑法规范也都有具体的隐私利益作为其明确直接的保护对象。职是之故，美国隐私权刑法也属于直接保护模式。

但同属普通法系的英国隐私权刑法保护的情况则和美国大不相同，英国并非不对隐私权进行刑法保护，而是将隐私权寄托在人格

权或其他权利之上，有涉及隐私权刑法保护的内容，但是未设置独立的隐私权犯罪罪名。在英国制定法中，不仅隐私权刑法保护规范数量稀少，而且隐私权也始终是寄托在诸如名誉权等权利的阴影之下，没有获得单独的名分，这显然难以给英国民众提供令人满意的隐私利益保护效果。如在英国刑法中，个人隐私最多不过是一种附属价值，而将"非出于公共利益的需要，而有损受害人名誉的真实陈述"认定为诽谤名誉罪。[①] 又如，英国刑法几乎仅仅关注存储资料（信息）的物质，即诸如文件档案、计算机、磁盘等有形财产，而不关注这些物质上储存的个人信息等无形体。对以盗窃、诈骗手段获取他人秘密的物质载体的行为，可以侵犯财产罪论处。但若仅通过对储存资料的有形物阅读、记忆、或照相之类的方法取得或侵犯资料，则不构成侵犯他人隐私之犯罪。这样的隐私权刑法间接保护模式显然不利于公民有效维护隐私利益。

三、双轨制刑事立法模式的广泛应用

各国刑法都有其特定的适用区域及对象，并且应如实体现出该国的民族生活习惯和独特的社会价值观念，故此刑法本质上属于一种不折不扣的地方性知识的范畴，应当及时反映出所在社会的世情及其变动。"社会环境的变动极易使新的价值观与新的事物不断形成，因而使刑法规范再度落于现实社会快步前进的脚步之后。这些社会实情快速的变迁必然影响了刑法的改革，因为刑法的改革过程尤其需要切合时代与社会环境的脉动而调整"。[②] 而隐私是一个与科技发展及时代变迁息息相关的概念。因此，隐私权刑法保护也要

---

① ［英］J. C. 史密斯、B. 霍根：《英国刑法》，李贵方等译，法律出版社 2000 年版，第 840 页。

② 苏俊雄：《刑法总论（I）》，1998 年作者发行，第 64 页。

时刻关注技术革新，捕捉时代气息，并力图在隐私刑法规范中反映出相关变动和发展。正如本书第四章所揭示，在双轨制刑事立法模式中，相对于保守而稳定的刑法典而言，包容于各种单行法中的附属刑法规范，虽然因为具有就事论事的特征而无法对形成系统化整体化的隐私刑法保护体系，但却能方便快捷地对社会生活变迁做出灵敏而有效的反映。正基于此，世界各国或地区对于隐私权刑法保护普遍采取双轨制立法模式，如在美国，绝大部分隐私刑法保护规范都分散设置在各个不同的单行法之中，附属刑法已经成为隐私刑法保护的主要规范形式。我国台湾地区隐私权刑法保护规范中附属刑法条文总数已经远远超过刑法典，从而有针对性提供细致入微的隐私权刑法保护。

四、轻罪模式且手段多样化

从以上国家或地区对于侵害隐私权的犯罪行为的惩处上，轻罪模式明显占据主导地位。从刑罚的轻重来看，各国或地区基本上都采用轻刑的方式，如在美国《模范刑法典》中的三个隐私犯罪，分别属于轻罪、微罪及违警罪。① 而在欧陆法系国家中，隐私犯罪也基本上配备较低的法定刑，如在德国刑法中，所有隐私犯罪的最高法定刑都在两年以下。

其次，各国或地区隐私犯罪的刑事处罚措施多种多样，自由

---

① 　至于 1984 年《惩治计算机与滥用法》，该法第 1030 条（a），（4）所规定的故意并意图诈欺，而未经授权或逾越授权范围，侵入受保护的计算机，并藉此行为获得利益；以及该法第 1030 条（a），（5）所规定的未经授权故意传输程序（program）、信息（information）、密码（code）或指令（command）而造成对受保护计算机的损害；或未经授权故意侵入计算机，无论是否出于轻率因而造成损害等两种犯罪，其最高法定刑虽为 10 年监禁，但考虑到该罪的主要侵害法益是计算机安全，应属于公共安全罪的范畴，因此也不应该视之为纯粹的隐私犯罪。

刑、罚金刑都是常见的刑罚手段。尤其是罚金刑得到广泛使用，特别是普通法系，绝大部分隐私犯罪都配备不同数额的罚金刑，甚至就1984年数据保护法第5条禁止未经登记许可掌握私人数据罪以及第15条电脑服务未经授权的数据披露罪等两种犯罪而言，罚金刑是唯一的刑罚措施。除此之外，有些国家还规定了一些对物的保安处分措施，如德国刑法专门针对使用录音器材及窃听器侵害言论自由，在其刑法典第210条第5款中规定没收用于犯罪行为的录音机及窃听器的对物保安处分措施。而美国也在1986年电子通讯隐私法第2511条（4）不仅规定了没收非法监听装置，而且还在某些情况下禁止对截取装置的生产、传播和拥有，从而在源头上切断了实施侵害隐私行为的物质和技术条件。

五、法人犯罪之适用

在司法实践中，对于公民隐私权的侵犯很大一部分来自于诸如银行、医院、保险公司、律师集团、物流企业、电信运营商等各种法人性组织机构。而上述法人由于其经营业务范围会牵涉到公民隐私，并且相对于个人而言，又具有绝对优势的地位、技术、手段，因此，一旦其为其自身拓展业务范围或单纯追求经济利益之目的，而直接或变相泄露个人隐私，必将会给公民的私生活造成了极大的威胁。所以，理应将法人纳入侵犯隐私权的犯罪主体范围中。在普通法系法人犯罪的实践却已经有了百余年的历史。就隐私犯罪而言，英国1984年数据保护法就设置了禁止未经登记许可掌握私人数据罪及电脑服务未经授权的数据披露罪的法人责任。同时，尽管法人犯罪在欧陆法系还是一个相当有争议的理论问题，但《德国刑法典》还是在第203条侵害他人秘密罪第1款第3项规定，律师公司、专利代理公司、经济审查公司、账簿审查公司或税务顾问公司的机关都可以成为本罪的犯罪主体，因此事实上设置了法人犯罪。而隐私刑法中法人犯罪的设置无疑能够有助于国家强化对法人数据管理活动的控制，有效提高对非法处置个人隐私数据行为的威慑和遏制作用。

六、亲告罪模式之广泛设置

刑法之所以设置亲告罪，其目的在于"为顾虑被害人之利益，尤其为保护被害人之隐私，刑法遂将若干犯罪规定为告诉乃论，以尊重被害人之诉追意思，如被害人不欲将其被害事实公开，则国家不应对于所发生之犯罪予以诉追，亦即于重视被害人利益之前提下，国家放弃其所负处罚犯罪之任务"。[①]

而隐私权是一种精神性人身权利，难免会沾染一定的主观化色彩，其被害人受到伤害的程度也会因人而异。因此，隐私犯罪的社会危害性不会像抢劫罪、爆炸罪、强奸罪等犯罪那样，存在着千人一面的共同性评价标准，而往往要视被害人自身的隐私意识以及个人心理承受能力而定。因此，即便是同种类型的隐私泄露，有些人会因此而精神崩溃、羞愧自杀，但有些人却对之不以为忤、安之若素。而对于后者而言，既无危害损失，则刑法也无有自行发动之理由。同时，由于隐私的特点是本人不愿透露的私人信息，因此该信息能否成为隐私也要取决于被害人的意愿。采用刑事诉讼模式无疑会使得本已遭受侵害的隐私有进一步被公之于众的风险。因此，基于隐私权的以上特点，在对隐私权适用刑法保护时，将对隐私权侵犯的犯罪归入亲告罪中，适用告诉才处理原则比较合适。用不告不理的方式，没有受害者或者受害者的亲属等人提起告诉，案件就不能进入刑事诉讼程序。但同时，由于在有些隐私犯罪中，由于被害人存在举证能力不足的劣势，单纯的自诉模式难以对被害人提供有

---

① 蔡墩铭：《刑事诉讼法论》，台湾五南图书出版公司1982年版，第291页。

效的救济，因此诸如《丹麦刑法典》第 275 条规定，隐私犯罪应当以自诉形式提起诉讼。但若依照被害人之请求，可以提起公诉。这种以自诉为主、公诉补充的诉讼模式就很有借鉴意义。

七、隐私犯罪风险控制

隐私的保护对于维护个人尊严及正常社会生活来讲具有无可忽视之重要意义，尤其是诸如不为人知的某些生理疾病、先天性基因缺陷或者未婚先孕者的性生活史、再婚前与他人同居的性生活史、婚外性行为等生活经历一旦被披露就会对其就业、婚姻等带来极大的负面影响，甚或引发家庭破裂、自杀等不良后果。同时，隐私又具有不可恢复性，一旦泄露就将长期流传于社会公众的视线当中。而当代信息技术的发达可以在瞬间将公民最为私密的隐私彻底曝光在世界的每个角落。尤其随着科技的进展，人类正在逐渐步入风险社会时，依照风险社会刑法理论精神，对于隐私权的刑法保护而言，就应当防患于未然，将刑法的触角尽量向前延伸，将隐私泄露的危险消灭在萌芽阶段，将对隐私侵犯实害性控制转变为对隐私侵犯风险性控制。

就此而言，相关境外隐私权刑法保护条款就有非常值得借鉴之处，如英国隐私权刑法保护中设置替代责任，促使雇主强化其雇员的管理，防范雇员故意或过失侵犯公民个人隐私行为的发生，从而有效抵制现代社会隐私泄露的风险；又如台湾刑法中大量抽象危险犯的设置、将犯罪帮助行为的正犯化以及非法持有他人信息的犯罪化都会使刑法能够提前介入隐私权保护，斩断隐私犯罪锁链，从而有助于防范隐私扩散的风险。

第四章 隐私权刑法保护之特殊性

　　隐私是一个受文化、环境、社会和语义等因素影响的抽象概念，就其特性而言应归属于私人生活之精神价值范畴。而人之精神领域及价值观念本身就容易追随时代脚步而波荡不安，与之相应，隐私也自然会具有因人而异、顺时而变的不确定性。而且，由于隐私权具有一般人格权的属性，而"一般人格权是一种弹性权利"，其最大特征就是其不确定性，并且随着人类文化及社会经济的发展，其范围不断扩大，内容亦将愈发丰富，对此几乎无法做出概括性的表述。由于隐私权与一般人格权具有极其紧密的内在关联，因而自然也呈现出不确定性的斑驳色彩。因此隐私权概念无法准确明晰界定，其适用边界也难以厘清，这无疑使得本已相对模糊的隐私权变得更加扑朔迷离。同时，由于隐私权是一种易碎品，并且随着网络技术及媒体行业的日益发达，隐私一旦泄露就会迅速扩散至世界每个角落，从而使得隐私利益彻底丧失。另外，隐私权是一个时代性很强的范畴，很容易随科技、生活方式的迁移而变化。而隐私权所具有的不确定性、易损害且不易恢复性以及变动不居的独特特征，也会使得刑法在对其进行保护时，也必须对症下药，根据隐私权的上述特性，对之适用某种因应性刑法理论，进而实施针对隐私权的特殊性保护措施。

在此，本章将选择隐私权刑法保护与刑法开放性措施、隐私权刑法保护与风险社会之刑法范式转化、隐私权刑法保护与刑法双轨制立法模式等问题作为研究议题进行详细论述。另外，本章之相关理论研究不仅能为评价境外隐私权刑法保护立法优劣提供具体标准，从而可以有助于中国隐私权刑法保护研究得以借鉴境外先进立法经验；同时，本章之理论研究还可以为中国隐私权刑法保护之完善提供明确的方法、思路和具体路径，因而对促进中国隐私权刑法保护的完善也具有重要之理论价值。

第一节　隐私权刑法保护与刑法开放性措施

一般而言，犯罪化是促进刑事立法完善的最主要手段。因此，犯罪化对隐私权刑法保护就具有极其重要之价值，但由于隐私权是一个充满弹性的、相对模糊的概念，因此对严重侵犯隐私行为进行犯罪化的过程并非一帆风顺。而顺应隐私权这一特点，采用适宜的犯罪化方式，将有助于发挥犯罪化效果，进而顺利达到隐私权刑法保护之目的。

一、隐私权不确定性与犯罪化

犯罪化是刑法学研究的一个基本性问题，或更恰切地说，刑法学主要内容之一就是研究何种行为应当予以犯罪化以及如何对其进行犯罪化。而"犯罪化问题，简单地来说，就是指如何界定刑法涉足社会生活的广度和深度的问题，也就是如何确定犯罪圈、刑罚

圈大小的问题"。① 一般认为，某种具有严重社会危害性行为之犯
罪化，同时会牵涉形式及实质两个侧面的理论问题。单由形式层面
来看，犯罪化是立法者行使立法权的权力决断，由此而言"（立
法）犯罪化指的是透过刑事立法的方式，创设一新的刑事立法构
成要件，并赋予其刑罚法律效果，使其成为刑法规范中明定处罚之
犯罪行为"。②

　　立法者是以何标准，决定一个行为是否构成犯罪？我们固然可
以采取极端实证主义的立场，认为当立法者认为什么是犯罪时，它
就是犯罪。③ 但正如马克思所说："立法者应该把自己看做一个自
然科学家，他不是在制造法律，不是在发明法律，他把精神关系的
内在规律表现在有意识的现行法律之中。"④ 毕竟何种行为属于犯
罪并不是立法者突发奇想随心所欲之创造或一时兴起，拍拍脑袋想
当然的结果。因此，犯罪化理论及其具体实践更应当考虑其实质之
层面，故而"立法者必须先观察哪些已发生的生活事实可能需要
动用刑法加以规范，接着针对此些生活事实进一步透过犯罪学、法
社会学的研究得到一个初步的确认，经过此种初步确认的特定事实
于此已经成为一具有法律与社会交互影响关系的法事实，再藉由刑

---

　　① 游伟、谢锡美：《犯罪化原则与我国"严打"政策》，载《法律科学》2003 年
第 1 期。
　　② 林山田：《论去犯罪化与去特别化》，载林山田：《刑法的革新》，台湾学林文
化事业有限公司 2001 年版，第 128 页。
　　③ 实证主义的法理论反对法学者试图超越现存的法律制度而去识别与阐述法律思
想的企图；要求将价值考虑排除在法学的研究范围之外，将法学的任务限制在分析实存
法律制度的范围之内。只有国家确立的法律规范，才是其研究的法。因为实证法的观点
不关注法律的道德问题，亦即不问法律内容的应然问题，而在实证主义法理学者看来，
所谓法律，乃成为"立法者所创造的法律，亦即人类的权利以意志行为创造的法律"。
对此可参见颜厥安：《法与道德》，载台湾《中央政治大学法学评论》第 47 期。
　　④ 《马克思恩格斯全集》（第 1 卷），第 183 页。

事政策与刑法理论的观点加以评价筛选"。① 与实质层面的犯罪化理论鼓桴相动，在严重侵犯隐私行为的犯罪化过程之中，立法者一方面应当确定何种侵犯隐私行为具有刑法意义上之严重社会危害性；另一方面，在对该种严重社会危害性之行为做出确认之后，立法者仍需经由刑事政策或公共政策之价值衡量来最终断定该种行为是否进行刑事处罚之必要性。

但更应当指出的是，就涉及危害隐私行为的犯罪化而言，无论是该行为严重社会危害性的确定，还是对该种行为做进一步之筛检，以确定该行为刑事处罚之必要性而言，都会遭遇隐私权不确定性所招致的种种困窘。

首先，由于隐私权范围的不确定性导致隐私犯罪的法益侵害无法准确界定。"所谓法益，无疑是一种值得由刑法加以保护之有价值的生活利益"。② 刑法本质上是一部法益保护法，而法益先于刑事制定法而存在，具有高于实定法之属性。"不可能从现已存在的各种法定构成要件中发现法益概念，而必须从前实定的领域中寻找法益的实质定义"。③ 故而准确地说，法益并非立法者之发明而是其对既存利益的发现与立法确认。"即法益是先于立法者制法之前而存在，法益保护，是制定刑法规范的理由和追求的目标，只有行为侵害了受保护的法益，才具有非难性与应受刑罚性"。④ 而犯罪，也因此应具有侵害法益的本质，故而刑事政策上对于运用法益概念来寻求可罚性界限的需要亦随之相对提高。简单来说，无法益保障

---

① 高金桂：《利益衡量与刑法之犯罪判断》，台湾元照出版公司 2003 年版，第 71 页。

② 高金桂：《利益衡量与刑法之犯罪判断》，台湾元照出版公司 2003 年版，第 39 页。

③ 张明楷：《法益初论》，中国政法大学出版社 2000 年版，第 121 页。

④ 丁后盾：《刑法法益学说论略》，载《刑事法要论——跨世纪的回顾与前瞻》，法律出版社 1998 年版，第 289 页以下。

即无刑法规范。如有不清楚时，则无可罚性的原则也因此得以确立。[1] 而正如林山田教授所认为，所谓犯罪化"系指针对某一破坏法益的不法行为，经过刑事立法政策上的深思熟虑，认定非动用刑罚的法律制裁手段，无法平衡其恶害，或无法有效遏阻者，乃透过刑事立法之手段，创设刑事不法构成要件，赋予该不法行为刑罚的法律效果，使其成为刑法明文规定处罚的犯罪行为"。[2] 因此，没有具体明晰之法益即无犯罪化之必要性。

　　但隐私权法益的范围却难以界定，隐私权所及的范围，应当以是否属于私人生活领域为准，但所谓的私人生活领域却不存在明显之边界，从而导致隐私权法益的边界也非常模糊。[3] 因此，以怎样的标准确定某一事项是否属于个人的隐私以及进而确定某行为是否构成对他人隐私权的侵害，这是非常困难的。而这一方面必然会使侵犯隐私行为的犯罪化丧失标靶，从而无法完全罗列出现存的所有隐私犯罪；另一方面，随着网络时代来临，传播媒体、新兴资讯、技术、监控设备、资料库发展、经济与社会形态成长、人际关系日趋疏离与复杂，加速隐私权侵害之变化可能性，导致隐私权内涵常随同时代变化而动荡无安。而社会变动牵连隐私权益范围的不断调整，从而会使得先前进行的犯罪化时常落后于时代的步伐，并因之使该犯罪化迅速丧失意义。

---

　　① 郑昆山：《台湾刑法改革之理论与实务》，载翁岳生主编：《刑事思潮之奔腾：韩忠谟教授纪念论文集》，2000 年作者自刊，第 389 页。

　　② 林山田：《刑法的革新》，台湾学林文化事业有限公司 2001 年版，第 154 页。

　　③ 究竟是以主张隐私权人主观上所认定之私领域为准，或是以社会上一般人所合理期待为私领域之范围为准，在理论上也无定论。即便是相对客观的社会一般人的认识，也是随着地域的不同或社会的变动而大异其趣。如堕胎及安乐死问题，在美国属于隐私自决权范围，而在当下中国却与隐私权毫无瓜葛，但其未来之发展趋势却实难预料。又如犯罪记录当属个人绝对隐私，但其是否所有种类的犯罪记录都应当作为一种隐私法益而为刑法刻意照拂？何以在美国保护这种隐私的同时，又出台《梅根法》要求性犯罪者自我曝光？这些争议的存在事实上都可归咎于隐私权的边界不明。

其次，隐私权公共政策也具有动态性，① 因此即便准确断定某一行为实质侵犯隐私法益，也应当考虑法益均衡及处罚必要性，不能不加辨别而轻易对其进行犯罪化。正如甘添贵教授所言："刑法之任务，虽主要在保护法益安全，但社会伦理亦在同时维护之列。因此，判断行为有否处罚之必要性以及是否成立犯罪，应先视其对于法益有否造成侵害或危险，以为决定。以对于法益造成侵害或危险，作为认定犯罪之最外围或最大限。在已对法益造成侵害或危险之前提下，再视其侵害法益之行为态样，有否违反社会伦理。倘亦违反社会伦理时，即可肯定该行为具有处罚之必要性。"②

仅就现实生活而言，具有严重侵扰隐私而不能以专门之立法而予以犯罪化的行为不胜列举。如喧嚣视听的人肉搜索，③ 尽管其能够对个人隐私遭致致命威胁而被称为隐私权的骨灰级天敌，也曾有司职立法之专业人士疾呼对人肉搜索进行犯罪化。④ 但在网络社会中，人肉搜索首先仍然是公民表达自由权的一种重要表现形式，对此不可过分压制；其次人肉搜索以公序良俗为基点，基本上是以针砭时弊、惩恶扬善为主旨，已经具有张扬公益的"向善"倾向，并因此而获得相当强大的主流社会伦理的支持。故而，即便通常之人肉搜索行为可能会危及公民隐私权，但至少从立法层面将其犯罪化是难以获得社会伦理以及普通民众的集体认同的。然而，在实践中

---

①　对此可参见本书第二章第二节中的隐私权公共政策的动态性及其对刑法的影响。

②　甘添贵：《犯罪除罪化与刑事政策》，载《罪与刑——林山田教授六十岁生日祝贺论文集》，台湾五南图书出版公司 1998 年版，第 626 页。

③　人肉搜索就是利用现代信息科技，变传统的网络信息搜索为人找人、人问人、人碰人、人挤人、人挨人的关系型网络社区活动，变枯燥乏味的查询过程为"一人提问、八方回应，一石激起千层浪，一声呼唤惊醒万颗真心"的人性化搜索体验。

④　全国人大常委会委员朱志刚就提出，人肉搜索泄露公民姓名、家庭住址、个人电话等基本信息，是严重侵犯公民基本权益的行为，建议将人肉搜索行为在刑法中予以规范。

亦不能排除存在某种极端性人肉搜索行为，单纯为了自娱或其他利益而放弃公益之限制，并因此而严重侵犯他人隐私。该种行为已然超越公共表达之界限，亦不具有社会伦理之可容忍性。因此，从隐私权公共政策之角度，难免会在人肉搜索行为方面左右摇摆，既不能在立法上将其犯罪化，[①] 又不能全然放弃某种情况下对其进行刑事处罚的可能性。[②] 对此如何取舍，显然是隐私权刑法保护中值得认真思考的难题。

二、开放性应对措施

隐私权的不确定性是来自于隐私权的一般人格权的基本属性，而具有一般人格权特征的隐私权如同一个充满弹性的橡皮球，随时会变化模样，因而其内涵及边界实际上呈现多变化性与高度复杂性之特色，并因此而使得对严重侵犯隐私行为的犯罪化困难重重。但即便如此，刑法对此却并非束手无策。既要将隐私权这只橡皮球包裹结实防止外来侵害，又不至于危害及内在结构，这也并非不可能之事。刑法完全可以针对隐私权这种弹性特征，设计某种具有具弹性、灵活性特征的开放性应对措施，[③] 适时变化调整之手段进而力图将各种严重侵犯隐私行为一网打尽。

---

① 请注意，本书于此一再强调立法犯罪化概念，是为下文所出现的司法犯罪化做铺垫。

② 类似人肉搜索立法犯罪化与否的两难困境，还出现在不请自来的垃圾邮件、垃圾短信等场合。

③ 开放性应对措施是本书为研究方面而专门提出的概念，在本书中开放性应对措施是指某些具有弹性、开放性、灵活性等能够适应隐私权模糊性的特征的刑法措施。需要指出的是，开放性应对措施并不能化解因隐私权模糊性而给隐私权犯罪化所招致的全部难题。而正如后文所称，以刑法典及附属刑法为核心的隐私权刑法保护的双轨制立法模式也能从一定程度上解决某些困难，但由于双轨制立法模式主要针对刑法典的稳定性与刑法隐私法益保护功能的冲突而提出，故而在此不再展开论述。

（一）例示法立法

　　就刑法规范的明确性而言，列举式规范是最为理想的立法，也颇受中国刑法所青睐。[1] 然而，对于隐私犯罪而言，囿于隐私权边界的不确定性，再为详尽复杂之列举亦难以穷尽该类行为的全部。正如前文所揭示，德国刑法第 203 条侵害他人秘密罪就采用了列举式立法，[2] 但是其效果却并不理想。尽管该条内容烦琐冗长，但其犯罪主体仍然遗漏了诸如网络销售、物流企业、公共服务网站、房产公司等众多有可能通过自己职务行为掌握个人信息并进行贩卖的情况。因此，对隐私犯罪采用列举式规范的努力不仅会使得刑法条文肥大庞杂，而且会出现越是具体细致反倒越是纰缪迭出的现象。

　　因此，隐私权刑法保护也可以采用例示法的立法。"例示法，对行为的方式、方法、手段作了比较详细的列举，同时以'其他方法'防止刑法描述的遗漏（即存在'兜底'规定）。这种模式因为存在'其他方法'的规定，所以，其规定或列举的行为具有举例性质。与列举法相比，例示法更能对应社会生活事实"。[3] 而德国学者考夫曼则指出："类型无法被'定义'，只能被'描述'。因此，对立法者而言有两种极端情况：或者整个地放弃描述类型而只给予该类型一个名称。例如我们在德国刑法第 185 条所看到的，该条仅简单规定：'侮辱'将如此如此处罚。此方式将使法律的适用上获得较大的弹性，但相对地也换来法律的不安定性。——或者试着尽可能精细地（'列举地'）描述类型。——例如德国刑法第 250 条加重强盗罪之规定。此种方式具有较大法律安定性之优点，

---

　　① 中国刑法分则中到处可见列举式规范，如第 236 条的强奸罪、第 263 条的抢劫罪等都是典型事例。

　　② 详见本书第三章第二节欧陆法系国家或地区隐私权刑法保护部分。

　　③ 张明楷：《日本刑法典的发展及启示》，载《日本刑法典》，张明楷译，法律出版社 2006 年版，第 16—17 页。

但也造成谨慎拘泥以及与实际生活脱节的结果——耗费大而收获小（事倍功半）。前面曾提过的'例示法'——这在新的刑法典中经常被运用，例如在加重窃盗罪（德国刑法第 243 条）——则取二者之间而走中庸之道；立法者只例示性地描述类型，因而明白地指示法官可使用类推的法律发现。"① 概言之，例示法是概括条款与个案列举法的一种有机结合，它既能保障刑法的安定性，也赋予法官对此类或类似的案件作出同样处理的任务，既能对应社会生活事实，也能限制法官权力。因此，现代刑事立法越来越愿意采取例示法。②

例示法是一种弹性的立法模式。其首先关注"抓大"，即明确罗列出常规性、典型性的犯罪类型，并凭借于此解决通常情况下的一般性犯罪问题。但例示法在"抓大"时，也没有放弃"打小"，其在实现对常规性犯罪类型的涵盖的同时，并不放过对异常情况下的特殊性犯罪类型的包容。故此，该种立法模式可以基本上做到刑事法网严密，法益保护周至，凡此类型之事态，靡分巨细，皆在刑法掌握之中。因此，对于充满弹性的隐私权而言，将例示法用于其刑法保护中，自然是再恰当不过的了。

（二）空白罪状

"空白罪状是指罪刑规范没有具体说明某一犯罪的构成特征，但指明了必须参照的其他法律、法令。从它对没有具体说明犯罪的构成特征来说，是空白罪状；从它指明了必经参照的法律、法令而言，是参见罪状，例如刑法第 345 条第 2 款（违反森林法的规定，

---

① ［德］亚图·考夫曼：《类推与"事物本质"》，吴从周译，台湾学林文化事业有限公司 1999 年版，第 63 页。

② ［德］亚图·考夫曼：《类推与"事物本质"》，吴从周译，台湾学林文化事业有限公司 1999 年版，第 72 页。

滥伐森林或者其他林木，数量较大）之罪状"。① 在空白罪状中，刑法只规定了罪名或部分构成要件及法定刑，而将犯罪构成要件的一部或全部委诸给行政管理法规；被委托指明参照的行政管理法规由于对犯罪构成要件起补充说明作用，故被称为补充规范。刑法条文中"违反……规定——制度——管理法规"等表述，即为空白罪状的法条表现形式。

在各国立法中，法律将犯罪构成的具体条件交给行政法规认定的情况俯仰皆是，这样的做法也得到了刑法学家的普遍赞成。例如意大利刑法学家帕多瓦尼就认为："法律不可能明确规定精神病药物和麻醉品的范围，因为它们是一个飞速扩张和变化的领域。否则就会冒立法太迟和必然有疏漏的危险。从理论上讲，鉴于由法官根据具体的案情来决定上述药品的范围，必然会出现判决不一致的情况，那么唯一可行的替代方法，就是有较为灵活的行政法规来规定精神病药物和麻醉品的具体范围。"②

在空白罪状的立法模式中，通过空白罪状的中介，各种行政法规范不断和刑法规范建立链接和交流，从而使刑法典保持一定的动态性和开放性。刑法不对某一犯罪的罪状进行描述，而是将其通过其他法律规范予以填补和充实，因而使立法者完全可以根据社会形势的变化修改相应法规中所确立的违法行为构成，而不必同时修改刑法条文，因而使得刑法典具备相对稳定性并在适用范围保持足够的弹性与包容性。

就隐私犯罪而言，空白罪状是对严重危害隐私法益行为犯罪化时可以选择的较为理想的立法模式。隐私权本身就具有边界不明、内涵模糊的弹性特征，而空白罪状的采用会使得刑法典可以从容避

---

① 张明楷：《刑法学（下）》，法律出版社 1997 年版，第 518 页。

② ［意］杜里奥·帕多瓦尼：《意大利刑法学原理》，陈忠林译，法律出版社 1998 年版，第 21 页。

开隐私权不明确的棘手问题，将需要犯罪化的隐私犯罪的具体要件交给较为灵活的行政法规和制度进行描述。从而得以在保持刑法典条文内容稳定不变的情况下，仍然可以保证对新型隐私犯罪的惩罚。

（三）概括性抽象性条文

对于新型犯罪的犯罪化而言，立法者唯恐有所遗漏，一般都会倾向于对其犯罪构成进行具体而详尽的描述。但需要指出的是，详细性不等于明确性，"法律明确性之要求，非仅指法律文义具体详尽之体例而言，立法者于立法定制时，仍得衡酌法律所规范生活事实之复杂性及适用于个案之妥当性，从立法上适当运用不确定法律概念或概括条款而为相应之规定"。[①] 并且，过于详细而具体的条文表述，往往还会适得其反，使得条文的意义与范围复杂而混乱进而丧失明确性。

事实上，"如果概念仅止于掌握事物闭锁且单义的特征，那么也只剩数字。因此为了能够更为周全的规整各式生活事件，法律概念的运用也不应该放弃抽象化的概念"。[②] 故而形式化、抽象性、一般性以及概括性是对于法律的形成完全不可缺少的，适度的抽象与概括、中性的言说与表述，可以保证犯罪构成在具有清晰而固定核心之同时，仍得以保护弹性开放的界限。因而即使立法时不曾存在甚至不能预见之事实，亦可包容在抽象性不确定性条文中。同时，"从价值取向上讲，如果说刑法的精确性旨在限制刑罚权的发动与法官的自由裁量权，着重体现刑法的人权保障功能，那么，刑

---

① 靳宗立：《罪刑法定原则与法律变更之适用原则》，载台湾刑事法学会主编：《刑法总则修正重点之理论与实务》，台湾元照出版社2005年版，第102页。

② ［德］亚图·考夫曼：《法律哲学》，刘幸义等译，台湾五南图书出版公司2000年版，第125页。

法的模糊性则有利于推动刑罚权的发动，重在体现刑法的社会保护功能。人权保障固然重要，社会保护同样不可轻视。适度设立一些模糊性、柔软的、概括性的规定，对于强化刑法的适时性、灵活性与超前性是很有必要的。适度的模糊性也是刑法规范保持其生存所必要、合理张力的必要条件"。[①]

对于严重危害隐私行为的犯罪化而言，由于隐私权本身就具有非常之不确定性，因而抽象性、模糊性的表述在设计隐私犯罪罪状时尤为重要。在隐私犯罪罪状设计中，可以采用更加具有抽象性与包容性的词语，如用"通讯"而不是"通信"、用"信件"代替"书信"、用"散布"代替"泄露"、用"工具"代替"器材"等等，从而使隐私权刑法保护规范条文充满弹性。而隐私权刑法保护规范则得以在条文字面保持不变的情况下，有效而方便应社会需要而随时扩展条文的实际内容，用有限的条文包容更多的隐私犯罪行为。

（四）刑法的客观解释

尽管前文列举了诸多开放性措施，可以解决某些因隐私权不确定性而造成的犯罪化难题。但事实上由于隐私权的不确定性，且随着社会之发展，仍会在将来出现一些当下刑法所无法预测的侵扰隐私权的具体行为。在这种情况下，为保持刑法条文的相对稳定性，刑法可以考虑安排客观解释论登台亮相，解决某些局部性细节问题。

刑法需要解释，"法律不是摆在这儿供历史性的理解，而是要

---

①　杨春洗、杨书文：《试论持有行为的性质及持有型犯罪构成的立法论意义——以持有假币罪为理论起点》，载《人民检察》2001年第6期。

通过被解释变得具体有效"。① 而在刑法解释上存在两种对立之观点。传统之主观说认为，法律的解释目标应在探求历史上的立法者事实上之意思；而时下更为流行的客观解释论则认为，法律解释的目标即在发现法律的内在意旨，是故适法者应当客观地确定刑法用语可能具有的含义，然后在其范围内挑选出最符合刑法目的并且最合时代要求的解释结论。刑法客观解释论者径直将解释对准现实生活中的社会常理、人之常情。因为立法者不是救世主，不可能在立法时考虑到未来世界的模样，所有对立法者过分的顶礼膜拜盲目追随都是愚蠢的。因此，在客观解释论者看来，否定过时的"立法意愿"，而赋予其崭新内涵才是对立法的尊重。

事实上，两种解释论之对立，其实质就在于刑法应当追求开放或是坚持封闭的问题上所持立场之差别。刑法主观解释论主张在进行刑法解释时应以探求"立法者原意"为其唯一目标，因此"立法者原意"应被固定在立法之中，不可能再有拓展变动的空间，因此刑法主观解释论实质就是一种封闭、停滞的解释论。而客观解释论者则认为，"并入制定法中的意义，也可能比立法者在他们工作中所想到的一切更加丰富……制定法本身和它的内在内容，也不是像所有的历史经历那样是静止的（'往事保持着永恒的寂静'），而是活生生的和可变的，并因此具有适应力。……新的技术的、经济的、社会的、政治的、文化的、道德的现象，强烈要求根据现有的法律规范作出法律判断。……因此，我们就处在比历史的立法者自己所作的理解'更好地去理解'制定法的境地之中。设想我们从当代，带着几十年的问题，回到与我们根本无涉的立法者的意志

---

① Gadamer, Hans - Georg, Truth and Method, NewYork：CrossRoads Inc，1984，p. 231.

中，不可能是我们的使命"。① 因此，客观解释论要求刑法解释必须顺应社会常理、人世常情之迁变。故而刑法客观解释论不拘泥于过去的立法意图，不束缚于规范的外在形式，致力于从刑法规范中探求刑法规范的目的，洞察刑法规范可能的合理内涵，变动的社会现实始终是其目光的最终指向。因而，开放性是客观解释论的重要属性。而对于客观解释论的开放性，诸多法学大家们曾予以盛赞，如萨维尼曾谓：解释法律，系法学的开端，并为其基础，系一项科学性的工作，但又为一种艺术。如果解释仍停滞在 19 世纪与 20 世纪初期偏重主观说解释之面向，而着重于探求立法者之意思，则法律之发展，仍将受制于已作古人的意志而不能适应新的社会需求。法律的释义学在今日随着民主法治国与社会国原则的开展，不得不着重于客观说之面向，阐释法律本身在这个时代所应蕴涵之意旨。法律哲学家拉德布鲁赫即谓：法律犹如船，虽由领港者引导出港，但在海上则由船长指挥，循其航线而行驶，不受领港者之支配，否则将无以应付惊涛骇浪与变异的风云。康德亦谓：解释者较诸作者本人，更能认识自己。②

　　本书也较为推重客观解释论之立场，因为法律解释并非在找寻法律背后之个人创见，而是在探究法律本身之意义。赋予作品比创作者自身所知更深沉的意义，此乃是人类创作的神秘力量，也是作品能在新时代体现出新意义的思想源泉。③ 而客观解释论所呈现出的开放性特征能够保证刑法在条文稳定的情况下仍然能够与时俱

① ［德］卡尔·恩吉施：《法律思维导论》，郑永流译，法律出版社 2004 年版，第 109—110 页。

② 韩忠谟：《法学绪论》，台湾韩忠谟教授法学基金会 1994 年印行，第 83—89 页。

③ 这一点很类似于后现代文学中"作者退场"的现象。而事实上客观解释论的哲学基础就是后现代哲学，而其法学基础则为自然法思想。对此我在《后现代，语言镜像与刑法客观解释论（未刊稿）》一文中有详细论述。

进，大体上适应社会发展，因而更应该被大力提倡。

就以隐私犯罪而言，如在传统社会中，隐私利益一般集中在私人住宅及个人身体中，故传统隐私犯罪及刑法也都将重点倾注在侵犯住宅罪及非法搜查罪（客体为私人住宅及个人身体）。而传统的通信一般也限于书信往来，故此刑法中侵犯通信自由就自然没有包括电子邮件及包裹。但随着生活方式的迁移及科技手段的应用，传统刑法已经不适应隐私保护的切实需要。对此，刑法可以在条文内容不变的情况下，对相关概念做出客观解释。如可以将"住宅"解释为"私人空间"，因此，诸如办公室、汽车、船只、航空器甚至暂时容身的酒店客房、户外帐篷都可以视为住宅的特例，因此对上述场所及其存放其中的手机、笔记本、日记等物品的非法搜查都可以成立非法搜查罪。同理，将侵犯通信自由罪中的"开拆"解释为可以包括"查阅"，就可以将运用科技手段，在封闭状态即可查知信函内容的行为包括在内；而将"信件"解释为"书信和物件"由此，无论书信、图片、影视录像，以及电子邮件、QQ或MSN聊天记录等均可以被"信件"搜罗网尽。故此，只要是未经允许，探晓上述物品及其内容的，均可以侵犯通信自由罪定罪处罚。

（五）"司法犯罪化"

人肉搜索、垃圾短信、垃圾邮件等行为虽危害隐私利益，但基于隐私权公共政策之动态性，亦不能对其立法犯罪化。然而这并不意味着刑法在任何情况下都会对上述侵扰隐私行为熟视无睹。在此，本书将引入"司法犯罪化"的概念，并借以刑法解释理论提出自己的见解。①

"司法上的犯罪化，也可谓解释适用上的犯罪化，即在适用刑法时，将迄今为止没有适用刑法作为犯罪处理的行为，通过新的解释将其作为犯罪处理。立法的民主化与科学化，决定了立法上的犯罪化与非犯罪化需要很长的过程；而司法上的犯罪化与非犯罪化，随时都可能发生"。②

在法治社会中，"立法犯罪化"自然是较为理想的犯罪化方式，也更能迎合罪刑法定原则。但"立法犯罪化"在法治国家中深受烦琐而冗长的立法程序限制，在此过程中，仅仅依靠"立法犯罪化"必然会使得大量新型犯罪行为游离于刑法之外。而相对于"立法犯罪化"对社会危害行为的反应缓钝，"司法犯罪化"本身没有过多的限制条件，能够及时方便的填补"立法犯罪化"所遗留的处罚间隙。同时，"一般而言，对于某一种会影响或会改变人类行为的新事物或新社会现象，我们并不会立即制定一个新的法律去规范因应，因为我们尚无法判断其是否会对社会生活形态有根本的改变。我们会试着将其纳入现有的法律规范体系中，试着用解释的方法，将现行法律的适用范围扩及于该新事物或新社会现象。如有相当实际案例的累积显示这种做法并不符合社会正义，在一个合理的社会，即会检讨调整现行法律，并尝试修正现行法律或制定

---

① 事实上，正如本书所称，"司法犯罪化"之实质为刑法解释适用上的犯罪化，其本身和刑法解释尤其是刑法客观解释密不可分，甚至就是刑法客观解释之产物。如在1997年刑法制定之初，尚未形成对电子邮件或QQ聊天信息的大规模侵犯，故当时侵犯通信自由罪也不会包括上述犯罪对象。但通过刑法对"通信"的客观解释，完全可以将对上述两种对象侵犯的行为"司法犯罪化"。但"司法犯罪化"作为和"立法犯罪化"相对应之命题，其具体意义和客观解释有所分野，而其范围也要大于"客观解释"，如对于超速驾驶行为及偷阅他人电子邮件行为，也可以借司法解释的手段实现"司法犯罪化"。故此，本书特意将二者区分论述。

② 张明楷：《司法上的犯罪化与非犯罪化》，载《法学家》2008年第4期。

新法，以作合理的规范"。① 因此，立法犯罪化和司法犯罪化应是适应社会发展的两种相得益彰之方法，而"司法犯罪化"是"立法犯罪化"的有益补充。故此，为了有效应对新型犯罪的出现，在立法对该种犯罪保持沉默的情况下，"司法犯罪化"能够对"立法犯罪化"的不作为提供有效救济。②

"例如，我国刑法并没有像国外刑法那样规定超速行驶罪、酒后驾驶罪，直到现在，司法机关一般也没有将超速行驶、酒后驾驶以犯罪论处。但是，这并不排除刑事司法将部分严重超速行驶、醉酒驾驶等行为，依照刑法的相关犯罪追究刑事责任。例如，司法解释完全可能做出如下规定：对于以超过规定速度二倍以上的速度驾驶机动车辆的，或者因醉酒或吸食毒品而丧失驾驶能力后仍然驾驶机动车辆的，以刑法第 114 条的以危险方法危害公共安全罪论处。在"两高"没有做出这种司法解释时，下级司法机关也可能对上述行为以该罪论处。这种情形亦可谓'适用上的犯罪化'"。③

同样的道理，借助"司法犯罪化"手段，刑法完全可以在保持立法相对稳定，不增加、不修补现有刑法条文内容的情况下，通过诸如刑法客观解释或司法解释的手段，实现对诸如某些不具备社会伦理性及正当性的人肉搜索、垃圾短信、垃圾邮件等侵扰他人隐私行为的刑事处罚。如银行、保险公司、教育部门、医疗机构等负有保守他人隐私信息义务的相关从业人员在人肉搜索中，泄露客户隐私，自然会因此而获罪。若严重泄露他人隐私，并公然贬损他人

---

① 林子仪：《〈资讯、电信与法律〉序》，载王郁琦：《资讯、电信与法律》，北京大学出版社 2006 年版，第 1 页。

② 立法为了保持稳定性和连贯性，其条文字面用语应相对稳定。但相对而言，立法相对社会发展总会有一定的迟滞性。然而立法却应当保持这样的保守性，一方面立法需要时间对危害行为的犯罪化进行观察与评判；另一方面也可以将"司法犯罪化"作为"立法犯罪化"的探路石，验证对某类危害行为犯罪化的社会效果。

③ 张明楷：《司法上的犯罪化与非犯罪化》，载《法学家》2008 年第 4 期。

人格，破坏他人名誉的，当然可以成立侮辱罪；而若因滥发垃圾邮件而导致收件人电脑或邮件系统瘫痪，并因此造成一定财产损失的，亦可借以侵犯财产犯罪而对其进行相应之处罚。因此，对人肉搜索适当分解为若干具体行为，并借助"司法犯罪化"理论，对各个具体行为具体认定，应当是刑法处置人肉搜索的最佳路径。

三、开放性措施与罪刑法定原则

前文提及了隐私权不确定性对其相关犯罪化所造成的困难，并对之提出了一些开放性因应措施。但这些开放性因应措施会不会和作为刑法第一铁则的罪刑法定相抵牾，是否会因此造成前门驱狼后门进虎的两难局面呢。本书认为，尽管从表面上，上述开放性措施也许会和罪刑法定原则相冲突，但实质上二者之间却根脉相通，并无背离。

（一）刑法是开放而不是封闭的体系

罪刑法定是刑法基本原则之一，"法无明文规定不为罪，法无明文规定不处罚"是其经典表述。在罪刑法定原则之中，犯罪和刑罚事先都是由立法者所预先设定，但这是否就意味着以罪刑法定原则为依托的刑事立法也会因此而凝固成一个僵硬而封闭系统呢？德国刑法学者就曾为刑法科学设计了这样的封闭框架，即"在纯粹的法学性和技术性的考虑中犯罪和刑法应当作为概念性的概括来加以思考；法律的各个条文在一直向最后的基本概念和基本原理的升华中，应当发展为一个封闭的体系"。[①] 因此在古典刑法学者眼中，受罪刑法定原则之禁锢，刑法应该是一个外延封闭和理论自洽

---

① ［德］克劳斯·罗克辛：《德国刑法学总论》，王世洲译，法律出版社2005年版，第140页。

之体系，其已经预计到可能发生的一切问题，并安排好了答案，适法者仅需依照刑法按图索骥，便可实现刑法之目的。

但由于人类认识能力的有限性及理性的局限性，刑法从未生产出古典刑法学家所许诺的能够让法官在审理案件时，不动心思就能机械适用的"自动售货机"。德国刑法学家许乃曼因此指出："人们必须从一开始就阐明，从仅仅具有很少公理性的上位概念中引导出来的一个封闭的演绎性体系，就像现代学术理论为数学和逻辑学所塑造的样板体系一样，在法学中不仅没有被严肃的尝试过，而且本来也是不能实施的。"① 因此，人们可以制定一个确定的、永恒的刑法规则体系，只要从这个体系出发，然后再通过纯粹的逻辑运算，"一个包罗万象甚至连每个细节都完美无缺的法律体系可以推导出来"的愿望永远都不可能实现，而"这种法理学方法已是昨日黄花了"。②

而事实上，刑法是一个高度开放的理论体系，在刑法中不仅存在着诸如"开放式构成要件"、"空白罪状"、"例示法立法模式"等实体性弹性规范，而且还存在"期待可能性"、"客观解释"、"社会相当性"等赋予刑法开放性的理论。③ 而且，即便是传统刑法所认为的绝对封闭的规范也是开放的。"甚至，封闭的构成要件一直是相对的，从法律规范的抽象性及人类语言的模糊性、边缘性等角度来说，并不存在真正封闭的构成要件，所有构成要件其实都

---

① ［德］克劳斯·罗克辛：《德国刑法学总论》，王世洲译，法律出版社2005年版，第140页。

② ［美］罗斯科·庞德：《普通法的精神》，唐前宏等译，法律出版社2001年版，第101页。

③ 关于刑法开放性的更多知识背景介绍，可参见拙文《开放的刑法及其路径》，载谢望原主编：《刑事政策研究报告》（第2辑），中国方正出版社2007年版，第411页以下。

可以说是开放的"。① 因此，从整体上来说，刑法应当是开放而不是自我封闭的体系。而刑法的开放性也是保证其能够适应隐私权不确定性的基本前提。

（二）罪刑法定的明确性与规范的模糊性

明确性是罪刑法定原则最重要的派生原则，"欲保持法律规范的稳定性，就必须首先确保法律规范的明确性，因为明确性是法律稳定性之母"。② 同时，规范的明确性也有利于自由的实现和保障。正如罗尔斯指出："如果法无明文规定不为罪的准则，比方说由于模糊、不精确的法规而受到侵害的话，那么我们能够自由地去做的事情同样是模糊、不精确的。我们的自由的界限便是不确定的。"③正基于此，各国刑法理论一直提倡刑法的明确性。而刑法的明确性首先应是构成要件的明确性，意大利刑法学者就一致认为，明确性"要求对犯罪的描述必须明确，使人能准确地划分罪与非罪的界限"，即立法者必须用明确之语言将各种犯罪构成清晰勾勒出来。故而，一些学者索性就将罪刑法定主义的明确性原则称为"构成要件明确性原则"或者"构成要件典型性原则"。④

但任何明确性都是相对的，要求法律绝对明确的想法更是荒诞的。对此杰罗米·弗兰克就不无嘲讽地说："人们为什么要在法律中寻求无法实现的明确性呢？因为他们还没有根除孩子似的对一个权威性父亲的需要，并无意识的试图在法律中发现其童年时代认为

---

① 刘艳红：《开放的构成要件理论研究》，中国政法大学出版社 2002 年版，第 305页。

② ［美］博登海默：《法理学——法律哲学与法律方法》，中国政法大学出版社1999 年版，第 349 页。

③ ［美］约翰·罗尔斯：《正义论》，何怀宏译，中国社会科学出版社 1988 年版，第 229—230 页。

④ 陈忠林：《意大利刑法纲要》，中国人民大学出版社 1999 年版，第 26 页。

父亲所具有的稳定性、可靠性、确定性和万无一失性的替代物。"①
而且，刻意追求法律明确性还会产生适得其反的恶果。富勒就曾指
出："对法律的明确性的要求不能过分，一种华而不实的明确性可
能比老老实实的含糊不清更有害。"②相应地，对罪刑法定之明确性
亦不能做太高之要求，否则亦会产生贻害人类的恶果。而在历史
上，德国、意大利法西斯政府恰好利用了刑法的"确定性"，使其
成为蹂躏人民自由的工具。为此，人们认识到，与法律的明定性比
较起来，对人的自由的尊重、保护具有更高的价值，只有保护人的
自由权益，才是用法律形式明确规定犯罪与刑罚的目的。而法律的
确定性相对而言，只具有功能性的意义。③

事实上，"从各国刑法典对犯罪构成要件的规定来看，不确定
的刑法规范与模糊的构成要件用语，正是构成要件立法的现状。明
确性只是相对的，不明确在所难免"。④ 而在中国刑法中，模糊性
词语更是随处可见，如刑法第 20 条第 3 款所使用的"行凶"、第
227 条第 1 款所使用的"倒卖"、刑法第 247 条所使用的"暴力"、
第 267 条第 2 款所使用的"凶器"，甚至第 14 条所使用的"故意"
也存在一定的模糊性。而事实上，刑法中绝大多数词语都并非绝对
清晰，因为"词句并不构成小小的水晶石，以其坚硬的外形把词
句所隐含的内容与所有别的分离开来。在边缘地带，所有的词句都
是模糊难懂的"。⑤ 故此，任何词语都具有中心清晰、边界模糊的

---

① ［美］博登海默：《法理学——法律哲学与法律方法》，中国政法大学出版社
1999 年版，第 156 页。
② 转引自沈宗灵：《现代西方法理学》，北京大学出版社 1992 年版，第 60 页。
③ ［意］杜里奥·帕多瓦尼：《意大利刑法学原理》，陈忠林译，法律出版社 1998
年版，第 13 页。
④ 刘艳红：《刑事立法技术与罪刑法定原则之实践——兼论罪刑法定原则实施中
的观念误差》，载《法学》2003 年第 8 期。
⑤ ［美］安·塞德曼、罗伯特·B. 塞德曼：《法律秩序与社会改革》，时宜人译，
中国政法大学出版社 1992 年版，第 166 页。

空缺结构特征,[①] 故而刑法也不可能将所有具有模糊性的词语驱赶殆尽，如果排斥使用边缘模糊的用语，刑法规范中剩下的只能是一些枯燥而了无生气的数字、地区或年份而已。

同时，法律规范明确或模糊尽管重要，但更重要的则是立法者如何在具体语境中，对规范进行恰当的表述而不致使人产生歧义。其实"有限的表现手段与无限的事态之间，原本就不能有'一对一的对应关系'，所以，语言和（后述的）文字的不明确性，在原理上是不可避免的。但另一方面，不可忽视的是，不明确性赋予了语言的伸缩性、融通性的事实。像'大的'、'小的'、'好的'、'恶的'这样高度不明确的语言，一旦与其他语言组合使用时，通过文脉就变得相当明确，所以，我们可以根据当时的具体目的，赋予不明确的语言以必要程度的明确性，并进行有效的使用。由于语言（与认识意识相关）是思考与传达信息的工具，因此，所要求的明确性程度是随着使用目的的不同而变化的。像木匠、外科医生根据其需要分别使用各种精确的刨子、手术刀一样，我们通常应当选择最能适合达到目的程度的明确语言，不必要的高度的明确性，与不充分的明确性一样，反而妨碍目的的实现。所以，刑事立法要注重法条的表述、描述是否有利于法条目的的实现"。[②] 任何概念或命题都有其独特的适用语境，即便词语抽象而模糊，但只要在该语境中可以达至其立法意旨，都不应认为有悖于罪刑法定之明确性

---

①　哈特认为语言在其意思的边缘区域是不确定的，语言本身存在空缺结构的特征。参见哈特：《法律的概念》，张文显等译，中国大百科全书出版社1996年版，第124页及以下。

②　[日] 碧海纯一：《新版法哲学概论》，信山社2000年全订第2版补正版，第123页。转引自张明楷：《刑事立法的发展方向》，载《中国法学》2006年第4期。

要求。①

　　尤为值得一提的是，隐私权刑法保护方面，模糊性规范的作用并不亚于所谓的明确性规范。如"例示法"立法模式以及"概括性抽象性条文"表述都是典型的模糊性规范，其在应用效果方面，较之明确性规范，反倒更能够适应隐私权模糊性的特征。而同样是处罚基于正当原因获得并泄露他人隐私之行为，德国刑法第203条侵害他人秘密罪，为力图条文明确，立法者铺天盖地不厌其烦详尽罗列相关业务部门工作人员侵扰隐私的各种行为，但竟然还遗漏了诸如网络销售、物流企业、公共服务网站、房产公司等众多有可能通过自己职务行为掌握个人信息并进行贩卖的情况。而澳门刑法典第189条违反保密罪罪状表述为"未经同意，泄露因自己之身份、工作、受雇、职业或技艺而知悉之他人秘密者"。其虽外表模糊但涵盖宽泛，但实质效用却远胜于德国刑法之侵害他人秘密罪。因此刑法规范的适当模糊，尽管表面上不够明确，但却更符合法益保护的要求，和罪刑法定原则实质精神亦相吻合。

（三）罪刑法定的"法律专属主义"与空白罪状

　　法律专属主义是罪刑法定之首要派生原则，而根据法律专属性原则，规定犯罪和刑罚的规范必须是由立法机关创制的成文法，即法律。② 即要求犯罪的"罪"与"刑"必须有具体法律规定。由于空白罪状对犯罪构成要件的规定并不完整，其具体内容仍需其他法律法规来补充。而在空白罪状中，所指明参照的法律、法规，由

---

① 就以刑法第20条第3款的"行凶"而言，不少学者攻击其边界不清而违背明确性原则。但只要考察其所在条文中"以及其他严重危及人身安全"的词语，人们就不应该将所谓的"打耳光"、"揪耳朵"、"踢屁股"等轻微暴力行为涵盖在内，进而主张对此类行为实施特殊防卫权。

② 张明楷：《刑法格言的展开》，法律出版社1999年版，第32页。

于对犯罪构成起着补充说明的作用，因而称为补充规范。[①] 在刑法学界这些补充规范的地位，即补充规范是否属于罪刑法定中的"法"，向来是备受争议的。由于这些补充规范事实上起着补充空白刑法的构成要件的作用，担负着界定犯罪的功能。故此，若否认补充规范具有刑法的渊源性，则空白罪状将面临与罪刑法定中的法律专属性原则相冲突之危险，并会因而导致空白罪状与罪刑法定原则之间产生罅隙。而事实上，该问题症结即在于，罪刑法定之中的"法"是否可以超出刑事立法的藩篱，进而容纳其他法律法规在内。

中国刑法学界有观点认为："根据罪刑法定原则，只有刑法才能成为定罪量刑的根据，其他法律不能规定犯罪与刑罚，因而也不属于罪刑法定原则的法律规定之列。"故此，"罪刑法定之法定，仍然须是刑法规定"。[②] 因而，"行政法规不能设立刑法规范是我国罪刑法定制度下的一个当然规则。"[③] 依照上述论断，空白罪状之设立，尽管有其简化刑法典、填补刑事处罚缝隙之路径指引功能，但仍不免会与罪刑法定之法律专属性背道而驰，因此应予抵制。

但本书认为，以所谓的"法律专属性"为由将空白罪状驱赶出刑法并不明智。首先，排斥空白罪状的直接后果就是必须将其他法律法规的内容完全引入刑法，而这必然会造成刑法典的臃肿不堪；并且刑法势必会追随其他法律法规之变动而频繁进行修改，而刑法的稳定性也就会因此丧失殆尽。其次，坚持罪刑法定之法律专属性原则，并不意味着因此要否认其他法律法规也具有刑法的渊源性。如我国台湾有学者认为，"按照罪刑法定主义之所'法定'，

[①]　蔡墩铭：《刑法总论》，台湾三民书局 1993 年版，第 11 页。

[②]　陈兴良：《刑法适用总论（上册）》，法律出版社 1999 年版，第 26—27 页。

[③]　王瑞君、张建明：《罪刑法定的司法运作——以法律方法为视角》，载《中国刑事杂志》2006 年第 3 期。

应指国家立法机关通过实施之法律所订定者而言，不包括行政机关颁布之命令在内。惟如系以法律授权由行政机关以命令补充法律所未具体规定之事项，形式上虽为行政命令，实质上因系基于法律之授权，仍为法律之作用，与单纯行政命令之价值应有不同，不能认为违背罪刑法定主义之原则，空白刑法即系基于此项原则所为之立法。此项立法方法，可使机械的罪刑法定主义转向于机动的罪刑法定主义，兼顾个人主义与团体主义，不失为折中之途"。[①] 而在意大利刑法学界，对法律专属性的理解，也存在着绝对主义和相对主义的对立。绝对主义认为，在刑法领域中只能由法律来规定犯罪和刑罚，不允许适用任何第二性渊源。换言之，在刑法中不仅不准其他机关代理立法，也不允许用行政法规或习惯来补充刑法规定。而相对主义则认为，在急速变化的社会生活中，立法只可能制定行为规则的"主线"，让较低等级的渊源决定具体的内容。而折中主义则处于一种通说的位置，即对空白刑法规范的法定刑部分，采取绝对主义，行政机关无权制定或选择刑罚；对空白刑法规范的罪状部分，采取相对主义，只要条文援引足够明确，就应当允许行政法规对空白刑法的补充。[②] 因此，就法律规范的专属性而言，既然补充规范起着填补空白刑法构成要件的作用，是刑法的表现形式之一，因而当然是刑法的渊源。只是这种渊源并非刑法的直接渊源，它必须以刑法明文援引为前提，是对空白罪状起着补充作用的间接渊源（第二性渊源）。[③]

因此，尽管各国刑法中都设置了大量的空白罪状，但就空白罪状所存在之刑法规范而言，其刑罚制定权始终在刑法掌握之中。而

---

① 杨建华：《刑法总则之比较与检讨》，台湾三民书局1989年版，第13页。

② 陈忠林：《意大利刑法纲要》，中国人民大学出版社1999年版，第16—17页。

③ 何泽宏、庄劲：《论空白刑法补充规范的变更及其溯及力》，载《北京市政法管理干部学院学报》2001年第4期。

"法律专属性"之所以必要，就因为其能够保证立法机关对刑罚设置权的牢固控制，进而限制刑罚权的发动。因此，尽管刑法必须由第二性渊源加以补充的事实遭到许多著名意大利刑法学家的批评，但意大利宪法法院和刑法学通说还是坚决支持空白刑法规范中规定犯罪的法定刑，而由行政法规来补充确定具体的罪状的立法实践。并认为在这种情况下，立法者对禁止行为的内容已经作出了足够具体的规定，因而在原则上符合法律专属性原则。①

（四）客观解释、司法犯罪化与罪刑法定

近代刑法早期，坚持严格（形式）罪刑法定主义的刑事古典学派认为，刑法无须解释，而贝卡里亚的思想则充分地体现了这一信念。他明确指出，"当一部法典业已厘定，就应逐字遵守，法官唯一的使命就是判定公民的行为是否符合法律"。② 早期严格罪刑法定主义因循概念法学之窠臼，而概念法学则长期信奉"任何问题，莫不可依概念而计算，为形式逻辑演绎之操作，以求得解答。于为机械操作时，应摒除权威，排除实践的价值判断，所获答案始能期其精纯"。③ 故此，在早期刑事古典学派的眼中，刑法学应该成为一个公式简表，而法官则应为自动适用法律的机器，按公式性规范进行机械操作，而无需对刑法规范做出解释。

但正如上文所说，各国刑法都无法摆脱模糊性规范的大量存在，因而不得不在适用中对其含义做出具体之解释。故此，"刑法之解释不赐予刑法以生命，无解释则刑法等于死文，毫不发生作用。"④ 职是之故，在当今刑法理论中，即便是严格罪刑法定主义

---

①　陈忠林：《意大利刑法纲要》，中国人民大学出版社1999年版，第19页。

②　［意］切萨雷·贝卡里亚：《论犯罪与刑罚》，黄风译，中国大百科全书出版社1993年版，第13页。

③　杨仁寿：《法学方法论》，中国政法大学出版社1999年版，第62页。

④　蔡墩铭：《刑法总论》，台湾三民书局1995年版，第23页。

的拥趸者也不能否认刑法解释的必要性。

但正如上文所称，刑法解释有主观解释论和客观解释论之区隔。主观解释论奉立法者"原意"为圭臬，维护立法者的权威，故此其和罪刑法定原则之政治学基础，即三权分立学说不谋而合，因而自然不会和罪刑法定相悖。而客观解释论则强调法条在适用当时之客观意思，其法理学基础被认为是强调法律的公正价值和法律的保护机能。[①] 而由于其不拘泥于立法者"原意"和似乎与罪刑法定原则有所隔阂，也似乎和法治精神有所背离。

然而，罪刑法定原则中的犯罪及刑罚之"法定"并非"立法者"所定，而是由立法者所通过的"法律"所定。罪刑法定所约束的也并非遵纪守法的公民以及克己奉公的执法者，其也应当时刻提防立法者因不安其分而朝三暮四修改或随意解释法律。故此，刑法稳定性的最大威胁并非来自适法者的客观解释，而是立法者自以为是的所谓探究立法本意的立法解释。而事实上，正如有学者所言，"客观解释不仅符合罪刑法定原则的形式要求，而且符合其实质要求或思想基础。相反，探讨立法原意的结局，往往是探讨设置直接询问起草者的意图。我们由此看到的似乎不是法治，而是人治。这显然和罪刑法定原则的精神相违背"。[②] 而在客观解释论者看来，"法律概念一如其他人类创造力的表征，往往本身具有生命，使得创造它们的作者反被它们左右而非左右它们"。[③]因此，客观解释恰恰是对"人治化"立法解释的最好限制。同时，客观解释尽管能够限制立法者任意解释，但也并非意味着法官可以因此而随意解释法律，因为"刑法是由文字构成的，通过文字规定什么

---

①　李希慧：《刑法解释论》，中国人民公安大学出版社1995年版，第78页。

②　张明楷：《刑法分则的解释原理》，中国人民大学出版社2004年版，第33页。

③　〔英〕丹尼斯·罗伊德：《法律的理念》，张茂柏译，台湾新星出版社2005年版，第239—240页。

行为是犯罪，对犯罪如何科处刑罚，故罪刑法定本身就要求对刑法进行客观解释。换言之，立法机关通过文字表述立法意图，司法机关通过文字理解立法意图。由于存在文字的限制，所以，司法机关不能超过文字可能具有的含义适用刑法。于是，司法权受到了适当限制，保障了国民的自由。另一方面，由于白纸黑字记载了法律内容，立法机关也不能超出文字可能具有含义作出立法解释。这既是罪刑法定主义的内容，也是法治的重要要求"。① 因而客观解释并不会和罪刑法定原则相抵牾。

既然客观解释与罪刑法定原则并无实质对立，则在隐私权刑法保护中采取客观解释论的立场也就合情合理。同时，正如前文所述，客观解释论与"司法犯罪化"有着内在的紧密牵连，故此以客观解释论为适用前提的"司法犯罪化"和罪刑法定原则也应该并行不悖。因而，对于严重侵扰隐私权但又不能"立法犯罪化"的"人肉搜索"等行为，本书所采用的"司法犯罪化"的措施予以应对，对此罪刑法定原则也不应当有所抱怨。

第二节 隐私权刑法保护与风险社会之刑法范式转化

一、风险社会之概述

（一）风险社会与风险

"风险社会"和"风险"是社会学和政治学用于阐释现代社会及现代性之核心概念。其中"风险社会"之命题系由德国社会学家乌尔里希·贝克通过对"自反性现代化"之研究，在 1986 年出

---

① 张明楷：《立法解释的疑问——以刑法立法解释为中心》，载《清华法学》2007 年第 1 期。

版的《风险社会》一书所提出。贝氏认为："风险社会是指现代社会中的一个发展阶段，在这一阶段里，社会、政治、经济和个人的风险往往会越来越多地离开工业社会中的监督制度和保护制度。"①而晚近时节人类社会所发生的切尔诺贝利核泄露、博帕尔毒气惨案、疯牛病等一系列人为灾害的出现，印证了"风险社会"理论的种种观点，而风险社会也就渐渐进入人文社会学科乃至自然学科研究者的视野，并成为当今炙手可热的前沿学术研究议题。

风险概念之出现要早于风险社会。据卢曼考证，英语中"风险"（risk）一词是从欧陆引进的，到 17 世纪才出现。在中世纪，拉丁词 risicum 是一个高度专门化的词汇，主要用于海上贸易以及随之而来的有关损失或损害的法律问题。那时，风险是指一种客观的危险，一种上帝的举动，一种不可抗力的可能性，而不能归结为人的错误行为。②而在当代意义上，风险则纯粹属于"人造产品"，其首先表现为某种阻碍事物运动发展的客观存在。其次，风险损害发生与否，则取决于人类主观认识和客观存在之间的差异性。故此风险是一个主客观的统一体，而人类活动将在风险产生及其发展中扮演重要角色。

传统社会中，风险处在一种可控状态，而自当人类进入风险社会后，"这个世界并没有越来越受到我们的控制，而似乎是不受我们的控制，成了一个'失控的世界'"。③正基于此，吉登斯把先前的工业社会的现代化称为"简单现代化"，即一种旧式的、直线发展的现代化，而把风险社会的现代化称为"反思性现代化"或者

①　［德］乌尔里希·贝克等：《自反性现代化——现代社会秩序中的政治、传统和美学》，赵文书译，商务印书馆 2001 年版，第 8—9 页。

②　Lhumann, Niklas, Risk: A Sociological Theory, New York: Aldinede Gruyter, 1993, p. 226.

③　［英］安东尼·吉登斯：《失控的世界：全球化如何重塑我们的生活》，周红云译，江西人民出版社 2000 年版，第 3 页。

叫"激进的现代化"，它"意味着我们被迫以一种更为反思的方式生活，去面对一个更加开放、更不确定的未来"。[①] 同时，在传统社会中，风险仅对个人或局部群体产生作用，而在风险社会中一旦风险发生，受损的将是所有人，这一点贝克称之为"飞去来器效应"。他指出，"在现代化风险的屋檐下，罪魁祸首与受害者迟早会同一起来。……这里变得明确的是地球变成了一个弹射座椅，它不再承认富裕与贫穷、黑人与白人、北方与南方或者东方与西方的区别"，它"以一种整体的、平等的方式损害着每一个人"。[②]

风险社会的出现与西方现代性文明及其生产生活方式有密切关联，更确切地说，风险社会就是现代性的产物。对此贝克曾有深刻之洞见："西方的现代化用市场的疯狂代替了人类需要有节制的满足。现代工业文明无节制增长的模式，最终必将导致这种文明体系的全面崩溃。"[③] 故而，当代风险实质上是一种"文明的风险"，当代人类正"生活在文明的火山上"。[④] 而正如下文所揭示，人类之所以会处于如此危险之境地，却恰恰是其孜孜以求并奉若神明的技术发展之结果。

（二）风险社会与技术

传统社会中，风险主要表现为"外部风险"，即在一定条件下某种自然现象、生理现象或社会现象是否发生，及其对人类的社会

---

① ［德］乌尔里希·贝克等：《自反性现代化——现代社会秩序中的政治、传片和美学》，赵文书译，商务印书馆 2001 年版，第 235 页。

② ［德］乌尔里希·贝克：《风险社会》，何博闻译，译林出版社 2004 年版，第 40 页。

③ 章国锋：《反思的现代化与风险社会——乌尔里希·贝克对西方现代化理论的研究》，载《马克思主义与现实》2006 年第 1 期。

④ Beck, U, Risk Society, London Sage, 1992, p. 17.

财富和生命安全是否造成损失和损失程度的客观模糊性。① 而在风险社会中，随着人类知识的增多及技术的发展，一种新的风险形式出现了，吉登斯将之称为是"人力制造出来的风险"或简称"人造风险"。②

在传统社会向风险社会的过渡中，技术所起到的作用是无可估量的。尽管技术对防止和排除社会风险尚能起到关键作用。但正如吉登斯所说："科学和技术不可避免地会致力于防止那种危险，但是首先它们也有助于产生这些风险。"③ 因此，自从人类进入风险社会以来，技术的角色就开始大受质疑。美国社会学家查尔斯·培罗（Charles Perrow）曾警告说，高度发达的现代文明创造了前人难以企及的成就，却掩盖了社会潜在的巨大风险。科学技术曾被认为是社会发展的决定因素和根本动力，但现在却日益成为当代社会最大的风险源。④

应当指出将技术与风险等同视之，是基于一种见地深远的反理性主义反科学主义知识观，也是基于对技术在人类社会发展中双重角色之充分认识。而事实上，技术不仅是风险社会产生的原动力，而且技术突飞猛进之快速发展，也会推动人类生活生产方式发生根本性转变，并因之形成一整套新的社会秩序和相应的社会制度。正如贝克在1986年的《风险社会》一书中指出，现代科技所牵动的政治、经济、社会及文化形式的改变才是新的社会制度及社会秩序

---

① ［英］安东尼·吉登斯：《现代性的后果》，田禾译，译林出版社2000年版，第109—110页。

② ［英］安东尼·吉登斯：《现代性的后果》，田禾译，译林出版社2000年版，第115页。

③ ［英］安东尼·吉登斯：《失控的世界：全球化如何重塑我们的生活》，周红云译，江西人民出版社2000年版，第3页。

④ ［美］查尔斯·培罗：《当科技变成灾难：与高风险系统共存》，蔡承志译，台湾商周出版社2001年版，第420页。

产生之关键。"因此，从十九世纪初以来的阶级社会，在二十世纪下半叶逐渐被风险社会所取代，风险意识逐渐压过了阶级意识，风险管理已逐渐成为当代社会统治与生活的主要模式"。[①] 因此，在风险社会中技术始终扮演重要角色，并决定风险社会的特征及其发展走向。

（三）风险社会之特征

从社会发展史来看，确定性是人类心仪已久的目标，因为它是安全及稳定的象征。而长久以来，技术似乎是人类藉以达至确定性的终极手段。然而反观历史，尽管人类曾对技术寄托过神秘及美好之梦想，但技术却自始而终都不曾彻底解答人类的困惑及疑问。而事实上，科学并不总是生产出确定性，却反倒常常与不确定性形影不离。"科学认识对象的日益复杂，以及科技和社会的相互影响日益加强，科学认识能力的历史局限性凸显了出来，使得在知识的生产、应用，以及利用知识进行决策的过程中，显示了种种不确知或不知道（not-knowing），这就是科学的不确定性"。[②]

历史上发生的技术公害问题，例如：氟化物对臭氧层的侵蚀、三聚氰胺可能产生的婴幼儿结石、联大霉素可能导致的失聪、大型水库对生态圈的破坏等，大抵都与技术的不确定性有关。吉登斯就此曾指出："我们所面对的最令人不安的威胁是那种'人造风险'，它们来源于科学与技术的不受限制的推进。科学理应使世界的可预测性增强，但与此同时，科学已造成新的不确定性——其中许多具有全球性，对这些捉摸不定的因素，我们基本上无法用以往的经验

① 李佳玟：《风险社会下的反恐战争》，载台湾《月旦法学杂志》第118期，第31页。
② 叶向东：《关于科学模糊性的若干思考》，载《全球科技经济瞭望》2008年第2期。

来消除。"①

正基于此，既然产生并左右风险社会发展的技术本身就是不确定的，而以技术为基础的风险社会本身就会孕育着巨大的不确定性。因此，处于风险社会中的人类更是无从准确预知未来世界的真实模样，其结果也正如吉登斯所描述的那样，"人类生活的很多方面突然变得开放，只能根据'拟定剧情思考法（scenario thinking）和可能的未来结果的'当……之时，假如……（as…if…）'句法结构来组织"。② 而与此同时，"工业社会正滑进充满没有保过险的威胁的真空地带。不确定性存在并急速扩散到每一个角落"。③ 因此，在风险社会中，"作为一个潜在的要素，对风险的无知不一定是因为知识的缺乏，更可能是在过度掌握信息下，希望能完全掌握未知世界的不足。既然风险始终存在，从这一层意义而言，风险被认为是一个未来的、不确定的、充满危险的可能"。④ 故而，在技术的影响下，风险主要表现为一种"人为的不确定性"，"风险指的是在与将来可能性关系中被评价的危险程度"，"风险这个概念与可能性和不确定性概念是分不开的"。⑤ 或者可以更确切地说，不确定性应是风险社会最重要之本质特征。

① ［英］安东尼·吉登斯：《现代性的后果》，田禾译，译林出版社2000年版，第115页。

② U. Beck, A. Giddens, S. Lash, Reflexive Modernization: Politics, Tradition and Aesthetics in the ModernSocial Order, Polity Press. Cambridge, 1994, p. 184.

③ U. Beck, A. Giddens, S. Lash, Reflexive Modernization: Politics, Tradition and Aesthetics in the ModernSocial Order, Polity Press. Cambridge, 1994, p. 12.

④ ［德］乌尔里希·贝克：《"风险社会"——通往另一个现代的路上》，汪浩译，台湾巨流图书公司2004年版，第29页。

⑤ ［英］安东尼·吉登斯：《失控的世界：全球化如何重塑我们的生活》，周红云译，江西人民出版社2000年版，第18页。

二、风险社会与刑法范式转化

（一）范式及法学研究之范式移转

"范式"（ paradigm，或译规范、典范）一词原出自希腊语的 "范型"、"模特"，在拉丁语中它成了"典型范例"的意思。美国 著名科学哲学家库恩在《科学革命的结构》中将其作为与常规科 学密切相关的术语。库恩认为，范式有两层意思，一是特殊共同体 （如科学家团体）的共有信念，二是常规科学作为规则的解谜基 础。库恩指出："我所谓的范式通常是指那些公认的科学成就，它 们在一段时间里为实际共同体提供典型的问题和解答。"①

自库恩提出范式概念之后，哲学家们在库恩理论基础上展开了 更加细致的研究。如今，范式早已蔓延出哲学乃至人文社科领域， 而被整个学术界所广泛接受，并被理解为某一学科体系在一定时期 中所基本认同并在研究中加以遵循的学术基础和原则体系。它通常 包括一门学科中被公认的某种理论背景、方法论、框架、思维方 式、价值标准、共同的对事物的看法和共同的世界观。

范式是学术集团通力协作的基础，科学正是以"范式"或 "共有心理信念"基础上的解疑难活动。正如库恩所言，"科学是 以价值为基础的事业，不同创造性学科的特点，首先在于不同的共 有价值的集合"。② 库恩把范式作为一门科学得以成为科学的必要 条件，也即没有范式也就没有科学，也就无所谓科学家。所以，

---

① ［美］托马斯·库恩：《科学革命的结构》，金吾伦、胡新和译，北京大学出版 社2003年版，序言。

② ［美］托马斯·库恩：《必要的张力》，纪树立等译，福建人民出版社1981年 版，第325页。

"科学家不能一面拒斥范式，一面又仍然是科学家"。① 因此，范式是形成学科研究的内聚力，能够促进学科研究的常规化、系统化和群体化。而"通过新旧范式的更替实现科学理论的变革和学科的革命化，是一门学科成为独立科学的必要条件或成熟标志"。②

　　然而，范式的效力是有限的。随着一个范式无力解决之问题过分累积，一个新的范式将会应运而生。新范式要优于旧范式，因为它能形成新的问题，并能设定程序以解决现存累积的未解决问题。库恩因此而创用了范式移转（paradigm shift）此一著名的概念以解释科技变化的过程。其指出：科学的创新与发现，是一个既有传统被颠覆的循环，一如过往 18 世纪时科学家曾认为地球是宇宙的中心般，当信息清楚呈现出与传统典范不能调和时，即必须否决既有的假设与坚定的信念——科学家的世界于是开始质变，新典范便会随之出现。③

　　"范式"整体作为一种方法是社会科学的方法，社会科学包括法学也存在着各自不同的研究范式。如在宪法学领域，存在阶级斗争范式与人民主权范式、规范分析范式与法律解释学范式；在行政法学领域存在管理论、控权论、平衡论等范式；在环境法学领域，存在"仅关心人与人关系的范式"与"既关注人与人关系，又关注人与自然关系的范式"。④ 而在刑法学研究中也可以寻找到诸如"人权保障范式"与"社会保障范式"、"个人责任范式"与"团

　　① ［美］托马斯·库恩：《科学革命的结构》，金吾伦、胡新和译，北京大学出版社 2003 年版，第 72 页。
　　② 杨长福、幸小勤：《库恩的范式理论与"李约瑟难题"》，载《四川大学学报（哲学社会科学版）》2008 年第 2 期。
　　③ Thomas s. kuhn, the Structure of Scientific Revolutions 6（3d ed. 1996）（1962）. From Megan ristau baca, Barriers to Innovation：Intellectual Property Transaction Costs in Scientific Collaboration, Duke Law and Technology. Review, 2006.（4）, p. 2.
　　④ 蔡守秋：《法学研究范式的革新》，载《法商研究》2003 年第 3 期。

体责任范式"。

相同的法学研究范式会促进形成共同的法学学术传统、学术风格及研究路径，当然也因此使其法学研究范围具有局限性。而随着新情况、新问题的出现，若该研究范式无从应对，就会形成局部法学领域的"反常和危机时期"。如萨维尼及其历史法学派的理论很难再去解释变动不居的技术时代和知识社会的某些法律现象，人们似乎再也无法从民族精神中发现、培植和巩固既有的法律传统。而法社会学主义的"法律的生命始终不是逻辑，而是经验"的教义似乎也难以胜任，因为我们无法再去"经验"这个突飞猛进的知识社会。① 而面对此种危及，涵盖技术色彩且体现科学特色的功利主义、实证主义以及后现代主义研究范式则相应而生。因此，不仅法学研究范式普遍存在，而且其范式转移也属于变革时代的正常现象。而正如下文所指出，传统社会及风险社会各自存在自行相宜的刑法研究范式，而在传统社会向风险社会过渡中，也自然会出现相应的范式转移，并因此而影响到整个刑法理论以及刑法制度的重大变革。

（二）传统刑法保护范式②

传统社会中，人类生活及生产方式相对简单，其主要风险来源则来自天灾人祸等自然而非人为祸端，如杀人、伤害、盗窃等自然犯罪则是最常见的风险行为方式。因此，就人造风险在传统社会中的影响来看，一方面其物质损失相对较小，风险的受害范围狭窄，且风险发生也易被有效控制；而另一方面，风险及危害后果之间的

----

① 易继明：《技术理性、社会发展与自由》，北京大学出版社2005年版，第1—2页。

② 请注意，本书中传统社会系指工业革命直至风险社会产生的这段时期，而非近现代之前的中古封建社会甚至更早期的奴隶社会。

因果链条清晰明显，对风险制造人追责不会产生过多举证负担。而传统社会的生活生产方式及风险特征则决定了其刑法保护范式，故而罪责自负的责任主义和重视实质侵害的法益损害原则便成为传统刑法获得合法性的两大基石。

所谓责任主义又称罪责原则，是普通法系刑法及欧陆法系刑法的一个重要原则。在普通法系刑法理论中存在"没有犯罪意图的行为，不能构成犯罪"的原则，于此具有同工异曲之妙的是欧陆法系刑法理论中亦存在"没有责任就没有刑罚"的格言。而在两大法系中，责任主义的基本意义在于在认定犯罪时，不仅要求有客观上的行为，而且还要求具备可将行为归咎于行为人的主观上的故意或过失态度。因此，责任主义首先是一种主观责任主义，是在否定客观责任主义或结果责任主义的基础上形成的。正如德国刑法学家 S. 普芬多夫认为，人的行为是按照人的理性所具有的自由意思而存在的，也就是说，人是按照自由意思而决定行为的善恶。只有带有主观性的行为才具有责任。[①] 同时，责任主义还是一种个人责任，排斥株连责任和群体责任。每一个人只能就自己所实施的犯罪行为负担刑事责任，而不负担他人所为之犯罪的责任。责任主义之所以强调主观责任和个人责任，其目的则在于限制刑罚的出于某种功利考虑而不当扩张。诚如胡萨克所言，"不能仅因刑事责任之追究可削减犯罪，便因此认定存在犯意；亦不能因刑事责任之追究无助于削减犯罪，便因此认定犯意不存在。以刑事处罚所可能产生之功效来决定对特定被告人采取何种措施，实在有失公正"。[②] 因此，依照责任主义之意趣，刑法不应当基于某种功利诉求或刑事政策而将一个无故意、无过失之人强行拉入刑法制裁之中。故而诸如严格

---

① 陈兴良：《本体刑法学》，商务印书馆 2001 年版，第 316 页。

② Douglas N. Husak, Philosophy of Criminal Law, Totowa: Rowman & Littlefield Publishers, 1987, Chapter 4.

责任、替代责任、法人责任以及持有行为形态均不符合责任原则之精神气韵。

　　而法益损害原则更是刑事古典学派的镇山之石，该原则紧密围绕法益而展开。法益之概念最先由毕恩堡姆（Birnbaum）提出，后来得到了李斯特（Liszt）等学者的继承与发展。李斯特指出："法益是法所保护的利益，所有的法益都是生活利益，是个人的或者共同社会的利益；产生这种利益的不是法秩序，而是生活；但法的保护使生活利益上升为法益。"① 而法益侵害原则重视法益保护，其基本思想在于，犯罪便是侵害法益之行为，违法行为原则上只有在对法益造成了实际侵害的情况下才能作为犯罪予以处罚。

　　因此，正如法益侵害原则的拥趸者德国联邦宪法法院副院长Hassemer 所指出，法益"是行为禁止合法化的核心。如果它不能建立在适当追求认可的目的的基础之上，那么刑法的行为禁止——以刑罚威胁的形式……就不能被合法化"。这种认可的目的"不是别的，而是通过刑法达到的保护法益免予危害"。他的表述的最精彩之句是："用刑罚威胁来禁止一种行为，而这种禁止不能以法益作为根据，那么这种禁止就可能是国家的错误。"② 显然，诸如抽象危险犯、预备行为正犯化等早期处罚化思想都会被法益侵害原则所排斥。

　　无论是罪责自负的责任主义还是重视实质侵害的法益损害原则，二者均反映出传统刑法面对犯罪所采用的被动与消极的态度。这一方面固然符合形式罪刑法定原则及早期法治国的要求；另一方面也和传统社会犯罪简单化直观化的特点气息相同。然而这种保护

---

　　① ［日］大塚仁：《刑法概说（总论）》，有斐阁 1992 年改订增补版，第 83 页。转引自张明楷：《新刑法与法益侵害说》，载《法学研究》2000 年第 1 期。

　　② ［德］克劳斯·罗克信：《刑法的任务不是法益保护吗》，樊文译，载《刑事法评论》（第 19 卷），中国政法大学出版社 2006 年版，第 158 页。

范式固然适用于传统社会的需要，但面对风险社会之挑战，却往往显得捉襟见肘、气力不足，故而其范式转移之发生亦将成为自然而然之事。

（三）风险社会刑法保护范式

技术虽然为人类生存的条件带来了巨大的改善，但风险社会以信息技术和生物基因技术为标志的科学技术所蕴涵之危险，已然超出了个人领域，并日益挑战人类生存现状及精神价值。故此，风险社会中刑法最需要关注的也许应是突飞猛进的科学进展而招致的技术性风险。

不确定性是风险社会的最大特征，而作为风险社会核心构成的风险也体现出相当的不确定性。风险社会中，人造风险（危险）大体表现出以下的倾向：一、很难预测危险的发生，就算可做比率上的判断，也很难把握什么时候，在哪里发生；二、一旦危险发生，以人类的能力很难控制，就算可以控制也已经处于致命的危险之中，救援和恢复不容；三、损失巨大，其结果也是致命的，而且受害者也分散在某地区乃至全国；四、查明危险发生的责任所在或原因关系的不确定；五、危险源的主体超出个人范围，大部分是如组织或法人的团体或集体。[①]

不确定的风险社会以及其中不确定的人造风险必然会使得其刑法保护范式和传统社会之刑法保护范式判若云泥。仅以刑事责任主体之认定为例，传统社会中，危害结果的制造人易于查找，而在风险社会中，因果链条的不断蔓延使得各个环节都可能招致致命之危险，进而每个参与者都不能轻易摆脱责任之追究。如交通肇事，完

---

① ［韩］许一泰：《在危险社会之刑法的任务》，韩相敦译，http：//www. criminal-lawbnu. cn/criminal/info/showpage. asp？pkid＝8376，访问日期：2009 年 2 月 12 日。

全可能和汽车维修工保养不当以及可归咎于制造商的车辆质量缺陷而造成，因此驾驶人员并非事故的唯一参与者；另如利用网络散布他人隐私的，行为人、网络运营商、网吧经营者都有可能被归咎；再如医疗事故中，护士、医生、药品或医疗器械提供者都可能是相关责任主体。因此，和传统社会保守消极的刑法范式相比，风险社会刑法范式自然也应体现风险社会的特征。面对日益扩大的风险，刑法的机能也要转换成与危险社会的科学技术性危险相对应。危险社会里刑法的作用，不能是消极被动的应对犯罪，而且也要积极介入社会生活，主动应对风险的到来。

值得指出的是，人造风险对于个人或社会而言并非全然没有任何利益，而只有损害。因此，为了达至社会文明之发展，刑法必须在风险与利益间做价值判断的衡量，并容许某种风险的存在。生活当中本来就充满了利益侵害的风险，而风险所以容许，套用台湾学者黄荣坚教授的话，是一种"理性的冒险"。而之所以容许风险"就是为了一个更高度的生活利益而接受某些行为的附带风险，其判断主轴，大致上所考虑的，无非利益与风险两因素的大小问题。涉及量的问题，判断上难免有灰色地带；简言之，会牵涉到风险难以认定与价值情绪，特别是对现代科技或工业所形成的风险容许限度的问题"。[1] 因此，"如果我们在追求一项值得追求的利益时，如果该利益不可避免地必定会附带有一定程度的风险时；那么为了这项利益，我们应该接受该行为的附带风险"。[2] 就此而言，风险社会中，刑法没有必要也没有能力去要全方位消灭风险，而仅是要力图以控制风险、缓解风险或防范风险的扩散等，作为刑法的重要机能。

---

[1]　黄荣坚：《基础刑法学》（上），台湾元照出版有限公司2006年版，第315页。

[2]　黄荣坚：《论风险实现》，收录于其个人著作《刑罚的极限》，台湾月旦出版社股份有限公司1998年版，第160页。

　　而刑法风险控制机能的出现，自然要影响到其刑法保护范式发生转移。而传统刑法的责任主义及法益损害原则，在风险社会中，也要完成向负责主义和规范损害原则的范式转移。

　　首先，责任主义向"负责主义"的转变。

　　在风险社会中，囿于风险来源之多元化，因而风险后果与风险制造人之间的因果关系难以精确断定，故此就导致了风险责任主体的不确定性。正如贝克所指出，某些风险一旦出现，就会自然而然地产生责任问题，而人们在处理这些风险的过程中总是想方设法回避责任问题。各种复杂的公共机构和烦琐的程序安排，恰恰使得那些必须承担责任的人可以获胜离职以逃避责任。贝克把这种现象概念化为"有组织的不负责任"。其含义在于："第一次现代化所提出的用以明确责任和分摊费用的一切方法手段，如今在风险全球化的情况下将会导致完全相反的结果，即人们可以向一个又一个主管机构求助并要求它们负责，而这些机构则会为自己开脱，并说'我们与此毫无关系'，或者'我们在这个过程中只是一个次要的参与者'。在这种过程中，是根本无法查明谁该负责的。"[①] 因此，以逻辑完善而自我称许的责任主义法律制度和日新月异的技术进展之间的制度性缝隙，但导致真正的肇事者却无法查找落实，进而出现谁都不负责的被动局面。正如德国刑法学家许尔曼所称，"有害的因果链条消失在人群社会的匿名性之中，是今天经常发生的情况，在尽管还应当维护一种法益保护的条件下，刑法的手段就必须对那些令人难以忍受的危险行为本身加以使用"。[②] 而在社会对刑法提出变革要求的历史背景之下，责任主义地位的日渐式微也终究

---

　　① ［德］乌尔里希·贝克等：《自由与资本主义》，路国林译，浙江人民出版社2001年版，第43页。

　　② ［德］克劳斯·罗克辛：《德国刑法学总论》（第1卷：犯罪原理的基础构造），王世洲译，法律出版社2005年版，第19页。

无可避免。

"责任主义在当代的尴尬处境，其实是刑法体系从报应向预防转型的必然伴生物。随着控制风险以安抚公众成为压倒性的政治需要，刑法逐渐蜕变成一项规制性的管理事务。作为风险控制机制中的组成部分，刑法不再为报应与谴责而惩罚，而主要是为了控制风险而进行威慑。在威慑成为施加刑事制裁的首要理由时，传统刑事责任原则所构建的防线便很难再全面把守。突破原则的做法变得司空见惯，危险犯、持有犯、不作为犯、严格责任和法人刑事责任准则等的适用开始备受青睐，并在一种急于为日益扩张的社会与经济病症确定责任的规制性氛围中兴旺发展"。① 而随着责任主义被突破，罪责概念的核心已很难说是以意思决定自由为核心，透过因果流程操控建立起支配性而来的归责，毋宁说是单纯的"必须有人负责"的归责，而"负责主义"的范式也就随之而生。为了有效控制风险，防范风险制造人利用"有组织的不负责任"的机会主义，制造法律所不容许的风险而不被处罚的现象一再发生，刑法必须找到相关责任人顶缸。即便其对危害结果之产生没有故意，甚至没有过失，但只要其亲身参与了风险制造过程，就会被作为潜在的刑事责任主体被刑法警惕的目光牢牢锁定。而事实上持有犯罪、替代责任、严格责任和法人刑事责任等理论的提出，都是为了落实"必须有人负责"的"负责主义"精神，因而不惜处罚主观罪过不明甚至没有过错的风险参与人。②

其次，法益损害原则向规范损害原则的转变。

风险社会中，人们的生活主要依赖脆弱的技术手段。相应地，

---

① 劳东燕：《责任主义与违法性认识问题》，载《中国法学》2008 年第 3 期。

② 另外，刑法中所谓的"监督过失"、"复合过错"以及共同犯罪中的"部分行为全部责任"都是风险社会刑法理论中"负责主义"的产物。但基于这些理论和隐私权刑法保护规范并无太大之联系，本书也不对其和风险刑法之学理勾连一一展开论述。

个人行为所具有的潜在危险也飞跃性地增大。因此，风险发生的时间、地点、形式以及程度均具有极大的不确定性。所以，在风险发生之状况不能断定时，"不能等待造成侵害结果后再处罚，而必须对法益进行提前保护，由此产生了刑罚处罚的早期化要求。也因为如此，对法益的提前保护成为一种更有效率的保护"。[1]

而法益的提前保护显然是与传统社会的法益侵害原则相背离的，但与法益侵害原则亡羊补牢的事后消极惩罚手段相比，风险社会刑法更强调以保护法规范为中介，实现刑法未雨绸缪式的提前介入。据此，刑法之机能则在于证实那些被不法行为所质疑的规范，一如既往地有效并且应该被维持，以稳固一般人对于法秩序的信赖、保障相互间遵守行为规范的期待。

规范损害原则在刑法中的最典型适用是抽象危险犯的设置。抽象危险犯以纯粹的行为危险性作为负起刑事责任的基础，实际上是透过对特定行为的控制以达到分配风险的任务，危险的状态既属拟制，实际上根本不是侧重于法益侵害，而是以规范侵害取而代之。而在该种场合，即便行为人的侵害行为永远都不能达到侵害法益的结果，行为人也应对其行为侵害"不得实施某种危害行为"的规范而承担罪责。如日本刑法第108条的放火罪，即属于此。[2] 该犯罪成立所需要的危险，不必在构成要件上明确表示，仅仅根据立法

---

① ［日］井田良：《刑事立法の活性化とそのゆくえ》，载《法律时报》2003年第75卷第2号，第4页。转引自张明楷：《刑事立法的发展方向》，载《中国法学》2006年第4期。

② 日本刑法典第108条规定：放火烧毁现供人居住或者现有人在内的建筑物、火车、电车、船舰或者矿井的，处死刑、无期或者五年以上惩役。

理由，只要行为人实施放火行为，一般就可据此解释为有危险为已足。① 除抽象危险犯之外，帮助行为及预备行为正犯化等也应当为规范损害原则包裹其中。

值得指出的是，在学界虽不乏对规范损害原则的诟病者，但规范损害原则之所以将法益保护提前，直接将刑罚之矛头指向未来之危险，而其背后仍然以保护法益为最终旨趣，自然有其存在的理论依据。而正如台湾学者黄荣坚教授所称，"未来危险的依据，不一定是过去客观上的危险行为，行为人过去客观上绝对没有危险的行为，也可以是未来危险的依据。一个已经过去的未遂，虽然现实上（事后判断）总有其不能达到既遂的原因，但是这些不能达于既遂的事实原因多半不是一般人在行为时所能认知或掌控的。这样的行为模式如果重演，在不同的时空背景下，谁也无法保证下一次的法益不被侵害。刑法不能把人们的法益当做轮盘上的赌注"。② 抑或我们可以举一生动之例子来说明，"若有一天我们发现家里五岁的小孩子拿着螺丝起子在玩电源插座，所幸插座是已经损坏而根本没有电源的插座，所以没有出事。那么就此，做父母亲的果真因为插座客观上没有电源，小孩不可能触电，所以就不必去管小孩子？"③

事实上，正因为规范侵害原则具有良好之防患于未然的风险防控效果，故而即便是在法益侵害说势力强大的德国刑法学界，该说也不乏重量级粉丝。如提倡积极刑法的德国刑法巨擘 Jakobs 就对规范损害原则大加赞赏，其认为，"刑法的任务从一开始就不是法

---

① 日本，也有观点认为，即使是对现住建筑物放火，若确信里面已经没有人存在的情况下，事实上也没有人存在，那么对于行为人就只能按照第 109 条的对非现住建筑物等放火罪定罪处罚。对此可参见［日］関哲夫：《作为危险犯之放火罪的检讨》，王充译，载《刑法评论》（第 13 卷），法律出版社 2008 年版，第 288 页。但在日本通说和判例仍坚持成立第 108 条放火罪之观点。

② 黄荣坚：《新修正刑法评论》，载台湾《本土法学杂志 2005 特刊》，第 67 页。

③ 黄荣坚：《基础刑法学》（上），台湾元照出版有限公司 2006 年版，第 548 页。

益保护，而是证明规范的有效性。犯罪行为是犯罪行为人对规范的否认，而刑罚的意义在于，宣告行为人的主张是不足为据的，并且规范一如既往地继续有效"。[①] 因此风险社会中，刑法的作用不能仅限于消极惩罚犯罪，而更应当具有前瞻意识，承认刑事制裁的积极的、形成的机能并积极考虑提前介入，以期对风险进行事先防范，避免风险向实害的转变。

三、风险社会刑法范式转移在隐私权刑法保护中之具体体现

不确定性乃是风险社会之最大特征，而这一点恰好可以与隐私权的不确定性勾连缠绕、气息相通。风险社会相关刑法理论之意趣就是要控制人造风险及其所招致的不确定性，而防范不可预测、难以确定之隐私风险也理所当然成为其理论研究的应有之义。就此而言，隐私权刑法保护可以成为风险社会刑法范式转移的最好实验场所，风险社会刑法理论也可以在隐私权刑法保护中得以最直观、最彻底、最明显之检验。

（一）抽象危险犯

基于隐私利益一旦损害就不可恢复性，在德日等国及我国台湾地区和澳门特区刑法中，对隐私犯罪设置了大量抽象危险犯，以期更积极而周延地保护隐私利益。而隐私犯罪的抽象危险犯设置也能够充分展现风险刑法理论中规范损害原则的精神风貌。因为一方面，"抽象危险犯的构成要件设置是一种对于法益的提前而周延的保护，也可以说是对法益保护的前置化措施。因为刑法规范除了报

[①] ［德］克劳斯·罗克信：《刑法的任务不是法益保护吗》，樊文译，载《刑事法评论》（第 19 卷），中国政法大学出版社 2006 年版，第 149—150 页。

应思想之外，还承担着预防的作用，且这种预防应该是积极的。如果刑法的犯罪处罚结构坚守在实害犯与具体危险犯的范围内，对于刑法的保护而言，无疑呈现出不力与迟延之态"。[①] 另一方面，"抽象危险犯的正当性还可以从行为规范的功能面予以揭示。立法者将某些从生活经验中累积而知的具有典型危险性之行为予以规范化，并借此彰显一种示范的作用。即通过对某些危险行为的处罚来警示并进而引导个人的行为。因为任何一个社会系统的自我维持都需要利用各种不同的工具预防纷争的出现。可以说，抽象危险犯是为了维持规范的效力而存在的"。[②] 因此，抽象危险犯完全是规范损害原则的产物，而隐私犯罪的抽象危险犯设置也应当被视为风险刑法理论的典范之作。[③]

由于抽象危险犯立法模式和传统刑法的两大根基——罪责原则和侵害原则不相凿枘，因此，或许会有人以此认为抽象危险犯的设置会导致刑罚的边界过分侵张，因此反对在隐私权刑法保护规范中大规模设置抽象危险犯。但本书仍然坚持认为，隐私犯罪的特殊性和抽象危险犯的立法宗旨能够勾连契合，抽象危险犯的设置更能切实有效对隐私权进行周密严正的保护，并且基于下列原因，其也未

[①] 王皇玉：《论贩卖毒品罪》，载台湾《政大法学评论》第 84 期，第 253 页。

[②] 王皇玉：《论贩卖毒品罪》，载台湾《政大法学评论》第 84 期，第 256 页。事实上，抽象危险犯所发挥的行为规范功能的确比较强大，如在我国台湾地区刑法理论中，经常被举出的例子就是我国台湾地区于 1999 年刑法新制订的第 185 条之 3 的"醉态驾车罪"，从比较初步和表面的角度去观察，在制定此条文以前政府与民间的各项文教倡导都无法达到任何具体的成效，但在修法将酒醉驾车也纳入到刑法规范内后，酒醉驾车的情形明显的改善了。依台湾警政署的统计资料，2000 年被举发的酒醉驾车案件共有 191832 件；2001 年降为 166311 件；2002 年为 119630 件；至 2003 年时已降到 73515 件。对此可详见林裕凯：《从危险犯论放火罪之可罚性》，国立台湾大学法律学研究所 2006 年度硕士论文，第 19 页以下。

[③] 值得注意的是，由于并非所有的隐私犯罪都会对隐私权益造成直接而紧迫的危害，因此刑法亦无必要将所有的隐私犯罪都设置为抽象危险犯模式。

必就造成刑罚权的轻狂张扬。

1. 尽管隐私犯罪的抽象危险犯的立法模式，在其犯罪构成、既遂标准、追诉及定罪条件方面要求相对较低，但这绝非意味着并非侵犯隐私行为一旦实施就成立犯罪。我国刑法第 13 条在明确了犯罪概念的同时，还规定了"情节显著轻微危害不大的，不认为是犯罪"的但书，这就意味着，该但书对于隐私犯罪的成立仍具有不可忽视的筛检过滤功能，一定程度上可以消解人们对抽象危险犯刑罚权过度伸展之忧虑。[①]

2. 相对于故意杀人罪、强奸罪、贪污罪等传统犯罪，隐私犯罪所能造成的法益侵害一般较小，因而隐私犯罪本身就是轻罪。各国或地区隐私权刑法保护规范中一般对隐私犯罪采用轻罪模式，将轻自由刑及罚金刑作为常规刑罚措施。因此，即便对隐私犯罪采用抽象危险犯立法模式，也不会给犯罪人增加特别沉重的负担。

3. 基于隐私权自身的特点，一旦被实质侵害，则其所造成隐

[①] 在欧陆刑法中犯罪之成立没有定量因素，故而从理论上来讲，抽象危险犯之设置可能会导致一旦实施该种行为，犯罪就成立。但值得注意的是，为了消缓抽象危险犯的过分扩张，欧陆刑法中出现了多种限缩抽象危险犯成立的学说，而"可罚性的违法性"就是其中一种。如日本学者荻原滋在论及抽象危险犯的可罚性限缩的问题时，就主张可以实行"可罚的违法性"来限定可罚的范围。荻原滋认为，可罚的违法性理论，在侵害犯当中能够适用，在危险犯当中，亦同样适用。在抽象危险犯当中，即使形式上满足条文的规定，但是如果该行为的实质违法性，还不具备达到构成要件所预设的程度时，就可以认为不具可罚的违法性而否定其成立。例如，对于家屋放火，但此屋不仅位在荒野，附近连树木都没有，而且居住者刚好全部都不在的情形，并无发生公共之危险之虞，并不存在日本刑法第 108 条放火罪所要保护的利益的侵害。从而，此情况不该当该条之构成要件，不成立犯罪，理由是该情形合于可罚的违法性理论当中"绝对的轻微"的类型。对此可参见荻原滋：《实体的デュープロセス理论の研究》，东京成文堂发行，平成 3 年（1991）初版，第 151 页。转引自吴柏苍：《危险犯之研究》，国立台北大学法学系 2006 年度硕士论文，第 148 页。而事实上，"可罚的违法性"和中国刑法第 13 条的"情节显著轻微危害不大的，不认为是犯罪"的但书有着异曲同工之妙，因此无论是欧陆刑法还是中国刑法，尽管在隐私犯罪中设置抽象危险犯模式，但不会为了鸡毛蒜皮的小事而动用刑罚。

私扩散的危害断然难以挽回。故此，与其在事后对肇事者严厉惩罚，不如在事先扎牢藩篱，借助对危险行为的打压，强化对隐私权刑法保护规范的尊重，防止更严重的损害结果的发生。这样无论对隐私权益人还是试图进行隐私犯罪者而言，都能从各自方面有所获益。对于对造成侵犯隐私严重实害后果的，可以在抽象危险犯的一般刑事处罚的基础上，相应加重处罚力度，以体现罪刑相适应原则之要求。

（二）严格责任

　　传统刑法坚守责任原则，没有罪过的行为不得被宣布为犯罪。"行为无罪，除非内心邪恶"，这是基督教思想的一句格言。[①]但随着风险社会的出现，责任原则产生了动摇，英美国家"在公共福利、运输、公共卫生以及工业安全保障等方面不断增加的现代刑事立法规定了无需根据其主观意图而进行的处罚"，[②]而严格责任也从此刻登上了刑法舞台。对于某些具有高度危险的职业或行为，刑法设定严格责任促使从业人员以谨慎态度小心从事；另一方面，严格责任多见于行为人主观罪过难以证明之情形刑法对此类犯罪不要求有主观过错，从而减轻刑事诉讼中公诉人证明被告人有罪过的责任，以有效地保护公众利益。综观各国或地区隐私刑法，其中不乏严格责任之规范。中国隐私刑法保护规范中虽未曾出现严格责任，但现实生活中所存在的某种现象，如网络运营商（Internet Service Provider，简称ISP）是否应当对他人利用网络服务散布隐私行为承担刑事责任问题，已对现行立法提出挑战。

　　ISP在明知他人利用网络服务散布隐私而继续为之提供服务

---

　　①　储槐植：《美国刑法》，北京大学出版社1996年版，第85页。

　　②　［美］H. W. 埃尔曼：《比较法律文化》，高鸿钧、贺卫方译，三联书店1990年版，第86页。

的，自当构成隐私犯罪的帮助犯，对此不应有所疑问。但在事先不知情，而在事后又不采取相关措施的行为是否应予以归责以及如何归责，则可能会产生些许争议。

本书认为，在风险社会中，网络已然成为泄露散布公民隐私的最佳场所，而各国已对此采取相应对策。如早在 1998 年底欧盟委员会公布了"与电子商务有关的法问的指令的建议草案"要求成员国在其国内立法中规定，ISP 在提供服务器空间、虚拟主机服务时，对其系统或网络中存储的信息内容，除违反法律的禁止性规定外，得免除其民事和刑事责任，但若 ISP 实际上知道用户的违法行为而仍提供寄存服务的，不能免除其民事责任和刑事责任。[①] 而实质上，"网络服务业者开始提供服务时，也同时制造网络使用人透过网络来侵害别人的危险，因此网络服务业者有义务防止该结果被实现，否则即有成立不作为犯之可能"。[②] 而考虑到防范隐私风险之需要，加之 ISP 并未履行相关管理义务，要求 ISP 承担不作为之刑事责任应不为过分。

同时，由于 ISP 无论是在技术上还是网络资源上均占有压倒性优势，若对 ISP 坚持责任主义，则在侦查、取证等方面控方均处于绝对不利之地位，而严格责任之适用则使得控方无需证明其故意或过失，只要证实其在知情后未采取相应措施即可，其证明难度大为降低。同时，网络行业本身就是"人造风险"的主要制造者，而严格责任方式将有助于使其积极肩负妥善管理职责，有效防范他人利用网络散布隐私之风险。故而对上述行为适用严格责任也应属于风险社会保护隐私的必然要求。

---

① 郭丹、李晶珠：《比较法视野下网络服务商的法律责任限制》，载《东北农业大学学报（社会科学版）》2007 年第 5 期。

② 黄荣坚：《计算机犯罪的刑法问题》，收录于其个人著作《刑罚的极限》，台湾月旦出版社股份有限公司 1998 年版，第 194 页。

（三）持有

持有型犯罪源自于普通法系，而欧陆法系刑法中也广为存在。持有本身是一种状态，但持有又具有一定的行为性。持有不同于积极的作为，也有别于消极的不作为，因此，持有是区别于作为、不作为的第三行为形式。如《美国模范刑法典》就认为"如果持有人有意识地获得或接受了该持有物，或者在能够终止其持有的充分时间内知道自己控制着该物，则此种持有即为一种行为"。[①]

持有型犯罪是风险社会刑法理论的特定产物，相较抽象危险犯而言，持有同法益实际损害的距离相去更远，行为人甚至尚且不能表现出抽象危险犯中所可能流露出的人身危险性。故而，持有同传统刑法中的法益损害原则的关系最为紧张，持有也应被视为风险社会刑法理论中最为激进之类型。

持有之主要意旨首先在于通过早期化处罚，预防犯罪发生。这一点正如边沁所言："立法者的策略与守护士相似。禁止制造、持有某种补网或者其他陷套野兽的工具，这些方法犹如在窗台上安装铁栏，炉火旁设置网格，勿将锋利和危险的工具放在儿童所能触及的地方。而一个警惕性强的立法者就如同一个有谋略的将军，仔细侦察敌人的所有情况，从而破坏和打烂敌人的计划，他认为对荷兰传闻的一种形状如针的杀人工具制造、销售和持有行为应作为谋杀罪的从行为予以处罚。"[②] 其次，持有型犯罪之设置，还有助于减轻控方之证明责任，因为"持有是现存状态，容易被证明，发现了事实就等于证明了事实。减轻证明责任，有助于增加刑法的威胁

---

① The Model Penal Code, Seetion2. 01 (4) (1962).

② ［英］吉米·边沁：《立法理论——刑法典原理》，李贵方等译，中国人民公安大学出版社1993年版，第146—147页。

效用。"① 因此，在风险社会中，持有型犯罪设置将成为风险控制的重要手段。

持有型犯罪在各国或地区的隐私权刑法保护规范中普遍存在，由于隐私是一种易碎品，一旦遭受损害则无可修补。因此，在风险社会中，而对隐私犯罪采取未雨绸缪的刑事政策，重视隐私风险的事先防范应当比亡羊补牢的事后惩罚更能切中要害。而持有型犯罪立法模式则可以将刑法对隐私犯罪的处罚边界适当向前延展，从而有效避免隐私犯罪的损害发生。因而，尽管单纯之持有他人隐私行为并不能直接侵扰他人之隐私法益，因而对其犯罪化同传统刑法中的法益损害相抵牾，但由于其具备防范隐私扩散风险之良好功能，故此更能适应风险社会隐私权刑法保护之需要，并应当予以大力提倡。

（四）替代责任②

从其渊源来讲，刑事替代责任是现代代理制度之产物。而现代代理制度主要体现于民事法律关系中，其基本意义在于行为人对他人的侵权行为承担责任。③ 而在当今刑事法律理论中，其被变异为行为人对他人的危害行为或精神状态，而不是自己的作为或不作为

---

① 储槐植：《美国刑法》，北京大学出版社 1996 年版，第 55 页。

② 请注意，严格责任和替代责任一样都是一种无罪过责任，但二者毕竟有所区别。一般认为二者在以下方面存有差异：首先，严格责任是对自己的行为承担责任，而替代责任是对他人的行为承担责任。其次，在严格责任中，所谓的无罪过责任并非意味着行为本身没有过错，而是法律对此不作要求。而在替代责任的场合则必须查明其对他人的犯罪行为不存在故意或默许时才得以适用。再次，制定法可能在要求某个犯罪必须有犯意的同时，仍然主张对雇主适用替代责任，而要求犯意的犯罪和严格责任则不能并存。对此可参见赵秉志、谢望原等主编：《英美刑法学》，中国人民大学出版社 2004 年版，第 102 页。

③ ［美］爱德华·J. 柯恩卡：《侵权法》（英文影印版），法律出版社 1999 年版，第 229 页。

承担相应之罪责。[1]

　　尽管刑事替代责任主要存在于普通法系国家刑法中，但欧陆刑法中替代责任犯罪的设置也屡见不鲜。如在日本，"在行政的刑罚法规中，有很多关于从业人员在业务上有违法行为时处罚业主的规定。这种规定处罚业主的立法形式有两类；一类对从业人员的违法行为不处罚行为人，仅处罚业主的代罚规定"。[2] 再如在法国，刑法典第121－1条规定："任何人仅对其本人之行为负刑事责任。"但《新刑法典》确认了法人的刑事责任，对法人宣告的刑罚有可能间接罚至"资本持有人"、劳动者或经理人员，从而使对法人追究刑事责任导致"对他人之行为负刑事责任"。最近几年来，有许多立法明文规定，在特定情况下，企业主要负责人对于其职员、雇员或工人实行的犯罪行为应承担刑事责任；另外，法院的判例则依据一些或明或隐的规定，扩大了对他人行为的刑事责任的适用范围。[3]

　　由于替代责任的本质是让行为人为他人的侵权损害后果承担责任，而行为人对他人行为是否知晓，持有何种态度则在所不问。因此，替代责任实质上是一种结果责任，只要他人招致某种危害后果，行为人就必须为他人之行为担当罪责。由此看来，替代责任已经完全抛弃了传统责任主义对自由意志支配下的主观心理过错的要求。而相应地，替代责任的归责方式更亲近于风险社会中"负责主义"所倡导之"必须有人负责"的精神旨趣，因而应当被列为风险刑法理论的重要组成部分。

───────────

[1]　Herring, Marise Cremona, Criminal Law, Macmillan Press Ltd, 1998 (2nd), p. 185.

[2]　［日］福田平、大塚仁：《日本刑法总论讲义》，李乔等译，辽宁人民出版社1986年版，第46页。

[3]　［法］卡斯东·斯特法尼等：《法国刑法总论精义》，罗结珍译，中国政法大学出版社1998年版，第323页。

事实上，在隐私权刑法保护中替代责任之设置很有必要。各国司法实践中，涉及公民信息处理的公司企业在其业务经营中雇员违背职责义务而恶意严重侵犯他人隐私的情况已非常普遍。而上述单位通常人员众多，事务庞杂，欲想查实隐私泄露者也着实不易，且由于员工流动性日益增强，许多隐私犯罪结果是在其离职而不知去向后才得以察觉，但此刻已经无法对其归责，故而会导致贝克所称之"无人负责"之状况。正如前文所称，替代责任能够促使雇主强化其雇员的管理，从而有效防范雇员故意或过失侵犯公民个人隐私行为的发生。因此，隐私犯罪替代责任的设置能够有效防范隐私泄露之风险，其在各国刑法中生根发芽应为风险社会刑法理论发展中不可逆转之必然趋势。

由于刑事替代责任在普通法系已经有了数百年的历史，故此其应用已是普通法系国家信手拈来之常事。而在隐私权刑法保护方面，尽管欧陆法系国家对替代责任还瞻前顾后，而对隐私权刑法保护并不周延的英国刑事立法却已经在替代责任问题上率先垂范。[①]而欧陆法系国家以及中国在此方面也应对此有所借鉴。

（五）帮助行为及预备行为正犯化

同持有犯罪一样，帮助行为及预备行为正犯化都是风险社会刑法中处罚早期化理论的重要组成部分。所不同者，持有型犯罪本身对法益并无直接侵害，而帮助行为及预备行为对法益之实际侵害已较为迫近。但总体而言，帮助行为及预备行为正犯化均符合规范侵害原则之特征，因而可以归属于风险刑法理论之范畴。

传统刑法中，帮助犯及预备犯地位卑微，二者皆是以所谓的犯罪构成修正形态出现在刑法理论中，尤其是在欧陆刑法中，不处罚预备犯已经成为各国普遍采用之通则。然而，随着风险社会之出

---

① 如其1984年数据保护法第20条就设置了替代责任。

现，使得各国刑法重新审视其犯罪对策。在处罚早期化理论的鼓动下，刑法要处理的不只是对法益的实际侵害还包括诸多对法益构成威胁的行为，而帮助犯及预备犯也被视为制造了法律所不容许之风险。基于风险控制之需要，刑法不得不对帮助犯及预备犯另眼相看，其不仅要打压支援犯罪的帮凶还要扑灭引发犯罪的火苗。因此当今各国刑法不但处罚帮助犯及预备犯，还出现了帮助行为及预备行为正犯化之倾向，并在隐私权刑法保护中有所体现。

如中国刑法中第283条非法生产、销售间谍专用器材罪及刑法修正案（七）中的非法侵入个人电脑系统罪即是帮助行为及预备行为正犯化之典型立法例。生产、销售间谍专用器材行为无疑能够给侵犯他人隐私犯罪之实施提供极大便利，故此应当属于直接侵犯隐私法益犯罪的帮助行为。而只有先行非法侵入个人电脑，才能进一步实施扫描并查阅复制他人电脑中隐私，因此，侵入他人电脑也应被视为实施直接侵犯隐私法益犯罪的预备行为。从本质上来讲，上述两种行为均未曾对他人之隐私法益造成实际侵害，而刑法之所以将其作为正犯处理，使得例外犯罪形态不再成为例外。[1] 其目的无非在于降低犯罪成立的入罪门槛，从而为刑罚权提前保护法益提供了正当性根据，而帮助行为及预备行为的正犯化和风险刑法处罚早期化思想显然也是心有灵犀、不谋而合的。

限于篇幅，本书对风险社会刑法范式与隐私权之不确定性的研究只能到此为止。但关于风险社会与刑法范式转移的议题却应当引起学界的高度重视。而总结隐私刑法保护中所出现的风险社会刑法范式转移的理论经验，并将推广应用于环境犯罪、食品犯罪、药品犯罪、动植物防疫检疫犯罪、血制品犯罪等由现代科技所引发的风

---

[1] 相对于个人既遂犯罪之常规犯罪构成而言，预备犯是一种"截短"的不完备的犯罪构成模式，而帮助犯则是一种"寄生性"犯罪构成，亦须借助正犯之成立才会获得正当性。因而二者均属于例外性的犯罪构成形态。

险性公害犯罪的防范，也应当是隐私权刑法保护研究对风险社会刑法理论发展所做出的学术贡献。

第三节　隐私权刑法保护与刑法双轨制立法模式

刑法系为抗制犯罪而生，而刑法规范则是刑法存在之载体，故此刑法规范是否合理妥帖将直接影响到刑法的效力。但同时，刑法是一有机之整体，其功效之发挥尚取决于结构、体系等形式因素。[①] 而在刑法规范业已锤定的情况下，如何对其排列组合，使有限的资源发挥其最佳效应，将是立法模式理论的研究范围。另外，鉴于隐私权之不确定性，立法者如何针对其特点对症下药，构建能够充分发挥刑法规范作用的立法模式仍然是考验立法者智慧与技巧的难题。

一、刑事立法模式之概述

刑事立法模式是指一个国家刑事法律规范在刑事立法中的表现形式。[②] 综观世界各国刑事制定法，刑事立法模式主要有以下几种：

[①]　刑法作用之发挥正如同派兵遣将一样，参战者素质及武器装备固然重要，但其兵力分布及火力配置亦将左右战局。将火力强大、体厚势沉的坦克部队调派至树密沟深的山林丘壑，其战斗效果可想而知。

[②]　有学者将本书中所称指的刑事立法模式称为"刑法渊源"，并认为"刑法渊源"主要指刑法典、单行刑法及附属刑法。对此可参见张明楷：《刑法学》，法律出版社2003年版，第26页。但本书认为，一般意义来讲，"法律渊源乃指法律的效力渊源，因此，制定法、习惯法和条约，就往往被宣布为法律唯一的渊源"。对此可参见 John Henry Merryman, The civil law tradition—An Introduction to legal Systems of West Europe and Latin America, Stanford University press, 1969, p. 4. 而在中国刑法中，宪法、刑法修正案、国际公约、民族自治地方制定的有关刑事方面的变通或补充规定也都是刑法的重要渊源。因此，刑事立法模式和刑法渊源固然有内在联系，但却是不能混同的两个概念。

（一）刑法典模式①

刑法典是国家以刑法名称颁布的、系统规定犯罪及其刑事责任的法律。我国 1979 年颁布的《中华人民共和国刑法》，以及 1997 年经过修订颁布的《中华人民共和国刑法》，可谓刑法典。在各国刑事立法中，刑法典是刑事法律规范最重要也是最集中的表现及存在方式，也是整个刑事法律规范体系中最基本、最为稳定的部分。

（二）单行刑法模式

单行刑法，它是以特定的犯罪、刑事责任和刑罚为内容，旨在补充、修改刑法典的专门的规范性文件。我国于 1979 年制定刑法典以后，从 1981 年到 1995 年，为适应社会发展中所出现的新情况、新问题和惩治、防范犯罪的实际需要，先后制订了 24 部单行刑法。上述单行刑法对刑法理论的发展起着推动作用，也为 1997 年刑法典的全面修订做了立法基础上的准备。而在 1997 年修订刑法后至今，中国对于刑法的修改和补充基本上采取刑法修正案的模式，仅在 1998 年制定了《关于惩治骗购外汇、逃汇和非法买卖外汇犯罪的决定》一个单行刑法。因此，随着刑法修正案的兴起，单行刑法模式在中国刑法中已是昨日黄花，渐趋沉寂。

---

① 刑法修正案也是中国刑法的一种重要立法模式。尤其是中国在颁布刑法修正案时并不重新颁布刑法典，而是让刑法典与刑法修正案共同存在，因此，刑法修正案本身就具备相对之独立性。但本书并未将其作为一种独立的立法模式来论述，其理由为，一方面刑法修正案是刑法典的修正案，故而其尽管相对独立，但仍然需依附刑法典方能展示价值；另一方面，在具体操作中，无论是理论界还是实务部门均将刑法修正案视为刑法典的当然内容，如 2007 年《最高人民法院关于在裁判文书中如何引用刑法修正案的批复》指出：人民法院在裁判文书中适用刑法修正案的规定时，应当直接引用修正后的刑法条文，表述为《中华人民共和国刑法》第×××条的规定，或者《中华人民共和国刑法》第×××条之×的规定。故此，本书也按照通说之观点，将刑法修正案和刑法典视为同生共灭的整体，不再对刑法修正案立法模式泼洒笔墨。

（三）附属刑法模式

附属刑法是指"分散在独立制典之外的民商法、行政法、财税法、环境法或卫生法等罚则中的刑事制裁法律规范即刑法规范的总称，在刑事制裁法体系中居于辅助法之地位，辅助刑法典共同发挥刑法规范功能"。① 附属刑法在性质上属于一种实质刑法，"就刑法本质上观察，刑法有实质刑法与形式刑法之分"，刑法典等刑事法律是形式刑法，而实质刑法是指不具有刑法典之形式，而实际上定有罪名及刑名的刑法规范的总称。② 在 1979 年刑法颁布后，我国先后出现了 130 余个附属刑法条文，对完善刑法起到了一定作用。而 1997 年刑法典颁布后，《公路法》、《动物防疫法》、《节约能源法》、《建筑法》、《价格法》、《献血法》、《防震减灾法》以及于 2008 年 8 月 1 日生效实施的《反垄断法》和已正式通过并施行的《食品安全法》，也都普遍规定有"构成犯罪，依法追究刑事责任"或者"构成犯罪的，依照刑法第 ×× 条有关 ×× 罪的规定，追究刑事责任"的刑事责任条款。但由于上述法律仅是在形式上指引刑法典相应条款之适用路径，并未直接规定相应的罪状和法定刑，造成其法律规范的不完整性。因而中国所谓的"附属刑法"实质上仍需依附于刑法典而存在，并因此丧失了应有之独立价值，因而难以被视为真正意义上的附属刑法。③

---

① 林山田：《论制裁法之体系》，载台湾《刑事法杂志》1986 年第 1 期。

② 韩忠谟：《刑法原理》，台湾雨丽美术印刷有限公司 1981 年版，第 8 页。

③ 世界各国则普遍采用了独立性附属刑法的立法模式，在附属刑法条款中设置罪状及相应的法定刑从而构成一个内容完整的刑法规范。例如，1974 年日本《森林法》第 197 条规定："凡在森林中偷窃林产品（包括经过加工的产品）为森林盗窃犯，处三年以下徒刑或十万日元以下罚金。"再如，1963 年英国《少年法》第 40 条第 2 款规定："根据本法第 39 条的规定，应制作或出示记录者，如未制作或出示的，应受简易审判，处 50 英镑以下罚金或三个月以下监禁，或两者并处。"而这种形式的附属刑法才是真正意义上的附属刑法。

二、隐私权单轨制刑法立法模式及其利弊

正如前文所称，境外刑法中，隐私权刑法保护规范普遍采用双轨制立法模式，如在美国，绝大部分隐私刑法保护规范都分散设置在各个不同的单行法之中，附属刑法已经成为隐私刑法保护的主要规范形式。而在我国台湾地区隐私权刑法保护规范中附属刑法条文总数远远超过刑法典，或更形象地说，其刑法典是漂浮在附属刑法条款之中。其附属刑法和刑法典互为犄角，遥相照应，从而有针对性提供细致入微的隐私权刑法保护。但在中国，由于中国刑法采用单轨制的立法模式，所有刑法规范都集中在刑法典中，而隐私权刑法保护规范自然也无可例外。中国隐私权刑法保护规范既无单行刑法模式，亦无附属刑法条款之存在，而这种现象在境外隐私权刑法保护中是绝无仅有的，因此也可以视为中外隐私权刑法保护的最大差异。[①]

中国隐私权刑法保护的单轨制立法模式，是中国构建和谐完备的"大刑法典"愿望的具体体现。自中国提出构建法治国家的宏大设想以来，法典化一直是立法者孜孜不倦、汲汲以求的奋斗目标。正如达维教授所言：编纂法典有很多原因，但是最主要的还是人们怀有使法律明确和使全国的法律保持统一的愿望。[②] 而在中国立法者心目中，"法典编纂是以一个统一的指导思想对一类法律进行系统化的整理过程。市场经济进行了一个新的立法或修改一个法

---

① 而本书在总结各国隐私权刑法保护规范时发现，最容易整理和归纳特征的就是中国刑法，因为中国隐私权刑法保护规范全部集中在刑法典中，但正如本书所揭示，在隐私权刑法保护中，刑法典一统天下的局面却不是隐私权的福音。因此，中国刑法学人大可不必对中国隐私权刑法保护中，刑法典一家独大的现象沾沾自喜。

② ［法］勒内·达维：《英国法与法国法：一种实质性比较》，潘华仿等译，清华大学出版社 2002 年版，第 25 页。

律，我们都可以根据这个新法的精神，对过去同类法律进行清理。这样，我们不必对法律一一进行修订，就可以使旧法律统一到新法律精神上来。法典编纂能消除法的内在矛盾和不一致，从而维护法律的权威和统一"。① 与此相应，1997 年修订刑法的指导思想之一即是："要制定一部统一的、比较完备的刑法典；将刑法实施 17 年来由全国人大常委会做出的有关刑法的修改补充规定和决定研究修改编入刑法；将一些民事、经济、行政法律中'依照'、'比照'刑法有关条文追究刑事责任的规定改为刑法的具体条款。"② 根据这一指导思想，中国刑法一夜之间便将单行刑法和附属刑法扫地出门，并因此彻底形成了刑法典一统天下的局面。

需要指出的是，单轨制"大刑法典"立法模式是有其存在的理论基础的。法典是成文法的代表，法典化反映了人类统一法律的愿望和以一部完善的法典一劳永逸地调整社会关系的憧憬。如梅因认为，法律是沿着"地美土第"（神启法）时代到"习惯法"时代再到"法典"时代的顺序发展起来的。③ 而韦伯则指出法典化体现了法律的理性化进程，其大致经历了这么几个阶段：最初通过"法律先知"传达的卡理斯玛启示（天启立法），以这种方式创制的法律是非理性的，它存在于根据神谕或神裁法（或两者并用）来裁决纠纷的远古社会；第二阶段是由法律贤达根据经验制订或发现法律（经验立法）；第三阶段是由世俗或宗教权威强加于人民的法律（强制立法）；第四阶段也是最后阶段，由受过正规理论训练的专业人员精心制订的系统的法律和专业性的执法运作（系统立

---

① 蔡定剑：《历史与变革》，中国政法大学出版社 1999 年版，第 387 页。

② 王汉斌 1997 年 3 月 6 日在第八届全国人民代表大会第五次会议上《关于〈中华人民共和国刑法（修订草案）〉的说明》。

③ ［英］亨利·梅因：《古代法》，沈景一译，商务印书馆 1996 年版，第 180 页。

法或法律法典化）。① 故而，法典应当是展示法律理性的最佳载体。

但和人们对法典所寄予的殷切厚望相反，成文法典以其普遍性、确定性满足了人们对平等、安全的需求，但同时却又因其不周延性、滞后性、不确定性，在权威供给、灵活应变、明确性方面表现为供给不足。于是晚近时分欧洲大陆法典开始重新审视自己创造的体系完备但却封闭的成文法典。② 意大利罗马第一大学教授那达林若·伊尔蒂1978年发表论文《解法典化时代》公开向传统法典化挑战，从而开创了"解法典化"思潮。③ "解法典化"之命题，得到了许多著名学者的称许。如日本学者穗积陈重在《法典论》中论及法典之范围时指出："法典之范围，当便宜画定。非必一切法律，悉编入一法典中也。如民法法典中，画其关于商事者，别为商法；刑法法典中，画其关于军人犯罪者，别为海陆军刑法。此其最著者也。"④ 此后在"解法典化"思想的推动下，以民法典为主体的法典编纂发生着重大变化，"立法将许多领域自民法范围分离并开辟了民法典以外的全新法律领域。这些领域（如房地产租佃法、雇佣法、保险法、运输契约法、垄断和竞争法、企业债券法、城市住房法）乃由特别立法来调整。其中民法典的那种无限制的契约自由已被一种以强制性条款、对某些协议的禁止及控制、许

---

① ［美］莱因哈特·本迪克斯：《马克斯·韦伯思想肖像》，刘北成等译，上海人民出版社2002年版，第423页以下。

② 何泽锋、李永广：《成文法典局限性及其克服》，载《河南科技大学学报（社会科学版）》2007年第2期。

③ 尤为需要指出，解法典化是对法典化的一种反动，其本意并非是弃人类数千年之法典文明于不顾，刻意追求各种法典的土崩瓦解，而仅是在通过法典之外的特殊立法打破法典大一统的垄断地位。特殊立法仍需以法典为中心，着力追补法典僵化封闭之不足，并力图和法典携手并进，共同完成法律调控社会生活之宏心大任。

④ 方潇：《"法典"意象变迁考——以中国语境为核心》，载《比较法研究》2005年第2期。

可、特许等条件形成的体系所取代"。① 如我国台湾地区民事立法就基本上放弃了尽收所有民事规范于"一法"的想法，通过台湾地区"民法"第 1 条关于法源的规定，立法上可针对特定政策目的制定特别民法或特别民事规定，不改变法典内在价值的一致性，而与其共同组成广义的民法。② 因此如今随着法典作用的衰微和特别立法的兴起，"解法典化"的趋势已成定局，并已直接影响到各国刑事立法模式的重大变革。

　　在欧陆法系国家，制定"概念明确、条理清晰、逻辑严密"的刑法典是欧陆刑法学家和立法者矢志不渝之宏图远望，但在"解法典化"思潮的长期浸淹下，这一固执而单纯之理念也渐趋松动。如今在欧陆法系各国中，刑法典的势力日渐式微，而以单行刑法及附属刑法为核心的特别刑法已然和刑法典形成分庭抗礼之局面。如在意大利，"由于刑法典中规定的只是或者说只应该规定那些社会危害比较明显，即属于'传统'刑法调整范围的那些犯罪（如杀人、抢劫、诈骗等），所以，散布于其他法律中的刑法规范，在数量上大大超过了刑法典中的规定。"③ 又如现行法国刑法典的内容相当丰富，与此同时，"'特别刑法'变得极为分散，分散在《刑法典》的'分则'和各种专门法律、甚至各种专门法典等不同法律文件当中，例如，有关新闻、欺诈、环境保护等方面的专门法律以及《公路法典》、《劳动法典》、《城市化法典》、《公共卫生法典》、《选举法典》、《农村法典》、《海关法典》等专门法典。"④ 而

---

　　① ［美］格伦顿、戈登、奥萨魁：《比较法律传统》，米健等译，中国政法大学出版社 1993 年版，第 32 页。

　　② 苏永钦：《私法自治中的国家强制：从功能法的角度看待民事规范的类型与立法司法方向》，载《中外法学》2001 年第 1 期。

　　③ ［意］杜里奥·帕多瓦尼：《意大利刑法学原理》，陈忠林译，法律出版社 1998 年版，第 2 页。

　　④ 《法国新刑法典》，罗结珍译，中国法制出版社 2003 年版，第 249 页。

和欧陆法系刑法国家双轨制立法趋势正好相反。自 1997 年刑法之后，中国逐渐确立起了现行以刑法典为轴心的单轨制立法模式。因此凡是需要增加犯罪类型与修改法定刑的，不管犯罪的性质及其与其他法律的关系如何，一概以修正案的方式对刑法典进行修改；附属刑法因此销声匿迹，而单行刑法也基本上被束之高阁。

应当说，法典化立法模式在中国的适用是有其积极作用的，法典模式的突出优点是逻辑结构之严谨性和效力之权威性强，具有较明显的一般预防效果；其整齐划一的规范结构也便于适法者方便准确地适用规范。尤其是在中国构建法治社会的时代语境中，统一有序的刑法典也将成为依法治国理念的象征性成就，因此其对巩固法学意识形态的影响作用也是不可忽视的。但法典化集中性、统一性的立法方式的弊端也日益凸显。[①]刑法典是规范基本生活秩序的法律，直接关系到国民基本生活的安定，在立法法、司法法与行政法的分类中，刑法属于司法法，司法法的最重要的指导原理是法的安定性。[②]　如果坚持单轨制立法模式，在一部刑法典中意图将现实中所有的犯罪一网打尽，刑法必将会在新兴犯罪出现时而鼠首两端，或者牺牲法典之稳定性，为新兴犯罪之需要而频繁修订刑法典；或者意欲维持法典之稳定性而放弃保护法益之职责。因此单轨制立法模式必将使刑法典陷入稳定性与法益保护难能两全的绝境。

---

① 有学者曾对单轨制立法模式之缺陷做出详尽之总结，一是在内容上难以反映诸如金融领域犯罪、计算机犯罪等新类型危害行为不断出现的犯罪领域的复杂性；二是难以对诸如黑社会组织犯罪、恐怖犯罪等特定的犯罪类型做有针对性的刑法制度设计；三是不能对诸如黑社会组织犯罪等复杂的犯罪领域实行刑事一体化的法制构建；四是难以反映诸如黑社会组织犯罪等复杂的犯罪领域进行综合治理的刑事政策的要求。参见刘之雄：《单一法典的刑法立法模式之反思》，载戴玉忠、刘明祥主编：《和谐社会语境下刑法机制的协调》，中国检察出版社 2008 年版，第 41 页。但本书认为，造成上述状况之原因仍然是单轨制立法模式下，稳定性与法益保护功能之间不可调和之矛盾。

② ［日］大塚仁：《刑法概说（总论）》，有斐阁 1997 年第 3 版，第 2 页。转引自张明楷：《刑事立法的发展方向》，载《中国法学》2006 年第 4 期。

中国刑法的单轨制立法模式也会对隐私权刑法保护产生不利之影响。隐私权是一个淘气鬼，变动不居、飘忽不定是其最大之特征。隐私权不仅在各个相关领域的样态内容迥然相异，并且时常还会随着社会的发展生长出新的茎条枝叶。而由于隐私及隐私权的复杂多变，刑法欲保持对侵扰隐私行为的及时有效规制，则必须时刻关注隐私及隐私权的变动，并需要频繁地修改刑法以适应隐私法益保护之需要。显然将权威性、稳定性奉为圭臬的刑法典是难以独自承担保护动荡不羁隐私法益重任的。

应该说，受传统欧陆法系影响至深的中国刑事立法，在欧陆法系业已彻底摒弃单轨制立法模式的今天，仍以一统天下的刑法典作为唯一的立法目标，已经显得非常不合时宜。事实上，刑法典的雍穆雅致与周延绵密固然会使唯美主义者赏心悦目，但刑法毕竟是用来防控犯罪的战斗装备而不是陈列在博物架上的古玩摆设，实用性才应是刑法锲而不舍的终极目标。而从刑法与隐私法益的相互关系上来看，毕竟是先有生活事实再有依事实而锻铸之法律，因此刑法应当去主动适应隐私权的不确定性，而不是对隐私权削足适履，去投合所谓"完整、清晰、连贯"的大一统的刑法典。故而，隐私权刑法保护双轨制立法模式之构建应当是无可阻挡之时代趋势。然而在单行刑法模式与附属刑法模式之中，究竟选择何种立法模式，并以此与刑法典形成互为补充的隐私权刑法保护的双轨制立法模式，对此仍需要作进一步之研究。

三、单行刑法模式不适宜隐私权刑法保护

单行刑法是各国普遍采用的重要刑事立法模式之一，也是双轨制立法模式的重要体现。由于单行刑法具备灵活性和针对性的特点，可以对社会上的新生犯罪予以规定，因而为大多数国家所提倡。新中国刑法史上虽不乏单行刑法的立法例，但自1997年刑法

实施之后，单行刑法因为刑法修正案的广泛采用而渐趋消沉。而正如前文所成，双轨制刑事立法模式之构建有利于对隐私权进行周至而有效的保护，而单行刑法模式是否能够适应隐私权刑法保护的要求，则是一个需要认真考量之问题。

单行刑法之最大优点即在于，其是就特定事项而量身订做，进而体现其机动性与灵活性之特征，因此得以最明确、最及时展示立法意旨。但因其本身并非法典制定上的常态模式，因此在理论上，其运用必须被限缩在因应特殊状况之需要，同时其规范应具备例外性、暂时性与紧急性等特殊性格，方能被允许。① 因此，单行刑法是一种优点与不足相伴而生的立法模式。灵活性是其最大之优势，但正是由于这种灵活性，往往使得单行刑法的启动与制定具有某种应急性和权益性，仅为实现某种具体目标，而至法律整体和谐性于不顾。因此，单行刑法往往会沾染钻头不顾腔的恶习。尤其在新中国刑法史上，单行刑法往往是"一事一议，乃至于一罪一议，立法内容既缺乏理论的论证，也没有进行科学的规划"，② 因此中国单行刑法与刑法典之间的关系难以调理，单行刑法与单行刑法之间的规定也有诸多不协调之处。因而，鉴于单行刑法利害同生的特点，必须限制其适用范围，以期在发挥单行刑法灵活性优势的同时，又能合理限制其灵活性而招惹的弊端。

对于单行刑法的适用范围，我国学者曾做过细致研究，并得出以下结论：第一，这类犯罪比较严重，不适合规定在附属刑法中。刑法理论通常将刑法分为形式刑法与实质刑法，前者是从外形或名称上一看便知是刑法的法律，如刑法典与单行刑法；实质刑法是指附属刑法。显然，形式刑法尤其是刑法典的威慑力较大，实质刑法

---

① 林山田：《论特别刑法》，载林山田：《刑事法论丛（一）》，1997 年版，第202—204 页。

② 赵秉志主编：《刑法改革问题研究》，中国法制出版社 1996 年版，第 308 页。

的威慑力有限，由此产生的结论是：严重犯罪不宜规定在附属刑法中，而应规定于形式刑法中。第二，这类犯罪比较复杂，有若干具体犯罪类型，在刑法典中作冗长的规定会有损刑法典的简短价值。第三，这类犯罪不一定以违反行政法、经济法为前提，但是又不能仅给予刑罚处罚，还需要规定保安措施、预防策略乃至其他特殊对策，因而在刑法典与附属刑法中规定都不合适。基于以上考虑，类似有组织犯罪（恐怖活动犯罪）、毒品犯罪以及在我国生效的国际条约所规定的比较复杂的犯罪，都适合由单行刑法规定。此外，军事刑法、少年刑法需要采取单行刑法的立法方式。①

而反观侵犯隐私的各种犯罪，则均不具备上述犯罪之特征。

首先，相对于故意杀人罪、强奸罪、贪污罪等传统犯罪，隐私犯罪所能造成的法益侵害一般较小，因而隐私犯罪本身就是轻罪。各国或地区隐私权刑法保护规范中一般对隐私犯罪采用轻罪模式。因而不符合单行刑法所主张之严重犯罪的罪质特征；其次，正如前文所称，基于隐私权不确定性之特征，对隐私犯罪采用列举式规范的努力不仅会使得刑法条文肥大庞杂，而且会出现越是具体细致反倒越是破绽百出的现象。因此，隐私犯罪的罪状应简要、抽象，甚至必要时还需适当模糊。而这当然也不符合单行刑法所必须之罪状冗长的特征；最后，尽管隐私权属于新兴权利，但各国行政法规却不乏对隐私权的详尽规定。故此，对之予以刑事处罚能够和相应行政法规有效衔接。② 故此，不符合单行刑法所要求和行政法"脱钩"之刑事处罚必要性的特征。

故而，从整体上来讲，单行刑法作为双轨制刑事立法模式的重要组成部分，其也许针对组织犯罪（恐怖活动犯罪）、毒品犯罪以

---

① 张明楷：《刑事立法发展的方向》，载《中国法学》2006年第4期。
② 而正如后文所称，与隐私权行政法规的有效衔接，恰恰是附属刑法的最大之优点所在，也是本书所推崇隐私权刑法附属立法模式的缘由所在。

及在遭遇重大灾害、经济危机、骚乱、动乱、叛乱等特殊时期针对某种严重性犯罪大展身手，但就隐私权刑法保护而言，却不合时宜。因此，隐私权刑法保护只能将企盼的目光投注于附属刑法身上，并以期有所斩获。

四、附属刑法模式应是隐私权双轨制刑法保护的最佳选择

附属刑法是双轨制刑事立法模式中最重要的一个组成部分，在世界各国或地区的刑事立法中，其地位也是仅次于刑法典。综观各国刑法，刑法典、附属刑法及单行刑法三者各有所重，共同组建协调互动的刑法规范体系，而"从长远来看，刑法典与单行刑法、非刑事法律中的罪刑规范在内容上应有所分工：刑法典规定的犯罪应主要是能够简短描述的传统型犯罪，单行刑法规定的主要是具体类型较多，难以简短描述的犯罪；非刑事法律中的罪刑规范应主要与该法律密切相关的轻微经济犯罪与行政犯罪"。[①] 而隐私犯罪总体上属于罪质轻缓、危害较小的犯罪，同时在刑法典基于稳定性考虑不能完全涵盖隐私刑法保护规范，而单行刑法不适宜隐私权刑法保护的情况下，附属刑法立法模式就应当挺身而出，和刑法典齐心互助，共同担当隐私刑法保护之职责。

本书认为，结合附属刑法模式之优势及隐私权不确定性之特点，附属刑法模式应当是隐私权刑法保护双轨制优先选择的最佳立法模式：

（一）附属刑法能适应隐私权之不确定性

各国或地区附属刑法之所以广泛存在，就在于其能够契合司法

---

① 高铭暄、赵秉志主编：《新中国刑法学研究历程》，中国方正出版社1999年版，第316页。

现实，迅速跟进司法需要，在较短时间内及时制定有针对性的刑法规范，在相当程度上弥补了刑法典条文由于固有稳定性而导致的立法滞后感。因此，正如有学者所言，附属刑法的设置"能够更加突出行政犯不同于刑事犯的性质，有利于及时惩治各种行政犯新类型和适应变化了的刑法调整新情况，而克服刑法典和单行刑法立法上的局限性，提高刑法调整的社会效果"。① 故而"附属刑法规范的创制性立法，对弥补刑法典的滞后性，推动刑法典的发展完善，克服刑法典无法罗列穷尽全部犯罪行为的逻辑障碍，建立一种应变机制，从而适用社会变化发展的需要，都是很有意义的"。②

　　隐私权是一个与科技发展与时代变迁息息相关的概念，不确定性是其最大之特征。因此，隐私权刑法保护也要时刻关注技术革新，捕捉时代气息，并力图在隐私刑法规范中反映出相关变动和发展。但囿于刑法典之稳定性要求，立法者决然不能将所有隐私刑法保护规范都集中在刑法典中。相对于保守而稳定的刑法典而言，包容于刑法之外各种部分法规中的隐私权附属刑法规范，虽然其无法形成系统化、整体化的隐私刑法保护体系，但却能方便快捷地对社会生活变迁做出灵敏而有效的反映。故而，从一定程度上来讲，附属刑法应当是隐私权刑法保护合乎适宜的立法模式。

（二）隐私权附属刑法保护规范和其他法律规范能够实现有效
　　　　衔接

　　附属刑法的立法模式最大的优点乃在于，因为其附属于民事或行政法规而规定，因而其入罪之规范对象或所使用之法律概念均可因此与该法规所规定者紧密结合，较不至于发生规定于主刑法中的

---

　　① 黄明儒：《行政犯比较研究——以行政犯的立法与性质为视角》，法律出版社2004年版，第245页。

　　② 青锋：《附属刑法规范的创制性立法问题》，载《法学研究》1998年第3期。

刑罚规定与其他法规各自表述，甚至是相冲突矛盾之问题。就审判者的角度来看，单一个案的法律适用依据如果能在同一部法典中寻得，其法律适用关系也就较为单纯，进而降低出错的几率。就此而言，附属刑法的存在似乎远较特别刑法的模式更有其立法技术上的意义。[①] 事实上，由于刑法典和单行刑法在制定时，立法者通常难以对其和相关部门法之间的法规范衔接与契合做出妥帖之安排，结果往往导致刑法规范和其他规范不相凿枘，各说各话。因此，总览中国立法之现状，刑法典和单行刑法与部门法貌合神离，内外两张皮的现象可谓俯拾即是。而在附属刑法立法模式中，由于立法者需要对相关法律关系做出通盘之考量，故而附属刑法和其他部门法规范基本上做到根系相通，互为倚重。因而相对于刑法典追求稳定性的冥顽不化及单行刑法钻头不顾腚的短视与偏执，附属刑法立法模式能够给刑法规范营造适宜的栖息环境，并且更容易获得该法其他性质法律规范的照应与支援，从而形成各种法律规范的合力，实现对法益周到细致的综合保护，避免刑法单兵作战的尴尬和无效。

　　由于隐私权是个权利束，其与生俱来的不确定性决定了法律保护应当体现出多样性和整体性，而隐私权附属刑法保护规范若能和其他法律规范之间实现有效衔接，则可协心同力对隐私权提供周至绵密的法律保护。同时，在中国大范围设置隐私权附属刑法保护规范的便利之处还在于，尽管中国并没有隐私权单独性立法，但中国法律体系中已经具备了为数众多的隐私权宪法、民法及行政法保护法律规范。[②] 故此，立法者只需在照顾到该法律法规的整体内容协调一致的情况下，适当增加隐私权刑法保护规范即可，而无需过多

[①]　陈俊伟:《入罪化与除罪化——刑事立法政策之基本思维》，台湾国立中正大学法律学研究所 2004 年度硕士论文，第 191 页。

[②]　对此可参见本书第六章第一节，中国隐私法律概况部分。

增加立法成本便可达到预期之立法效果。

（三）有利于专业领域隐私犯罪的一般预防

附属刑法依附于各类特定的经济、行政性法律，具有较强的专业针对性，因此附属刑法所依附之法律的其他法律规范可以对该刑法规范提供清晰明透的背景知识及立法意图之介绍，故而刑法规范概念的介绍以及用语的解释都无需在附属刑法规范中作过多的阐述，因而附属刑法规范可以做到罪状设计简单明快，这无疑有助于专业领域之从业人员更准确了解其主题意旨。而事实上，"现实生活中有的犯罪仅仅发生在一个特定的领域，涉及特定行业的人群，对这些人而言，他们更关心的、更容易接触和阅读的是调整自己特定职业领域的法律关系的法律，如公司法、教师法、医师法等等。相反，刑法典的规定对这些人群而言则较为疏远，因此在相应的部门法中设置罪刑规范更有针对性，可能更能有效地发挥刑法的功能，因而有其合理性"。[①] 因此，附属刑法常常要比刑法典或者单行刑法具有更强的预防特定行业性犯罪的功能。而在司法实践中，很多隐私犯罪之发生涉及某种科技资源或业务优势的行业领域，而在该领域中的相关立法中增加隐私附属刑法规范，便能将隐私犯罪的危害性及相应罪责在该领域中广为传达。这无疑能够给相关人员提供警示作用，从而对其形成威慑心理，因此也有助于专业领域隐私犯罪的一般预防。

---

① 陈家林：《日本刑法中的商业贿赂犯罪及对我国的启示》，载《山东警察学院学报》2006年第3期。

综上所述，尽管学界对附属刑法立法模式还不无诟病，[①] 但总体而言，附属刑法作为双轨制刑事立法模式的重要组成部分，其存在具有无可比拟的优越性，特别是对隐私权刑法保护尤为适宜。而正基于此，在境外国家和地区隐私权刑法保护中，附属刑法模式已经得到了广泛之适用，而中国刑法也应当积极构建隐私权附属刑法保护规范，并使其和刑法典中的隐私权刑法保护规范形成结构合理、功能协调的隐私权刑法保护规范体系，从而更有效保护隐私法益。

---

① 如由于附属刑法在台湾刑法中的广泛存在，并且得以大量运用，有学者即认为附属刑法有凌驾主刑法的趋势，进而混淆刑事法体系的典化系统。因而就刑事立法而言，刑法典似乎无以应对特别刑法的冲击，刑事立法学出现了的特别刑法"肥大症"，对此可参见林山田：《论特别刑法》，载台湾《辅仁法学》1985 年第 4 期。但由于附属刑法在中国已经处于消亡状态（本书不承认没有罪状及法定刑的不完整的所谓散在型附属立法），因此该种批评对中国引入附属刑法模式不应当产生实质影响，否则不顾语境借题发挥显然展演关公战秦琼的闹剧。

第五章　隐私权刑法保护与隐私权一般法律保护[①]

　　任何权利的法律保护都应当是一个由宪法、民法、行政法、诉讼法及刑法所形成的结构完整、内部协调的法律体系来担当，这一点对隐私权法律保护而言自然也无可例外。尽管刑法对隐私权能起到至关重要的保护作用，但从整体效果来看，刑法仅是该法律保护层次中不可或缺的一个组成部分而已。而且，刑法在隐私权保护中施展身手，则必须依仗该法律体系中诸如隐私权宪法、民法、行政法等保护规范的援助和支持，否则刑法纵有三头六臂，但仅凭刑法之力单打独斗也必然收效甚微。故此，欲使隐私权刑法保护收到良好之效果，则必须充分重视隐私权一般法律保护，并使隐私权刑法保护与隐私权一般法律保护之间形成协调一致、互相倚重的良好关系。

---

　　①　隐私权一般法律保护是本书为研究方便而自行创造的临时性词汇，用以泛指刑法保护之外的宪法、民法、行政法及诉讼法等各种法律保护规范。

第一节　隐私权法律保护层次

一、宪法层面的隐私权保护

宪法是一个根本大法，宪法规定一国的社会制度、国家制度、国家机构、公民的基本权利和义务，在一国法律中具有最高的法律效力。一般认为，宪法在以下两个方面发挥作用：首先，宪法作为最高效力的法律规范，指导各种部门法的制定，并以此构建国家、社会的各种组织及制度体系；其次，宪法作为一种最高地位的法律意识形态，影响到受其庇佑的社会众生的法律价值观念及权利意识，并进而鼓动公民反抗公权力，捍卫自己的人格尊严。故此，宪政思想可以被理解为限制政府组织、权限，用以保护人权、增进人民福利的主张。正如有学者所言："作为称谓宪法的 constitution 一词，本来就非单纯指称国家政治秩序的基本，而是超越了此种含义，揭示了保障人的自由权利的独特的政治秩序这一深远的含义；换言之，所谓的 constitution，不仅意味着对国家权力进行一定的授权，并在形式意义上赋予其统治的正统性，而且主要还意味着对其进行制约。"[①]职是之故，宪法保障基本人权，维护人性尊严人性尊严不可侵犯是宪法的最高法律价值。对此各国宪法纷纷明文加以宣示，如德国基本法第 1 条第 1 项规定："人性尊严不可侵犯性，所有国家之权力必须尊重与保护之。"而日本第 13 条也规定：所有国民，均以个人地位而受尊重。因此不难看出宪法其意旨亦在宣示

---

① ［日］芦部信喜：《宪法学》（1），有斐阁 1992 年版，第 46—47 页，转引自林来梵：《从宪法规范到规范宪法：规范宪法学的一种前言》，法律出版社 2001 年版，第 69 页。

保障人类尊严之原理。①

　　隐私权是一项重要的基本人权，具有一般人格权的权利属性，是现代公民人格尊严的重要体现。故此，宪法应当对人的隐私权利进行承认、尊重和保护，这已是世界各国法学界和司法界的共识。故此，隐私权利在一国法律中所处的地位如何，则是衡量一国法治文明程度的标准之一。宪法作为人类文明的成果，注重作为人类基本人权的隐私权的保护是其应然之义。

　　有学者曾认为："隐私权宪法保护的出现是隐私权民法保护局限性的反映。主要原因在于，隐私权本来具有基本人权意蕴，二战后在保护人格尊严的原则指导下，隐私权的基本人权重要价值得以呈现，单纯通过民法的精神损害赔偿已无法满足以实现人的尊严为价值追求的隐私权的保护需要，于是隐私权宪法保护开始出现，而现代社会个人在面对政府权力扩张和科技信息发展的几乎没有隐私的情况下，隐私权的宪法保护越发凸现重要性。"② 应当说，上述观点准确揭示了隐私权宪法保护的重要性。但同时仍需指出的是，在世界各国法律体系中，隐私权法律保护之局限性不仅体现在民法方面，而行政法及刑法隐私权保护方面也存在类似的局限性，其主要原因仍在于隐私权宪法保护的缺失，因为部门法所保护的权利在宪法中应当有明确的规定，来自于宪法授权。从世界各国法律体系的特点来看，权利得到有效的保护，首先需在宪法中对相关公民基

---

　　① 正如本书第一章所述，德日隐私权的宪法渊源即为上述法律条文。故此，隐私权实质应为人格尊严中不可分割的重要组成部分。没有宪法中的人格尊严保护，断不会有隐私权之产生，但若隐私权缺失，人格尊严也会因此而有失完整。

　　② 王秀哲：《隐私权的宪法保护》，苏州大学 2005 年度博士论文，第 40 页。

本权利加以规定后，才有利于部门法有效地贯彻。① 故此，在整个隐私权法律保护体系中，隐私权宪法保护应居于指导地位，宪法通过对隐私权的规定，为法律主体提供行为的方向和准则。宪法中有关隐私权的基本性规定将会体现在民法、刑法、行政法、诉讼法等法律规范当中，从而有助于形成一个完整的隐私权法律保护系统。

二、民法层面的隐私权保护

民事权利的保护是指民事权利受到侵害时，用民事保护，防止或减少权利受到侵害，或使受到侵害的民事权利得到恢复。② 隐私权是人格权中的一项重要权利，它不仅属于一项宪法权利，同时也应当属于公民最重要的一项民事权利。它是随着社会的进步而逐渐为社会所确认的一项专属于人享有的独立的人格权利，在社会中，世界各国越来越重视对隐私权的保护，而且呈现了专门化、统一化的趋势。在世界各国隐私权的法律保护体系中，民法应该是对隐私保护的最充分最完整的法律部门。而如本书第一章所述，隐私权从传统意义上来讲首先表现为一种消极的权利，即只要享有隐私权的主体之外的其他履行了不作为的义务，他就可以得到保护。因此，从此层面来讲，隐私权民法保护制度的首要任务就在于防止非法侵扰他人隐私。但同时，由于人类生活方式的变革及隐私理论的发

---

① 因此，正如后文所述，而在中国隐私权法律保护体系中，由于在宪法中没有将隐私权作为一种独立的权利予以认可，故而民法超越宪法规定而设立专门的隐私权保护，则是隐私权法律保护体系不能容载的。同时，尽管在我国目前的行政法规、规章，也都在自身的范围内对个人隐私进行了一定程度的保护。但这些保护是零散无序的，它们彼此之间也没有形成系统。其主要原因即在于因隐私权宪法保护规范的缺失，因而无法对隐私权法律保护体系进行有效整合。

② 魏振瀛主编：《民法》，北京大学出版社、高等教育出版社2001年版，第41页。

展，隐私权也逐渐具备了积极权利的特征，隐私权民法保护规范也应当保障隐私权利人合理开发利用自己的隐私权益。

在各国隐私权法律保护制度中，隐私权民法保护的出现及成熟是一个渐进的过程。由于传统宪政主义认为宪法属于公法范畴，主要调整国家机关与国家机关之间的关系以及国家与公民之间的关系。而国家与公民之间的关系主要以公民基本权利的形式表现出来，故此传统宪政主义者认为，宪法中所确立的公民基本权利实质上是公权，这些基本权利是对抗国家而非公民个人，故而基本权利在公民之间不具有直接的效力。但若宪法的基本权利条款作为"最高的规范"，如果其不能在私法关系中被适用，那么，宪法上的基本权利条款将沦为仅具有"绝对的宣言性质"的橡皮图章而已。因此，在德国公法学界，产生了基本权利的第三人效力理论。"所谓第三人效力，是指除宪法明文规定适用于私法关系之中的基本权利之外，宪法上的其他基本权利在同为基本权利享受者的私人之间，在何种程度、以何种方式发生效力？它对作为第三人的私人的拘束力与对国家的拘束力是否一样赋有效力？这些宪法条款在什么意义上也可以调整私人与私人之间的关系？具体地说，就是宪法所赋予公民的对抗国家的基本权利是否也可以对抗私人？"[①] 而此后在该理论推动之下，德国宪法关于基本权利的规定已经渗透到私法管辖的领域中，如德国基本法的第1条第3项规定："基本权利之规定，视为直接之法律，拘束行政、立法与司法。"而隐私权作为人格权的一种重要组成部分，尽管属于以宪法为代表的公法，作为宪法权利而存在。但在第三人效力理论的影响下，也日益被各国

---

① 陈新民：《德国公法学基本理论》（上），山东人民出版社2001年版，第292页。

作为一项重要的民事权利来保护，并在相应的民法规范中得以体现。①

隐私权作为公民人格尊严的重要体现，其重要性是不言而喻的。在民法中规定独立的隐私权制度也应当是民法本质的必然要求和民法作用的重要体现。而隐私权的民法保护方法是指对侵害隐私权的行为主要承担民事责任。现今各国普遍采用承担民事责任的方式对隐私权进行保护，侵犯隐私权的责任方式包括消除侵害和损害赔偿。具体而言，消除侵害主要包括停止侵害、恢复原状、消除影响、赔礼道歉等行为方式，对一般侵害隐私权的行为均可适用。损害赔偿主要包括精神损害赔偿和财产利益的赔偿，损害赔偿一般适用于对因隐私侵权而对隐私权利人所遭受的精神痛苦以及相应财产利益损失的赔偿。而在司法实践中，消除侵害和损害赔偿的民事责任通常共同适用，前者主要功能在于阻止隐私侵权后果的进一步扩大，减少隐私侵权行为的危害；而后者的作用则在于对隐私权利人提供相应的补偿和救济。

必须指出的是，尽管隐私权民法保护在隐私权法律保护体系中居于重要地位，并且其能够发挥的重要作用也是有目共睹的，但仅仅依靠隐私权民法保护显然难以给公民隐私权提供细致而周密的系统保护。在现实社会中，大量侵犯隐私的行为发生在不同的政府业务部门及相应的行业领域，这显然已经超出隐私权民法保护的调整范围；同时，隐私权民法保护对于严重侵犯隐私权的犯罪行为也是鞭长莫及。故此，隐私权行政法保护和刑法保护也应当成为隐私权法律保护的重要环节，并应当引起研究者和立法者的高度重视。

---

① 如先前日本民法没有隐私权的具体规定，但二战后修改民法典，确立"个人尊严及两性实质"等为民法解释的最高准则，个人尊严包括隐私权。又如法国为隐私权保护于 1970 年 7 月 11 日第 70—643 号法律，增补了《民法典》第 9 条，规定了隐私权保护，即"任何人有权使其个人生活不受侵犯"。即认可公民享有隐私权，并规定了法律救济方法。这条增补规定为法国公民保护个人隐私权提供了明确的法律依据。

三、行政法层面的隐私权保护

行政法是指调整行政权被行使过程中所产生的社会关系以及对行政权进行规范和控制的法律规范的总称。英国著名学者威廉·韦德认为："行政法的第一个含义就是它是关于控制政府权力的法，……可以说行政法是管理公共当局行使权力、履行义务的一系列普通规则。"① 行政法是保护公民隐私权不受侵犯的重要法律手段，在各国隐私权法律保护规范体系中，隐私权行政法保护的地位和作用日益受到各国和地区立法者的青睐。如美国 1970 年公评信用报告法（Fair Credit Reporting Act），规范征信业搜集处理个人数据之行为，限制揭露信用档案，而其 1974 年隐私权法（Privacy Act），就政府机构对个人信息的采集、使用、公开和保密问题作出了详细规定，以此规范联邦政府处理个人信息的行为，平衡公共利益与个人隐私权之间的矛盾。该法同时和 1967 年的《信息自由法》、《情报公开法》、《阳光下的政府法》一起共同被收录在了《联邦行政程序法》中，而这些法律均从政府行为不可逾越的边界角度限制了政府权力的行使。又如基于对隐私权利的高度重视，德国国会在 1977 年制定《联邦个人资料保护法》，防止通过个人资料侵犯个人隐私利益。再如，日本国会也先后通过《建立高度信息通信网络社会基本法》、《电子签名法》、《禁止非法接入法》、《个人信息保护法》、《行政机关保存的个人信息保护法》、《独立公共事业法人等保存的个人信息保护法》、《信息公开、个人信息保护审查会设置法》等大量行政法规对隐私权做出了相应的保护。其中尤为值得一提的是 2005 年 4 月 1 日生效实施的《个人信息保护法》，该法的基本思想

---

① ［英］威廉·韦德：《行政法》，徐炳等译，中国大百科全书出版社 1997 年版，第 5—6 页。

就是正确处理个人信息保护和利用之间的关系，在确保个人信息有效利用的同时保护个人信息的安全，约束和防范滥用个人信息等不法行为。而实际上，由于该法在日本隐私权行政法规保护方面居于绝对的核心地位，其制定实施无疑将对日本国民隐私起到重要的保护作用。而我国台湾地区也在晚近时节通过了诸如《社会秩序维护法》、《精神卫生法》、《儿童福利法》、《计算机处理个人数据保护法》、《通讯保障及监察法》、《信息公开法》等隐私权行政法保护规范，对隐私权进行保护。其中尤为值得一提的是 1995 年所公布之《计算机处理个人数据保护法》，该法内容同时就公务机关之数据处理和非公务机关之数据处理加以规范，明定尊重当事人意愿、诚实信用方法、不得逾越特定目的等原则，并赋予当事人有查阅、制给复本、补充更正、停止处理利用和删除之请求权，该法也被视为迄今为止台湾地区对隐私权保护最为周密的行政法律规范。

从各国或地区隐私权行政法保护规范的内容来看，隐私权行政法保护的作用主要体现在限制包括政府机关在内的各种组织、单位及相关行业的从业个人在相关领域侵扰公民私人隐私，同时对上述行为予以行政制裁。其中，对政府干扰个人隐私权的防范日益被各国或地区立法者高度重视，并将其作为隐私权行政法保护的核心议题。正如有学者所言，"从对抗国家的角度出发，隐私权的行政法保护要求给个人留出充分的个人自治的空间。个人自治是一种个人自由权意义上的价值，虽然它一定以人格尊严为终极价值目标，但是，它不会自动在人格尊严价值中实现，它需要在公民对抗政府权力的基本权利保护中特别设定，公民资讯自决权的确立和行使就是这种设定的结果，即政府机关本着公共利益可以收集利用个人隐私，但是必须以个人可以控制决定自己的隐私为基础和前提"。①

---

① 王秀哲：《论个人隐私权的行政法保护》，载《行政法研究》2006 年第 2 期。

而事实上，政府在许多场合是公民隐私的收集者、保管者、利用者、发布者，因而为保护公民隐私权就必须防止政府权力滥用其信息资源优势，敦促政府恪守对公民隐私的保密义务，因此也更有必要制定相应的行政法律法规来保护公民隐私，确定政府权力行使范围。同时，隐私权行政法保护的作用还在于对于某些特殊职业群体及行业组织，如医生、律师、公证人、注册会计师、新闻工作者、商业银行、证券机构、网络经营者等的监督和管理。由于上述个人或组织在其正常业务范围之内，非常容易获得或接近公民私人隐私，因此，行政机关也应对上述从业人员或相关组织加强行政监管，督促上述个人或组织主动履行其职业义务，保守与公民隐私有关的职业秘密。

四、诉讼法层面的隐私权保护

诉讼是国家公权力运作的最重要场合，也是国家权力合法渗透私人领域的主要方式，在此过程中，国家暴力和强制变得合法而正当。同时，诉讼活动以发现真实、揭露真相为目的，在刑事、民事及行政诉讼过程中，国家司法机关也可以凭借国家权力对当事人的隐私生活进行合法的强制性干预。瑞士学者托马斯沸莱纳对此曾不无忧虑地指出："当保护私人领域的人权没有得到认真对待时，专制国家就会刺探人们的最隐秘的活动领域。国家是通过官员而进行活动的。我的邻居就是警察，所以他就可能得到有关我的信息。我的孩子的同学和朋友的母亲同警察一起工作，因此她就可能利用这些信息来损害我们的家。我们都处于那些以国家利益的名义刺探人们的私生活的官员的控制之下。"① 因此，对隐私权而言，诉讼就

---

① ［瑞士］托马斯·弗莱纳：《人权是什么》，谢鹏程译，中国社会科学出版社1987年版，第272页。

意味着国家可以对隐私进行某种"强制性刺探"，而这无疑将会是对隐私权的一种巨大威胁。但同时正如托克维尔所说："强制向来只是转瞬即失的成功因素，而被强制的人们将随即产生权利的概念。"① 因此，正是基于对诉讼中司法机关对隐私权益可能造成的侵害，各国立法机关都在诉讼程序中规定了司法机关必须遵守的规则，以期在诉讼过程中周到、全面地保护当事人的隐私权。如德国刑事诉讼法典第 100 条 a 也规定，只有在以其他命令方式不能或难以查明案情、侦查被指控的住所的条件下，才允许命令监视、录制电讯往来。② 而日本关于犯罪侦查中监听通讯的法律第 15 条也规定："对于与医师、牙科医师、助产士、护士、律师、代办人、公证人、宗教职业者（监听令状记载的被怀疑人的除外）之间的通讯。认为系受他人委托而进行的关于其业务的通讯时，不得进行监听。"③

　　在各国诉讼制度中，对隐私权的法律保护主要体现在隐私案件不公开审理、对未成年人犯罪案件不公开审理、刑事诉讼中的司法令状制度、④ 与诉讼无关的，对涉及当事人隐私的材料不得搜集或利用、当事人或证人有权拒绝回答涉及自己隐私而与本案无关的提问，以及不得以非法手段收集隐私资料或证据，否则所收集的隐私资料或证据不能作为本案审判的根据等。但正如后文所揭示，隐私权民法保护及行政法保护一样，隐私权诉讼法保护尽管功能强大，

---

　　① ［法］阿历克西·德·托克维尔：《论美国的民主》（上卷），董果良译，商务印书馆 1988 年版，第 313 页。

　　② 李昌柯译：《德国刑事诉讼法》，中国政法大学出版社 1995 年版，第 31 页。

　　③ 宋英辉译：《日本刑事诉讼法》，中国政法大学出版社 2000 年版，第 216 页。

　　④ 司法令状制度是指通过司法令状的方式实施法律上的强制处分，并对利害关系人给予适当的司法救济的程序法制度。要求以司法令状作为强制处分合法的直接依据的法律原则，被称为令状原则，又称令状主义。它不仅适用于刑事诉讼，而且适用于其他以公权力干涉个人权利的程序法领域。侦查阶段的司法令状制度是令状主义的一种表现形式。对此可参见孙长永：《侦查程序与人权》，中国方正出版社 2000 年版，第 28 页。

但没有刑法作其后盾和保证，其作用往往很难得到彻底的贯彻实施。因此，某种意义上，隐私权诉讼法保护和隐私权刑法保护之间必须保持协调一致，才能确保其功能得以尽情伸展。

五、刑法层面的隐私权保护

人格尊严是人最基本的需求，也是隐私权的本质属性，因此保护公民隐私利益应当是国家法律应有的职责，对此刑法自然也无可例外。但在人类法制史上，刑法对公民隐私保护的作用，却是在人类进入风险社会之后才得到立法者的高度重视。在传统社会中，隐私意识及隐私利益尽管早已存在，但总体而言，侵犯隐私的手段相对简单，侵害隐私的后果也普遍轻微，故此，立法者并未考虑借助刑法保护公民隐私。而自人类进入风险社会之后，严重侵犯公民隐私权益的行为日渐增多，国家固然可以通过宪法、民法及行政法来保护公民个人隐私利益，但由于侵犯隐私行为的危害程度因行为方式、主观动机、后果的不同而有所差别，对于社会危害不大的一般侵犯隐私行为可以通过民法及行政予以制裁，但对于严重侵害隐私的行为的处理则需要刑法积极介入。尤其是在电子、通讯和网络技术迅猛发展的社会条件下，各种严重的涉及侵害公民个人隐私利益的犯罪大量发生，公民私人生活面临的威胁与侵害变得愈加严重，保持个人生活的安宁和个人信息的隐秘与大众的信息需求之间的紧张与矛盾更趋严重，公民迫切需要借助刑法之力保护个人，隐私权的刑法保护的社会价值也随之日益凸显。可以说，加强隐私权的刑事立法及司法保护，已成为大多数文明国家的共识。

第二节 刑法保障法地位与隐私权刑法二次制裁法性质

各国隐私权法律保护体系，都是由宪法、民法、行政法、诉讼法及刑法规范所组成的层次分明、结构完整的法律系统。而在此法律体系构建研究之中，隐私权刑法保护与隐私权一般法律保护之间究竟有何种内在联系，其相互地位及影响究竟何在，当然应当成为本章理论探讨的应有之义。同时，刑法谦抑性不仅决定了刑法应当是隐私权一般法律保护的保障法，而且也决定了隐私权刑法保护规范具有二次制裁法的性质，故而刑法谦抑性是有效连接隐私权刑法保护规范和其他法律保护规范的桥梁，并使得隐私权刑法保护规范和其他法律规范之间在隐私权保护方面分工配合、互为支援，从而为隐私权提供周密细致的法律保护。因此本节也将从隐私权刑法保护谦抑性入手，对隐私权刑法保护与隐私权一般法律保护的关系方面进行细致研究。

一、刑法谦抑性对隐私权刑法保护之意义

(一) 刑法谦抑主义的基本含义

谦抑，是指缩减或压缩。[①] 在刑法学界，率先将这一概念引入刑法学予以使用的是日本刑法学者平野龙一。平野龙一虽主张刑法的谦抑，至于何谓"谦抑"，他并未给出完整界定，只是指出它有以下三个含义：其一是刑法的补充性；其二是刑法的不完整性；其

[①] 甘雨沛、何鹏：《外国刑法学》（上册），北京大学出版社 1984 年版，第 175 页。

三是刑法的宽容性或曰自由尊重性。[①] 但何为刑法的补充性、不完整性和宽容性。平野龙一最初并未对此予以详述，而依据日本学者大谷实的解释是：刑法所具有的保护法益的最后手段的特殊性被称为刑法的补充性；刑法不介入市民生活的各个角落的特殊性被称为刑法的不完整性；即使现实生活已经发生了犯罪，但从维持社会秩序的角度来看，缺乏处罚的必要性，因而不进行处罚的特性被称为宽容性。[②] 不难看出，平野龙一及大谷实所称之刑法谦抑性原则实质上仅指犯罪成立方面，刑法应当保持克制，而对于犯罪成立之后的刑罚适用方面，则失之阙如。但事实上，刑法的缩减或压缩并不仅仅体现在犯罪成立方面，一部仅在犯罪化与非犯罪化方面矜持而隐忍，但在刑罚方面密布死刑或滥施重刑的刑法，绝非温良宽仁的刑法，自然也不会被赋予谦抑的美称，因此上述日本刑法学者关于刑法谦抑性的观点具有一定的局限性与片面性。

中国刑法学者对刑法谦抑性也予以充分重视并进行了详致之研究，有学者认为："刑法的谦抑性，又称刑法的经济性或节俭性，是指立法者应当力求以最小的支出——少用甚至不用刑罚（而用其他刑罚替代措施），获取最大的社会效益——有效的预防和抗制犯罪。"[③] 故此，依照上述论述，刑法谦抑性大致可以理解为以下两个层面：就犯罪成立而言，凡是适用其他法律足以抑止某种违法行为，而不至于对法益构成侵害或威胁时，就不要将其规定为犯罪；就处罚程度而言，凡是适用较轻的制裁方法足以抑止某种犯罪行为，而对法益予以妥帖周至之保护时，就不要规定较重的制裁方法。

---

① 李海东主编：《日本刑法学者》（上册），法律出版社、成文堂联合出版1995年版，第273—274页。

② ［日］大谷实：《刑事政策学》，黎宏译，法律出版社2000年版，第89—90页、第86页。

③ 陈兴良：《刑法哲学》，中国政法大学出版社2000年版，第7页。

（二）刑法谦抑性的价值意义

刑法谦抑主义是刑事立法、解释和适用时都应该考虑并遵循的基本原理。正如有的学者所言："谦抑思想或者谦抑主义，这一术语本身或许不太成熟，但其本义在对刑罚的行使必须抑制。毋庸置疑，虽然谦抑思想问世的本身要受时代、社会的制约，但在国家机构安定和各种价值观并存的多元化的社会状况下，谦抑思想则发挥着愈来愈重要的作用。可以说，其已不是适用于刑法某一部分的原理，而是贯穿全部刑事法领域的基本理念。"[①]　而事实上，刑法谦抑主义之所以能够在各国刑法理论中大行其道，其根本原因就在于其实质精神和刑法人权保障机能不谋而合，因而刑法谦抑主义恰好能够顺应相对单薄弱小的刑法人权保障机能的要求。刑法的终极目的是保护法益，因此对于犯罪必须采取有力的刑罚手段予以制止，但由于"刑罚就是国家的统治者，根据人们对于法律的禁与令的为与不为，因而违犯国法的人所施加的痛苦"，[②]　职是之故，当刑法运用刑罚力量发挥法益保护功能的同时，也会无可避免对人权进行挤压甚至侵害。德国刑法学家耶林对此曾言："刑罚如两刃之剑，用之不得其当，则国家和个人两受其害。"[③]　因而为了恰当协调法益保护和人权保障之间的关系，必须在两者之间寻找平衡点。即如日本刑法学者内藤谦所认为，刑法的两大机能，即法益保护机能和人权保障机能具有相互矛盾的一面：刑法保护的法益范围越广泛，公民的权利与自由就越窄，强调刑法的谦抑性、不完整性与适

---

① 　［日］小暮得雄：《刑法入门》，转引自李海东编：《日本刑法学者》（下），法律出版社、成文堂出版社1995年版，第224页。

② 　［英］霍布斯：《利维坦》，杨昌裕译，商务印书馆1985年版，第199页以下。

③ 　林山田：《刑罚学》，台湾商务印书馆1985年版，第127页。

应性，正是为了克服这一矛盾。① 而尽管刑罚是一种必要的恶，但"如果刑罚之恶超过罪行之恶，立法者就是制造更大的痛苦而不是防止痛苦，是以较大恶之代价来消除较小之恶"。② 因此，刑罚超量运用显然是和刑法人权保障机能格格不入的。而根据刑法的谦抑精神，国家在动用刑罚防控犯罪时、应当时刻保持克制，注重运用其他手段进行社会控制。即便需要施以刑罚，但若用较轻的刑罚就可以达到抑制犯罪的目的，就没有必要动用重刑。"也就是使用其他方法都没有解决的时候，才动之以刑，所以刑的使用不能太过庞杂而频繁"。③ 因此，刑法谦抑主义恰好能够顺应相对单薄弱小的刑法人权保障机能的要求。

（三）刑法谦抑性和隐私权处罚早期化思想可以共存

正如前文所称，在风险社会中，隐私权具有不确定性、易损害且不易恢复性以及变动不居的独特特征，因此，本书认为，在隐私权刑法保护中，应当广泛适用抽象危险犯、持有型犯罪、严格责任、替代责任、帮助行为或预备行为正犯化等处罚早期化措施，而上述措施无疑会导致隐私犯罪的成立范围。因此就隐私权刑法保护中的刑法谦抑主义的体现而言，本书原则上不赞成对隐私权采用刑法谦抑所常用，缩小犯罪成立范围的非犯罪化措施。但对隐私权刑法保护所采用的处罚早期化思想是否和隐私权刑法保护中的刑法谦抑主义格格不入呢？

处罚早期化与刑法的谦抑性思想，两者同时皆是现代刑法思潮发展的重要理论，其看似各自拥有背道而驰的相异理念，但二者之

---

① 李海东：《日本刑事法学者》（下），法律出版社、成文堂联合出版1995年版，第334页。

② ［英］吉米·边沁：《立法理论——刑法典原理》，孙力等译，中国人民公安大学出版社1993年版，第67页。

③ 林山田：《法制论集》，台湾五南图书出版公司1992年版，第28页。

间却暗含着某种默契与勾连，需要研究者拨开其表面所笼罩的虚幻，细致入微探究其内在的真相。其实，无论是处罚早期化，还是刑法谦抑主义，都应当以及时有效控制犯罪为己任。尽管基于谦抑主义，刑法对违法犯罪行为应有所克制，但刑法的隐忍与矜持并非对犯罪无节制的容忍，刑法谦抑性的适用必须建立在"有效的预防和抗制犯罪"基础之上，刑法必须对犯罪行为保持高度警惕，必须确保法益不受侵害或威胁。因此，刑法永远都不能放弃惩罚犯罪的天职，刑法对犯罪一味忍让退缩，必然导致丧失其法益保护的本能，而沦为犯罪所肆意作弄凌辱的玩物。因此，正如有学者所言："刑法谦抑性理论除了在本质上继续关注非刑事化和轻刑化运动时，也关注着犯罪化问题，并非任何情况下一概排除刑法的介入、一概限制重刑的使用，刑法谦抑性理论的现代解读可以概括为'世轻世重'，即该采取谦抑理论时则排除重刑和犯罪化的思想；反之，对需要重拳打击的犯罪，需要刑法进行规制的行为则排除刑法谦抑性理论的滥用。如对于传统意义上的犯罪进行处罚是采取结果无价值的理论，即某种行为具有实害时才处罚，但是现代科技的发展，出现了大量的危险行为，如环境行为、经济行为以及交通行为等，为了更周延地保护法益，需要创设独立危险构成要件而创设各种危险犯。如果不使刑法提前介入，则会给国民生活造成巨大危害，因而刑法的发动具有一定的扩张性，当然由于这种扩张不是随意的，因而仍然恪守了刑法谦抑性的理论。"[1] 故而，刑法断不可以谦抑性为由因噎废食，置隐私犯罪的严重危害而不顾，否则刑法谦抑主义将会彻底沦落为"刑法放弃主义"，而此种结局显然是任何国家都难能承受。因此，就对犯罪及时有效打击而言，处罚早期化与刑法谦抑性完全可以和平相处、携手共存。

---

[1]　熊永明：《论刑法谦抑性与刑法基本原则之间的契合》，载《云南大学学报（法学版）》2007 年第 3 期。

（四）刑法谦抑性与隐私犯罪严而不厉刑罚结构

中国 1979 年刑法及 1997 年刑法在法律结构上均存在着"厉而不严"的问题，"不严"是指法网稀疏，涉及犯罪概念、罪状设计、罪名设定等方面；"厉"是指我国刑法苛刻，死刑罪名过多，监禁刑的刑期偏重而非监禁刑及缓刑适用的比例偏低。刑法"厉而不严"的结构性欠缺不仅缩小了刑事法网，导致刑罚适用不断向重刑化倾斜罚量的同时严重犯罪也居高不下。故此，刑法学界提出营造"严而不厉"刑罚结构的设想，"严而不厉"刑法结构的特点是刑罚轻缓和与犯罪态势和刑事政策变动相适应的严密刑事法网；"厉而不严"刑法结构的特点是刑罚苛厉和法网不严。"严而不厉"与"厉而不严"两种刑法结构价值比较，前者更有利于刑法两大功能的实现，即更有利于犯罪控制，也更有利于人权保障。①

从表面上来看，刑法谦抑性和"严而不厉"刑罚结构存在内在矛盾，但实质上，刑法谦抑性和早期处罚化思想是"严而不厉"刑罚结构的基础条件。二者完美结合才能使隐私犯罪"严而不厉"刑罚结构得以构建。

一方面，刑法谦抑性的本质在于国家应当在"有效的预防和抗制犯罪"基础之上尽量少用刑罚，从而避免刑罚这种"必要的恶"被滥用。在隐私权刑法保护规范中，刑法谦抑主义在犯罪成立方面体现为，对于侵害隐私法益显著轻微的行为，刑法应当保持隐忍。而刑法谦抑主义在处罚程度方面来看，在对隐私犯罪进行处罚时，应当信奉"刑罚与其严厉不如缓和"的格言，并则应当坚持适用以下理念，即"对于已经确定为犯罪的行为，如果以较轻的刑事责任方式足以抑止某种犯罪行为，足以保护合法权益，就不

---

① 储槐植：《严而不厉：为刑法修订设计政策思想》，载《北京大学学报（哲学社会科学版）》1989 年第 6 期。

要使用较重的刑事责任方式"。① 而由于相对于故意杀人、故意伤害、抢劫、强奸、爆炸、投放危险物质、放火等行为而言，隐私犯罪社会危险性明显较轻，对其适用重刑亦无实际必要。因此，对隐私犯罪无须适用过分严厉的刑罚，而相应地，轻刑化应当是刑法谦抑主义在隐私权刑法保护中的必然要求。同时，由于在抽象危险犯、持有型犯罪、严格责任及替代责任中，都存在法律拟制。因此为了缓解其和传统刑法的矛盾，从各国刑事立法来看，上述处罚早期化措施不适用于故意伤害、绑架杀人等重罪场合，而一般集中在交通、食品、医疗卫生等领域，其刑罚设置一般都相对轻缓，多以轻自由刑与罚金刑为主。而隐私犯罪之所以属于轻罪模式，固然和其法益侵害轻微有关，但也和刑法淡化法律拟制与传统刑法的罪责原则与侵害原则的冲突不无关联。而对于隐私犯罪施以轻刑，显然也符合刑法谦抑主义的要求。因此在尽量少用刑罚方面，刑罚轻缓化就成为刑法谦抑性的最直接体现，从而也构成了隐私权刑法保护"严而不厉"刑罚结构中"不厉"的一面。

　　另一方面，基于处罚早期化思想，因此，在隐私权刑法保护中，应当广泛适用抽象危险犯、持有型犯罪、严格责任、替代责任等处罚早期化措施。而上述处罚早期化措施的共同特征即在于，隐私犯罪之成立条件显著宽松，就以抽象危险犯为例，其成立只须有一个危险故意即已该当，而无须证实有实害故意。因此对于隐私犯罪成立的证明条件而言，抽象危险犯的设置只需证明嫌疑人故意实施侵害他人隐私之行为即可，至于是否认识到其行为能否造成他人隐私泄露之实质侵害则在所不问，故此可以方便而彻底地将隐私犯罪搜罗进隐私刑法保护规范法网之中。而从整体上来看，隐私权刑法保护中处罚早期化思想所营造的隐私犯罪定罪条件的宽松性、必然导致隐私犯罪刑事法网的严密性，这应当构成隐私权刑法保护

---

① 张明楷：《刑法的基础观念》，中国检察出版社 1995 年版，第 159 页。

"严而不厉"刑罚结构中"严"的一面。

因此，由于隐私权刑法保护的谦抑性和风险社会中隐私权刑法保护中的处罚早期化措施并无实质抵牾。故而，隐私权刑法保护谦抑性和处罚早期化思想不仅可以和平共处，而且二者的互相配合还有助于构建"严而不厉"的隐私权刑罚结构，从而在对隐私犯罪有效控制的同时，也能满足刑法人权保障机能的实现。

二、刑法谦抑性与隐私权刑法二次制裁法性质

刑法二次制裁法的地位是刑法谦抑主义的必然推论。虽然刑法谦抑性要求国家应当避免刑罚的适用，但这并非意味着国家对社会危害性行为放任不管，而是应当充分发挥民法、行政法等法律法规的作用，并且只能是在上述法律规范效力用尽而仍不能有效进行社会控制的基础上，才能够考虑刑罚登台亮相。正基于此，日本刑法学者松宫孝明在刑法谦抑主义进行详尽分析之后，提出了刑法的补充性和二次规范性。松宫认为，刑法的二次规范性意思是，"刑法规范是以民法等第一次规范的权利设定以及法律保护为前提的，纷争的第一次性法的处理应该交给民事的、行政的法律规范，刑法起到的是第二次的、补充性的作用。"[①] 不难看出，所谓刑法的二次规范性，实际上是对刑法在整个法律规范体系中的地位所作出的表述。而松宫在论述时则参引了日本刑法学大师大塚仁先生的论述，即刑法的法益保护，只有在其他的法律保护不充分的时候才应存在。以这样的关系为基础的性格，称为刑法的第二次的性质或者称为补充的性质。由此可见，二次规范性的内容包含于刑法补充性的

---

① ［日］松宫孝明：《刑法总论讲文》，成文堂 2004 年版，第 14 页。转引自刘淑琚：《日本刑法学中的谦抑主义之考察》，载《刑事法评论》（第 22 卷），北京大学出版社 2008 年版，第 285 页。

内容之中。①

　　日本学者山中敬一曾对刑法二次规范性、刑法补充性及刑法谦抑性之间的关系有着精彩的论述。山中认为："保护法益，不仅仅刑法、道德或习惯法、民法、行政法等规范也有益于法益保护。因为刑法是剥夺生命、自由等'最严厉的制裁'的规范，用道德规范或其他法规范保护不能带来效果时或者效果不充分时，才应开始发动'最终的手段'。第一次的规范应当首先放在前面，刑法作为对第一次的补充应当第二次被投入。这称为刑法的补充性或第二次性。这些全都是应当尽可能谦抑地发动这样的刑法的谦抑性（谦抑主义）之思想的表现。"② 因此，刑法补充性无疑应是刑法谦抑性的重要内容。而在刑法谦抑主义看来，国家保护法益的途径多种多样，刑法只是其中的不可获取的一种具体手段，但是刑法本身却不能随意发动，因为作为刑法的效果就是对罪犯适用刑罚，刑罚的严厉性决定了刑法的适用只能针对严重的危害社会的行为。刑法谦抑性摒弃古代及近代刑法所普遍存在的任意启动刑罚的泛刑主义，而重视伦理道德、习惯、民事制裁、行政制裁等其他社会统制手段的适用。③

---

　　① ［日］大塚仁：《刑法概说（总论）》，有斐阁2005年增补版，第5—6页。转引自刘淑琚：《日本刑法学中的谦抑主义之考察》，载《刑事法评论》（第22卷），北京大学出版社2008年版，第285页。

　　② 马克昌：《我国刑法也应以谦抑为原则》，载《云南大学学报（法学版）》2008年第5期。

　　③ 而事实上，刑法补充性既是刑法的一种无奈之举，但也不乏刑法所流露出的自知之明。刑法只是社会控制手段之一，对危害社会行为的控制，必须综合包括刑法在内的多种社会控制措施，单靠刑法是不可能达到目的的。对此，德国刑法学者宾丁有句名言，称刑法具有残缺不全的特征。这句话的意思是，刑法不具有广泛的法益保护体系，只是局限于特定的依据"应受处罚性"范畴而选定的重点。宾丁将刑法立法者的自我限制看做是其"作品的重大缺陷"。对此可参见［德］耶塞克、魏根特：《德国刑法教科书》，徐久生译，中国法制出版社2001年版，第68页。

相对而言，在多种社会控制措施中，刑法并非处于绝对的统治地位。法国学者安塞尔就曾指出，在打击犯罪方面，"刑法不是唯一的，甚至也不是主要的对付犯罪的工具。首先应当对'预防'予以极大的注意，通过'预防'抵制诱发犯罪的因素，其中包括个人的因素，即'特殊预防'和社会机体的因素亦即'一般预防'。其中，还应超越刑罚的范围，对犯罪形势和冲突形势，同时也动用民法的、行政法的、社会法的以及教育、卫生、社会福利组织等方法"。[①] 故而，依照刑法谦抑主义之精神，刑法是"在民事法、行政法等第一次法规范对正常社会关系进行调整的基础上，通过追究刑事责任、裁量和执行刑罚的方式对第一次法调整无效的严重不法行为进行的第二次调整"。[②] 而相应的，"位于现代刑事法律科学与现代刑事政策核心的，就是以刑法干预的正当性考虑与刑法干预的谦抑性思想为基础的'道德→第一次法→第二次法'的犯罪化作业过滤原理"。[③] 职是之故，刑法只能是在上述社会控制手段失效的情况下，才能进行干预社会生活。

因此正如有学者所言："刑法与侵权行为法、行政处罚法共同构筑防范犯罪的法律堤坝。在这一堤坝中，刑法是最后一道防线。在犯罪预防中，不再是单纯地依赖刑罚，而是与侵权行为法、行政处罚法互相协调，各显其能，以达到防范犯罪之目的。在这种情况下，侵权行为法与行政处罚法就成为刑法的替代，在更大程度与范围内，替代刑法而发挥其特有的抗制犯罪的作用。而刑法则成为防范犯罪之最后手段，只有在侵权行为法与行政处罚法不足以抗制犯罪的情况下，才动用刑法加以抗制。"[④] 从这个意义上来讲，刑法

---

① ［法］马克·安塞尔：《从社会防护运动角度看西方国家刑事政策的新发展》，载《中外法学》1989 年第 2 期。

② 梁根林：《刑事法网：扩张与限制》，法律出版社 2005 年版，第 50 页。

③ 梁根林：《刑事法网：扩张与限制》，法律出版社 2005 年版，第 34 页。

④ 陈兴良：《刑法谦抑的价值内涵》，载《现代法学》1996 年第 3 期。

应是伦理道德、习惯、民事制裁、行政制裁等其他社会统制手段的有力补充，是国家统治的最后一道法律手段，也是民法、行政法等法律的二次制裁法。

三、刑法谦抑性与刑法保障隐私权一般法律规范的效力

刑法谦抑主义的本质在于国家应当在"有效的预防和抗制犯罪"基础之上尽量不用刑罚，从而保证刑罚这种"必要的恶"不被随意动用。因此，刑法谦抑性之必然推论即为，国家应当充分重视一般法律规范在社会控制中的使用，但同时，刑法却必须保障这些一般法律规范能够切实发挥法律效力。因此，刑法保障法性质也应当成为刑法谦抑主义的应有之义。

"法律体系是以宪法为指导、以部门法为主干、以刑法为保障的内部严谨、外部协调一致、相互有机联系的法律规范的整体"。[①]而隐私权法律保护体系也是如此，隐私权法律保护体系是一个由宪法、民法、行政法、诉讼法及刑法所形成的结构完整、内部协调的法律规范系统。宪法、民法、行政法、诉讼法隐私权法律保护规范在各自领域担负着保护隐私利益的重要职能，但上述隐私权法律保护规范能否真正发挥作用，最终还要依靠刑法的力量。

法国著名启蒙思想家卢梭曾对刑法和其他部门法之间的关系有着精辟的论述，卢梭指出："不服从与惩罚的关系就形成了刑法的确立，刑法在根本上与其说是一种特别的法律，还不如说是其他一切法律的制裁。"[②] 这一名言准确地界定了隐私权刑法保护规范在隐私权法律保护体系中的特殊地位。正如我国著名刑法学家高铭暄

---

① 张明楷：《论刑法在法律体系中的地位》，载《法学研究》1994 年第 6 期。

② ［法］让雅克·卢梭：《社会契约论》，何兆武译，商务印书馆 2003 年版，第 70 页。

教授所言："刑法是其他部门法的保护法，没有刑法做后盾、做保证，其他部门法往往难以得到贯彻实施。"①因此，拥有最严厉制裁措施——刑罚的刑法，是其他一切法律的制裁力量。没有刑法的世界是难以想象的世界，没有刑法的世界一切秩序和自由都将荡然无存。而从隐私权法律保护的配置而言，包括宪法在内的各种隐私权法律保护规范都具有一定的制裁手段与强制措施，② 但是宪法、民法、行政法制裁措施的严厉性要远远弱于刑法。并且，上述制裁措施发挥作用，仍离不开刑法在其背后所提供的强大支撑。

在此应当特别注意刑法保障法和刑法二次制裁法之间的区别。刑法的保障法性质和刑法的二次制裁法地位虽然都是刑法谦抑主义的衍生推论，但二者无论是在内容上以及适用范围上却有本质的不同。刑法保障法性质是指刑法以其最严厉的惩罚特征，确保一般法律规范的效力能够充分发挥。在适用范围上，刑法保障法是针对一般法律规范发生法律效力之后，保障依据该法律规范所产生的一般法律责任及制裁措施得以顺利落实。因此，刑法保障法性质是着眼于一般法律规范效力的施展，在此虽然有时也需要动用刑法，如在相关责任人员拒不接受一般法律责任时，启用刑法第 313 条拒不执行判决、裁定罪，或刑法第 277 条妨害公务罪，但更多的场合刑法

①　高铭暄主编：《中国刑法学》，中国人民大学出版社 1989 年版，第 12 页。
②　中国传统宪法理论认为宪法没有制裁力或者说没有直接制裁力，其原因在于中国宪法规范中没有制裁条款，亦无相应之违宪审查制度，因此即使行为违反宪法，也不会遭受相应之惩罚。但事实上，宪法同民法、行政法及刑法一样具有制裁力，宪法对违宪法律或违宪行为所实施的惩罚措施就属于宪法制裁。而无论是在国外还是在国内宪法活动中，宪法的确有制裁法的性质。如国外宪法规定的罢免弹劾程序、解散国会决议、对政府投不信任票、否决政府财政议案等，我国宪法规定的罢免、质询以及否决国家机关工作报告及领导人员任免案、否决相关法律法规等都属于宪法制裁方面的规定。而本书认为，在隐私权宪法保护中同样存在宪法制裁，如政府领导人员利用职务便利，大规模侵犯公民隐私，或通过明显侵犯公民隐私利益的法律规范，因此被罢免、质询或相关议案被废止等都应当属于隐私权宪法制裁的内容。

仅提供一种威慑。而刑法的二次制裁法地位则是指，刑事制裁措施比一般法律制裁措施更为严厉，因此，在一般法律制裁措施失效的情况下，刑法则需要作为一般法律制裁措施之后的第二次法律制裁手段而主动介入社会生活。因此，一般法律能够发挥作用时，刑法具有保障法性质，而在一般法律已经无法满足社会控制而需要刑法介入时，刑法则具有二次制裁法的地位。

而事实上，和本书以上所对刑法保障法与刑法二次制裁法区别的分析相一致，刑法对隐私权宪法、民法及行政法规范发挥保障作用，也并非是利用隐私权刑法保护的所谓"二次制裁规范"条款，而是通过其他的刑法规范保障上述规范发生法律效力。如在隐私权宪法保护方面，刑法规定了相关渎职犯罪，通过对政府领导人员滥用职权侵犯公民隐私的行为予以惩罚，督促其履行保护公民隐私的法律义务。而对隐私权民事侵权行为及行政违法行为而言，则主要通过刑法第313条拒不执行判决、裁定罪及刑法第277条妨害公务罪，保障隐私权民法规范、诉讼法规范以及行政法规范得以有效实施，如就隐私权民事侵权行为而言，即便法院做出了消除损害及赔礼道歉的民事判决或裁定，但若无刑法第313条的拒不执行判决、裁定罪作为最终保障，上述判决或裁定就无异于一纸空文。[①] 因此，考虑到在中国司法实践中宪法性规范在隐私权法律保护中的实

---

① 在此特别需要指出的是，拒不执行判决、裁定罪是维护国家法治秩序的最重要的手段，其处于一个独一无二的地位，是众多部门法的交接点，其借助于刑法之力将刑法和民法、经济法、宪法、行政法及诉讼法紧紧黏合在一起使其构成一个完整严密的法律体系，极大地维护了其他部门法的权威，进而捍卫了整个法律体系的尊严。刑法与侵权法、行政处罚法共同构筑防范犯罪的法律堤坝，虽然有时诸如民事侵权行为同时也会严重到触及刑法，如故意杀人行为就同时构成民事及刑事违法，但大多数的一般违法行为都在刑法圈之外。而拒不执行判决、裁定的设立就使得法律部门中的第一道堤坝得以生效，防范违法行为的进一步恶化。这样犯罪预防防线就大大地向前推进了，这对于国家法治来说意义极其重大。对此可参见王立志：《宪政之形式合理性——以拒不执行判决、裁定罪为切入》，载《河南教育学院学报》2005年第6期。

际作用并不明显，而刑法第 313 条拒不执行判决、裁定罪及刑法第 277 条妨害公务罪也就成了隐私权一般法律保护规范的刑法保障法条款，并最终保障其能够充分发挥隐私权法律保护的效用。

第三节　隐私权刑法保护与隐私权一般法律保护的协调

隐私权刑法保护与隐私权一般法律保护之研究，其意义在于动员各种隐私权法律规范的力量，和刑法齐心协力，共同营建结构完整、协调一致的隐私权保护的法律体系。因此，在前节对隐私权刑法保护与隐私权一般法律保护的关系进行论证之后，当然也应当在此基础之上对如何协调隐私权刑法保护规范与隐私权一般法律保护规范之间的关系问题作进一步之研究，以期达至对隐私权的法律保护做到系统完备、周密细致。本书认为，就隐私权刑法保护与隐私权一般法律保护的协调而言，应当从以下方面着手。具体而言：

一、应充分发挥隐私权一般法律保护规范的作用

隐私权法律保护体系是由宪法、民法、行政法、诉讼法及刑法规范所组成的层次分明、结构完整法律系统。相对于隐私权一般法律保护而言，由于刑法拥有最严厉的制裁手段——刑罚，因此其在隐私权法律保护方面的表面功效最为明显和直观，而对于任何隐私案件受害人而言，在隐私利益遭受损害时，都会本能地转向刑法寻求帮助。

但是，基于刑法最后保障法地位及二次制裁法的性质，刑法只有在隐私权一般法律规范对侵犯隐私权行为无法进行有效控制的情况下方能介入隐私领域。而且过分倚重刑法也往往会造成国家对刑法的盲从和迷信，并会使得刑法大规模入侵本应由一般法律规范调

整的领域，从而给公民的人权保障带来严重威胁。尽管如今刑法学者已经意识到"对刑法的迷信，是各种政治迷信中最根深蒂固的一种。如果说，在智识未开的古代社会，这种观念还有一定的市场的话，在当今文明社会，刑法迷信应当在破除之列"。① 但事实上，对刑法的推崇和痴迷，也是各国刑事立法及司法实践中所广泛存在的现象。对此法国刑法学者卡斯通·斯特法尼曾不无担忧地指出："刑事法律在现代生活中侵占越来越多的地位是一种令人担心的事情。'刑事膨胀'是一种令人遗憾的现象。因此，确保在任何一个领域里已经确定的规则得到遵守，立法者借助于刑法的帮助是正常的。但是，只能在显然有必要的情况下才这样做，而不能将其作为一种可以免除其他手段的简便方法加以使用。借助刑事制裁是一种'最后手段'，在此之前应当试行更为合适的'技术性制裁'。刑法上规定的犯罪增多，也会使公共权力机关冒更大的风险，……特别是公共权力机关无人服从，并且不能使人服从的风险。这等于是一条通向无政府的道路。"②

　　因此，为了避免刑法在隐私领域的过分扩张，刑法就必须恪守最后保障法和二次制裁法的界限，不得随意介入隐私权一般法律保护调控的范围。同时国家也应当充分重视隐私权一般法律保护的作用，并将其和隐私权刑法保护规范妥帖结合，共同构建完备严谨的隐私权法律体系。在整个隐私权法律保护体系中，隐私权宪法保护应居于指导性地位，宪法通过对隐私权的规定，为法律主体提供行为的方向和准则。隐私权行政法保护规范则通过对包括政府机关在内的各种组织、单位及相关行业从业个人的合理限制，而避免上述组织或个人在相关领域侵扰公民私人隐私，并对其侵扰公民私人隐

---

① 陈兴良：《刑法的价值构造》，中国人民大学出版社 1998 年版，第 352 页。
② ［法］卡斯东·斯特法尼等：《法国刑法总论精义》，罗结珍译，中国政法大学出版社 1998 年版，第 34 页。

私的行为予以行政制裁，进而保护公民隐私利益。而在司法实践中，隐私权民法保护规范则主要通过消除侵害和损害赔偿等民事责任的适用，阻止隐私侵权后果的进一步扩大，减少隐私侵权行为的危害，并且对隐私权利人提供相应的补偿和救济。与此同时，国家也应当在诉讼程序中规定了司法机关必须遵守的规则，以期在诉讼过程中周到、全面地保护当事人的隐私权。

二、应充分发挥隐私权刑法保护作用

在隐私权法律保护体系中，基于刑法谦抑性，刑法具有最后保障法地位及二次制裁法的性质。故而，刑法在对侵犯隐私行为进行社会控制时，必须保持足够的克制，但这并不意味刑法会因此放松手脚，对隐私犯罪听之任之。因此，刑法对隐私侵害行为实质上就必须保持一种"有所为、有所不为"的态度。所谓"有所不为"是指国家应当充分重视隐私权一般法律保护的作用，尽量不用或少用刑罚；而"有所为"是指在必要的时候，刑法必须果断出手，切实担负隐私权保护的重任。而本书认为，刑法"有所为"才应当是刑法的最终设置目的，而刑法之所以在某些情况下"有所不为"，实质上是为刑法"有所为"积蓄力量，保存实力。从本质上来说，刑法是一种强制制裁法，"制裁问题是一个关系到法律实效的问题。……只要在有组织的社会中还存在大量的违法者，那么法律就不可能不用强制执行措施作为其运作功效的最后手段。而事实上，由于刑法拥有刑罚这种最严厉的处罚措施，所以其对法益保护的功能也就最为强大。"① 故而，"就刑法规范而言，对于违法行为，刑法规范以刑罚的名义并由国家权力强制性地加以非难，因此

---

① ［美］E. 博登海默：《法理学——法律哲学与法律方法》，邓正来译，中国政法大学出版社 1999 年版，第 341 页以下。

其非难的程度以及内容都要比违反其他规范的场合更加严重。"①
因此，无论是最后保障法也好，还是二次制裁法也罢，刑法是任何
一个国家维持社会基本秩序的最终手段，也是国家权力及统治实力
的最明显体现。而正如有学者所言，"如果国家容忍不能忍受的违
法行为，那就意味着自动放弃国家权力。没有刑罚，强有力的法秩
序就不复存在，法就会降格为仅受道德约束的规范。作为法强制的
体现，对于任何一个以法规范建立起来的社会而言，刑罚均是必不
可少的。"② 因此，对隐私权法律保护而言，刑法及刑罚应当在对
一般隐私侵权行为"有所不为"的前提下，还必须对隐私犯罪
"有所为"。刑法对侵害隐私权利的行为必须有所警惕，不能将保
护公民隐私的责任完全推诿给民法、行政法、诉讼法等一般法律。
因为隐私是一种"易碎品"，且具有不可恢复性及损害后果迅速扩
散的特征，因此在一般法律规范无法对隐私权进行有效保护的情况
之下，刑法应当果断介入，并通过强效制裁措施，一方面给隐私受
害人提供充足的法律救济，另一方面严惩肇事者，并以儆效尤，警
示其他意图实施隐私犯罪者，从而避免新的犯罪发生。

在此仍需指出的是，尽管立法者对隐私权刑法保护的重要意义
有所了解，但整体而言，隐私权刑法保护的地位仍应当予以加强。
综观世界隐私权立法现状，隐私权法律保护规范主要都集中在民法
及行政法领域，在刑法领域隐私权的保护基本处于缺位的状态。但
正如有学者所言，"刑法作为保护和捍卫公民权利的最后手段和最
有力的王牌，在隐私权的民法保护、行政法保护等不足以维护公民
权利的情况下，刑法的保护就应该是不可避免的。可以这么说，没

① ［日］野村稔：《刑法总论》，全理其、何力译，法律出版社2001年版，第39页。

② ［日］野村稔：《刑法总论》，全理其、何力译，法律出版社2001年版，第81页。

有刑法对隐私权的保护，隐私权的实现必然是不充分、不完全的。"① 故此，加强对隐私权刑法保护的研究，增加隐私权刑法保护之立法，赋予隐私权刑法保护在隐私权法律保护体系中应有的地位，应当成为隐私权刑法保护的当务之急。

三、隐私权刑法保护规范和一般法律保护规范应紧密衔接

从隐私权刑法保护规范和隐私权一般法律保护规范的关系而言，其应当通力配合，各司其职，在各自领域发挥隐私权保护功能。一方面，尽管刑法对隐私权能起到至关重要的作用，但从整体效果来看，刑法仅是隐私权法律保护体系中不可或缺的一个组成部分而已。而且隐私权刑法保护效用的充分发挥，也离不开隐私权一般法律规范的帮助和支持。而另一方面，刑法是隐私权一般法律规范发挥效用的最终保障，离开刑法的庇护与支援，隐私权一般法律保护规范将有被蔑视和轻慢的危险。故此，就隐私权法律保护而言，应当使隐私权刑法保护规范和隐私权一般法律规范之间紧密衔接，形成一种协调一致互相倚重的良好关系，具体而言：

（一）隐私权刑事责任和一般法律责任具有同质性

隐私权刑事责任和隐私权一般法律责任在功能上虽然各有侧重，其各自在责任形式、内容及承担方式上迥然相异，但其根本任务却具有一致性，即都是为公民隐私利益提供充分有效的法律保护，无非其保护的角度和方法有所差异。如就隐私权刑法保护和隐私权民法保护之间的差别而言，刑法对隐私权的保护是通过惩罚犯罪行为，实现对隐私权法秩序的整体保护，其保护方式相对而言是一种间接保护方式，而隐私权民法保护则是直接对隐私权确认以及

---

① 蔡道通：《论隐私权的刑法保护》，载《淮阴师专学报》1996 年第 2 期。

对隐私权利受损害的经济补偿来实现的，因此隐私权民法保护应当是一种直接保护方式。故而，从责任目的而言，隐私权刑事责任和一般法律责任具有同质性，这也决定了其相互之间紧密衔接得以可能。而从更深层次上来讲，隐私权刑法责任和一般法律责任在责任构成上也非常相近，甚至具有历史渊源上的同一性，正如有学者所言：侵权行为法与刑法历史上的同源性以及现实中的同一性（某一加害行为常常既是侵权行为又是犯罪行为），使得各国侵权行为法都不可避免地、或多或少地受到刑法理论的影响。德国的民法学说认为侵权行为责任构成也应采取构成要件该当性、违法性、有责性三层次结构。构成要件的该当性指有故意或过失、侵害他人的加害行为、有损害发生、有因果关系。违法性是指行为人违反社会对一般人所科加的客观注意义务，行为违法且没有违法阻却事由。有责性是指行为时的故意或过失的可归责性，且没有责任阻却事由。[①] 而对于隐私权刑法责任和侵权责任而言，其归责制度及相应理论的相互渗透和影响也非常普遍。如侵权法中的法人替代责任、严格责任已经在隐私权刑事责任理论中广泛存在；又如在中国，依照侵权法，对隐私侵权责任的认定通常要经历以下程序，即从"隐私违法行为的存在"、"隐私损害的存在"、"隐私损害和行为之间存在因果关系"、"行为人有过错"等侵权责任的构成要件逐一确认。不难看出，这种归责程序其实就是刑法犯罪构成在侵权法中的改造与修正模式。因此，隐私权刑事责任与隐私权一般法律责任在责任本质及构成问题上的同一性也就为隐私权刑法保护规范和一般法律保护应紧密衔接奠定了内在的理论前提。

---

① 程啸：《侵权行为法中过错与违法性关系的比较法考察》，载《侵权行为法研究》，中国民主法制出版社 2000 年版，第 97 页，第 99—100 页。

（二）刑法谦抑性之必然要求

"刑法谦抑性与否是与一国法律体系中的其他部门法规则的发展形成紧密关联的，如民商法、侵权行为法、行政制裁法等。刑法必须与同一法律体系中的其他部门法规则形成协调而非冲突的关系。倘若民商法、侵权行为法、行政制裁法等法律不能及时接纳调整因刑法谦抑性在立法上的突出而使刑法放弃调整的社会关系，那么一个失序社会的出现将是显见不争的。触一发而动全局的立法进程是一种无休止的混乱，自然也为立法者所力不从心，是不可欲的。"① 因此，根据刑法谦抑主义，刑法要合理适度地介入隐私权领域保护公民隐私利益，则必须以民事法、行政法及诉讼法中存在相应的隐私权保护规范为前提。刑法不能在其他部门法规尚未对某种行为认定侵犯隐私的情况下就贸然介入隐私权保护领域。而当刑法以外的其他法律规范无法切实对隐私权进行有效保障时，作为二次制裁法的刑法便得以合理发动，这是刑法介入隐私领域的时间和逻辑条件。

而事实上，在司法实践中，某种行为的刑事违法是以一般法律规范中对该行为存在一般违法的"前置法"为前提的，如在中国刑法中设置故意伤害罪，而在治安处罚法中也存在对轻微伤害行为的治安违法行为的相应处罚。因此有学者就提出了"出于他法而入于刑法"的命题，进而认为就犯罪的成立而言"不能简单地直接从刑法中寻找依据，而是应当首先从能否构成犯罪的这些刑法规定赖于建立的其他前置性法律当中去寻找。"②本书认为，这种观点

---

① 韩德明：《刑法谦抑性：新自由主义法学语境中的考察》，载《江苏警官学院学报》2004 年第 3 期。

② 杨兴培：《犯罪的二次性违法理论探究》，载《社会转型时期的刑事法理论》，法律出版社 2004 年版，第 417 页。

合理性是毋庸置疑的，因为其不仅符合刑法最后保障法及二次制裁法的特征，也尤其契合中国刑事立法现状。因为"中国往往是某类行为的轻微部分违反第二层次的某种法律部门的法律，由相应的法律部门进行调整，其调整方法也包括制裁，即其他的制裁，如行政的、经济的、民事的制裁等。如其违法严重，是其他法的制裁难以解决的，则出于其他法而入于刑法，由刑法进行调整，规定为犯罪，判处刑罚这种最严厉的制裁措施。这样的一种法体系，也就决定了刑法中行为的大部分，都是属于违反其他法的严重情况，因此在刑法中规定行为情节，在中国的法体系之下，应该说是情理之中的事。例如，像盗窃、诈骗、抢夺等侵财犯罪，未达伤害程度的暴行，妨害社会管理秩序的各种行为，其较轻部分，均可以在治安处罚法中找到相应的违法行为；在经济犯罪的各种行为类型中，其较轻部分也可以在经济法、商法、行政法等法规中找到相应的违法规定。"① 相应地，根据刑法谦抑主义之要求，隐私权刑法保护规范和隐私权一般法律保护规范之间，也存在所谓的前置法和最后法之间的关系，即"出于一般隐私法而入于刑法"。故而，作为前置法的隐私权一般法律规范与作为最后法的隐私权刑法保护规范之间也应当紧密衔接，以体现出隐私权刑法和一般法律之间互为支援，共同保护隐私利益的合作关系。

（三）隐私权刑法规范和一般法律规范衔接之实现

隐私权刑事责任和一般法律责任的同质性，奠定了隐私权刑法规范和一般法律规范相互衔接的理论基础，而刑法谦抑主义也必然要求隐私权刑法规范和一般法律规范衔接紧密。但这一衔接如何得以实现，仍是本书应当进一步研究的问题。

---

① 李洁：《中日涉罪之轻微行为处理模式比较研究》，载《法律科学》2002 年第 5 期。

　　本书认为，依照刑法谦抑主义以及中国刑事立法中一般违法和犯罪密切对应的特征，隐私权民法、行政法、诉讼法与刑法之间应体现出前置法与后续法的先后次序。因此隐私犯罪和一般隐私违法行为之间应建立起一一对应关系，而在隐私权法律保护立法中，则应当在隐私权刑法保护规范和隐私权一般法律规范之间应在保持具体概念内涵和外延一致性前提下，在范围上进行紧密衔接。而根据刑法最后保障法及二次制裁法的特点，刑法应当在民法、行政法及诉讼法无力控制隐私侵害行为的情况下，才能够介入隐私领域。因此，在隐私权法律保护体系中，违反民法、行政法及诉讼法的一般隐私违法行为规范必然优先于隐私犯罪行为规范的出现。故此，刑法欲设置新的隐私犯罪，应当首先考察隐私权一般法律保护规范中，是否存在对应的一般隐私违法行为，以及行为的特征、相应的概念以及具体惩罚措施，而不应当在相应隐私权一般法律规范失之阙如的情况下，将隐私刑法规范从天空降。① 因此，隐私权刑法保护规范和隐私权一般法律保护规范之间必须建立起便捷通畅的交流关系，无论是刑法还是一般法律，在对各自隐私规范条文进行补充、修改及完善的时候，也应当注意相互之间保持协调一致。

　　同时，本书认为，隐私权刑法保护和隐私权一般法律保护之间的紧密衔接，还应当在以下方面有所体现，如隐私权刑法规范之中的具体法概念应当尽量和作为前置法的隐私权一般法律规范中的概念相一致，而且在隐私犯罪和一般隐私侵权行为的行为特征、实施方式、情节、数额、后果等方面也应当力求同声同气、步调一致。

---

　　① 但在我国刑事法治实践中"刑法万能"观念还在一定场合中大行其道，因此在刑事立法中也常常出现刑法规范在先，而一般法律规范在后的"屁股指挥脑袋"的非正常模式，从而严重违背了刑法最后保障法及二次制裁法性质。就隐私犯罪而言，刑法修正案（七）将非法披露个人信息行为犯罪化，固然体现了刑法紧跟时代步伐，满足社会实践需要的特点，但在《个人信息法》尚未出台的情况下，刑法修正案的上述规定无疑和刑法最后保障法的性质格格不入，其实际执法效果究竟怎样亦值得怀疑。

尤其在具体处罚方面，隐私权刑法处罚措施和隐私权一般法律处罚措施之间也应当保持连贯的对应关系，在罚金或罚款等处罚金额方面、在行政拘留和自由刑期限方面都应当体现出互相配合、紧密协调的关系。

第六章　中国隐私权刑法保护
的现状、不足与完善

　　隐私权基本特征的概述、隐私权公共政策及刑法的阐释、境外隐私权刑法保护的推介、隐私权刑法保护的特殊性的解说、隐私权刑法保护与隐私权一般法律保护的论证，其本身可以独立成章，各自成文，并且也不乏独立存在之学术价值。但正如西塞罗所说："我们不仅必须获得智慧，而且必须运用智慧。"① 尤其就刑法之本性而言，应归属于实践理性之范畴。就此而言，基础性刑法理论知识之重要性虽不言而喻，但刑法也应当推崇于知识的实际践行。职是之故，就本书之研究而言，无论是穷经皓首的考据、殚心竭虑的推理还是旁征博引的论证，都应该为中国隐私权刑法保护提供背景知识及理论支援。故而，本书反对脱离理论运作的具体语境去搬弄知识、张扬词藻，而更重视将上述理论运用于中国隐私权刑法保护的具体实践中，并以此发现中国隐私权刑法保护之不足，进而促进中国隐私权刑法保护之完善。

---

　　① 　华东师范大学教育系、杭州大学教育系合编：《西方古代教育论著选》，人民教育出版社 1985 年版，第 359 页。

第一节　中国刑法隐私权保护之现状

一、中国隐私权法律保护概况

隐私权并非中国本土化法律物种，而是一个溯源于西方的舶来物。在晚近光景，国门开放而西法东渐，西方隐私权法律观念得以漂洋过海，牵动国内学者视线，方才引起国人的关注和重视。也许在数千年的中华法文化中，也曾萌动过缥缈模糊的隐私意识及隐私法律思想，但这浅淡的意识及思想长期以来却始终停滞于其发育初期的孩童形态，并未在中国法律文化中形成波澜涌动高歌猛进的发展狂潮，更未曾如西方隐私权一样成长成权利的参天大树。

但即便如此，尽管在我国到目前为止对公民隐私权的法律保护仍然是含混不清的，中国立法既没有将其作为独立的人格权加以规定，也没有相应的独立保护隐私权的法律条文。但是在中国法律中仍然存在隐私权法律保护的规范，并能因之在一定程度上提供局部性的隐私权法律保护服务。

（一）隐私权宪法保护规范

现行宪法没有对隐私权做出直接明确的保护性规定，但却间接地从其他方面对公民的隐私权利不容侵犯表明了立场。本书认为，宪法第 37 条、第 38 条、第 39 条及第 40 条都可以视为中国隐私权宪法保护之肥源，上述规范各担职责，从不同侧面对隐私权进行相应之保护。

宪法第 37 条规定："中华人民共和国公民的人身自由不受侵犯。任何公民，非经人民检察院批准或者决定或者人民法院决定，并由公安机关执行，不受逮捕。禁止非法拘禁和以其他方法非法剥夺或者限制公民的人身自由，禁止非法搜查公民的身体。"个人身体不仅是个人隐私的重要载体，而且身体本身就是自决性隐私的重要内容，个人可以自主支配其身体自由移动及身体隐私的开放与否，所以身体不受不合理的拘束的自由必然会包含了隐私权保护的内容。故而，对于人身自由不得随意侵犯的保护内容就包含了隐私权的保护要求。

第39条："中华人民共和国公民的住宅不受侵犯。禁止非法搜查或者非法侵入公民的住宅。"这一规定通过禁止非法对他人住宅的搜查、侵入或窥探，来确保公民日常生活的安宁，从而保护了作为隐私权的重要内容之一的私人空间安宁性隐私的确认与保护。

第40条："中华人民共和国公民的通信自由和通信秘密受法律的保护。除因国家安全或者追查刑事犯罪的需要，由公安机关或者检察机关依照法律规定的程序对通信进行检查外，任何组织或者个人不得以任何理由侵犯公民的通信自由和通信秘密。"这一规定，保护了公民的通信自由和通信秘密的权利。正如其他国家保护公民的个人信息一样，保护通信秘密正是保护公民隐私权的重要内容，也是中国宪法对具体隐私权保护的体现。

尤为值得一提的是，宪法第38条对隐私权保护所能提供的是权利的母法性作用。我国宪法第38条规定："中华人民共和国公民的人格尊严不受侵犯，禁止用任何方法对公民进行侮辱、诽谤和诬告陷害。"在宪法上，人格及人格尊严是极其重要的法律概念，也是诸多权利的本质性渊源。隐私权因具有一般人格权属性，因此也可以就此认为，对隐私权利的捍卫，也应属于人格尊严所涵括的应有之义，因此，宪法第38条应当被视为隐私权宪法保护的母法性条款。而正如前文所称，在德国、日本及中国台湾地区中也存在这类似的母法性宪法条款，他们宪法中也不曾有隐私权的明确规定，但却都通过法院对其某些牵涉人格及人格尊严的宪法条款所进行的宪法解释，用判例的方法将其法域中隐私权宪法保护的基本轮廓线条清晰地勾勒出来。①故此，宪法第38条应当是中国隐私权宪法保护的根本依据，尤其是在当我国宪法隐私权保护规范还不明确时，其对于私人生活自由意义上的隐私权宪法保护意义非常重大。同时，尽管中国宪法第37条、第39条及第40条分别从保护公民身体隐私、保护私人空间隐私以及保护公民通讯隐私方面发挥明确而具体的作用。但这3个规范不但应包容于宪法第38条的含义之中，而宪法第38条还能提供上述规范力所不及的隐私权宪法保护。

另外，除宪法典之外，还有一些宪法性法规也设置了若干隐私权保护条款，如《妇女权益保障法》第39条规定："妇女的名誉权和人格尊严受法律保护，禁止使用侮辱、诽谤、宣扬隐私等方式损害妇女的名誉和人格。"《未成年人保护法》第30条规定："任何组织和个人不得披露未成年人的隐私。"《预防未成年人犯罪法》第45条第3款规定："对未成年人犯罪案件，新闻报道、影视节目、公开出版物不得披露该未成年人的姓名、住所、照片及可能推断出该未成年人的资料。"上述法规都应视为对宪法典隐私权保护的具体体现及必要补充。

---

①　德国联邦最高法院于1959年根据新宪法第1条人性尊严之规定、第2条人格的自由发展权，确认人身的一般权利属于民法典第823条第1款保护的其他权利，即所谓法院判例发展起来的"一般人格权"，名誉权和隐私权才被作为绝对权利对待。日本法院也在相关判例中指出，宪法第13条所谓生命、自由及幸福之追求权，其所保障的对象究其根本即是作为人类生存根源之人格价值，而从此人格价值中将会衍生出对人格利益的承认与保护；而隐私权即属上述人格利益之一环，因此解释上受到宪法第13条幸福追求权的保护。因此，个人尊严这一思想是近代法的根本性理念之一，也是日本宪法所立足之处，只有人格得到尊重、自我受到保护而不受不正当的干涉，这一思想才能成为确实的东西。而我国台湾地区台湾高等法院在1987年度判例中也指出，基于宪法第22条之规定，凡人民之其他自由及权利，不妨害社会秩序公共利益者，均应受宪法的保障。故而承审法官认为隐私权为宪法所保障之基本权利，而其宪法基础则系宪法第22条规定。对此可参见本书第三章第二节欧陆法系国家和地区隐私权刑法保护。

（二） 隐私权民法保护规范

隐私权是公民的一项基本权利，对其重点关照与保护应属于民法应有之义。但 1986 年制定的《中华人民共和国民法通则》，由于立法者对隐私权还没有充分的认识，因而在这部法律中仅仅规定了生命健康权、姓名权、名称权、肖像权、名誉权、荣誉权等人身权，而将具有一般人格权属性的隐私权遗忘在了民法演进的拐角。随后，由于意识到《民法通则》对隐私保护的缺憾，在短期无望修改《民法通则》的情况下，司法部门不得不采用变通之计，借以司法解释的形式弥补隐私权民法保护的空缺。最高人民法院《关于贯彻执行〈中华人民共和国民法通则〉若干问题的意见（试行）》第 140 条规定："以书面、口头形式宣扬他人隐私，或者捏造事实公然丑化他人人格，以及用侮辱、诽谤等方式损害他人名誉，造成一定影响的，应当认定为侵害公民名誉权的行为。"最高人民法院《关于审理名誉权若干问题的解答》第 7 条规定："对未经他人同意，擅自公布他人的隐私材料或以书面、口头形式宣扬他人隐私，致他人名誉受到损害的，按照侵害他人名誉权处理。"这是用名誉权的方式对隐私权进行的间接保护；最高人民法院于 2001 年 3 月发布的《关于确定民事侵权精神损害赔偿责任若干问题的解释》，对隐私权作了具有突破性的解释。该解释第 1 条第 2 款规定："违反社会公共利益、社会公德侵害他人隐私或者其他人格利益，受害人以侵权为由向人民法院起诉请求赔偿精神损害的，人民法院应当依法予以受理。"尽管其条文短小而简单但却是我国法律文件第一次明文把隐私权作为一项独立的人格权来予以保护，因此对于中国隐私权法律保护而言有着极其重要的意义。

（三） 其他法律对隐私权的保护

除了宪法及民法以外，我国许多法律法规对隐私权的保护问题也都有涉及，如《行政诉讼法》第 45 条规定："人民法院公开审理行政案件，但涉及国家秘密、个人隐私和法律另有规定的除外。"《民事诉讼法》第 66 条规定："证据应当在法庭上出示，并由当事人相互质证，对涉及国家秘密、商业秘密和个人隐私的证据应当保密需要在法庭出示的，不得在公开开庭时出示。"第 120 条规定："人民法院审理民事案件，除涉及国家机密、个人隐私或者法律另有规定的以外，应当公开进行。""离婚案件、涉及商业秘密的案件，当事人申请不公开审理的，可以不公开审理。"《刑事诉讼法》第 152 条规定："人民法院审理第一审案件应当公开进行，但是有关国家秘密或者个人隐私的案件，不公开审理。"这些诉讼法中对于涉及公民隐私权的内容不公开审理的规定，可以保证公民的隐私权不至于因为发生诉讼而被泄露或公开，是保护公民隐私权的重要法律规定。

同时，在我国众多的行政及经济法律规定中，也有许多关于隐私权保护的内容，比如《律师法》第 33 条规定："律师……不得泄露当事人隐私。"第 44 条规定，律师泄露当事人个人隐私的，由省、自治区、直辖市以及设区的市人民政府司法行政部门给予警告，情节严重的，给予停止执业三个月以上一年以下的处罚；有违法所得的，没收违法所得。《律师职业道德和执业纪律规范》第 9 条规定："律师应当保守在执业活动中知悉的国家秘密、当事人商业秘密和当事人的隐私。"《商业银行法》第 29 条第 2 款规定："商业银行办理个人储蓄存款业务，应当遵循……为存款人保密的原则。"《统计法》第 14 条规定："属于私人、家庭的单项调查材料，非经本人同意，不得泄露。"《证券法》第 38 条规定："证券交易所、证券公司、证券结算登记机构必须依法为客户所开立的账户保密。"此外，还有一些其他的行业法律法规也规定了医生、公证人、会计师等对其在职业行为中获得的他人隐私材料，负有保密的义务。除此之外，刑法中也零星分布了若干隐私权刑法保护规范。而宪法、民法、行政法及刑法对隐私权的共同保护，至少从表面上来看，初步实现了各种部门法对隐私权的全方位整体覆盖。

（四）中国隐私权法律保护的缺陷

尽管各部门法都或多或少包含了些许隐私权保护条款，但总体来说，中国隐私权法律保护规范还不够丰富，体系亦远非完善。如宪法中并没有直接明确规定隐私权而造成隐私权宪法保护模糊不清。尽管法学研究者对宪法第 38 条的实质解释，暂时解决了为隐私权的法律保护寻求合宪性根据的问题，但是由于中国没有对宪法进行司法解释的法律传统，亦无可能仿照德国、日本及中国台湾地区之做法，由司法部门通过判例解释宪法条款。因此仅能将对宪法第 38 条的实质解释停留在学理解释层面，难以彻底解决为隐私权的法律保护寻求合宪性根据的问题。又如《民法通则》中未曾出现隐私保护的实质性内容，而司法解释将隐私权与名誉权放在一起，错误地认为隐私权是名誉权的一种利益。而由于名誉权和隐私权之间的本质属性的巨大差异，势必造成二者存在侵权竞合和分离的现象，侵害隐私权的未必侵害名誉权，[①] 因此以侵害名誉权为案由起诉难以实现对隐私权的保护。再如中国法律从整体上缺乏对隐私权全面、系统的立法，现有的保护隐私的一些法律内容缺乏衔接性、统一性。尤其是作为公民人身权利保护的各基本法律中一直未对隐私权的内容做出明确的规定。甚至在所有关涉隐私权利保护的法律法规中，无一在条文表述上直接采用"隐私权"一词，多是以"个人隐私"的对象性描述用语替代象征具有独立人格权利类

---

① 如媒体客观真实对强奸犯罪中受害女性做详尽细致的跟踪报道，揭露案发真实场景及受侵害的时间、次数，曝光受害人照片及视频等都会侵扰其隐私，但并不会因此而贬损其名誉权。

型意义的隐私权。①

故此，我国现有的法律体系中并不存在独立严密的隐私权概念，不仅如此，各部分法在隐私权保护方面一直单打独斗、各自为政，并因此而造成不同隐私权法律保护规范之间相互衔接的上气不接下气，因此，至今中国也不曾形成一个完整、规范的隐私权法律保护体系。这在一定程度上也会影响到隐私权的刑法保护的力度与效能。

二、中国隐私权保护之刑事立法

和整个中国隐私权法律保护体系的凌乱与残缺一样，无论是1979 年刑法、1997 年刑法以及之间存在的诸多刑事单行法中，均不见隐私权、私人生活、私密空间等概念，因此隐私权从未曾有作为一种独立性权利而获得登台露脸的机会。然而尽管中国刑事立法中没有直接使用"隐私"或"隐私权"的概念，也没规定诸如"侵犯公民隐私权罪"之类的罪名，但却并不能因此认为中国刑法中就不存在对隐私权的保护规范。事实上，如果研究者能够坚持实质解释的原则，就不难发现虽然在中国刑法典中若干条款完全没有提到"隐私"或者"隐私权"这样的字眼，但这些条款中也包含了对严重侵犯隐私权或者造成严重后果的行为的否定性评价及其为该行为所分配的刑事处罚，因此也能体现出刑法保护隐私的主旨意趣。

---

① 尽管在 2003 年初公布的民法典（草案）征求意见稿第 90 条规定，自然人享有生命健康、姓名、肖像、名誉、荣誉、信用、隐私等权利。但由于该草案一直未曾审议通过，因此至少在现实层面，依然难以言之凿凿地宣明隐私权已然被立法所确认。

本书认为，现行刑法典中，大致有以下罪名涉及隐私权刑法保护：①

（1）第245条非法侵入他人住宅罪

刑法第245条规定："非法搜查他人身体、住宅或者非法侵入他人住宅的，处三年以下有期徒刑或者拘役，司法工作人员滥用职权犯前款罪的，从重处罚。"

（2）第245条非法搜查罪

刑法第245条规定："非法搜查他人身体、住宅或者非法侵入他人住宅的，处三年以下有期徒刑或者拘役，司法工作人员滥用职权犯前款罪的，从重处罚。"

（3）第252条侵犯通信自由罪

刑法第252条规定："隐匿、毁弃或者非法开拆他人信件，侵犯公民通信自由权利，情节严重的，处一年以下有期徒刑或拘役。"

（4）第253条邮政工作人员私自开拆、隐匿、毁弃邮件、电报罪

刑法第253条规定："邮政工作人员私自开拆或者隐匿、毁弃邮件、电报的，处二年以下有期徒刑或者拘役。"

（5）第283条非法生产、销售间谍专用器材罪

刑法第283条规定：非法生产、销售窃听、窃照等专用间谍器材的，处三年以下有期徒刑、拘役或者管制。

（6）第284条非法使用窃听、窃照专用器材罪

刑法第284条规定：非法使用窃听、窃照专用器材，造成严重后果的，处二年以下有期徒刑、拘役或者管制。

① 请注意，本书并未按照刑法典中的条文顺序对隐私犯罪作出排列，而是以本书所划分的核心性隐私犯罪、上游性隐私犯罪及附带性隐私犯罪（对隐私间接保护的罪名）的顺序，将上述犯罪分配于这三种隐私犯罪类型之中。

（7）第 177 条之 1 窃取、收买或者非法提供他人信用卡信息资料罪

刑法第 177 条之 1 第 2 款规定：窃取、收买或者非法提供他人信用卡信息资料的，处三年以下有期徒刑或者拘役，并处或者单处一万元以上十万元以下罚金；数量巨大或者有其他严重情节的，处三年以上十年以下有期徒刑，并处二万元以上二十万元以下罚金。

（8）第 286 条破坏计算机信息系统罪

刑法第 286 条第 2 款规定：违反国家规定，对计算机信息系统中存储、处理或者传输的数据和应用程序进行删除、修改、增加的操作，处五年以下有期徒刑或者拘役；后果特别严重的，处五年以上有期徒刑。故意制作、传播计算机病毒等破坏性程序，影响计算机系统正常运行，后果严重的，依照第一款的规定处罚。

（9）第 246 条侮辱罪

刑法第 246 条规定：以暴力或者其他方法公然侮辱他人，情节严重的，处三年以下有期徒刑、拘役、管制或者剥夺政治权利。该罪告诉才处理，但是严重危害社会秩序和国家利益的除外。

本书将以上列举的九种犯罪分为核心性隐私犯罪、上游性隐私犯罪及附带性隐私犯罪。

其中，核心性隐私犯罪包括第 245 条非法侵入他人住宅罪、第 245 条非法搜查罪、第 252 条侵犯通信自由罪、第 253 条邮政工作人员私自开拆、隐匿、毁弃邮件、电报罪。上述四种犯罪相同之特色在于，虽然其均未有在罪名上明确标明为隐私犯罪，但从其实质来看都能够从某一方面对隐私权进行直接而具体的保护。作为这 4 种犯罪客体的公民权利都具备隐私权的“与维护私人信息相关的私生活自由”的核心属性，因此也就自然属于核心隐私犯罪的范畴。上述四种犯罪共同规定在刑法分则第 4 章侵犯公民人身权利、民主权利罪中，初步构建了我国现行刑法保护隐私权的立法框架。

例如，住宅及人身是公民隐私的重要表现形式或其基本载体，

非法侵入他人住宅及对公民人身或住宅进行非法搜查必定会侵犯其隐私权利。因此，非法侵入他人住宅罪及非法搜查罪的规定可被视为是对隐私权重要内容之一的私人空间安宁性隐私的确认与保护。

又如，个人的通信秘密属于个人信息的一部分。对于个人信息的保护也是属于隐私权保护的一部分。隐私权的另外一个重要内容就是个人信息资讯性隐私，而个人信息资讯性隐私包含个人资料隐私和个人通讯隐私。个人通讯隐私则包括有声音及文字的通讯隐私。秘密通讯之权利是传统人权思想中重要的权利，在《世界人权宣言》第19条、《欧洲人权公约》第10条第1项中，均明定个人享有表达及接受信息和思想不受干涉的权利。而侵犯通信自由罪及邮政工作人员私自开拆、隐匿、毁弃邮件、电报罪体现了国家对个人通讯隐私的保护。上述刑法中的"非法开拆"行为使公民的信件内容有可能被公开化，而有的信件内容属个人隐私，这必然侵犯他人隐私权。因此，刑法的这一规定有保护公民个人隐私权的功能。

上游性隐私犯罪包括非法生产、销售间谍专用器材罪及非法使用窃听、窃照专用器材罪。这两种犯罪虽属于扰乱公共秩序罪的类别，但由于窃听、窃照等专用器材用途上的特殊性，如果将其用在窃听他人私人谈话或者偷拍他人私人生活内容上，不仅侵犯到个人信息的保密而且也会严重妨碍个人的生活安宁。而这种行为国家之所以以刑法加以禁止，是因为它不仅会危害国家安全或者造成被窃听、窃照的单位商业秘密泄露，而且还可能严重侵犯他人隐私权、人格权，严重影响社会秩序等。因此对窃听、窃照等专用器材给予刑法上的规制也是保护个人隐私权的重要内容之一。

附带性隐私犯罪包括窃取、收买或者非法提供他人信用卡信息资料罪、破坏计算机信息系统罪以及侮辱罪。这三种犯罪属于破坏金融管理秩序罪、妨害社会管理秩序罪以及侵害公民人身权利罪的类别，但由于上述犯罪中牵涉到公民相关隐私内容，因此其在对其犯罪客体进行保护的同时，也会具有隐私刑法保护的附带功能，因此能够起到对隐私权的间接刑法保护作用。

例如，信用卡相关信息资料中不仅包含着持卡人姓名、存款金额、信用卡卡号等信息，还记载着诸如公民的身份证号、职业、住址、学历、信用记录、电话号码、收入状况、消费能力、购物品种数量及时间等重要信息。在信用卡日渐成为无纸化交易重要手段的现代社会，对以上信息的了解以及分析就可以勾画出持卡人的居家品味、日常习惯、学识修养①，甚至达到一种连持卡人本身都无法做到的对持卡人的全知型了解。因此，信用卡信息资料是一种非常重要的个人资料性隐私，而刑法第177条之1窃取、收买或者非法提供他人信用卡信息资料罪虽属于破坏金融管理秩序罪之类别，其意旨在于防范打击利用窃取收买或非法提供上述信息资料的行为，从而保证持卡人不至于因为该种信息的泄露而为犯罪人伪造、变造信用卡，从而使持卡人蒙受经济损失。但因为该罪能够捎带着起到保护持卡人个人资料性隐私，因此，也可以视为对该隐私的一种间接性刑法保护。

又如，破坏计算机信息系统罪所侵害的客体是计算机信息系统的安全。其犯罪对象为各种计算机信息系统功能及计算机信息系统中存储、处理或者传输的数据和应用程序。所谓计算机中存储、处理、传输的数据，系指固定存储中计算机内部随时可供提取、查阅、使用的用以表示一定意思内容或者由其进行实际处理的一切文字、符号、数字、图形等有意义的组合。随着计算机的日益普及化，愈来愈多的人选择将计算机作为理想的个人隐私性信息数据和

---

① 如平常喜欢购买的书籍种类名称、偏爱的衣物服饰、中意的购物或消费场所等都会在信用卡的使用记录中有清晰的显示。

私密生活图片、视频等储存、处理的载体。① 破坏他人存储在个人电脑中的隐私数据和资料，会因此侵犯他人对自己隐私的拥有权、知悉权、利用权及修改权。因此，对破坏计算机信息系统的刑事处罚能够间接起到保护公民隐私的作用。

再如，侮辱罪的犯罪客体为他人人格尊严，而隐私权具有一般人格权的属性，因此侮辱罪不可避免地会和侵犯他人隐私刑法发生关联。如在大庭广众之下公然谈论婚姻、性史等他人极度敏感性隐私；或在相骂中"揭老底"、"数隐私"；非法在网络媒体上披露他人档案中难以启齿的隐私材料；偷看他人日记、书信和其他私人札记，然后予以公然曝光等行为都是侮辱罪中的常见手段，而以上行为也同时均属侵犯他人隐私权。因此，以揭露他人隐私，从而侮辱人格，情节严重的行为，自然会构成侮辱罪，而在对上述行为按照侮辱罪定罪处罚的同时，也就实现了对隐私权的间接保护。

从以上隐私权刑法保护规范来看，虽然中国刑法对隐私权保护尚未确立诸如台湾地区及澳门特区条理清晰、层次分明的独立而又完整隐私权刑法保护体系，甚至连所谓的正式的隐私犯罪的名称都未形成，但是我国刑法中所体现出的保护隐私权的精神是毋庸置疑的。因此，尽管中国隐私刑法保护体系还有很多不尽完善之处，但上述隐私刑法保护规范的存在无疑是建构完整系统隐私刑法保护体系的前提基础，也能给中国隐私权刑法保护的发展提供思路和方向。

---

①　在香港闹得沸沸扬扬的艳照门事件，就是电脑维修工运用硬件修复技术，通过简单的磁盘恢复工具，就将这些未被"擦掉"的图片数据死灰复燃。那位业余摄影师陈冠希只是用常规的方式删除隐私文件，而后仓促地把电脑交到了维修站，最终造成了无可估量的消极后果。而在本案中，电脑就是作为当事人储存隐私的最主要载体。

三、刑法修正案（七）对隐私权的保护

近年来，随着电子信息技术突飞猛进的发展，在政府行政管理以及金融、电信、交通、医疗等社会公共服务领域，在履行职务或在经营业务时，通过各种手段收集和储存了大量的公民个人信息。尽管大量个人信息的拥有可以提高行政管理和各项公共服务的质量和效率，但同时上述单位和组织也存在成批量泄露个人隐私信息的巨大风险。由于私人电话、家庭住址等个人隐私信息莫名其妙被泄露，因此导致孩子刚出生，推销奶粉、照满月照的电话就不断打来；手机一开机，就会收到各类广告信息；结婚证刚领，婚纱照推销、婚庆介绍电话便蜂拥而至，而类似的泄露公民隐私行为在现实生活中俯仰皆是，已经严重影响到私人生活的静谧与安宁。

上述现象之所以大量发生，很大一部分原因就在于一些国家机关和电信、金融等单位的工作人员，将其在履行公务或提供服务活动中获得的公民个人信息非法泄露。正基于此，一些全国人大代表和有些部门提出，这种现象对公民的人身、财产安全和个人隐私构成严重威胁。对这种侵害公民权益情节严重的行为，应当追究刑事责任。为迎合上述代表及部门的建议，刑法修正案（七）第6条专门规定："国家机关或者金融、电信、交通、教育、医疗等单位的工作人员，违反国家规定，将本单位在履行职责或者提供服务过程中获得的公民个人信息，出售或者非法提供给他人，情节严重的，处三年以下有期徒刑或者拘役，并处或者单处罚金。窃取、收买或者以其他方法非法获取上述信息，情节严重的，依照前款的规定处罚。"

应当说，刑法修正案（七）第6条比较及时而灵敏地捕获了信息时代隐私犯罪的新气息，相对准确反映了时下严重泄露公民隐私信息行为的特征。应当说，从泄露公民隐私的现实情况来看，有

能力大批量搜集公民个人信息的机构大多集中在国家机关及金融、电信、交通、教育、医疗等公共服务部门或单位。因此，将上述机构的工作成员作为泄露隐私犯罪的犯罪主体，的确能在一定程度上有效防范个人隐私从上述机构中大量外流的风险。同时，该草案的制定也体现了国家对保护公民权利的重视以及国家刑法理念的某种积极性变革。因此，正如有学者所说，"公民个人信息的刑法保护得到加强，凸显立法理念从国家刑法向市民刑法倾斜。刑法的本性决定了它必然要保护国家安全、社会秩序等公共法益，但现代刑法的一个显著特征是它不仅要做国家的刀把子，还要成为保障公民个人合法权益的大宪章。"① 因此，该草案第 6 条对保护公民隐私方面的积极作用是毋庸置疑的。

另外，刑法修正案（七）第 6 条的犯罪主体问题上也具有很强的包容力，该罪的犯罪主体限定在"国家机关或者金融、电信、交通、教育、医疗等单位的工作人员"。由于该条文在列举行为人所属各种单位之后用"等"字作结而未像多数条文那样附加"以及其他单位"，而在司法实践中，故意泄露公民个人信息的远非只是上述单位的工作人员，诸如购物网站、物流企业、猎头公司、中介组织、市场调查公司、房地产公司等也是泄露个人信息的重要场所。因此，仅从字面上来看，对草案第 6 条是否应当包括上述单位还存有争议。

在汉语中，"等"字用于列举之后有三种解释：（1）用在人称代词或指人的名词后面，表示复数，如我等、彼等；（2）表示列举未尽，如北京、天津等地，纸张、文具等等；（3）列举后煞尾，如长江、黄河、黑龙江、珠江等四大河流。② 而在刑法中，如何理

---

① 刘仁文：《刑法修正案：亮点与期盼并存》，载《检察日报》2008 年 8 月 27 第 1 版。

② 《现代汉语词典》，商务印书馆 1983 年版，第 256 页。

解具体法条中"等"的真实含义则至关重要。正如有学者所言："在法律中，有时一句话或一个字就能影响到人的生命财产，企业的活动，机关的职责，法律用语发生错误，会影响到法律的权威性，并导致破坏法制。"① 而在刑法中对"等"字含义的理解则更是如此。1997 年刑法中共有 36 处地方使用了"等"字，如刑法第56 条规定："对于故意杀人、强奸、放火、爆炸、投放危险物质、抢劫等严重破坏社会秩序的犯罪分子，可以附加剥夺政治权利。"如果将刑法第 56 条中的"等"理解为列举未尽，则对于诸如故意伤害、绑架、决水等具有严重危害社会秩序性质的犯罪就可以附加剥夺政治权利；但若将其理解为列举后煞尾，则适用附加剥夺政治权利的范围会大大缩小。而对于刑法修正案（七）第 6 条所规定之犯罪而言，也存在类似问题，该处"等"的含义究竟是哪一种，将直接影响到本罪犯罪主体范围宽窄。

本书认为，在刑法中，对"等"字应当理解为列举未尽。因为明确性是对刑法规范的一个基本要求，在需要明确并且能够明确的场合，刑法完全不必故弄玄虚，将一个能够明确表达的概念或能够明确界定的范围故意弄得含糊不清。就以刑法第 56 条为例，如果立法者认为只有故意杀人、强奸、放火、爆炸、投放危险物质、抢劫这六种行为才可以附加剥夺政治权利的话，其完全可以不使用"等"字，从而避免理解上的分歧。另外，仅就该条而言，绑架罪、决水罪、以危险方法危害公共安全罪，其对社会秩序的危害绝不亚于上述六种犯罪，因此，从体系解释的角度来看，刑法也不应当将这三种犯罪排除在适用附加政治权利的范围之外。

同样的道理，就刑法修正案（七）第 6 条而言，在刑法规范能够对泄露公民个人隐私信息的单位全部列举，且不至于产生纰漏的场合，刑法自然应当将这些单位逐一列举，而不用画蛇添足，用

---

① 吴大英、任允正：《比较立法学》，法律出版社 1985 年版，第 235 页。

上一个"等"字，人为造成理解上的混乱。而事实上此处之所以加上"等"字，恰巧说明刑法根本无法对可能泄露公民隐私信息的单位全部列举，因为人们可以在刑法修正案（七）第6条所称的"国家机关或者金融、电信、交通、教育、医疗单位"之外，还能够列举出更多的可能在其业务领域范围之内，保管或处理公民隐私信息的类似单位，显然将其一一列举是极其不现实的。故而，刑法修正案（七）第6条中的"等"，也应理解为列举未尽，因此，诸如购物网站、物流企业、猎头公司、中介组织、市场调查公司、房地产公司也当然能够成为本罪的犯罪主体。

但是，需要指出的是，刑法修正案（七）第6条也存在明显之不足，如在本罪的客观行为方面就存在明显的漏洞，该条款仅规定对"出售或非法提供公民隐私信息"以及"窃取、收买或者以其他方法非法获取上述信息"等行为的处罚，却忽视了上述机构工作人员亲自散布自己掌握的公民个人隐私信息的行为，以及其他人员窃取、收买或者以其他方法非法获取上述信息之后，又亲自散布该信息或是将其转手倒卖的行为。从刑罚的目的来看，之所以对"出售或非法提供公民隐私信息"以及"窃取、收买或者以其他方法非法获取上述信息"等行为进行处罚，就是为了防止公民隐私因被非法散布后而广为人知，从而损害隐私权人的人格尊严。因此，从发生学角度来讲，"出售或非法提供公民隐私信息"以及"窃取、收买或者以其他方法非法获取上述信息"等行为应当是"非法散布公民隐私信息行为的"上游犯罪，其社会危害必然要通过随后的"非法散布公民隐私信息"才能彰显。故而对"出售或非法提供公民隐私信息"以及"窃取、收买或者以其他方法非法获取上述信息"等行为的刑事处罚，应当被视为"非法散布公民隐私信息"的一种处罚早期化的条款。"出售或非法提供公民隐私信息"以及"窃取、收买或者以其他方法非法获取上述信息"等行为固然应当予以打击，而对"非法散布公民隐私信息"行为则更应当严厉惩罚。而反视刑法修正案（七）第6条，竟然不分主次，放过性质更为严重的"非法散布公民隐私信息"行为，其只打苍蝇不打老虎的立法意图着实令人费解。

同时，在2008年末，全国人大常委会在第二次审议的刑法修正案（七）中，将非法侵入及非法控制民用计算机信息系统的严重行为界定为"犯罪"。刑法第285条非法侵入计算机信息系统罪规定，侵入国家事务、国防建设、尖端科学技术领域的计算机信息系统的，处三年以下有期徒刑或者拘役。公安部认为，当前一些人利用技术手段非法侵入上述规定以外的计算机信息系统，严重危及网络安全，对此类行为亦应当追究刑事责任。应公安部之建议，刑法修正案（七）在刑法第285条中增加两款规定："违反国家规定，侵入前款规定以外的其他计算机信息系统，获取计算机信息系统中存储、处理或者传输的数据，或者对计算机信息系统实施非法控制，情节严重的，处三年以下有期徒刑或者拘役，并处或者单处罚金；情节特别严重的，处三年以上七年以下有期徒刑，并处罚金。"同时还规定："提供专门用于侵入、非法控制计算机信息系统的程序、工具，或者明知他人实施侵入、非法控制计算机信息系统违法犯罪行为而为其提供程序、工具，情节严重的，依照前款规定处罚。"

在1997年刑法中，虽然对非法入侵计算机的黑客行为已经有所规制，但主要是针对关系国家利益、国计民生、企业、组织等利益受到重大损害或造成严重后果的。但刑法修正案（七）最新增加的规定却将处罚的矛头径直指向入侵个人计算机系统，其立法初衷为保护以个人信息和计算机安全为主的私人法益，因此，保护计算机系统中所牵涉的个人隐私信息也属于该规定的应有之义。那些非法控制大量电脑，刺探公民个人隐私信息的网络"黑客"们将为此面临牢狱之灾。同时，该规定还将提供入侵及非法控制个人计算机系统的程序及工具的行为一网打尽，这将在实践中有效遏制提供、散布黑客软件的不法行为。总体而言，其立法的及时性与范围的周广性对于内容陈旧、应变迟钝的中国隐私权刑法保护体系应当属于重大突破。

但是，刑法修正案（七）关于隐私权刑法保护的相关规范，似乎继承了中国刑法修正案立法模式一贯的头疼医头脚疼医脚的权益性策略。早在草案制定之前，诸如偷拍偷窥、刺探他人电子邮件、贩卖他人 QQ 账号及密码等其他形式的严重侵犯公民隐私的行为已广泛存在，但在草案中却并未对此做出积极回应，这也应当属于刑法修正案（七）一个令人遗憾的缺陷了。

第二节　中国刑法对隐私犯罪的规制之不足

在当代社会，随着科学技术的进步为成规模大批量挤压侵犯公民个人隐私权提供了物质基础和便利条件，从而使公民个人本已柔弱单薄的隐私权面临可能来自各个方面的更加严重也更加不确定的现实风险。与此同时，人们也渐渐认识到"对隐私的侵犯是有害的，因为这种行为会介入个人在决定与其有关事务的权利。环绕着个人的社会空间，他过去的记忆、他的谈话、他的身体及其形象，都属于他个人所有。他无须经由购买或是继承之方式便可获得此类事物。他拥有这些事物，而且有权因其作为一个文明社会的成员的个人特质而拥有这些事物。这些事物乃据基于人性于文明而属于个人。"[1] 因此，隐私利益的丧失会将公民乃至整个社会逼入人人自危的绝境，甚至导致公民丧失基本生活品质及人格尊严。正基于此，隐私权的危险处境也引起了人类的普遍关注，1973 年，联合国秘书长在题为"尊重个人隐私"（Respect for the Privacy of Indi-

---

① Edward Shils, Privacy, It Constitution and Vicissitudes, Law and Contempt Problems, 1966（31），p. 281.

viduals）的报告中指出："大量的侵犯隐私的行为妨碍了人们的自由，而且经常是有意的。当这种侵犯是在偷偷摸摸地暗中进行时，就更加妨碍人们的自由，如电子监听、暗中监视、私下告密、设置圈套和心理测试等，当人们意识到时就已经太晚了。整个社会变得充满恐惧，没有人能够被信任，无论是他的家人、朋友抑或是同事；事实上，一个人也许会被导致不断地怀疑自己，因为他的自我实现的努力往往与当局的规范相冲突。这种信任的毁灭是对自由社会的一个主要危险……因雇佣、住房、保险及其他事务所进行的详细调查，隐藏的但令人怀疑的装在盥洗室中的摄像机，心理测试和测谎仪器——所有这些用以刺探他人的隐秘的、且常常是无意识的生活细节的装置，使人们产生了一种普遍的不安全感，它压抑着人们，使人们丧失责任心，迫使人们由于恐惧而趋于同一。"① 因此关注隐私、保护隐私已成为人类社会的基本共识。

同时，对于隐私在当代社会中对个人来讲具有无可争议的重要性，刑法学界也有深刻之认识，如德国的著名刑法学者威滕博格也谈到：就个人法益而言，并非一切个人的存在价值，不管其对人的存在给予的意义和尊严，一概都可以作为受刑法保护的法益。受刑法保护的，主要属于围绕世人周围的各种价值和财产，其在完成社会任务时不可或缺并在维护人的伦理尊严时，颇有直接关联的东西。随后，他还具体谈到在修订刑法分则时，需要注重保护的有关个人法益的三个方面，其中之一就是"必须保护与人格相关的个人的名誉、隐私"。② 在国外，运用包括刑法在内的法律手段保护隐私已经有了百余年的发展历史，并因此形成了相对发达的法律制度，积累了行之有效的实践经验。而我国目前法律对隐私权的保护

---

① Warren Fredman, The Right of Privacy in the Computer Age, Quorum Books Greenwood Press Inc, 1987, p. 122.

② 张明楷：《法益初论》，中国政法大学出版社 2000 年版，第 99 页。

还主要局限于民法及侵权行为法领域，无论从保护范围、保护程度还是保护手段上，现行刑法所起的作用都是十分有限的。而欲改变这一现状，使中国隐私刑法保护适应社会发展的需要，则首先应当在对隐私权刑法保护之特殊性有所参照的基础之上，借鉴国外隐私权刑法保护之先进立法理论与经验，结合中国隐私犯罪现状，洞悉查找中国隐私刑法保护存在的诸多不足与缺陷。

本书认为，中国隐私权刑法保护存在以下不足：

一、对新兴犯罪反应迟钝所导致的犯罪化不足

尽管1979年刑法及1997年刑法中都设置了若干隐私权刑法保护条款，并且自1997年刑法生效后，最高立法机关频繁修改刑法典，先后颁布了六个刑法修正案，但这六个修正案却都不曾为隐私权发出声音。而刑法修正案（七）虽然针对个人信息泄露现象做出相应的刑法规制，但总体来看，仍由于其适用范围过窄、犯罪化严重不足，难以反映现实隐私权对刑法保护的真实需要。

例如早在上世纪末期，利用电子视频产品偷拍偷窥现象就已经屡见不鲜。而近年来，随着经济发展和科技进步，使针孔式微型摄像机、数码照相机和具有拍照摄像功能的手机迅速进入寻常百姓家，出于各种目的的偷录偷拍行为也随之出现，并已发展成为一个备受各界关注的社会问题。白天有针孔摄影机，晚上有红外线的夜视仪，且体积袖珍，适宜隐蔽。至于偷拍的场合则什么地方都可能，更衣室、地铁上、便池边，甚至是窨井里，个人隐私随之也日益暴露在无孔不在的偷拍偷窥所编制的天罗地网中。对于偷拍偷窥他人隐私的行为，境外刑法已经有所规制，在我国台湾地区"璩美凤性爱光碟"事件之后，台湾刑法在随后的2005年刑法修正案中，在妨害秘密罪里头增列了所谓的"璩美凤条款"，对偷窥或偷拍他人非公开场合的活动或身体隐私，处以3年以下有期徒刑或3

万元新台币以下罚金。又如澳门特区刑法典第186条侵入私人生活罪也对获取、以相机摄取、拍摄、记录或泄露他人之肖像或属隐私之对象或空间之图像，以及偷窥在私人地方之人，或窃听其说话等侵犯他人隐私行为设置最高二年徒刑，或最高二百四十日罚金。而在中国，不仅刑法典对此类严重侵犯公民隐私之行为无意涉足，而且在最近的刑法修正案（七）中对之也失之阙如。

又如，通信秘密是公民隐私权最重要的组成部分之一。而随着网络技术的普及，电子邮件已经成为一种公民重要的通信手段，但我国刑法第245条侵犯通信自由罪却未对电子邮件予以保护。而在实践中，网络黑客可以轻易获取个人 E－mail 密码，这也就意味着用户以后发送的邮件随时可被黑客截获打开浏览，乃至篡改。而现行刑法显然对此束手无策。

再如，随着现代科学技术的不断创新，窃听的内涵与外延都得到了很大的扩展。特别是当微电子技术、声呐技术、光电技术、电脑技术及信号传输技术被引入窃听设备之后，传统"间谍"所使用的窃听技术开始进入民用领域。现已面世的窃听装置，其种类之繁多、形状之新奇、制作之精美、隐蔽之精巧，令人叹为观止。如某种在电子科技市场公然促销的监听软件，将其安装在手机中，需要监听的时候，拨一下别人的手机号码，加入预留的密码，对方的手机将在不响铃的情况下自动接通，处于接听状态，而对方却毫不知情，然后对方周围的一切却尽收你的耳中。而尽管我国刑法第283条设置了非法生产、销售间谍专用器材罪，可以对非法生产、销售窃听、窃照等专用间谍器材的，处三年以下有期徒刑、拘役或者管制。但是不论对第283条中的间谍器材作如何的扩张解释，也不可能将这种监听软件包容其中。

另如，随着网络聊天技术日渐普及，越来越多的人利用 QQ、MSN 作为日常休闲生活中重要的通讯方式。而各种窥视软件也随之被开发出来，如运用"MSN 侦察兵"软件不仅可以轻松看到局域网内部所有使用 MSN 人的 MSN 地址，而且能实时看到这些用户与他人的聊天内容，与谁聊天，说的什么，一览无余，而且整个过程无需网管的协助，也不需要在被监听的机器上装任何的东西。想要偷看同一局域网内其他人的 MSN 聊天记录，任何一个普通人只需要花上几分钟时间，下载一个软件，然后稍微懂一点英文的人都可以在自己的电脑上悄悄操作。打开软件，点击开始，几分钟内同一局域网内所有用户的 MSN 对话全都尽收眼底。但是，无论开发、销售以及使用上述软件的行为，在现行刑法中都无法得到规制。

另外，尽管刑法修正案（七）第 6 条虽然规定，国家机关或者金融、电信、交通、教育、医疗等单位的工作人员，违反国家规定，将本单位在履行职责或者提供服务过程中获得的公民个人信息，出售或者非法提供给他人的行为应受到刑事处罚，相对及时而灵敏地捕获了信息时代隐私犯罪的新气息。但从该罪行为方式而言，该条的规定不尽周至严密。同时，刑法修正案（七）新增加的非法侵入他人计算机系统犯罪对于惩治侵犯隐私的黑客犯罪具有重大意义，从而在一定程度上能够完善隐私权刑法保护体系。但该犯罪的设置仍然具有适用范围上的盲区，并未涵盖所有侵犯他人隐私的黑客犯罪。如该犯罪对于研发、制作、销售或非法提供用于刺探他人电子邮件、QQ 及 MSN 的软件，以及利用上述软件窥视他人隐私的黑客犯罪就无法适用。因此，总体而言，刑法修正案（七）仍然和现实社会对隐私权的刑法保护的要求之间存在较大差异，并未对其他严重侵犯隐私的行为做出相应调整，因此不能反映出当前隐私犯罪的全部面貌。

故此，尽管我国刑法及刑法修正案（七）对隐私权刑法保护做出了一定的努力与尝试，但总体而言，我国刑法对隐私犯罪的发展及变动缺乏敏感性，对新兴隐私犯罪反应迟钝，并因此造成对严重侵犯公民隐私行为的犯罪化不足。这应当是我国隐私权刑法保护中最大的缺陷所在。

二、犯罪罪状设置及犯罪客体归属失当

无论现行刑法还是刑法修正案（七）中的隐私权刑法保护规范，在一定程度上均存在着罪状设置不合理的缺憾。

如刑法第245条非法侵入住宅罪虽然就保护公民住宅隐私作出相应规定，但事实上住宅隐私的范围极为宽泛，除不受非法侵入之外，还包括个人活动尤其是在住宅内的活动不受监视、监听、窥视、摄影、录像等，尤其是个人性生活不受他人干扰、干预、窥视、调查或公开。而非法侵入住宅罪显然对此鞭长莫及。在国外刑法中"住宅"不仅仅指法定的住宅，还应当包含临时居住的客房、场所等私人空间。而在多数国家和地区的刑法中，在设置侵犯住宅的犯罪时，对于住宅的范畴就给予了明确的说明。如在日本刑法第130条中，住宅就包括宅邸、建筑物甚至舰船等。我国澳门特区也规定了意图扰乱他人私人生活、安宁或宁静，而致电至他人住宅的犯罪行为，要给予最高1年徒刑，或科最高240元罚金。而我国刑法对于住宅所应当包含的范围并没有加以明确规定。同样，同属刑法第245条的非法搜查罪也存在着适用范围过于狭隘的问题。依照该条之规定，搜查对象仅限于住宅或身体，而在我国台湾地区第307条违法搜索罪的犯罪对象包括他人身体、住宅、建筑物、舟、车或航空机者。而依照我国刑法第245条之规定，搜查身体住宅之外的地点如私人所有的车辆、航空器、私人办公室及其物品等，均不成立本罪。

又如，刑法第252条侵犯通信自由罪的犯罪对象仅局限于通常的纸张文书信件，而不包括图片、电报、密封之包裹等其他常见的隐私载体。在德国刑法中却将本罪的侵害对象扩大至包括信件和其他文件，并把图片视为文件对待。而澳门特区刑法甚至将该罪的犯罪对象拓展至密封的包裹，上述规定较之中国刑法，显然更为

适当。

同时，现行刑法还存在犯罪客体归属不当的问题，从刑法第284条"非法使用窃听、窃照专用器材罪"属于妨害社会管理秩序罪一章，从其法条位置可以断定，其立法本意所确定的犯罪客体应当是国家对专用器材的管理制度。但该罪台湾地区刑法第315条之2图利为妨害秘密罪中却将其侵害之法益规定为公民私生活的秘密权。而事实上，使用窃听、窃照专用器材，可能获知公民个人生活中不愿为外人了解和散布的事实，因而会危害公民隐私权。因此，禁止使用上述器材的真实意图就是为了保护不特定的公民的隐私权利免受侵犯。故而，将该罪分配至侵犯人身权利犯罪似乎更为合适。

三、刑法对隐私利益漠视

（一）刑法未确定独立隐私权

尽管现行刑法典及刑法修正案（七）中事实上存在若干隐私权刑法保护条款，但这些隐私权刑法保护的法律条文不仅过于零散，而且在语言表述方面表现得过于"宣言性"，对于隐私权的概念、内容、范围始终持有一种遮遮掩掩、欲说还羞的保留态度，甚至所有的这些隐私权刑法保护规范中却从未曾明文提出"隐私"或"隐私权"的称谓。刑法始终以所谓的保护住宅不受侵犯权、保护公民通信自由权、保护公民不受非法搜查权、保护公民的人格尊严等权利为依托，借助上述权利保护在隐私权的边缘来回游走，宁愿打法律的擦边球，也不肯承认隐私权的独立权利地位。而由于刑法中隐私权独立名分的缺失，一方面会在实践中大大降低隐私权刑法保护一般预防的效果，同时也会因此造成刑法隐私权保护体系中，因为没有隐私权的核心内涵而导致刑法隐私权保护体系的分散，从而形成各个隐私权刑法保护规范各自为政、互不往来的孤立局面。

（二）刑法隐私保护体系分散

我国刑法中隐私权保护总共涉及非法侵入他人住宅罪，非法搜查罪，侵犯通信自由罪，邮政工作人员私自开拆、隐匿、毁弃邮件、电报罪，非法生产、销售间谍专用器材罪，非法使用窃听、窃照专用器材罪，窃取、收买或者非法提供他人信用卡信息资料罪，破坏计算机信息系统罪，侮辱罪等九个罪名，而这九个罪名分属于刑法分则第 4 章侵犯公民人身权利、民主权利罪、第 3 章破坏社会主义市场经济秩序罪以及第 6 章妨害社会管理秩序罪，条文设置相对比较分散。而这一点与世界各主要国家关于隐私权犯罪的规定相比，仍然存在较大差距。如在德国刑法中，涉及对隐私权保护的罪名总共有 7 种，但有 6 种都集中在第 15 章侵害私人生活和秘密罪，并且上述 6 种都是围绕保护公民私人生活而构建。又如，我国台湾地区刑法中，隐私权刑法保护规范也高度集中，其刑法典在第 28 章中专门规定了妨害秘密罪，而该章所包括妨害书信秘密罪、窥视窃听窃录罪、便利窥视窃听窃录罪、泄露业务上知悉的他人秘密罪、泄露业务上知悉的工商秘密罪、泄露公务上知悉的工商秘密罪、泄露因利用计算机或其他相关设备知悉或持有他人秘密罪等 7 种犯罪，都意图保护隐私权核心利益。而同德国及我国台湾地区隐私刑法保护规范高度集中的特征相较而言，我国刑法虽然对较常见的侵害隐私权犯罪作了规定，但立法体例不合理，条文相对零散，并未将上述条文集中设置并形成专门章节而对隐私权进行集中保护。因此我国隐私权刑法规范并未形成相对独立之体系，也就无法形成整体性力量对公民进行全面保护。

（三）刑法对个人秘密不重视

刑法保护秘密，这应该是各国刑法并行不悖的通例。而当隐私在表现为个人私密性信息时，也是一种秘密。但中国刑法似乎更为看重的是国家秘密或是军事情报或商业秘密，而在个人隐私性信息秘密的刑法保护方面却稀少单薄，甚至刑法在某一层面对商业秘密、国家秘密及军事秘密进行保护，而在隐私秘密方面却失之阙如。

如在保护商业秘密方面：刑法第219条设置侵犯商业秘密罪，"对于侵犯商业秘密，给商业秘密的权利人造成重大损失的，处三年以下有期徒刑或者拘役，并处或者单处罚金；造成特别严重后果的，处三年以上七年以下有期徒刑，并处罚金。"而同为秘密，隐私秘密却并未受到刑法相似的照顾。

而刑法在保护国家秘密及军事秘密方面更加殚心竭虑。如刑法总共设置为境外窃取、刺探、收买、非法提供国家秘密、情报罪，非法获取国家秘密罪，非法持有国家绝密、机密文件、资料、物品罪，非法侵入计算机信息系统罪，故意泄露国家秘密罪，过失泄露国家秘密罪，非法获取军事秘密罪，为境外窃取、刺探、收买、非法提供军事秘密罪，故意和过失泄露国家军事秘密罪等九种犯罪对国家秘密和军事秘密进行直接保护，刑法中核心性隐私犯罪也不过区区四种。并且，与上述九种犯罪相对照，隐私权刑法保护显然还存在一些歧视性待遇，如刑法中并未设置持有隐私秘密犯罪，又如非法侵入计算机信息系统只包括国家事务、国防建设、尖端科学技术领域的计算机信息系统而不包括私人隐私秘密，再如刑法第111条境外窃取、刺探、收买、非法提供国家秘密、情报罪设置死刑，以突出对国家秘密及军事秘密的重点照顾，而公民个人隐私性秘密显然不会受到如此优厚之偏爱。上述事实足以体现中国刑法对个人秘密不怎么重视。

四、情节犯及结果犯立法模式过多

国外刑法理论认为，一旦隐私被披露或者公开，就不称为隐私，势必给隐私权人造成无法补救的损失。故此，境外刑法对隐私犯罪通常都采用抽象危险犯的立法模式，我国台湾地区刑法典第28章中所有犯罪的成立都没有具体的损害要求，这7种犯罪都应当归属于刑法中的抽象的危险犯，因此，将刑法保护的触角大大提前。而在澳门地区刑法典第1编第7章侵犯受保护之私人生活方面的所有8种犯罪也均未设置情节严重的限制条件。

反观中国隐私刑法保护规范，刑法第252条侵犯通信自由罪、刑法修正案（七）第6条泄露个人信息的犯罪以及刑法修正案（七）第9条非法侵入他人电脑系统犯罪是法定的情节犯。而从相关司法解释来看，刑法第245条非法侵入他人住宅罪及第245条非法搜查罪也须要情节严重，才能构成犯罪。而刑法第284条非法使用窃听、窃照专用器材罪还要求造成严重后果才成立犯罪。因此，总的来看，中国隐私权刑法保护模式受传统的重视法益侵害的结果、无价值原则所支配，难以适应风险社会对刑法所提出的提前介入、事先预防的风险防控要求。

五、缺少单位犯罪[①]

尽管法人犯罪在欧陆刑法中始终饱受争议，但中国刑事立法自1987年海关法中附属刑法中设置单位犯罪以来，单位犯罪在包括

---

① 尽管在刑法理论上，法人犯罪与单位犯罪是否属同一概念问题上还不无争议，但本书将国外刑法中广泛使用的法人犯罪与中国刑法中的单位犯罪完全对等看待。这一方面是为研究方便，直接可以和境外立法例相对照；另一方面相关司法解释也将二者等同视之，如《最高人民法院关于审理单位犯罪案件具体应用法律有关问题的解释》第1条规定：刑法第三十条规定的"公司、企业、事业单位"，既包括国有、集体所有的公司、企业、事业单位，也包括依法设立的合资经营、合作经营企业和具有法人资格的独资、私营等公司、企业、事业单位。由是观之，单位犯罪和法人犯罪也似乎是一对内涵完全相同之概念。

1997 年刑法典在内的中国刑事立法中已广为存在。因此，单位犯罪在中国刑事法理论中应当是一个广泛被接受的概念。在 1997 年刑法中，在隐私权刑法保护规范方面，并未设置法人犯罪。而由于在实践中，诸如银行、医院、保险公司、律师集团、物流企业、电信运营商等各种法人性组织机构因为经营业务的需要，而掌握了大量公民隐私信息。若上述单位或组织为其自身拓展业务范围或单纯追求经济利益之目的，而直接或变相泄露个人隐私，必将会给公民的私生活造成极大的威胁。因而上述单位或组织完全存在单位犯罪的可能性，故此在 2009 年 2 月 28 日所通过的刑法修正案（七）第 6 条非法泄露他人隐私犯罪中设置了中国刑法第一个侵犯隐私的单位犯罪，这无疑应当是中国隐私权刑法保护的重大突破。但本书同时认为，单位犯罪应当在隐私权刑法保护方面得以更为广泛的适用。就隐私犯罪而言，也许对非法侵入住宅罪、非法侵害通信自由罪等犯罪是否存在单位犯罪，在刑法理论上尚存有争议。但诸如非法生产、销售间谍专用器材罪，以及刑法修正案（七）第 9 条所设置的非法侵入他人电脑系统犯罪等罪却完全有发生单位犯罪的可能。而在境外，无论是普通法系还是欧陆法系刑法中承认法人犯罪的立法例俯仰皆是。如英国 1984 年数据保护法就设置了禁止未经登记许可掌握私人数据罪及电脑服务未经授权的数据披露罪的法人责任。又如《德国刑法典》还在第 203 条侵害他人秘密罪第 1 款第 3 项规定，律师公司、专利代理公司、经济审查公司、账簿审查公司或税务顾问公司的机关都可以成为本罪的犯罪主体，因此事实上设置了法人犯罪。故此，无论是从中国隐私犯罪的现状以及境外刑法对隐私犯罪法人主体的立法规定来看，中国隐私权刑法保护中，单位犯罪设置仍不尽完善。

六、缺少亲告罪起诉模式

隐私犯罪所侵害的是较为轻微的私人法益，完全采用公诉模式，会增加国家的刑事诉讼负担，而由于刑事司法机关也很难对其下足气力，故此将诉权交与上述机关反而可能影响对该类犯罪的受害人进行及时的刑事保护。同时，隐私犯罪通常涉及被害人的名誉，不顾及被害人的感情任意提起诉讼也会造成其隐私权益的二次被侵害的可能。故此，从境外隐私犯罪的立法例来看，该类犯罪程序设计上均设置为亲告罪模式。而在中国，依照中国刑事诉讼法及最高人民法院、最高人民检察院、公安部、国家安全部、司法部、全国人大常委会法制工作委员会《关于刑事诉讼法实施中若干问题的规定》相关条款的规定，在中国隐私刑法规范中所涉及的非法侵入他人住宅罪、非法搜查罪、侵犯通信自由罪、邮政工作人员私自开拆、隐匿、毁弃邮件、电报罪以及刑法修正案（七）所涉及的非法出卖个人隐私犯罪等主要隐私犯罪均属于刑事诉讼法第170条第2款所规定的"被害人有证据证明的轻微刑事案件"，因而受害人可以直接向法院提起诉讼。但尤为值得注意的是，这些犯罪和刑事诉讼法第170条第1款所提及的告诉才处理的案件在诉讼启动的决定权有着本质区别。在告诉才处理案件中，被害人不提起诉讼，法院不得受理，案件启动权完全在被害人手中。而在"被害人有证据证明的轻微刑事案件"中，被害人虽然也可以直接向法院起诉，但前提是公诉方没有提起公诉。因此若公诉方决定起诉，则被害人并不能对此予以阻止。因此，隐私犯罪的诉权实质上仍然掌握在公诉机关手中。因此，中国隐私犯罪的起诉模式与境外刑法对隐私犯罪所采用的亲告罪起诉模式并不能真正等同，因而也难以实现对隐私犯罪被害人的切实有效的法律保护。

七、惩罚方式单一

各国或地区隐私犯罪的刑事处罚措施多种多样，自由刑、罚金刑都是常见的刑罚手段。尤其是罚金刑，不仅在欧陆法系中得到广泛使用，特别是普通法系，绝大部分隐私犯罪都配备不同数额的罚金刑，甚至就某种特定的隐私犯罪而言，罚金刑是唯一的刑罚措施。除此之外，有些国家还规定了一些对物的保安处分措施，如德国刑法专门针对使用录音器材及窃听器侵害言论自由，在其刑法典第 210 条第 5 款中规定没收用于犯罪行为的录音机及窃听器的对物保安处分措施。而美国的 1986 年电子通讯隐私法第 2511 条（4）不仅规定了没收非法监听装置，而且还在某些情况下禁止对截取装置的生产、传播和拥有，从而在源头上切断了实施侵害隐私行为的物质和技术条件。而相较而言我国刑法对涉及侵犯公民隐私权的犯罪大多采用短期自由刑的处罚，相对缺少罚金刑措施，更没有没收等对物的保安处分，总体上惩罚手段过于单一，无法起到真正遏制和打击侵害隐私权犯罪的效果。

八、隐私权双轨制刑事立法模式之缺失

由于中国刑法采用单轨制的立法模式，所有刑法规范都集中在刑法典中，而隐私权刑法保护规范自然也无可例外。中国隐私权刑法保护规范既无单行刑法模式，亦无附属刑法条款之存在，而这种现象在境外隐私权刑法保护中是绝无仅有的，因此也可以视为中外隐私权刑法保护的最大差异。[1] 但由于隐私权是一个淘气鬼，变动

---

[1]　而本书在总结各国隐私权刑法保护规范时发现，最容易整理和归纳特征的就是中国刑法，因为中国隐私权刑法保护规范全部集中在刑法典中。

不居、飘忽不定是其最大之特征。隐私权不仅在各个相关领域的样态内容迥然相异，并且时不时还会随着社会的发展产生新的茎条枝叶。而由于隐私及隐私权的复杂多变，刑法欲保持对侵扰隐私行为的及时有效规制，则必须时刻关注隐私及隐私权的变动，并需要频繁地修改刑法以适应隐私法益保护之需要。显然将权威性、稳定性奉为圭臬的刑法典是难以独自承担保护动荡不羁的隐私法益的。因此，在中国隐私权刑法保护中，刑法典大一统单轨制立法模式显然会对隐私权刑法保护产生不利之影响，也应当是中国隐私权刑法保护方面显要之不足。

第三节　中国隐私权刑法保护之完善

在人类由信息封闭流通滞涩的传统时代向信息开放且高速扩散的电子时代的过渡中，侵犯公民隐私的方式也在悄然发生变动，传统私人生活的静谧与安宁备受来自于方方面面的干扰。无处不在的监控网络，一双双充满窥探欲望的眼睛正时时刻刻关注于他人的私密生活。如果说传统社会所存在的小批量、低层次、低烈度的侵犯隐私行为无非是以满足来自于人类天性的简单的窥探欲望，而当今社会，侵犯隐私的行为却呈现出侵害方式多样化、危害程度严重化、范围扩大化、风险加重化的特征，并且侵犯他人隐私已经不以实现简单的偷窥欲望为满足，而是成为各种利益集团竞相效仿的常规业务活动方式。如企业部门将侵扰隐私行为牵扯上经济利益目的，甚至以此作为新的经济增长点，并有将其产业化规模化的趋势；又如政府或各种组织借口维护国家利益或公共利益，积极侵扰窥视他人私人生活，并将其作为实现社会控制和治理的重要手段。因此，当代社会公民的隐私权及私人生活已然遭遇到前所未有的严重困境。

而隐私侵害的日益严重化必然导致公民隐私意识及隐私利益期

待的迅猛提升。法律是社会需要的产物，一定社会生活环境必然要求与其相匹配的刑法作为依托和保障。由于现有隐私刑法保护体系已然不能适应民众对保护隐私权益的迫切要求，因此中国刑法应当关注社会现实变迁，针对中国隐私权刑法保护所存在的不足，结合隐私权刑法保护的特殊性及其相关刑法理论，并借鉴境外隐私权刑法保护之先进立法，从以下方面对中国隐私权刑法保护体系提出具体之完善措施。

一、对严重侵犯隐私行为犯罪化

中国隐私权刑法保护和境外刑法尤其是欧陆刑法相比，一个显著的缺陷就是犯罪化不足，以至于大量侵犯公民隐私行为游离、逍遥于刑事法网之外。因此，中国隐私刑法保护规范体系的完善应当首先坚持犯罪化而不是相反的路径，这也基本上符合中国刑法法治化发展的方向。这是因为"刑事立法的活性化倾向，是表明社会转变为比以往更加不得不依赖刑罚的社会的一个标志。而将各种严重的、轻微的犯罪行为纳入刑法进行规制，由法院依法适用制裁程度不同的刑罚，正是依法治国的要求，也是社会成熟的表现。"[①]

在刑法理论中，犯罪化的目的在于建立构成要件类型化的体系，而构成要件的功能在于描述刑法所欲规范的对象；此一构成要件所要描述的对象是在社会生活中已经存在的、一般经验上所得认知的对象，因此透过犯罪化的思考建立构成要件自然必须对一般生活经验上的认知有所观察。就此而言，"立法者必须先观察哪些已发生的生活事实可能需要动用刑法加以规范，接着针对这些生活事实进一步透过犯罪学、法社会学的研究得到一个初步的确认，经过

---

① 张明楷：《日本刑法典的发展及启示》，载《日本刑法典》，张明楷译，法律出版社2006年版，第12页。

此种初步确认的特定事实于此已经成为一具有法律与社会交互影响关系的法事实，再藉由刑事政策与刑法理论的观点加以评价筛选。"① 因此，为了提高中国刑法中严重侵犯隐私行为的犯罪化水平，则必须确认在社会生活中究竟何种侵犯隐私的行为值得刑法关注，并值得为此投入相应之立法与司法资源。本书认为，应对以下严重侵犯隐私之行为进行犯罪化：

（一）对利用日常电子器材偷拍、偷照、偷听他人隐私行为的犯罪化

随着经济发展和科技进步，微型摄像机、数码照相机和具有摄像功能的手机迅速得以普及，而 Mp3 及大多数手机都拥有录音功能，而利用上述日常电子器材，在当事人毫无察觉的前提下，采用秘密手段对其人身及其活动情况进行拍照、摄像及录音的行为大量发生。上述偷拍偷录偷听行为严重侵犯公民隐私，并已发展成为一个备受各界关注的社会问题。

值得注意的是，尽管民法及行政法规并未对偷拍、偷录、偷听行为的法律性质做出准确之界定。而刑法虽在第 284 条设置非法使用窃听、窃照专用器材罪，并规定：非法使用窃听、窃照专用器材，造成严重后果的，处二年以下有期徒刑、拘役或者管制。但由于该罪的适用范围过窄，仅将偷拍偷录的行为限定在利用窃听、窃照的专用器材，而对在司法实践中广泛存在的利用手机、照相机、摄像机等日常电子器材偷拍偷录公民隐私的行为却鞭长莫及。因此，应当对利用日常电子器材偷拍偷照他人隐私的行为予以犯罪化。

---

① 高金桂：《利益衡量与刑法之犯罪判断》，台湾元照出版公司 2003 年版，第 71 页。

（二）对非法设置监控装置及窃听设备行为的犯罪化

在"电子眼"等各种视频监控装置提高整个社会公共安全系数的同时，一些负面效应也不容忽视。上述监控设施被安装在试衣间、酒吧包房、酒店房间，甚至公共卫生间，严重侵犯公民的隐私权利。同时，当代通讯窃听技术已经非常发达，对固定电话或手机等通讯工具稍加改装，就可以设置为窃听器材，从而对个人通讯隐私构成严重威胁。①而根据风险社会隐私权刑法保护的相关理论，为了防范隐私被他人探知或泄露的风险，应当对其实行"处罚早期化"的相应措施。事实上，非法设置监控装置及窃听设备应当是传统隐私犯罪的帮助行为或预备行为，将其作为正犯而处理，也体现了防患于未然的风险刑法的事先保护原则。境外隐私权刑法保护也不乏此种立法例。如美国《模范刑法典》第250条就将未经在私人场所享有隐私权的他人的同意，在该场所安装用于对当场的声音或事件进行观察、拍摄、录制、放大或者广播的设备的行为作为犯罪处理。而澳门特区刑法典第263条，也将非法设置监控装置及窃听设备行为，以及持有窃听设备的行为入罪。因此，中国刑法也应当借鉴上述立法例，对非法设置监控装置及窃听设备的行为予以及时犯罪化。

（三）对盗取他人信息行为的犯罪化

个人信息是隐私权的重要载体和表现方式之一，丧失个人信息不仅会导致公民个人尊严受到侵害，同时还可能会因信息的泄露而蒙受重大经济损失。因此，各国刑法均对盗取个人信息的行为予以

---

① 尽管刑法第284条非法使用窃听、窃照专用器材罪，可以对非法使用窃听、窃照专用器材行为处二年以下有期徒刑、拘役或者管制。但是该条对于上述非法设置监控装置及窃听设备的行为却无法规制，因此仍有对之进行犯罪化之必要。

打击。而在中国隐私权刑法保护体系中也存在着对个人信息的某一方面的保护，如依照刑法第 177 条之 1："窃取、收买或者非法提供他人信用卡信息资料罪之规定，可以对窃取他人信用卡信息资料的行为最高处以 10 年有期徒刑"；而刑法修正案（七）第 6 条也规定："窃取国家机关或者金融、电信、交通、教育、医疗等单位在履行职责或者提供服务过程中获得的公民个人信息，情节严重的，处三年以下有期徒刑或者拘役，并处或者单处罚金。"但总体而言，上述规范都只针对特定范围内的盗取个人信息的行为进行处罚，至于实践中多发的盗取公民存折账号及密码、盗取他人电子信箱及密码、盗取他人 QQ 或 MSN 账号及密码等行为却没有涉及。因此，刑法应当开张法网，将所有对盗取他人信息行为予以犯罪化。

（四）国家机关、电信金融等单位工作人员过失严重泄露用户信息的犯罪化

针对大量个人信息经由国家机关和电信、金融等单位大量泄露的行为，从而对公民个人隐私造成严重威胁。刑法修正案（七）第 6 条专门规定："国家机关或者金融、电信、交通、教育、医疗等单位的工作人员，违反国家规定，将本单位在履行职责或者提供服务过程中获得的公民个人信息，出售或者非法提供给他人，情节严重的，处三年以下有期徒刑或者拘役，并处或者单处罚金。"但从该条文"出售或非法提供"的罪状来看，修正案仅将上述部门泄露隐私信息的行为限定为故意。但值得注意的是，实践中存在着上述单位的工作人员出于过失而大量泄露个人信息的现象，同样能对公民隐私造成严重危害，因此也值得刑法予以关注。对于泄露国家秘密的犯罪以及泄露国家军事秘密的犯罪，刑法均规定了其故意及过失两种形态，与此相对应，刑法不应厚此薄彼，而应当将过失泄露用户个人信息的行为犯罪化。

（五）非法收购、出卖或散布他人隐私行为的犯罪化

非法收购、出卖或散布他人隐私的行为都会对他人隐私构成严重威胁。而由于非法收购及出卖他人隐私行为属于散布他人隐私行为的上游犯罪，相较而言，其危害要通过散布隐私行为方才得以彰显，故此，散布他人隐私行为社会危害要更胜一筹。刑法修正案（七）第6条虽然将国家机关或者金融、电信、交通、教育、医疗等单位的工作人员，违反国家规定，将本单位在履行职责或者提供服务过程中获得的公民个人信息，出售或者非法提供给他人的行为作为犯罪处理，并规定对以收买或者以其他方法非法获取国家机关或者金融、电信、交通、教育、医疗等单位在履行职责或者提供服务过程中获得的公民个人信息上述信息，情节严重的，处三年以下有期徒刑或者拘役，并处或者单处罚金。但该条文挂一漏万，并未涵盖实践中所有非法收购、出卖他人隐私的行为，诸如一些组织或个人，利用所谓问卷调查途径大量获取他人信息，并向购物网站、物流企业、猎头公司、中介组织、市场调查公司、房地产公司等单位的工作人员出卖上述个人信息的行为，购物网站、物流企业等向该组织或个人收购上述个人信息的行为均被排除在刑法规制之外。同时，该条对于社会危害更为严重的非法散布他人信息的行为也没有具体规定，因此诸如媒体机关为求阅听量取得优势，而将不明身份者所寄来的关于某公众之隐私信息予以广泛发布的行为，尽管严重侵犯当事人隐私权利，但却不能因此而受到刑事处罚。

故此，刑法应当全面考虑，广泛出击，将所有非法收购、出卖或散布他人隐私行为均纳入其势力范围之内。

（六）网络经营者为散布隐私提供便利条件行为的犯罪化

随着互联网的普及，以及网络匿名身份的独特优势，网络日益成为散布他人隐私的重要工具和场所。而根据我国法律的有关规

定，网络服务商对于网络上的违法犯罪内容负有删除的义务，如《关于维护互联网安全的决定》第 7 条规定，"从事互联网业务的单位要依法开展活动，发现互联网上出现违法犯罪行为和有害信息时，要采取措施，停止传输有害信息，并及时向有关机关报告。"因此，网络经营者若发现有人正在借助网络平台散布他人隐私信息而不采取相应措施，从而给上述行为继续提供便利条件的，则会因此成为侵犯他人隐私的帮凶。对于这种不作为方式的帮助行为进行及时犯罪化，也应成为完善中国隐私刑法保护规范的重要内容之一。

（七）非法持有他人隐私行为的犯罪化

持有型犯罪在中国刑法中广泛存在，1997 年刑法中规定了八种持有型犯罪，即第 128 条第 1 款非法持有枪支、弹药罪，第 172 条持有假币罪，第 282 条第 2 款非法持有国家绝密、机密文件、资料、物品罪，第 348 条非法持有毒品罪，第 352 条非法持有毒品原植物种子、幼苗罪，第 130 条非法携带枪支、弹药、管制刀具、危险物品危及公共安全罪，第 297 条非法携带武器、管制刀具、爆炸物参加集会、游行、示威罪，第 395 条第 1 款巨额财产来源不明罪也是持有型犯罪。因此，持有型犯罪在中国刑法中有一定的理论及实践基础。

持有型犯罪是风险社会刑法理论的特定产物。持有行为之犯罪化的主要意旨在于通过早期化处罚，预防犯罪发生。持有同传统刑法中的法益损害原则的关系最为紧张，持有也应被视为风险社会刑法理论中最为激进之类型。持有型犯罪在各国或地区的隐私权刑法保护规范中普遍存在，由于隐私是一种易碎品，一旦遭受损害则无可修补。因此，在风险社会中，对隐私犯罪采取未雨绸缪的刑事政策，重视隐私风险的事先防范应当比亡羊补牢的事后惩罚更能切中要害。将持有他人隐私行为进行犯罪化，是基于对下游犯罪的一种防患于未然的刑事政策考虑，将刑法的触须延伸到传统隐私犯罪预备行为以及单纯的法益侵害危险或义务违反行为，能够有效防范规避隐私实质侵害之风险。同时，持有型犯罪通过降低证明要求以及部分倒置举证责任，发挥其强化法益保护、减轻控方证明责任的功能，故而持有型犯罪的设置能够严密刑事法网、防止罪犯仰仗机会主义逃避刑法惩罚。因而，尽管单纯之持有他人隐私行为并不能直接侵扰他人之隐私法益，因而对其犯罪化同传统刑法中的法益损害相抵牾，但由于其具备防范隐私扩散风险之良好功能，故此更能适应风险社会隐私权刑法保护之需要，并应当予以大力提倡。

（八）编制、贩卖、散布非法监控及监听软件的犯罪化

2008 年末，全国人大常委会在第二次审议的刑法修正案（七）中，将非法侵入及非法控制民用计算机信息系统的严重行为界定为"犯罪"。并同时规定："提供专门用于侵入、非法控制计算机信息系统的程序、工具，或者明知他人实施侵入、非法控制计算机信息系统违法犯罪行为而为其提供程序、工具，情节严重的，依照前款规定处罚。"值得肯定的是，由于提供专门用于侵入、非法控制计算机信息系统的程序的计算机黑客将会因此面临牢狱之灾，故此该规定将在实践中有效遏制提供、散布黑客软件的不法行为。事实上，仅从隐私权法益角度上来讲，提供专门用于侵入、非法控制计算机信息系统的程序、工具，或者明知他人实施侵入、非法控制计算机信息系统违法犯罪行为而为其提供程序、工具的行为并未对隐私法益造成实质侵害，而只能称之为传统隐私犯罪的帮助行为。在此，立法者将其作为正犯处理，显然是基于风险刑法中"规范侵犯原则"的考虑，其要义在于通过将这种帮助行为的"处罚早期化"，积极防范隐私被侵犯的现实风险，因此也相应地体现了防患于未然的风险刑法的事先保护原则。

但仍需指出，由于刑法修正案（七）新增条款仅适用于提供

侵入计算机系统的黑客软件，因此并不能对编制、贩卖、散布非法监控黑客软件及监听软件的行为进行全面的控制。而实践中，大量的黑客软件及监听软件并不需要借助受害人的计算机，亦可严重侵犯其隐私信息。如市场上广为流行的"网络间谍"软件，行为人只需在局域网中某一台电脑安装该软件，不在客户端安装任何软件，即可全面监控局域网内所有员工的上网行为，内容包括：访问网站、收发邮件、FTP 上传命令、网上聊天（指腾讯 QQ 和 ICQ）、TELNET 远程登录命令、内部共享文件访问等。不论客户机是否安装有防火墙，一样逃不过监控，包括无线上网监控。如果购买了该软件的源码，稍做修改，就可以很容易地监视到局域网中的所有明文密码。而打开百度或谷歌的搜索引擎，类似功能强大的网络监控软件的促销广告及功能介绍便会铺天盖地地汹涌而来。而众多非法监控及监听软件的编制、贩卖及散布无疑将会给公民的隐私构成致命威胁。因此，同样是基于风险社会刑法理论中，未雨绸缪的隐私风险事先防控的原则，中国刑法也应当对编制、贩卖、散布非法监控及监听软件的行为及时进行犯罪化。

二、抽象危险犯之设置

在刑法发展史上，抽象危险犯是现代刑法的产物，德国学者 Jescheck 认为，"抽象危险犯是具体危险犯的前阶，抽象危险犯的应刑罚性，从其行为对于特定法益的一般危险性，即已表征出来。危险结果的发生，并不属于构成要件，因为有关的行为，足以典型地引起具体危险。"[1] 设计抽象危险犯，并不是在危险还小时提前防备的意思，而是因为行为已经显现某种非防堵不可的典型危险，也就是已经有明显的不被法律允许之风险存在。如醉态驾车未必发

---

[1]　林东茂：《危险犯的法律性质》，载台湾《台大法学论丛》1994 年第 2 期。

生事故，但是酒精会影响驾驶员的辨识与控制能力，因此一旦服用酒类驾车，对于交通环境中存在的人和物，就有经验可以认知的危险存在，也就是具备典型的危险，因此可以形成所谓的抽象危险犯。抽象危险犯以行为无价值理论为前提，以有效防控犯罪并提高国家对犯罪追诉与定罪率为初衷，因此能够对法益提供更周延而绵密的保护，并且对于刑法规范的维持有着积极的价值。而当今人类正处于一个高歌猛进的变革时代，然而这变革的背后，也同时使得各种法益面临着未曾预见的众多现实危险。在刑法所要刻意保护的诸多法益之中，隐私权所可能承接的风险更为深重而直接。在这种情况下，抽象危险犯的立法模式逐渐进入刑法的视野，并深受各国立法者的青睐。如我国台湾地区刑法典第 28 章妨害秘密罪中的妨害书信秘密罪、窥视窃听窃录罪、便利窥视窃听窃录罪、泄露业务上知悉的他人秘密罪、泄露业务上知悉的工商秘密罪、泄露公务上知悉的工商秘密罪、泄露因利用计算机或其他相关设备知悉或持有他人秘密罪等 7 种犯罪都应当归属于刑法中的抽象危险犯。而德日隐私权刑法保护规范中也有类似的抽象危险犯立法模式。这应该能给中国隐私权刑法保护的完善提供足够合理之借鉴意义，故此中国隐私权刑法保护应当适度增加抽象危险犯立法模式。将隐私权刑法保护的阵线向前延展，力图未雨绸缪，将隐私犯罪扼杀在摇篮之中。

三、隐私权独立化

1997 年刑法与 1979 年刑法相比固然存在一定的先进性，得以体现某种时代精神，但其在公民权方面却并无实质突破，并未能超越 1982 年宪法对公民权利的粗浅而疏漏的概括性、宣言性界定。因此，尽管隐私权益及隐私意识已经有了相对牢固的社会生活基础，但在 1997 年刑法中隐私权没有获得作为公民基本权利之一的独立地位。即便在已规定的隐私权刑法保护规范之间亦未形成核心性概念将它们紧密联系起来。而在刑法修正案（七）所设置的两种犯罪中，也均是以个人信息权作为犯罪对象，仍未赋予隐私权独立之权利名分。因此，当务之急应在刑法中确认独立的隐私权利，并以此为基础，在整合既有立法成果的基础上进一步补充和完善对公民隐私权的刑法保护。但正如前文所介绍，由于在中国宪法、民法及行政法规中，均未曾将隐私权作为一项独立化的权利予以立法确认。因此，刑法若不考虑宪法、民法及行政法的规定，率先通过立法明确隐私权的独立权利地位，这样的举动是否符合刑法作为二次法的本性，还值得作进一步之研究。

四、集中设置私人生活罪或侵犯隐私罪

相对于欧陆刑法，如德国、我国台湾地区及澳门特区，隐私权刑法保护规范的高度集中式而言，由于中国内地刑法中没有明确的"私人秘密"或"隐私"这类名词，因此也并未形成诸如德国刑法典第 15 章"侵害私人生活和秘密犯罪"及澳门特区刑法典第 7 章"侵犯受保护之私人生活方面的犯罪"、台湾地区刑法典第 28 章"妨害秘密罪"以及日本刑法典第 13 章"侵犯秘密罪"等专门性隐私犯罪章节。中国隐私权刑法保护规范散见于刑法分则中的若干罪名，并且这些罪名分别规定在不同的章节中，是侵犯不同客体的犯罪。这种分散式保护模式，使得各个隐私刑法保护规范之间不相往来、各自为政，难以在刑法典中将隐私权作为一个整体进行重点保护。因此，在司法实践中较为被动，难以有效惩治预防隐私犯罪。

职是之故，从隐私权刑法保护完善的角度来讲，一方面应当要求在刑法中明确承认独立隐私权的存在；另一方面，应当以独立的隐私权为基础，在适当增加隐私犯罪的前提下，将传统性且相对成熟的隐私刑法保护条款尽可能集中在一起，紧紧围绕隐私权核心犯

罪构建结构完整、界限清晰的隐私权刑法保护规范体系。[①] 这样不仅能够有效融通整合所有隐私权刑法保护规范，避免就事论事的刑法保护之片面性，堵塞其因衔接不紧和罪状包容力不足而造成的法网疏漏，[②] 而且还可以消解隐私权犯罪客体归属失当的问题。

五、增设隐私犯罪的单位犯罪

传统的刑法是以个人责任为基础构成的，然而由于隐私犯罪存在单位犯罪的可能性。因此，刑法应当在隐私犯罪责任追究制度上，与传统的刑事犯罪的个人责任原则相区别对待。不仅要追究因隐私犯罪实施者单位从业人员的个人责任，而且还要对单位科以罚金刑。由此才能有助于单位强化对自身可能侵扰公民隐私行为的控制，有效提高对非法处置个人隐私数据行为的威慑和遏制作用。尤其是在刑法修正案（七）第 6 条已经对国家机关或者金融、电信、交通、教育、医疗等单位的工作人员，违反国家规定，将本单位在

① 本书原则上赞同在刑法分则体系中，建立小章式隐私犯罪体系，或是在刑法分则第 4 章侵犯公民权利、民主权利罪中设置隐私犯罪的独立小节。同时仍需指出的是，将传统性较为成熟的隐私权刑法规范集中在刑法典分则之中，并不意味着否定隐私权附属刑法规范存在的必要性。正如前文所称，在附属刑法中隐私权刑法保护规范一般是针对隐私权变动不居、时刻变动发展的特性而制定，其主要功能是满足社会需要，应付新型隐私犯罪，从而保持刑法典的相对稳定性。因而，隐私权刑法规范的相对集中，并不影响隐私权附属刑法规范的存在。而且，隐私权附属刑法规范在具体应用中，若已得到实践之检验并业已成熟，则亦可在适当时候被刑法典所吸纳，如我国澳门特区刑法典隐私权保护规范就是完全从《澳门通讯保密法及隐私保护法》中的附属刑法条款中转化而来。

② 如在住宅安宁权方面，就可以整合非法侵入住宅罪、非法搜查罪和非法设置监控设备罪，设置侵扰他人住宅罪，这样，刑法不仅保护住宅的不受非法侵入之外，还能够有效保护个人活动尤其是在住宅内的活动不受监视、监听、窥视、摄影、录像等，尤其是个人性生活不受他人干扰、干预、窥视、调查或公开。当然也可以采用诸如澳门特区刑法典立法模式，在第 186 条侵入私人生活罪之基础上，补充设置其他隐私刑法保护条款。但上述整体性保护的前提应当是隐私刑法保护规范的集中设置。

履行职责或者提供服务过程中获得的公民个人信息，出售或者非法提供给他人的侵犯他人隐私行为做出刑法规制，并设置该罪的单位犯罪主体的情况下，隐私权刑法保护应当以此为契机，逐步增设隐私犯罪的单位犯罪条款。

六、刑罚措施及保安处分措施之完善

在欧陆法系及普通法系，隐私犯罪的刑事处罚措施多种多样，自由刑、罚金刑都是常见的刑罚手段。罚金刑的适用比例及数量在境外隐私权刑法保护的实践中远远超出了自由刑，已经成为对付隐私犯罪的最主要刑罚手段。相较而言，中国隐私权刑法保护大多采用短期自由刑的处罚，相对缺少罚金刑措施，而且在司法实践中，由于罚金刑适用比例明显偏低，因而其作用并未得到充分发挥。除此之外，中国隐私权刑法保护规范中也不存在保安处分措施，总体上惩罚手段过于单一，无法起到真正遏制和打击侵害隐私权犯罪的效果。

故此，中国刑法应当一方面在隐私刑事立法中，大量增加罚金刑条款，并在司法实践中提高罚金刑在隐私犯罪规制中的适用；另一方面，设置相应保安处分措施。尤其是当前，利用网络进行隐私犯罪的趋势日渐明显，可相应设置"禁止上网"或"禁止接触电脑"的保安处分措施，从而有效规制利用网络侵犯隐私犯罪行为的发生。[1]

---

[1]　有些地方性法规就此作出了有益的尝试，如 2008 年 12 月 12 日徐州市第 14 届人民代表大会常务委员会第 6 次会议制定，2009 年 1 月 18 日江苏省第 11 届人民代表大会常务委员会第 7 次会议批准的《徐州市计算机信息系统安全保护条例》规定，未经允许，任何单位和个人不得提供或公开他人的信息资料；严禁散布他人隐私，或侮辱、诽谤、恐吓他人。违者最多可罚款 5000 元；情节严重的，半年内禁止计算机上网或停机。

七、亲告罪起诉模式的设置

由于隐私法益的特殊性以及侵害的轻微性，采用公诉程序会同时给国家及被害人带来消极影响。故此，从境外隐私犯罪的立法例来看，该类犯罪程序设计上均设置为亲告罪立法模式。而在中国隐私刑法规范中，虽然主要隐私犯罪在公诉方没有起诉的特定情况下，也可以采用自诉模式，但其和境外隐私犯罪亲告罪立法模式所能起到的作用却大异其趣。中国隐私犯罪的起诉启动权事实上完全处于公诉方的绝对掌握之中，被害人的名誉及情感则难以切实关注，也无可避免其隐私权益的二次被侵害的可能。

故此，刑法应当将非法侵入他人住宅罪，非法搜查罪，侵犯通信自由罪，邮政工作人员私自开拆、隐匿、毁弃邮件、电报罪，以及刑法修正案（七）所涉及的非法出卖个人隐私犯罪等主要隐私犯罪设置为亲告罪，明确规定上述犯罪，告诉的才处理，从而将诉权完全转移到隐私犯罪受害人手中。但同时，考虑到某些隐私犯罪中，如在利用网络散布他人隐私犯罪、电信部门运用技术优势侵犯隐私的犯罪，自诉人举证能力就存在明显之不足。故此，中国刑法也应参考《丹麦刑法典》第275条规定，对隐私犯罪采取自诉为主、公诉补充的诉讼模式。

八、隐私权双轨制刑事立法模式之设置

由于附属刑法能够契合司法现实，迅速跟进司法需要，在较短时间内及时制定有针对性的刑法规范，在相当程度上弥补了刑法典条文由于固有稳定性而导致的立法滞后感。同时，由于隐私权是个权利束，其权利的枝条向四处延展而无有定向，这就决定了隐私权法律保护应当体现出多样性和整体性，而隐私权附属刑法保护规范

若能和其他法律规范之间实现有效衔接，则可协心同力对隐私权提供周至绵密的法律保护。因此，正如本书第三章所揭示，附属刑法作为双轨制刑事立法模式的重要组成部分，其存在具有无可比拟的优越性，特别是对隐私权刑法保护尤为适宜。

　　因此，综观境外隐私权刑事立法，各国或地区普遍将附属刑法与刑法典紧密结合，构建隐私权双轨制刑法保护规范体系。如俄罗斯《电子文件法》、《俄罗斯联邦因特网发展和利用国家政策法》、《信息权法》、《个人信息法》、《国际信息交易法》、《〈国际信息交易法〉联邦法的补充和修改法》等相关行政法规中的附属刑法和《俄罗斯联邦刑法典》一起，共同负担起保护隐私利益的重任。又如在美国，绝大部分隐私刑法保护规范都分散设置在各个不同的单行法之中，附属刑法已经成为隐私刑法保护的主要规范形式。而我国台湾地区《计算机处理个人数据保护法》、《通讯保障及监察法》、《行政程序法》、《性侵害犯罪防治法》、《民事诉讼法》、《社会秩序维护法》、《精神卫生法》、《儿童福利法》、《性骚扰防治法》等法律法规中都零星分布了一些作为附属刑法而存在的隐私权刑法保护规范。其隐私权附属刑法条文总数已经远远超过刑法典，或更形象地说，其刑法典是漂浮在附属刑法条款之中。其附属刑法和刑法典互为犄角、遥相照应，从而有针对性提供细致入微的隐私权刑法保护。因此，中国刑法也应当积极构建隐私权附属刑法保护规范，并使其和刑法典中的隐私权刑法保护规范形成结构合理、功能协调的隐私权刑法保护规范体系，从而更有效地保护隐私法益。同时，中国刑法也应当以此为契机，在其他法律关系中全面适用附属刑法模式。故而，隐私权附属刑法模式是推演双轨制刑事立法模式的最佳实验品，也应当能对中国刑事立法模式的变革提供可资借鉴的重要参考。

九、例示法立法与空白罪状之适用

就刑法规范的明确性而言，列举式规范无疑是最为理想。然而，就隐私犯罪而言，囿于隐私权边界的不确定性，再为详尽复杂之列举亦难以穷尽该类行为的全部。因而适度模糊反倒更能满足隐私权刑法保护的需要。因此，中国刑法在隐私权刑法保护方面，可以将目光转向例示法立法。由于例示法在实现对常规性犯罪类型涵盖的同时，并不放过对异常情况下的特殊性犯罪类型的包容。

同时，中国隐私权刑法保护还应当积极尝试空白罪状的适用。空白罪状在刑法中的存在，有利于各种行政法规范不断和刑法规范建立链接和交流，从而使刑法典保持一定的动态性和开放性。就隐私犯罪而言，空白罪状是对严重危害隐私法益行为犯罪化时可以选择的较为理想的立法措施。隐私权本身就具有边界不明、内涵模糊的弹性特征，而空白罪状的采用会使得刑法典可以从容避开隐私权边界不明的特点，在行政法规和制度对隐私犯罪的具体构成要件进行描述。因此，立法者完全可以根据社会形势的变化在行政法规中进行相应调整，而不必同时修改刑法条文，从而得以在保持刑法典条文内容稳定不变的情况下，仍然可以保证对新型隐私犯罪的惩罚。

结　语

　　刑法是为保护人类生活利益而规范人们行为举止之法律规范，其过程则透过学理研究及司法实践予以落实。中国刑法，自清末修律以来，自身发展方向始终变动不居。民国期间曾继受欧陆法制，但自 1949 年后又转投苏俄刑法怀抱。然晚近又随国门之开放，先后在大陆刑法及英美刑法中左右顾盼。敬慕于欧陆刑法的体系严密、苏俄刑法的结构庄整、英美刑法的方便实用，中国刑法可以博采众长，吸融兼并而使自身呈现出丰富多彩的姿相。时值中国刑法由苏俄法系向欧陆法系转变之际，旧传统之消散与新秩序之构建沤浪相逐，也暗示了正在嬗替迁变的中国刑法，尚在新旧之间徘徊的复杂而模糊之矛盾心态。而本书也基本上是按照西人欧陆刑法理论，解读并改造深受苏俄刑法影响的中国隐私权刑法保护理论及其立法规范。中国隐私权刑法保护的迁变也许仅仅能展现中国刑法历史巨变的局部场景，但见微知著，从中国隐私权刑法保护的转换所展示的多彩画卷，亦能映射出变革时期，中国刑法所发生的历史迁变的风貌气象。能够见证并得以亲自参与这一进程，既是学人职责本分，也不免平添些许自豪，这也许正是本书所意图流露的言外之意吧。

本书以隐私权刑法保护为主线展开论述，先后对隐私权基本理论、隐私权公共政策与刑法、境外隐私权刑法保护、隐私权刑法保护之特殊性、隐私权刑法保护与一般法律保护、中国隐私权刑法保护的现状不足与完善等问题进行细致研究，并且力图在各个部分提出自己的问题及相关见解。应当说，本书写作的思路是清晰明澈的，内容是充实细密的，论证是饱满有力的，但直至此刻，我仍然抱有绵绵的遗憾，因为本书并非真正完成自己当初所设想写作任务。阿根廷诗人博尔赫斯曾说，"每个人总是写他所能写的，而不是他想写的东西"，本书之写作也恰如其言。因为在我面前的这本论文没有完整展现隐私权刑法保护研究的全景面貌，而太多的理论盲区和细节探微都在自己写作过程中被割舍了、被放弃了。

博士论文是自己第一部连贯性写作，我本人也竭尽所能试图构建出隐私权刑法保护的完整思想理论体系。为此目的，我不惜牺牲时间，旁征博引，并且运用不同的学科知识和研究路径，试图勾画一幅无所不包、不留死角的隐私权刑法保护的鸿篇巨制。但在我真正漫步在隐私权刑法保护研究这个迷宫之中，意图走完其每个角落时，才发现隐私权刑法保护是一个多么庞杂而又迷乱的问题，在其面前，个人智识又是多么无足轻重。应当说隐私权刑法保护及其相关联的每个领域，都令人无限欢喜与迷恋，因为这意味着隐私权刑法保护研究到处都是可以深入拓展的知识空白，而事实上正文六个组成部分中，每一个都可以扩展为一篇精深厚重的博士论文。但同时，隐私权刑法保护的庞杂迷乱又令人无限沮丧与惆怅，例如仅纠缠于隐私权的定义便使我无所适从，不得不放弃对其定义的捕捉，而选择代之以全景式描摹。而本书写作中，我时常徘徊在类似的坚持和放弃的两难境界，并且不时修正或又重新捡回堆垒在草稿箱中的废品，细细斟酌打磨，即便最后再次将其作为边角废料，也不忍就此放弃，而是保留其原始的模样，等待对其进行下一次的打捞整理。

　　但是，学术研究中真有边角废料吗？或换言之，所谓的边角废料真的一无是处吗？就本书而言，被裁减下来的材料和为之所付出的心力虽然不曾被显示在正文当中，但其对本书来讲仍至关重要，并在暗处发挥光芒。尤其当我发现，许多当初费心得来并如获至宝细细阅读翻译的英文文献，竟然没有一句能够对本书有用时，不禁会产生一种恼怒的感觉。但细细想来，任何素材在未被裁减之前都具有同样的价值也都凝聚了作者对其无限之企盼，并且对于文本的最终固定来说，重要的不是累积的素材和记录的文字，而是阐发文本的思路和方法。因此被废弃的边角碎料并非全无价值，至少其亲身见证了素材筛捡、修剪和编辑的整个过程。故而，这些所谓的边角废料写满了未发表的文字和当时所渴望表达的心情与感想，而这些被废弃的旧货中往往藏有思想和思路形成的历史，因此作者更应当懂得欣赏旧货里时光沉淀之美；而相反，对任何一件事物的彻底遗忘就是生命的部分死亡。正如葛兆光所言："那些使回忆和思考都被深深埋藏的时代，难道就应当被省略吗？月有阴晴圆缺，如果画月亮只画那些皎洁明亮的部分，去掉了那斑斑驳驳的部分，它还能成一个月亮吗？"我在写这篇论文的一年当中，均将删减下的文字如实放在固定的位置，不时去浏览回顾。现在想来，如果换个角度，或者换个观点，这些草稿箱旧纸堆中的想法和文字放在别处又何尝不会熠熠生辉。

　　同样的道理，仅就我本人而言，我对隐私权刑法保护研究的思考也不是封闭的、停滞的，更不会因本书的完成而戛然而止。事实上，隐私权刑法保护研究也远非这一本博士论文所能涵盖，在本书之外，仅就我对隐私权刑法保护感兴趣的问题或做过相关思考的问题而言，还存在诸如隐私权刑法保护的管辖权、电子证据的地位、电子证据收集与提取的途径及审查判断的规则、被害人隐私权的刑法保护、犯罪嫌疑人隐私权的刑法保护及动态 IP 地址及多用户账户中犯罪嫌疑人的确定等问题，值得我对此作进一步之深入研究。但是，考虑到个人能力的微薄、论文篇幅的限制以及论文内部结构的协调，上述问题都被我有选择地予以放弃。也许，对于学术论文创作而言，过于追求完美无缺多少有些求全责备，因为这个世界上从来没有存在过完美无缺的东西。并且，隐私权刑法保护本身就是一个艰深晦涩、甚至蹊跷险峻的课题，根本不可能企及一劳永逸解决或解释其全部问题。因此，就本书写作而言，"点到为止"能最恰当地表达了我此刻的心境。但同时，由于文字凝固的仅仅是书写时的思想和理由，而当时光拉开距离，也许我还会重新审视回顾，甚至颠覆自己先前所坚持或珍爱的观点。因此，我也会再次从不比正文价值低下的草稿箱及旧纸堆中寻找旧货，将草稿箱或旧纸堆中被有意放弃的文字及观点重新捡拾出来，予以新意，或加以新的视角、新的见解、新的思路，写出另种风格或别样意境的隐私权刑法保护论文。同时，本书对隐私权刑法保护的研究也不应遮蔽其他刑法学人通过别的路径，换个角度对隐私权刑法保护进行研究和思考。故此，隐私权刑法保护应当是一个永无止境的研究领域，也应当有更多的同类文章不断问世以消解学术盲点，填补其理论空白，这一点无论就我个人还是其他刑法学人而言，都应当对此有着殷切的期待。

参考文献

一、著作类

1. 蔡定剑：《历史与变革》，中国政法大学出版社 1999 年版。

2. 蔡墩铭：《刑法总论》，台湾三民书局 1995 年版。

3. 蔡墩铭：《刑事诉讼法论》，台湾五南图书出版公司 1982 年版。

4. 蔡震荣：《行政法理论与基本人权之保障》，台湾五南图书出版公司 1999 年版。

5. 陈凡：《技术社会化引论》，中国人民大学出版社 1995 年版。

6. 陈光中、〔加〕丹尼尔·普瑞方廷主编：《联合国刑事司法准则与中国刑事法制》，法律出版社 1998 年版。

7. 陈新民：《德国公法学基础理论》（下册），山东人民出版社 2001 年版。

8. 陈新民：《宪法基本权利之基本理论》（上册），台湾元照出版公司 1999 年版。

9. 陈新民：《一个新的立法方式——论综合立法的制度问题》，载陈新民：《法治国家论》，台湾学林文化事业有限公司 2001 年版。

10. 陈兴良：《本体刑法学》，商务印书馆

2001 年版。

11. 陈兴良：《刑法的价值构造》，中国人民大学出版社 1998 年版。

12. 陈兴良：《刑法适用总论》（上册），法律出版社 1999 年版。

13. 陈忠林：《意大利刑法纲要》，中国人民大学出版社 1999 年版。

14. 程燎原、王人博：《赢得神圣》，山东人民出版社 1993 年版。

15. 储槐植：《美国刑法》，北京大学出版社 1996 年版。

16. 储槐植：《刑事一体化要论》，北京大学出版社 2007 年版。

17. 戴学正等编：《中外宪法选编》（下册），华夏出版社 1994 年版。

18. 丁后盾：《刑法法益学说论略》，载《刑事法要论——跨世纪的回顾与前瞻》，法律出版社 1998 年版。

19. 董和平、韩大元、李树忠：《宪法学》，法律出版社 2000 年版。

20. 甘添贵：《犯罪除罪化与刑事政策》，载《罪与刑——林山田教授六十岁生日祝贺论文集》，台湾五南图书出版公司 1998 年版。

21. 高光义：《论日本宪法上之隐私权》，载《现代国家与宪法：李鸿禧教授六秩华诞祝贺论文集》，台湾月旦出版社股份有限公司 1997 年版。

22. 高金桂：《利益衡量与刑法之犯罪判断》，台湾元照出版公司 2003 年版。

23. 高铭暄、赵秉志主编：《新中国刑法学研究历程》，中国方正出版社 1999 年版。

24. 公丕祥主编：《法理学》，复旦大学出版社 2002 年版。

25. 顾理平：《新闻侵权与法律责任》，中国广播电视出版社2001年版。

26. 郭立新：《刑法立法正当性研究》，中国检察出版社2005年版。

27. 郭明瑞：《民商法原理（一）》，中国人民大学出版社1999年版。

28. 郭卫华：《人身权法典型判例研究》，人民法院出版社2002年版。

29. 韩德培、李龙主编：《人权的理论与实践》，武汉大学出版社1995年版。

30. 韩少功：《马桥词典》，人民文学出版社2004年版。

31. 韩忠谟：《法学绪论》，台湾韩忠谟教授法学基金会1994年印行。

32. 韩忠谟：《刑法原理》，台湾雨丽美术印刷有限公司1981年版。

33. 何孝元：《损害赔偿之研究》，台湾商务印书馆1982年版。

34. 华东师范大学教育系、杭州大学教育系合编：《西方古代教育论著选》，人民教育出版社1985年版。

35. 黄丁全：《社会相当性理论研究》，载《刑事法评论》（第5卷），中国政法大学出版社1999年版。

36. 黄明儒：《行政犯比较研究——以行政犯的立法与性质为视角》，法律出版社2004年版。

37. 黄荣坚：《基础刑法学》（上），台湾元照出版有限公司2006年版。

38. 黄荣坚：《计算机犯罪的刑法问题》，收录于其个人著作《刑罚的极限》，台湾月旦出版社股份有限公司1998年版。

39. 黄荣坚：《论风险实现》，收录于其个人著作《刑罚的极限》，台湾月旦出版社股份有限公司1998年版。

40. 姜士林等主编:《世界宪法大全》,青岛人民出版社 1997 年版。

41. 靳宗立:《罪刑法定原则与法律变更之适用原则》,载台湾刑事法学会主编:《刑法总则修正重点之理论与实务》,台湾元照出版公司 2005 年版。

42. 李步云主编:《宪法比较研究》,法律出版社 1998 年版。

43. 李步云:《信息公开制度研究》,湖南大学出版社 2002 年版。

44. 李步云主编:《人权法学》,高等教育出版社 2005 年版。

45. 李德成:《网络隐私权保护制度初论》,中国方正出版社 2001 年版。

46. 李海东:《刑法原理入门 (犯罪论基础)》,法律出版社 1998 年版。

47. 李纪东:《刑事政策学》,台湾国立编译馆 1936 年版。

48. 李建良:《基本权利理论体系之构成及其思考层次》,载李建良主编:《宪法理论与实践 (一)》,台湾学林出版社 1999 年版。

49. 李希慧:《刑法解释论》,中国人民公安大学出版社 1995 年版。

50. 李震山:《基本权利之冲突》,载台湾《月旦法学教室 (1) (公法学篇)》,台湾元照出版公司 2000 年版。

51. 李震山:《人性尊严与人权保障》,台湾元照出版公司 2000 年版。

52. 梁根林:《刑事法网:扩张与限制》,法律出版社 2005 年版。

53. 林来梵:《从宪法规范到规范宪法:规范宪法学的一种前沿》,法律出版社 2001 年版。

54. 林山田:《法制论集》,台湾五南图书出版公司 1992 年版。

55. 林山田:《论去犯罪化与去特别化》,载林山田:《刑法的革新》，台湾学林文化事业有限公司 2001 年版。

56. 林山田：《论特别刑法》，载林山田：《刑事法论丛（一）》，1997 年版。

57. 林山田：《刑法的革新》，台湾学林文化事业有限公司 2001 年版。

58. 刘迪：《现代西方新闻法制概述》，中国法制出版社 1998 年版。

59. 刘凤景、管仁林：《人格权》，中国社会科学出版社 1999 年版。

60. 刘艳红：《开放的构成要件理论研究》，中国政法大学出版社 2002 年版。

61. 刘之雄：《单一法典的刑法立法模式之反思》，载戴玉忠、刘明祥主编：《和谐社会语境下刑法机制的协调》，中国检察出版社 2008 年版。

62. 吕光：《大众传播与法律》，台湾商务印书馆 1987 年版。

63. 罗传贤：《立法程序与技术》，台湾五南图书出版公司 2001 年版。

64. 罗玉中主编：《人权与法制》，北京大学出版社 1999 年版。

65. 马克昌主编：《西方刑法史略》，中国检察出版社 2004 年版。

66. 莫纪宏：《现代宪法的逻辑基础》，法律出版社 2001 年版。

67. 宁骚：《公共政策》，高等教育出版社 2000 年版。

68. 《牛津法律大辞典》（中文版），光明出版社 1988 年版。

69. 庞森：《当代人权 ABC》，四川人民出版社 1992 年版。

70. 丘昌泰：《公共政策——基础篇》，台湾巨流图书公司 2000 年版。

71. 曲新久：《刑事政策的权力分析》，中国政法大学出版社 2002 年版。

72. 桑玉成、刘百明：《公共政策导论》，复旦大学出版社 1991 年版。

73. 施启扬：《民法总则》，台湾大地印刷厂 1993 年版。

74. 苏俊雄：《刑法总论（I）》，1998 年作者发行。

75. 苏力：《也许正在发生——转型中国的法学》，法律出版社 2004 年版。

76. 孙长永：《侦查程序与人权》，中国方正出版社 2000 年版。

77. 孙长永：《侦查程序与人权——比较法考察》，中国方正出版社 2000 年版。

78. 孙膺杰、吴振兴主编：《刑事法学大辞典》，延边大学出版社 1989 年版。

79. 童之伟：《法权与宪政》，山东人民出版社 2001 年版。

80. 万俊人：《道德的谱系与类型》，载王中江主编：《新哲学》（第 1 辑），大象出版社 2003 年版。

81. 万俊人：《寻求普世伦理》，商务印书馆 2001 年版。

82. 汪明生、朱斌好：《冲突管理》，台湾五南图书出版公司 1999 年版。

83. 王立志：《开放的刑法及其路径》，载谢望原主编：《刑事政策研究报告》（第 2 辑），中国方正出版社 2007 年版。

84. 王利明、杨立新：《侵权行为法》，法律出版社 1996 年版。

85. 王利明、杨立新主编：《人格权与新闻侵权》，中国方正出版社 2000 年版。

86. 王利明：《人格权法》，法律出版社 1997 年版。

87. 王郁琦：《资讯、电信与法律》，北京大学出版社 2006 年版。

88. 王泽鉴主编：《债法原理（三）侵权行为法》（第一册），中国政法大学出版社 2001 年版。

89. 魏振瀛主编：《民法》，北京大学出版社、高等教育出版社

2001 年版。

90. 翁岳生：《行政法与现代法治国家》，1985 年自印本。

91. 吴定：《公共政策》，台湾华视文化事业公司 1994 年版。

92. 吴庚：《行政法之理论与实用》，作者自刊，2000 年版。

93. 吴康：《康德哲学》，台湾商务印书馆 1980 年版。

94. 萧文生：《关于"1983 年人口普查法"之判决》，台湾《司法周刊》杂志社 1990 年印行。

95. 谢世宪：《论公法上之比例原则》，载城仲模主编：《行政法之一般法律原理》，台湾三民书局 2000 年版。

96. 徐显明：《人权建设三愿》，载《人权研究》（第二卷），山东人民出版社 2002 年版。

97. 徐显明主编：《法理学教程》，中国政法大学出版社 1994 年版。

98. 许志雄、陈铭祥等：《现代宪法论》，台湾元照出版公司 2000 年版。

99. 杨建华：《刑法总则之比较与检讨》，台湾三民书局 1989 年版。

100. 杨仁寿：《法学方法论》，中国政法大学出版社 1999 年版。

101. 杨伟民：《社会政策导论》，中国人民大学出版社 2004 年版。

102. 杨兴培：《犯罪的二次性违法理论探究》，载《社会转型时期的刑事法理论》，法律出版社 2004 年版。

103. 易继明：《技术理性、社会发展与自由》，北京大学出版社 2005 年版。

104. 尤英夫：《新闻法论》（下），台湾世纪法商杂志社 2000 年版。

105. 余潇枫：《哲学人格》，吉林教育出版社 1998 年版。

106. 俞燕敏、鄢利群：《无冕之王与金钱——美国媒体与美国社会》，中国社会科学出版社 2000 年版。

107. 詹德隆：《基本人权》，载《辅仁大学神学论集第 65 号》，台湾光启出版社 1985 年版。

108. 张甘妹：《刑事政策》，台湾三民书局 1979 年版。

109. 张国庆：《现代公共政策导论》，北京大学出版社 1997 年版。

110. 张恒山：《法理学要论》，北京大学出版社 2006 年版。

111. 张宏生主编：《西方法律思想史》，北京大学出版社 1983 年版。

112. 张军：《宪法隐私权研究》，中国社会科学出版社。

113. 张莉：《论隐私权的法律保护》，中国法制出版社 2007 年版。

114. 张明楷：《法益初论》，中国政法大学出版社 2000 年版。

115. 张明楷：《刑法的基础观念》，中国检察出版社 1995 年版。

116. 张明楷：《刑法分则的解释原理》，中国人民大学出版社 2004 年版。

117. 张明楷：《刑法格言的展开》，法律出版社 1999 年版。

118. 张明楷：《刑法学》（下），法律出版社 1997 年版。

119. 张新宝：《隐私权的法律保护》，群众出版社 2004 年版。

120. 赵秉志、谢望原等主编：《英美刑法学》，中国人民大学出版社 2004 年版。

121. 赵秉志主编：《刑法改革问题研究》，中国法制出版社 1996 年版。

122. 郑昆山：《台湾刑法改革之理论与实务》，载翁岳生主编：《刑事思潮之奔腾：韩忠谟教授纪念论文集》，2000 年作者自刊。

123. 周汉华主编：《外国政府信息公开制度比较》，中国法制出版社 2003 年版。

124. 周丽萍、薛汉喜编译：《基督教箴言隽语录》，百花洲文艺出版社 1995 年版。

125. 周叶中主编：《宪法》，高等教育出版社 2000 年版。

126. 朱建民、叶保强、李瑞全：《应用伦理与现代社会》，台湾国立空中大学 2005 年版。

二、译著类

1. ［奥］曼弗雷德·诺瓦克：《民权公约评注》，毕小青等译，三联书店 2003 年版。

2. ［德］H. 科殷：《法哲学》，林荣远译，华夏出版社 2002 年版。

3. ［德］K. 茨威格特等：《比较法总论》，潘汉典等译，贵州人民出版社 1992 年版。

4. ［德］迪特尔·梅迪库斯：《德国民法总论》，邵建东译，法律出版社 2000 年版。

5. ［德］迪特尔·施瓦布：《民法导论》，郑冲译，法律出版社 2006 年版。

6. ［德］古斯塔夫·拉德布鲁赫：《法律智慧警句集》，舒国滢译，中国法制出版社 2001 年版。

7. ［德］汉斯－格奥尔格·伽达默尔：《真理与方法》，洪汉鼎译，上海译文出版社 1999 年版。

8. ［德］霍克海默、阿多尔诺：《启蒙辩证法》，洪佩郁、蔺日峰译，重庆出版社 1990 年版。

9. ［德］卡尔·施米特：《宪法学说》，刘锋译，上海人民出版社 2005 年版。

10. ［德］克劳斯·罗克辛：《德国刑法学总论》，王世洲译，法律出版社 2005 年版。

11. ［德］克劳斯·罗克信：《刑法的任务不是法益保护吗》，

樊文译，载《刑事法评论》（第 19 卷），中国政法大学出版社 2006年版。

12. ［德］马克西米利安·福克斯：《侵权行为法》，齐晓琨译，法律出版社 2006 年版。

13. ［德］托马斯·魏根特：《德国刑事诉讼程序》，岳礼玲、温小洁译，中国政法大学出版社 2004 年版。

14. ［德］乌尔里希·贝克：《"风险社会"——通往另一个现代的路上》，汪浩译，台湾巨流图书公司 2004 年版。

15. ［德］乌尔里希·贝克：《风险社会》，何博闻译，译林出版社 2004 年版。

16. ［德］乌尔里希·贝克等：《自反性现代化——现代社会秩序中的政治、传统和美学》，赵文书译，商务印书馆 2001 年版。

17. ［德］乌尔里希·贝克等：《自由与资本主义》，路国林译，浙江人民出版社 2001 年版。

18. ［德］亚图·考夫曼：《法律哲学》，刘幸义等译，法律出版社 2004 年版。

19. ［德］亚图·考夫曼：《类推与"事物本质"》，吴从周译，台湾学林文化事业有限公司 1999 年版。

20. ［德］伊曼努尔·康德：《道德形而上学原理》，苗力田译，上海人民出版社 2002 年版。

21. ［德］伊曼努尔·康德：《法的形而上学原理》，沈叔平译，商务印书馆 1991 年版。

22. ［意］A. P. 登特列夫：《自然法：法律哲学导论》，李日章、梁捷等译，台湾新星出版社 2008 年版。

23. ［意］切萨雷·贝卡里亚：《论犯罪与刑罚》，黄风译，中国大百科全书出版社 1993 年版。

24. ［意］杜里奥·帕多瓦尼：《意大利刑法学原理》，陈忠林译，法律出版社 1998 年版。

25．［法］阿历克西·德·托克维尔:《论美国的民主》（上卷），董果良译，商务印书馆 1988 年版。

26．［法］邦亚曼·贡斯当:《古代人的自由和现代人的自由》，阎克文译，商务印书馆 1999 年版。

27．［法］保罗·利科尔:《解释学与人文科学》，陶远华等译，河北人民出版社 1987 年版。

28．［法］卡斯东·斯特法尼等:《法国刑法总论精义》，罗结珍译，中国政法大学出版社 1998 年版。

29．［法］勒内·达维:《英国法与法国法：一种实质性比较》，潘华仿等译，清华大学出版社 2002 年版。

30．［荷］巴鲁克·斯宾诺沙:《神学政治论》，温锡增译，商务印书馆 1963 年版。

31．［荷］马尔塞文、亨克·范:《成文宪法的比较研究》，陈云生译，华夏出版社 1987 年版。

32．［美］马克·波斯特:《第二媒介时代》，范静晔译，南京大学出版社 2001 年版。

33．［美］A. 爱因斯坦、L. 英费尔德:《物理学的进化》，周肇威译，上海科学技术出版社 1962 年版。

34．［美］E. D. 赫施:《解释的有效性》，王才勇译，三联书店 1991 年版。

35．［美］H. W. 埃尔曼:《比较法律文化》，高鸿钧、贺卫方译，三联书店 1990 年版。

36．［美］T. 巴顿·卡特等:《大众传播法概要》，黄列译，中国社会科学出版社 1997 年版。

37．［美］Thomas J. Smedinghoff:《网络法律》，张台先、陈月菁译，台湾美商艾迪生维斯理和儒林图书公司合作出版 1999 年版。

38．［美］阿丽塔·L. 艾伦、理查德·C. 托克音顿:《美国隐私法：学说、判例与立法》，冯建妹、石宏等译，中国民主法制出版社 2004 年版。

39．［美］爱德华·J. 柯恩卡：《侵权法》（英文影印版），法律出版社 1999 年版。

40．［美］亨德里克·威廉·房龙：《宽容》，晏榕译，黑龙江科学技术出版社 2007 年版。

41．［美］爱伦·艾德曼、卡洛琳·甘迪：《隐私的权利》，吴懿婷译，台湾商周出版社 2001 年版。

42．［美］安·塞德曼、罗伯特·B. 塞德曼：《法律秩序与社会改革》，时宜人译，中国政法大学出版社 1992 年版。

43．［美］本杰明·卡多佐：《司法过程的性质》，苏力译，商务印书馆 1998 年版。

44．［美］博登海默：《法理学——法律哲学与法律方法》，邓正来译，中国政法大学出版社 1999 年版。

45．［美］查尔斯·培罗：《当科技变成灾难：与高风险系统共存》，蔡承志译，台湾商周出版社 2001 年版。

46．［美］格伦顿、戈登、奥萨魁：《比较法律传统》，米健等译，中国政法大学出版社 1993 年版。

47．［美］汉娜·阿伦特：《公共领域和私人领域》，刘锋译，载汪晖、陈燕谷主编：《文化与公共性》，三联书店 1998 年版。

48．［美］汉娜·阿伦特：《人的条件》，竺干威等译，上海人民出版社 1999 年版。

49．［美］汉斯·林德：《公正审判与新闻自由——两种针对国家的权利》，冯军译，载夏勇主编：《公法》（第 2 卷），法律出版社 2000 年版。

50．［美］赫伯特·马尔库塞：《单面人》，左晓斯译，湖南人民出版社 1988 年版。

51．［美］杰罗德·H. 以兹瑞等：《刑事程序法汇》（英文影印版），法律出版社 1999 年版。

52.〔美〕克特·W. 巴克:《社会心理学》,南开大学社会学系译,南开大学出版社 1987 年版。

53.〔美〕肯尼恩·D. 贝利:《现代社会研究方法》,许真译,上海人民出版社 1986 年版。

54.〔美〕莱因哈特·本迪克斯:《马克斯·韦伯思想肖像》,刘北成等译,上海人民出版社 2002 年版。

55.〔美〕理查德·A. 波斯纳:《论隐私权》,常鹏翔译,载梁慧星主编:《民商法论丛》(第 21 卷),金桥文化出版香港有限公司 2001 年版。

56.〔美〕理查德·A. 波斯纳:《正义/司法的经济学》,苏力译,中国政法大学出版社 2002 年版。

57.〔美〕理查德·A. 斯皮内洛:《世纪道德:信息、技术的伦理方面》,刘钢译,金吾伦校,中央编译出版社 1999 年版。

58.〔美〕刘易斯·科塞:《社会冲突的功能》,孙立平等译,华夏出版社 1989 年版。

59.〔美〕路易斯·亨金:《权利的时代》,信春鹰、吴玉章、李林译,知识出版社 1997 年版。

60.〔美〕罗伯特·达尔:《论民主》,李柏光、林猛译,商务印书馆 1999 年版。

61.〔美〕罗杰·希尔斯曼:《美国是如何治理的》,曹大鹏译,商务印书馆 1986 年版。

62.〔美〕罗斯科·庞德:《普通法的精神》,唐前宏等译,法律出版社 2001 年版。

63.〔美〕罗斯科·庞德:《法律史解释》,邓正来译,中国法制出版社 2002 年版。

64.〔美〕麦克斯·J. 斯基德摩、马歇尔·卡里普:《美国政府简介》,张帆、林琳译,中国经济出版社 1998 年版。

65.〔美〕N. 格里高利·曼昆:《经济学原理》(上册),梁小民译，三联书店、北京大学出版社 1999 年版。

66．〔美〕美国法学会：《美国模范刑法典及其评注》，刘仁文等译，法律出版社 2005 年版。

67．〔美〕乔纳森·H. 特纳：《社会学理论的结构》，吴曲辉译，浙江人民出版社 1987 年版。

68．〔美〕塞缪尔·亨廷顿：《变革社会中的政治秩序》，李盛平译，华夏出版社 1989 年版。

69．〔美〕斯坦力·列伯森：《量化的反思——重探社会研究的逻辑》，陈孟君译，台湾巨流图书公司 1996 年版。

70．〔美〕托马斯·C. 格雷：《论财产权的解体》，高新军译，载《经济社会体制比较》1995 年第 2 期。

71．〔美〕托马斯·库恩：《科学革命的结构》，金吾伦、胡新和译，北京大学出版社 2003 年版。

72．〔美〕威廉·N. 邓恩：《公共政策分析导论》，谢明等译，中国人民大学出版社 2002 年版。

73．〔美〕威廉·阿尔斯顿：《语言哲学》，牟博译，三联书店 1998 年版。

74．〔美〕威廉·詹姆斯：《实用主义》，陈羽纶、孙瑞禾译，商务印书馆 1979 年版。

75．〔美〕叶海卡·德洛尔：《逆境中的政策制定》，王满传等译，上海远东出版社 1996 年版。

76．〔美〕约翰·罗尔斯：《正义论》，何怀宏译，中国社会科学出版社 1988 年版。

77．〔美〕詹姆斯·M. 伯恩斯等：《民主政府》，陆震纶等译，中国社会科学出版社 1996 年版。

78．〔美〕詹姆斯·安修：《美国宪法判例与解释》，黎建飞译，中国政法大学出版社 1999 年版。

79．〔前苏联〕C. C. 阿列克谢耶夫：《法的一般理论》（下册），黄良平、丁文琪译，法律出版社1991年版。

80．〔日〕大谷实：《刑事政策学》，黎宏译，法律出版社2000年版。

81．〔日〕福田平、大塚仁：《日本刑法总论讲义》，李乔等译，辽宁人民出版社1986年版。

82．〔日〕関哲夫：《作为危险犯之放火罪的检讨》，王充译，载《刑法评论》（第13卷），法律出版社2008年版。

83．〔日〕黑田英文：《高度情报化社会的法律课题——如何谋求私生活的保护》，高作宾译，载《国外社会科学》1986年第2期。

84．〔日〕加藤一郎：《民法的解释与利益衡量》，梁慧星译，载梁慧星主编：《民商法论丛》（第2卷），法律出版社1994年版。

85．〔日〕平川宗信：《私生活的概念与刑法对私生活的保护》，毕英达译，载《法学译丛》1987年第4期。

86．〔日〕三浦隆：《实践宪法学》，李力、白云海译，中国人民公安大学出版社2002年版。

87．〔日〕松尾浩也：《日本刑事诉讼法》，张凌译，中国人民大学出版社2005年版。

88．〔日〕田口守一：《刑事诉讼法》，刘迪等译，法律出版社2000年版。

89．〔日〕西田典之：《日本刑法总论》，刘明祥、王昭武译，中国人民大学出版社2007年版。

90．〔日〕西田典之：《日本刑法各论》，刘明祥、王昭武译，中国人民大学出版社2007年版。

91．〔日〕星野英一：《私法中的人》，王闯译，中国法制出版社2004年版。

92．〔日〕药师寺泰藏：《公共政策：政治过程》，张丹译，经济日报出版社1991年版。

93. ［瑞士］托马斯·弗莱纳:《人权是什么》,谢鹏程译,中国社会科学出版社 1987 年版。

94. ［英］路德维希·维特根斯坦:《逻辑哲学论》,贺绍甲译,商务印书馆 1996 年版。

95. ［英］路德维希·维特根斯坦:《哲学研究》,尚志英译,台湾桂冠出版社 1995 年版。

96. ［英］H. L. A. 哈特:《法律的概念》,张文显等译,中国大百科全书出版社 1996 年版。

97. ［英］H. L. A. 哈特:《法律推理问题》,刘星译,载《法学译丛》1991 年第 5 期。

98. ［英］Albert·Venn·戴雪:《英宪精义》,雷宾南译,中国法制出版社 2001 年版。

99. ［英］H. K. 科尔巴奇:《政策》,张毅、韩志明译,吉林人民出版社 2005 年版。

100. ［英］J. C. 史密斯、B. 霍根:《英国刑法》,李贵方等译,法律出版社 2000 年版。

101. ［英］P. S. 阿蒂亚:《法律与现代社会》,范悦等译,辽宁教育出版社、牛津大学出版社 1998 年版。

102. ［英］艾伦·麦克法兰、格里·马丁:《玻璃的世界》,管可秾译,商务印书馆 2003 年版。

103. ［英］安东尼·吉登斯:《民族—国家与暴力》,胡宗泽等译,三联书店 1998 年版。

104. ［英］安东尼·吉登斯:《失控的世界:全球化如何重塑我们的生活》,周红云译,江西人民出版社 2000 年版。

105. ［英］安东尼·吉登斯:《现代性的后果》,田禾译,译林出版社 2000 年版。

106. ［英］彼得·斯坦、约翰·香德:《西方社会的法律价值》,王献平译,中国法制出版社 2004 年版。

107. ［英］卡尔·波普尔：《真理·合理性·科学知识增长》，载纪树立编译：《科学知识进化论——波普尔科学哲学选集》，三联书店 1987 年版。

108. ［英］丹尼斯·罗伊德：《法律的理念》，张茂柏译，台湾新星出版社 2005 年版。

109. ［英］亨利·梅因：《古代法》，沈景一译，商务印书馆 1959 年版。

110. ［英］托马斯·霍布斯：《利维坦》，杨昌裕译，商务印书馆 1985 年版。

111. ［英］吉米·边沁：《立法理论——刑法典原理》，李贵方等译，中国人民公安大学出版社 1993 年版。

112. ［英］卡尔·恩吉施：《法律思维导论》，郑永流译，法律出版社 2004 年版。

113. ［英］萨莉·斯皮尔伯利：《媒体法》，周文译，武汉大学出版社 2004 年版。

114. ［英］威廉·韦德：《行政法》，徐炳等译，中国大百科全书出版社 1997 年版。

115. ［英］约翰·弥尔顿：《论出版自由》，吴大椿译，商务印书馆 1985 年版。

116. ［英］约翰·密尔：《论自由》，程崇华译，商务印书馆 1959 年版。

117. 北京大学哲学系编译：《十六—十八世纪西欧各国哲学》，商务印书馆 1980 年版。

118. 《丹麦刑法典与丹麦刑事执行法》，谢望原译，北京大学出版社 2005 年版。

119. 《德国刑法典》，徐久生、庄敬华译，中国法制出版社 2000 年版。

120. 《俄罗斯联邦民法典》（全译本），黄道秀译，北京大学出版社 2007 年版。

121.《俄罗斯联邦刑法典》，黄道秀译，北京大学出版社 2008 年版。

122.《法国新刑法典》，罗结珍译，中国法制出版社 2003 年版。

123.《列宁选集》（第 4 卷）。

124.《马克思恩格斯全集》（第 6 卷）。

125.《马克思恩格斯全集》（第 18 卷）。

126.《马克思恩格斯全集》（第 19 卷）。

127.《马克思恩格斯全集》（第 26 卷）。

128.《日本刑法典》，张明楷译，法律出版社 2006 年版。

129.《新旧约全书》，中国基督教协会 1999 年印发。

130.《意大利刑事诉讼法典》，黄风译，中国政法大学出版社 1994 年版。

131.《英国刑事制定法精要》，谢望原等译，中国人民公安大学出版社 2003 年版。

三、期刊及报纸类

1. 蔡道通：《论隐私权的刑法保护》，载《淮阴师专学报》1996 年第 2 期。

2. 蔡道通：《刑事法治的基本立场：一种基本理念与研究方法的阐释》，载《江苏社会科学》2004 年第 1 期。

3. 蔡守秋：《法学研究范式的革新》，载《法商研究》2003 年第 3 期。

4. 蔡宗珍：《人性尊严之保障作为宪法基本原则》，载台湾《月旦法学杂志》1999 年第 2 期。

5. 常怡、黄娟：《司法裁判供给中的利益衡量：一种诉的利益观》，载《中国法学》2003 年第 4 期。

6. 陈爱娥：《萨维尼——历史法学派与近代法学方法论的创始

者》，载台湾《月旦法学杂志》第 62 期。

7. 陈弘毅：《论香港特别行政区法院的违宪审查权》，载《中外法学》1998 年第 5 期。

8. 陈家林：《日本刑法中的商业贿赂犯罪及对我国的启示》，载《山东警察学院学报》2006 年第 3 期。

9. 陈起行：《信息隐私权法理探讨——以美国法为中心》，载台湾《政治大学法学评论》第 64 期。

10. 陈仟万：《论监听与录音》，载台湾《法令月刊》1998 年第 3 期。

11. 陈兴良：《刑法谦抑的价值内涵》，载《现代法学》1996 年第 3 期。

12. 储槐植：《严而不厉：为刑法修订设计政策思想》，载《北京大学学报（哲学社会科学版）》1989 年第 6 期。

13. 邓立军：《英国通信截收制度的变迁与改革》，载《中国人民公安大学学报（社会科学版）》2007 年第 3 期。

14. 邓衍森：《法律哲学上司法造法的若干问题》，载台湾《东吴法律学报》1977 年第 2 期。

15. 丁煌：《政策执行》，载《中国行政管理》1991 年第 11 期。

16. 方潇：《"法典"意象变迁考——以中国语境为核心》，载《比较法研究》2005 年第 2 期。

17. 郭丹、李晶珠：《比较法视野下网络服务商的法律责任限制》，载《东北农业大学学报（社会科学版）》2007 年第 5 期。

18. 韩德明：《刑法谦抑性：新自由主义法学语境中的考察》，载《江苏警官学院学报》2004 年第 3 期。

19. 何泽锋、李永广：《成文法典局限性及其克服》，载《河南科技大学学报（社会科学版）》2007 年第 2 期。

20. 何泽宏、庄劲：《论空白刑法补充规范的变更及其溯及力》，载《北京市政法管理干部学院学报》2001 年第 4 期。

21. 胡玉鸿：《法律与自然情感——以家庭关系和隐私权为例》，载《法商研究》2005 年第 6 期。

22. 黄荣坚：《新修正刑法评论》，载台湾《本土法学杂志 2005 特刊》。

23. 季蓉：《试论网络冲击下的明星隐私权问题——"艳照门"事件引发的思考》，载《中共郑州市委党校学报》2008 年第 5 期。

24. 简旭成：《体液证据与宪法保障之基本权》，载台湾《中国刑事法杂志》1999 年第 4 期。

25. 劳东燕：《公共政策与风险社会的刑法》，载《中国社会科学》2007 年第 4 期。

26. 劳东燕：《责任主义与违法性认识问题》，载《中国法学》2008 年第 3 期。

27. 李佳玟：《风险社会下的反恐战争》，载台湾《月旦法学杂志》第 118 期。

28. 李洁：《中日涉罪之轻微行为处理模式比较研究》，载《法律科学》2002 年第 5 期。

29. 李锐锋、杨纳新：《技术化生存与透明化生存——关于隐私丧失的哲学思考》，载《科学技术与辩证法》2003 年第 5 期。

30. 林东茂：《危险犯的法律性质》，载台湾《台大法学论丛》1994 年第 2 期。

31. 林惠珍：《基本人权》，载《国外社会科学文摘》1989 年第 12 期。

32. 林山田：《论特别刑法》，载台湾《辅仁法学》1985 年第 4 期。

33. 林山田：《论制裁法之体系》，载台湾《刑事法杂志》1986 年第 1 期。

34. 刘复兴：《教育政策的边界与价值向度》，载《清华大学教育研究》2002 年第 1 期。

35. 刘静怡：《从 Cookies 以及类似信息科技的使用浅论网际网络上的个人信息隐私保护问题》，载台湾《资讯法务透析》1997 年第 10 期。

36. 刘仁文：《刑法修正案：亮点与期盼并存》，载《检察日报》2008 年 8 月 27 日第 1 版。

37. 刘艳红：《刑事立法技术与罪刑法定原则之实践——兼论罪刑法定原则实施中的观念误差》，载《法学》2003 年第 8 期。

38. 吕艳滨：《日本的隐私权保障机制研究》，载《广西政法管理干部学院学报》2005 年第 4 期。

39. 吕艳滨：《日本隐私权保障的研究与启示》，载《中国社会科学院院报》2004 年 7 月 1 日第 3 版。

40. 马寿成：《生活在 CCTV 监视下的英国人》，载《当代世界》2005 年第 1 期。

41. 彭礼堂等：《网络隐私权的属性：从传统人格权到资讯自决权》，载《法学评论》2006 年第 1 期。

42. 青锋：《附属刑法规范的创制性立法问题》，载《法学研究》1998 年第 3 期。

43. 沈铭贤：《基因歧视：一种可怕的力量》，载《科学时报》2007 年 5 月 25 日第 A04 版。

44. 舒国滢：《并非有一种值得期待的宣言——我们时代的法学为什么需要重视方法》，载《现代法学》2006 年第 5 期。

45. 苏永钦：《私法自治中的国家强制：从功能法的角度看待民事规范的类型与立法司法方向》，载《中外法学》2001 年第 1 期。

46. 汪习根：《论发展权与宪法的发展》，载《政治与法律》2002 年第 1 期。

47. 王皇玉：《论贩卖毒品罪》，载台湾《政大法学评论》第

84 期。

48. 王立志：《货币可以成为侵占罪犯罪对象》，载《河南师范大学学报（社会科学版）》2009 年第 3 期。

49. 王立志：《宪政之形式合理性——以拒不执行判决、裁定罪为切入》，载《河南教育学院学报》2005 年第 6 期。

50. 王瑞君、张建明：《罪刑法定的司法运作——以法律方法为视角》，载《中国刑事杂志》2006 年第 3 期。

51. 王小能、赵英敏：《论人格权的民法保护》，载《中外法学》2000 年第 5 期。

52. 王秀哲：《论个人隐私权的行政法保护》，载《行政法研究》2006 年第 2 期。

53. 王郁琦：《美国〈计算机比对资料法〉之介绍》，载台湾《信息法务透析》1995 年第 10 期。

54. 王治东：《哲学与文化视角下隐私问题的探析》，载《南昌大学学报》2006 年第 1 期。

55. 王仲兴：《论澳门刑法典之特色》，载《中山大学学报（社会科学版）》1999 年第 3 期。

56. 魏永征：《隐私权保护的新突破》，载《新闻三昧》2001 年第 7 期。

57. 翁国民、汪成红：《论隐私权与知情权的冲突》，载《浙江大学学报（人文社会科学版）》2002 年第 2 期。

58. 谢望原：《论"澳门刑法典"之特色》，载《文史哲》1996 年第 6 期。

59. 熊永明：《论刑法谦抑性与刑法基本原则之间的契合》，载《云南大学学报（法学版）》2007 年第 3 期。

60. 徐迅：《以自律换取自由——英国媒介自律与隐私法》，载《国际新闻界》1999 年第 5 期。

61. 颜厥安：《财产、人格，还是资讯·论人类基因的法律地位》，载台湾《台大法学论丛》2002年第1期。

62. 颜厥安：《法与道德》，载台湾《中央政治大学法学评论》第47期。

63. 杨长福、幸小勤：《库恩的范式理论与"李约瑟难题"》，载《四川大学学报（哲学社会科学版）》2008年第2期。

64. 杨春洗、杨书文：《试论持有行为的性质及持有型犯罪构成的立法论意义——以持有假币罪为理论起点》，载《人民检察》2001年第6期。

65. 杨敦和：《隐私权在美国之起源与发展》，载台湾《辅仁法学》1983年第2期。

66. 杨立新：《关于隐私权及其法律保护的几个问题》，载《人民检察》2000年第1期。

67. 杨立新：《艳照门事件的人格权法和侵权法思考》，载《政治与法律》2008年第4期。

68. 叶向东：《关于科学不确定性的若干思考》，载《全球科技经济瞭望》2008年第2期。

69. 衣俊卿：《20世纪：文化焦虑的时代》，载《求是学刊》2003年第3期。

70. 尹田：《论人格权的本质——兼评我国民法草案关于人格权的规定》，载《法学研究》2003年第4期。

71. 尹田：《论一般人格权》，载《法律科学》2002年第4期。

72. 游伟、谢锡美：《犯罪化原则与我国"严打"政策》，载《法律科学》2003年第1期。

73. 袁明圣：《公共政策在司法裁判中的定位与适用》，载《法律科学》2005年第1期。

74. 张康之：《公共政策过程中科学与价值统合》，载《江苏社会科学》2001年第6期。

75. 张明楷：《立法解释的疑问——以刑法立法解释为中心》，

载《清华法学》2007 年第 1 期。

76. 张明楷：《论刑法在法律体系中的地位》，载《法学研究》1994 年第 6 期。

77. 张明楷：《司法上的犯罪化与非犯罪化》，载《法学家》2008 年第 4 期。

78. 张明楷：《犯罪定义与犯罪化》，载《法学研究》2008 年第 3 期。

79. 张明楷：《刑事立法发展的方向》，载《中国法学》2006 年第 4 期。

80. 张万洪、徐亮：《隐私权本质的解析与界定——隐私权的法哲学反思》，载《青海师范大学学报（哲学社会科学版）》2007 年第 1 期。

81. 张翔：《基本权利冲突的规范结构与解决模式》，载《法商研究》2006 年第 4 期。

82. 章国锋：《反思的现代化与风险社会——乌尔里希·贝克对西方现代化理论的研究》，载《马克思主义与现实》2006 年第 1 期。

83. 朱富美：《强制酒后驾车涉嫌人呼气或抽血检验酒精浓度是否侵害其缄默权》，载台湾《司法周刊》2000 年第 19 期。

84. 朱庆育：《权利的非伦理化：客观权利理论及其在中国的命运》，载《比较法研究》2001 年第 3 期。

85. 诸大建、王明兰：《系统性原则下的公共政策过程》，载《同济大学学报（社会科学版）》2006 年第 1 期。

四、英文文献

1. A. F. Westin, The right to privacy, Cambridge University Press, 1967.

2. A. Rosenberg, Privacy as a matter of taste and right, Cambridge University Press, 2000.

3. Alexander Aleinikoff, Constitutional Law in the Age of Balancing, Yale Law. Journal. 1987 (96) .

4. Anita L. Allen & Richard C. Turkington, Privacy Law: Cases and Materials, West Group Press, 2002.

5. Beck. U, Risk Society, London Sage, 1992.

6. Becker · Howard, the Outsiders, New York; Free Press, 1963.

7. Charles Fried, Privacy, Yale Law Journal, 1968 (77) .

8. Christopher & Joseph E · Schumacher, Reasonable Expectation of Privacy and Autonomy in Forth Amendment Cases: Duck Law. Journal, 1993 (727) .

9. Daniel · J. Solove, Modern Studies in Privacy Law: Notice, Autonomy and Enforcement of Data Privacy Legislation: Access and Aggregation : Public Record, Privacy and the Constitution, Minnesota Law Review, 2002 (53) .

10. Daniel · J. Solove, Modern Studies in Privacy Law: Notice, Autonomy and Enforcement of Data Privacy Legislation: Access and Aggregation: Public Record, Privacy and the Constitution, Minnesota Law Review, June 2002 (53) .

11. Decew Judith Wagner, In Pursuit of Privacy: Law, Ethics, and the Rise of Technology, New York: Cornell University Press, 1997.

12. Douglas · N. Husak, Philosophy of Criminal Law, Totowa: Rowman & Littlefield Publishers, 1987.

13. Edward · J. Bloustein, Privacy as an Aspect of Human Dignity: An Answer to Dean Prosser, New York University Law Review, 1964 (39) .

14. Edward Shils, Privacy, It Constitution and Vicissitudes, Law and Contempt Problems, 1966 (31) .

15. EDWARD · CELL, Religion and Contemporary Western Cul-

ture, Abingdon Press, New York, 1967.

16. Eugen Ehrlich, Foundation Principles of the Sociology of Law, from The Great Legal Philosophers, University of Pennsylvannia Press, 1958.

17. F. D. Schoeman, Philosophical dimensions of privacy, Cambridge University Press, 1984.

18. Fred · H. Cate, D. Annette Fields, James K. McBain, The Right To Privacy and The Public's Right to Know: The "Central Purpose" of the Freedom of Information Act, Minnesota Law Review, 1994 (46).

19. Gadamer, Hans – Georg, Truth and Method, New York: CrossRoads Inc, 1984.

20. Gerald · Dworkin, Taking Rights seriously in the Abortion case, Ratio Juris, 1990 (3).

21. H. L. Hart, The Concept of Law, Oxford Clarendon Press, 1991.

22. Herring, Marise Cremona, Criminal Law, Macmillan Press Ltd, 1998 (2nd).

23. James · Q. Whitman, The Two Western Cultures of Privacy: Dignity Versus Liberty, Yale Law Journal, 2004 (113).

24. James · Q. Whitman, The Two Western Cultures of Privacy: Dignity Versus Liberty, Yale Law Journal, 2004 (113).

25. Jeffrey Rosen, The Unwanted Gaze: The Destruction of Privacy in American, Random House Inc, 2000.

26. Joel Feinberg, The Nature and Values of Rights, Journal of Value Inquiry, 1970 (4).

27. Joel · R. Reidenberg, Privacy Wrongs in Search of Remedies, Hastings Law Journal, 2003, (54).

28. John Deane, CCTV Boost Follows Crime – Fighting Success, Press Ass'n Newsfile, 1995.

29. John Henry Merryman, The civil law tradition – An Introduction to legal Systems of West Europe and Latin America, Stanford University press, 1969.

30. John Macdonald QC, Clive Hloner: The Law Of Freedom Of information, Oxford University Press 2003.

31. John · W. Burton, World Society, Cambridge University Press.

32. Joseph · G. Cook & Paul Marcus, Criminal Law, Matthew Bender&Company Inc, 2003.

33. K. Zweigert and H. K. tz (translated by Tony Weir), An Introduction to Comparative Law Volume II—The Institution of Private Law , Clarendon Press, Oxford, 1987.

34. Lhumann, Niklas, Risk: A Sociological Theory, New York: Aldinede Gruyter, 1993.

35. Lloyd · L. Weinreb, the Right to Privacy, Cambridge University Press, 2000.

36. Lyon, David, Surveillance Society: Monitoring Everyday Life, Open University Press, 2001.

37. Megan ristau baca, Barriers to Innovation: Intellectual Property Transaction Costs in Scientific Collaboration, Duke Law and Technolegy. Review, 2006 (4) .

38. Michael Foomkin, The Death of Privacy? , Stanford Law Review 2000 (52) .

39. Norris, Clive, Mike MaCahill and David Wood, The Growth of CCTV: a global perspective on the international diffusion of video surveillance in publicly accessible space, Surveillance & Society 2004 (2) .

40. Pal, Leslic A. Public Policy Analysis: An Introduction, Scar-

borouge, Ontario: Nelson Canada, 1992.

41. Priscilla Regan, Legislating Privacy, University of North Carolina Press, 1995.

42. Ralph · L. Holsinger, Media Law, Random House, 1987.

43. Ric Simmons, Note, From Katz to Kyllo: A Bluep rint for Adapting the Fourth Amendment to Twenty – first Century Technologies, 53 HASTINGS L. J. 1303, 1334 n. 142 (2002).

44. Richard · A. Posner, The Problems of Jurisprudence, Harvard University Press, 1990.

45. Richard Spinello, Herman Tavani, Introduction to Chapter Four: Privacy in Cyberspace , The MIT Press, 1997.

46. Ronald · V. Clarke. Situational Crime Prevention: Successful Case Studies. Albany, NY : Harrow and Hesston, 1992.

47. S. A. Schroeder, The internet and the health communication experience and expectations. California: Sage Publication, Inc, 2001.

48. S. Garfinkel, Database Nation: The Death of the Privacy in the 21st Century, Sebastopol, CA, USA: O'Reilly & Associates, 2001.

49. S. R. M. Oliveira and O. R. Zabane, Toward standardization in privacy – preserving data mining, in: Proceedings of the 3rd. Workshop on Data Mining Standards, in conjunction with KDD 2004. Seattle, WA, USA: ACM, 2004.

50. S. Le Bris and B. Knoppers, International and Comparative Concepts of Privacy, in MarkA? Rothstein ed, Genetic Secrets Protecting Privacy and Confidentiality in the Genetic Era, Yale University Press, 1997.

51. Samuel · D. Warren & Louis D. Brandeis, The right to privacy, Harvard Law Review, Vol. 4, No. 5. (Winter, 1890).

52. Shaun B. Apencer, Reasonable Expectation and the Erosion of

Privacy, San Diego Law Review, 2002 (39).

53. Thomas · R. Dye, Understanding Public Policy , Engle – wood Cliffs, NJ: Prentice – Hal, 1972.

54. U. Beck, A. Giddens, S. Lash, Reflexive Modernization: Politics, Tradition and Aesthetics in the ModernSocial Order, Polity Press. Cambridge, 1994.

55. Warren Fredman, The Right of Privacy in the Computer Age, Quorum Books Greenwood Press Inc, 1987.

56. Willam · M. Beaney, The Right to Privacy and American Law, Law & Contemp. Probs, 1966 (31).

57. William · I. Jenkins, Policy Analysis: A Political and Organizational Perspective, Martin Robertson, 1978.

58. William · M. Beaney, Right to Privacy and American Law, Law and Contemporary Problem, 1966 (2).

五、学位论文

1. 蔡佳峰:《新兴科技下信息隐私权保障之研究——以无线通讯、低射频辨识系统为中心》, 台湾国立中正大学法律学研究所2006 年度硕士论文。

2. 陈俊伟:《入罪化与除罪化——刑事立法政策之基本思维》, 台湾国立中正大学法律学研究所2004 年度硕士论文。

3. 陈文贵:《基本权利对民事私法之规范效力》, 台湾中央警察大学2000 年度硕士论文。

4. 甘大空:《公众人物隐私权与新闻自由》, 国立台湾大学法律学研究所2003 年度硕士论文。

5. 康晋颖:《论英国个人数据保护制度》, 对外经济贸易大学2005 年度硕士学位论文。

6. 李锦雀:《日本国宪法保障下之隐私权研究》, 台湾淡江大学日本研究所1994 年度硕士论文。

7. 林裕凯:《从危险犯论放火罪之可罚性》,国立台湾大学法律学研究所 2006 年度硕士论文。

8. 王俊秀:《监控的边界》,中国社会科学院社会学所 2004 年度博士论文。

9. 王秀哲:《隐私权的宪法保护》,苏州大学 2005 年度博士论文。

10. 吴柏苍:《危险犯之研究》,国立台北大学法学系 2006 年度硕士论文。

11. 吴美文:《论新闻自由与隐私权之保障》,台湾东吴大学法研所 2000 年度硕士论文。

12. 熊爱卿:《网际网路个人资料保护研究》,国立台湾大学法律学研究所 2000 年度博士论文。

13. 徐静如:《艾滋病患者信息公开的道德问题探究》,台湾国立中央大学哲学研究所 2008 年度硕士论文。

14. 徐亮:《论隐私权》,武汉大学法学院 2005 年度博士论文。

15. 许纯菁:《现代经济犯罪之研究——以经济刑法之包裹立法为中心》,台湾国立中兴大学法律学系 1999 年度硕士论文。

16. 殷玉龙:《论新闻自由与隐私权之冲突——以刑法第 315 条之 1 及第 315 条之 2 规定为重心》,台湾东吴大学法学院 2006 年度硕士论文。

17. 詹文凯:《隐私权之研究》,国立台湾大学法律学研究所 1998 年度博士论文。

18. 赵显彰:《指纹数据库与隐私权之保障》,台湾逢甲大学公共政策所 2004 年度硕士论文。

六、外国判例

1. Dimtemann V. Time 449 F. 2d 245(9th Cir. 1971）.

2. Griswold v. Connecticut, 381 U. S. 479（1965）.

3. Hoskins v. Howard., 971 P. 2d 1135（Idaho 1998）.

4. Katz v. United States, 389 U. S. 41（1967）.

5. Kovacs v. Cooper 336U. S. 77（1949）.

6. Kyloo v. United States, 533 U. S. 27（2001）.

7. Los Angeles Police Department v. United Reporting Publishing Corp. , 528 U. S. 32；120 S. Ct. 483（1999）.

8. O'Connor v. Ortega, 480 U. S. 709（1987）.

9. Paul P. v. Verniero, 170 F. 3d 396, 404（3d Cir. 1999）.

10. Pavesich v. New England Life Ins. Co. 50 S. E. 68, 69—70（Ga. 1905）.

七、网络类

1. 《女大学生宿舍安装摄像头——偷窥有罪？无罪》，http：//bbs. iyaya. com/33/284820 - 0. htm，访问日期：2008 年 6 月 17 日。

2. 详情可见《台湾政界女名人性爱光碟风波》，http：//news. sina. com. cn/z/mf/，访问日期：2008 年 6 月 17 日。

3. 详情可见《偷拍房客隐私敲诈勒索　一审判处有期徒刑二年》，http：//news. enorth. com. cn/system/2006/09/01/001399609. shtml，访问日期：2008 年 6 月 17 日。

4. ［韩］许一泰：《在危险社会之刑法的任务》，韩相敦译，http：//www. criminallawbnu. cn/criminal/info/showpage. asp？pkid = 8376，访问日期：2009 年 2 月 12 日。

5. 朱益：《如何确保个人信息安全　各国都很头疼》，http：//news. xinhuanet. com/world/2008 - 03/14/content_ 7786944. htm，访问日期：2008 年 9 月 8 日。

后　记

　　后记虽然是写在后面的，但对于本书来讲却是先有后记，再有正文，或者更确切地说，本书的后记只是把先于正文完成前的感受如实地记载和陈述，说给世人，也许更多的是说给自己听。

　　本书从 2008 年 4 月开题到如今完成整整历时一年，从去年草长莺飞、杨柳依依的早春，历经蝉鸣鼓噪的盛夏，草木零落的深秋以及大雪漫扬的严冬，自己一直蜗居在中国人民大学品园公寓 3 号楼 901 室内，过着从宿舍到中区食堂两点一线简单而繁重的论文写作生活。宿舍楼下篮球场边干枯凋零的杨树茎条如今又是青枝叠漫，生机盎然，吐露出春日欣然气象，而自己也在苦闷和疲倦中终于如期完成了博士论文的写作，迎来了窗外的一片春色。博士论文的完成，标志着自 1993 年以来，我人生一个目标的实现。正是因为当年由于种种原因，我中专没有毕业，为了出口恶气，才踏上了这条长达十六年，从自考专科到成人本科，再到硕士和博士的漫长而艰辛的求学之路。其间自己从房屋建筑学改学中文和哲学，后又改习法律。其间自己从公职人员转行为硕士生，又到高校教学，后又脱产做博士生，身份职业几经变换。而在十六年的学业长征中，我更是深深感觉到求学之不易，治学之艰难。前些年，自己曾慨言之，学术与血书，学业与血液同音，这是否就意味着，学业与学术的产出，正是用血液所写出的血书？

"闲暇出智慧"，这是古希腊的格言。而"school"这个词在拉丁语中就是闲暇的意思。我是一个喜欢读书和写作的人，但我更喜欢在气定神闲的状态中悠闲自得地进行学术创作，故而，像博士论文这样限定时间、限定进程、限定模式的写作却殊非我愿。但它毕竟是我三年博士生涯的最终成果所在，也是验证自己学力及能力的最佳途径，因此我也依然对此倾注了全部气力而进行博士论文写作，并按时足额完成了写作任务。俄裔美国文学大师纳博科夫说过，写完一本书只是想摆脱它，而我在博士论文写作的过程中就一直想摆脱它。但真正摆脱了它似乎也并无喜悦，即便重回无所牵绊的自由阅读生活后，也没有太多欢欣与狂喜。一切似乎都在淡淡地，悄无声息地发生发展，似乎生活命运已被编排，而自己竟然也安之若素，听之任之。十六年前我曾有种种天真而烂漫的人生规划，以及当时曾经热血沸腾的抱负理想。但十六年的读书求学生涯，改变了我的志向，熏染了我的性格。如今即便能够重新选择一条别样的人生道路，但是囿于我桀骜不驯的性格和满身的书卷学究习气，除了读书与治学，自己难道还能在其他方面有发展的空间？除了教学和科研，难道还会有其他职业能容得下自己常年读书生活所惯养的率性和疏懒？西哲曾言，"生活在别处"，也许从美学的角度看，曼妙生活应当永远在别处。但对我而言，生活却只在此处而不在别处，别处是仅可远观而不可亵玩的奢侈品，充满喧嚣与浮华，而我只有牢牢地站定此处，藉以舌耕为业，授业解惑，自讨温饱，自限好恶，才会有我内心的踏实与安宁。

三年前，自己有幸考入中国人民大学法学院攻读刑法学博士学位，人大法学院作为国内首屈一指的法学研究机构，可谓群星璀璨，有太多值得我们付诸敬意的大师。如今三年的博士生活转眼即逝，我求学之路也将就此终结，从此我也要告别学子生涯，开始稳定而有序的新生活。值此之际，我也应当发自肺腑，吐露感恩的话语，衷心感谢在我生命中值得永远铭刻在心的亲人、恩人和友人。

感谢先慈马春景女士，她是我生命中对我最疼爱、最慈爱的亲人。母亲在2006年6月22日，因身患绝症而溘然长逝。在那一刻，我不想说话，不想思考，甚至不想呼吸。多少次梦回故居场景，母亲音容笑貌，如影历历，逼取便逝。多少次半夜哭醒，旧事填膺，思之凄梗。近三年来，我不曾翻看她的照片、不愿观阅她的录像、不能听别人提到她的名字、不敢怀念儿时在她呵护下那段漫长而无忧无虑时光、更不甘接受她已辞世的事实。我要牢记母亲临终前的嘱托，锻炼好身体，好好地生活，活得坚强、活得坦荡，因为在天的彼岸，始终有母亲关注的目光。

感谢家严王锡栋先生，父亲虽然只有小学文化，但我和姐姐却在其养育下，一个读了博士，一个读了硕士。如今一双儿女都为了各自事业不在老人身边，但反哺之情跪乳之恩，却时刻不敢忘却，更祝愿父亲身体健康，安度晚年。

感谢导师谢望原教授，和谢老师相识已近六年，谢老师坦荡率真、风骨硬朗的性格深深感染了我，甚至不知不觉中我的情趣习性也因此而有所改变。在人大读书的三年之中，已经记不清谢老师请客吃过多少次饭，喝过多少次酒，找我谈过多少次心。谢老师以其高尚的人格和渊博的学识给我以人生的点拨、学业的指教，使我受益多多。在本书写作和修改中，谢老师也倾注了大量的心血，不厌其烦地给予我建议和指导。人要学会在感恩的时候心怀感激，这既是最有智慧的道德底线，也是做人的基本准则。师恩之厚重，弟子永世不忘。

感谢学姐王立君博士，她是在我求学生涯中，待我最好的学长。她热情与爽朗的性格，豁达和乐观的处世态度，深深感染着我。她对我真诚的关心和支持让我感激感动，从而也更加坚定了我勇于进取、积极向上的信念。

感谢我硕士时的导师，郑州大学法学院鲁嵩岳教授，正是鲁老师将我引入刑法学研究的殿堂，并帮我联系推荐工作单位，而毕业多年以来，鲁老师从工作到考博，始终关注我的成长，逼我奋进，催我上进，此情此意，弟子不敢稍忘。

感谢我硕士时的老师、师兄、同乡、兄长，郑州大学法学院马松建教授，特别是在我艰辛而漫长的四年考博生涯中，马老师一如既往地对我提供无私的鼓励和支持，使我在每次失败后都能够捡拾自信，卷土重来直至胜利。

感谢河南省政法管理干部学院刑事法学系主任邸瑛琪教授，在刑事法学系工作的五年时光中，邸老师能够包容我一贯的散漫和孤傲，给我创造了宽松舒适的治学环境，尤其是资助我发论文，做项目，扶持我在学术上渐进成长。此时此刻，感激之情，溢于言表。

感谢中国人民大学法学院刑法学教研室的高铭暄教授、王作富教授、戴玉忠教授、黄京平教授、刘明祥教授、冯军教授、韩玉胜教授、张小虎教授、肖中华教授、赫兴旺教授、田宏杰教授、时延安副教授，我在读博士三年期间，能够时常聆听诸位老师教诲，实乃有幸之至。

另外还要感谢多年来给我帮助和鼓励的国家检察官学院单民教授、周洪波副教授、丁英华博士，山东警察学院李锡海教授，信阳师范学院黄烨副教授以及多年来风雨与共、携手共进的杨高峰博士、徐留成博士、周建军博士、秦永锋博士、朱秀峰律师、王利宾博士、陈庆安博士、杨建军博士、汤海军博士、汪勇博士等郑州大学诸位校友，以及中国人民大学法学院杨文龙博士、刘隽博士、季理华博士、沈玉忠博士、张雅博士、吴光侠博士、陈琴博士、杨家庆博士、刘涛博士、冉巨火博士、钱叶六博士、颜九红博士、邹兵博士、翁凯一博士等诸位同学，他们的深情厚谊，我会时刻牢记在心。

　　感谢自己，每次挫折之后还能够振作而起，不妥协、不背叛、不放弃、不动摇。在最需要勇气和反思的每个人生困境，都能够视危机为转机，砥砺志气勉力坚持。从1993年以来，我先后历经自考专科，成人本科，三年考研、三年硕士、四年考博、三年博士的不同人生境遇，每一步都充满了酸楚和艰辛，但是每一次自己都能坚定而执著地走出困境。成长中的每次磨难和挫败都是自己人生中所积聚宝贵的财富，而自己人生路也会因此而多姿多彩，而自己也更应当为此平添几分自豪与慰藉。

　　最后，还应当特别感谢我的妻儿，河南财经学院讲师要卫丽女士及河南财经学院幼儿园小1班王家烜小朋友。在和内子十年爱情长跑中，我们相知相爱，相濡以沫，相互扶持。现在想来，一生中能够相伴而行的，也必是缘分所至。如今缘居长久，爱情已成亲情，而且这种亲情也渐渐深入血肉，浸入灵魂，成为我生命中不可分离的一部分。三年博士生活，和内子聚少离多，每天晚上都要打上十几分钟电话诉说别情，想到不久后就能够和内子长相厮守，即便今后日子依旧清贫，也应该深感欢悦，深感庆幸。爱子家烜一岁多时，我就赴京求学，也难以尽到父亲职责。2008年11月11日，由于幼儿园疏于监护，家烜从滑梯上栽下，下唇内外磕穿缝了二十多针，三颗门牙也完全磕进牙床。当我连夜从北京赶到郑州市口腔医院见到胶布缠绕，满脸血迹的家烜时，一时哽咽语塞难以自已，而王家烜小朋友，却显得异常沉静，虽然不能说话，但却用脏兮兮的小手为我拭去眼角的泪花。那一刻，流淌的热泪中凝固了我多少痛惜和愧歉，而父子之间真情流露的场景，又会在我记忆中留下怎样的欣慰与感动。

　　在这个春风沉醉的夜晚，思绪飘飘，游走无定。其实，人一生中所能支配的欢乐，就如同手中握住的细沙，本就寥寥无几，太过执著，太过坚持只会将其从手缝中挤走。就我而言，有堂上可奉，有爱人可爱，有爱子可疼，有亲人可亲，有师长可敬，有文章可写，有淡酒可饮，有朋友可欢。闲暇时光，点一盏青灯，沏一杯香茗，触摸嗅闻先贤名作中流淌出来的文气墨香，这样的日子本来就是惬意的和幸福的，想想都会让人羡慕到心疼，对此自己还能有什么不满足呢？

王立志

2009 年 4 月 16 日

于中国人民大学品园公寓，

是夜繁星点点，晚风清凉。

图书在版编目（CIP）数据

隐私权刑法保护/王立志著.—北京：中国检察出版社，2009.9
ISBN 978 - 7 - 5102 - 0151 - 6

Ⅰ.隐…　Ⅱ.王…　Ⅲ.隐私 - 人身权 - 研究 - 中国
Ⅳ. D923.04

中国版本图书馆 CIP 数据核字（2009）第 161347 号

隐私权刑法保护

王立志　著

出 版 人：	袁其国
出版发行：	中国检察出版社
社　　址：	北京市石景山区鲁谷西路 5 号（100040）
网　　址：	中国检察出版社（www. zgjccbs. com）
电子邮箱：	zgjccbs@ vip. sina. com
电　　话：	(010)68658769(编辑)　68650015(发行)　68636518(门市)
经　　销：	新华书店
印　　刷：	北京画中画印刷有限公司
开　　本：	A5
印　　张：	12. 875 印张　　插页 4
字　　数：	331 千字
版　　次：	2009 年 10 月第一版　　2009 年 10 月第一次印刷
书　　号：	ISBN 978 - 7 - 5102 - 0151 - 6
定　　价：	32. 00 元